现代汉语
评价系统研究

刘　慧 ◎著

A Study on the Evaluation System
of Modern Chinese

暨南大学出版社
JINAN UNIVERSITY PRESS

中国·广州

图书在版编目（CIP）数据

现代汉语评价系统研究／刘慧著．—广州：暨南大学出版社，2022.6
ISBN 978－7－5668－3411－9

Ⅰ.①现…　Ⅱ.①刘…　Ⅲ.①现代汉语—研究　Ⅳ.①H109.4

中国版本图书馆 CIP 数据核字（2022）第 078431 号

现代汉语评价系统研究
XIANDAI HANYU PINGJIA XITONG YANJIU
著　者：刘　慧

出　版　人：张晋升
策划编辑：李　战　黄　颖
责任编辑：黄　颖
责任校对：刘舜怡　张馨予
责任印制：周一丹　郑玉婷

出版发行：暨南大学出版社（511443）
电　　话：总编室（8620）37332601
　　　　　营销部（8620）37332680　37332681　37332682　37332683
传　　真：（8620）37332660（办公室）　37332684（营销部）
网　　址：http：//www.jnupress.com
排　　版：广州市天河星辰文化发展部照排中心
印　　刷：佛山市浩文彩色印刷有限公司
开　　本：787mm×1092mm　1/16
印　　张：17.75
字　　数：370 千
版　　次：2022 年 6 月第 1 版
印　　次：2022 年 6 月第 1 次
定　　价：69.80 元

前　言

语言是评价表达最重要的工具之一。广义的评价是指人类对自身及外界事物是否具有价值、具有多大价值的一种判断和评定的活动。语言学领域的评价是指作为评价主体的说写者对评价对象的主观价值判断，及评价主体在此过程中所体现出的情感、态度和立场。

近年来，汉语评价语言的本体研究及应用研究成果不断涌现，前者包括对评价构式及话语标记的研究，后者包括对网络评价文本的情感倾向分析等。本书总结梳理先辈时贤的研究成果，运用语言学、哲学、逻辑学等学科的相关理论及方法，勾勒现代汉语评价系统的整体面貌，分析构成要素特征。基于评价系统视角，考察不同语体中评价语言表达的特点。

在研究内容方面，本书第一章和第二章述评以往研究成果，并在此基础上勾勒出现代汉语评价系统。该系统由"评价项"和"评价义"构成。其评价项包括词汇层、句子层、话语标记层、语篇层，评价项有典型性与非典型性之分，评价义有积极、消极、中性之分。

第三章至第八章对现代汉语评价系统的各级评价项及评价义进行考察分析。其中第三章至第七章分别考察了词汇层评价项，即带评价义的名词、辅助评价量词、评价性动词、评价性形容词、评价性副词。第八章考察了评价系统的句子层和语篇层评价项。第九章至第十二章运用评价系统等视角，考察语体与评价语言的互动，具体研究对象包括：广告语体中具有劝导式评价特点的新型三音节颜色词、新闻语体中的论证型构式评价句、网络语体中带有体验式评价特点的购物评价语言。

在研究方法方面，本书综合运用语言学领域如结构主义语言学、语料库语言学、系统功能语言学、语体语法、生成词库等理论和方法，同时借鉴其他学科如哲学、非形式逻辑学的观点和方法，从语义、语法、语用层面考察现代汉语评价系统的构成要素及应用情况。

研究结论及启示主要包括四个方面：第一，现代汉语评价系统是一个形式与意义相结合、具有层级性的系统。语素及词汇层评价项主要从语义层面参与评价表达，句子层和语篇层评价项从语义、语法、语用等层面表达评价。第二，语体制约评价语言表达。不同语体的评价文本在评价系统要素的隐现、句法位置分布、言者立场表达等方面存在差异。第三，评价活动参与者的情感态度、社会地位、时空距离、交际场合以及评价内容及目的等因素，都会影响评价语言的表达和理解。第四，从跨学科视角出发，可以更加全面深入地了解评价语言的形式、意义及功能，也有助于增强评价语言研究的应用价值。

    本书主要面向语言学及应用语言学领域的研究人员，也可供哲学等领域的研究人员参考。

刘　慧

2022 年 5 月 30 日

目　录

第一章　现代汉语评价系统概述

一、引言

何为评价? 最初的评价是指评价货物的价格, 亦即讨价还价。如《宋史·戚同文传》所记载的, "市场不评价, 市人知而不欺"。在西方, 评价最早也是与经济活动联系在一起的。今天我们所说的 "评价" 之义与古义相比更为抽象, 而且 "评价" 在不同学科的内涵也不尽相同。

从广义视角来看, 评价是人类对自身及外界事物是否具有价值、具有多大价值的一种判断和评定的活动。英国哲学家维特根斯坦 (1987) 曾经说过, "人的目光具有赋予事物以价值的魅力"。这里的 "赋予事物以价值" 正是人类对事物做出评价、探索意义的过程。

语言是评价表达最重要的工具之一。Hunston 等学者 (1999) 曾指出, 评价语言在反映说话人的看法、表达说话人及所在团体的价值观、建立和维持说写者和听读者间的关系、组织语篇等方面都起着十分重要的作用。在国外语言学界, 加拿大学者 Martin J. R. 和澳大利亚学者 White P. R. R. (2005) 从语篇语义学的视角研究了英语的评价系统, 俄国学者在语义、语用等领域考察了俄语的评价系统。

在汉语学界, 前辈时贤对现代汉语中的评价表达进行了专题研究, 如赵元任 (1968)[1] 将副词分成九类, 其中一类就是 "表评价的副词 (adverbs of evaluation)"。朱德熙 (1982) 指出 "值得、配" 都有 "表示估价" 的作用。总体来看, 这些研究对象和成果较为零散, 全局观和系统性有待加强。本章将在界定 "评价" 概念的基础上, 归纳 "评价" 的特征, 梳理现代汉语各层级的评价资源, 在此基础上勾勒出评价系统的整体面貌。

二、"评价" 的概念

参考以往语言学界对评价的定义 (Susan Hunston & Geoff Thompson, 1999;

---

[1]　赵元任一书 *A Grammar of Spoken Chinese* 收于《赵元任全集》(第三卷) 中, 1968 年初版, 2004 年由商务印书馆出版。

Martin J. R. & White P.，2005；齐沪扬，2002；杨家胜，2001），我们将评价定义为作为评价主体的说写者对评价对象的主观价值判断，及评价主体在此过程中所体现出的情感、态度①和立场。其中"主观价值判断"即评价的价值负载性。根据评价对象的不同，评价可分为"从物评价"和"从言评价"两类。"从物评价"的评价对象为人、客观事物等具体对象，"从言评价"的评价对象为命题、主张、想法等抽象对象。

评价最显著的特征是"主观性"，因为无论是评价行为的实施，还是评价内容的表达，都与评价主体的主观判断及情感态度密切相关。"主观性"之下又可细分为五小类：表述性、价值负载性、比较性、相对性、层级性，这五方面共同构成了评价的特征。

评价"表述性"的体现方式主要有两种。当评价对象为某种事物，"表述性"表现为对此事物属性的主观概括和表达，如"老张家的姑娘不但长得漂亮，还勤劳能干"一句中，说话人针对评价对象"老张家的姑娘"的外貌特点和内在品质，分别用"漂亮"及"勤劳能干"加以评价。当评价对象为某种主张、想法或命题，"表述性"表现为对其的主观看法和情态，如"他确实是个好人"一句中，说话人用副词"确实"对命题"他是个好人"进行确认性评价，同时表达了说话人肯定、确信的主观情态。

评价的"价值负载性"指的是评价结果体现了评价主体在"好—坏""真—假""善—恶"等方面所做出的价值判断。从"价值负载性"来看，评价可以分为积极评价和消极评价两类。Hunston 等人（1999）将"价值负载性"分为四类：好—坏（good – bad）、确定性（certainty）、期待性（expectedness）、重要性（importance），统称为"评价参数"（parameters of evaluation）。

评价的"比较性"指评价的实施必须参照一定的标准。评价标准既可以是具体的参照体，也可以是抽象的指标。美国社会语言学家 Labov W.（1972）曾指出，比较性是评价的重要特征，评价结果是评价主体将评价标准与评价对象相比较而得出的。

评价的"相对性"指的是评价行为的实施和评价结果的表达是相对的。评价主体采用不同的评价标准对同一评价对象做出评价，或是不同评价主体基于不同视角对同一评价对象做出评价，所得出的评价结果也不尽相同。

评价的"层级性"指评价结果不仅包含评价主体对评价对象属性的主观判断，也包含对评价对象属性程度量的主观表达，如 Labov W.（1972）所提及的英语副词和形容词的比较级及最高级。评价的"层级性"在句法形态上也有所体现，如汉语中"他难过""这件衣服贵"等主语加上光杆形容词的句子在句法上

---

① 根据心理学的研究，"情感"是指人脑对客观现实与个人需要之间关系的一种反映，是对客观事物是否符合自己需要而产生的主观体验和评价。"态度"是对外界刺激形成总体评价与稳定的反应倾向（周家骥等，2002）。可见评价主体的主观情感和态度也属于评价的组成部分。

不成立，使其合法的途径之一就是在形容词前加上表程度量的副词如"比较、很、非常、特别"等，使其成为具有层级性的评价句。

三、评价系统

国外语言学界在评价系统研究方面起步较早，取得的成果也较多。在英语评价系统的研究方面，Martin 和 White（2005）首先将其分为"介入""态度""级差"三个子系统，每个子系统下又划分为若干小类。此项成果填补了系统功能语言学对人际意义进行系统性研究的空白，但也存在着一些不足，如研究对象主要集中在词汇层面；对子系统的划分缺乏理论依据，子系统成员存在交叉；"介入"子系统分类过繁，界限也不够清晰等（刘世铸，2010）。

现代汉语评价系统具有层级性。索绪尔（1980）指出，语言是一个符号系统，这些符号不是散乱地堆积在一起，同层的语言符号单位在形成线性组合关系的同时，还共同参与构成更高一级的单位，体现出较强的层次性。现代汉语评价系统由各级语言单位有序组合而成，成员包括词汇、话语标记、句子、语篇，我们将其称为"评价项"，其所包含的评价意义为"评价义"，各级"评价项"及"评价义"共同构成了一个形式与意义相结合的现代汉语评价系统。

现代汉语评价系统的内部成员有典型性与非典型性之分。我们以能否明晰表达评价主体的价值判断和主观情态为标准，如果某一层级的评价项能明确表达评价主体的价值判断或主观情态，就是典型评价项，否则就是非典型评价项。之所以设立这样的判断标准，是考虑到一个完整的评价结构通常包括评价主体、评价对象、评价标准、评价结果四部分，其中评价结果是评价主体依照评价标准对评价对象所做出的价值判断，也包含着评价主体在这一过程中所体现出的主观情态，因而是评价结构中最为重要、最受关注的要素。其他评价要素如评价对象和评价标准，虽然也是评价过程中必需的成分，但主要是为得出评价结果服务的。

四、评价项

按照语言单位的层级排列，现代汉语评价系统可依次分为词汇层评价项、句子层评价项、话语标记层评价项、语篇层评价项。词汇层评价项依照能否明确表达评价主体的价值判断和主观情态，可划分为典型评价项及非典型评价项。典型评价项包括评价性形容词、评价性副词、评价性动词、叹词。非典型评价项虽然也包含一些评价要素，但无法独立明确地表达出评价主体的价值判断或主观情态，需要和其他词语一起才能完成表达。这类成员主要包括：带评价义的名词、认证义动词、程度副词、带评价义的量词、语气词。本书第三章至第七章对其中部分成员作了考察分析。

句子层评价项可简称为"评价句"。依据陆俭明（2004）所归纳的句子意义及影响其产生的要素，可将评价句分为三类：基于句式义的评价句、基于具体词汇义和抽象关系义的评价句、基于语气义的评价句。本书第三章、第十一章和第十二章对评价句进行了描写考察。

话语标记层评价项是现代汉语评价系统的典型成员。话语标记是指篇章中用来表达说写者主观情态（包括立场、视角、态度、情感）以及表达前后语句关联（衔接、连贯）的、独立于句子里的句法及语义结构之外的比较特殊的词语（包括某些连词、副词、感叹词以及某些短语），对命题真值不产生影响（曹秀玲，2016）。简言之，话语标记指序列上划分言语单位的依附成分，具有主观性和程序性等特点（Traugott，1995，1997；Traugott & Dasher，2002）。虽然话语标记通常不具备词汇及语法意义，但其能明确反映出说话人的主观情态，在表达说话人交际意图、影响听话人理解方面发挥着重要作用。本书第二章和第十一章的部分内容分析了评价性话语标记。

语篇层评价项是现代汉语评价系统中最复杂的评价项。在评价语篇的研究方面，结构主义侧重考察其语言结构和语法语义特征，系统功能语言学不仅从语言内部研究语篇，也从语言使用者、语言环境、交际目的等外部视角分析语篇的评价功能。本书第八章、第十一章和第十二章的部分内容考察了语体及语篇视角下评价语言表达的特点。

五、结语

作为全书的开篇，本章简要回顾了以往的研究成果，界定了基本概念，如评价是指作为评价主体的说写者对评价对象的主观价值判断，及评价主体在此过程中所体现出的情感、态度和立场。评价最显著的特征是"主观性"，"主观性"之下又可细分为五小类：表述性、价值负载性、比较性、相对性、层级性。

现代汉语评价系统是一个形式与意义相结合的、具有层级性的系统，由评价项和评价义构成。其评价项可依次分为词汇层评价项、句子层评价项、话语标记层评价项、语篇层评价项，其成员有典型性与非典型性之分，划分标准是能否明晰表达评价结果和评价主体的主观情态。

第二章　现代汉语评价系统研究述评

一、引言

从发展历程来看，汉语评价系统研究可分为开创期、初步发展期和深入发展期三个阶段。我们将根据不同阶段的研究对象、研究方法等内容，对研究成果进行分类整理和述评。

二、开创期

20 世纪 70 年代至 80 年代初期是汉语评价研究的开创期。该时期的主要特点是：研究范围集中在词汇层面，对后续研究具有较强的指导作用。如赵元任（1968）在 *A Grammar of Spoken Chinese* 一书中把副词分为九类，其中一类就是"表示评价的副词（adverbs of evaluation）"，包括了"倒、幸亏、居然、果然"等 24 个副词，该小类副词可以表达评价主体的价值判断及主观情态。朱德熙（1982）指出"值得、配"都有"表示估价"的作用。这两个词可与程度副词及否定副词搭配，使句子具有价值负载性和层级性。

三、初步发展期

20 世纪 80 年代末到 90 年代末是汉语评价研究的初步发展阶段。这一时期主要围绕词汇褒贬义展开深入讨论。词汇的褒贬义就是积极性或消极性的评价意义，学者们有的关注来源于词语基义的评价意义（刘缙，1993），有的关注来源于陪义的评价意义（周荐，1985），有的关注来源于词语超越词界搭配所产生的评价意义及其对同现句法成分的选择（袁毓林，1987），这表明汉语评价研究在关注词汇层面的同时，也开始关注句子层面。

四、深入发展期

20 世纪 90 年代末至今是汉语评价研究的深入发展期。这一时期的研究在数量和质量上都有较大提高。主要体现在以下两方面：①研究内容更加全面深入。除了词汇语义层面的褒贬义研究及跨词界的"褒化"及"贬化"研究（张志毅等，2005；邹韶华，2007）之外，名词、副词、动词、形容词等词类及话语标记、特殊句式的评价研究也引起了学界关注。此外评价研究开始与语体相结合，如广告语体中的评价语研究（宗世海，2006）、网络时评的语篇及评价功能研究（陈明瑶，2008；陈景元，2012）等。②所运用的研究理论和方法更为多元。除了传统的词汇语义学、结构主义分析法之外，研究者还采用了功能主义语言学中的评价理论、构式语法理论、语料库语言学、语用学等。我们重点对该时期的研究成果进行分类述评。

（一） 词汇层评价项

词汇的评价研究主要从词的评价意义和功能两大方面展开，评价意义主要体现在词语的消极意义和积极意义，评价功能主要体现在评价句中各类词语的位置和所充当的评价性成分。

1. 典型评价词语

在词汇层评价项中，典型成员主要包括评价性形容词、评价性副词、能愿动词、心理动词、叹词。评价性形容词主要对评价对象的性质、状态、程度量进行表述，能够明确表达评价主体的价值判断，凸显评价五方面的特征，在评价系统中的地位重要。张国宪（2006）考察了部分性质形容词和状态形容词的评价功能，指出性质形容词是无界的，可以出现在评价主体与参照体同现的"NP$_1$ + 比 + NP$_2$ + ____"句式，也可以作定语表达恒常性评价；状态形容词是有界的，侧重凸显事物属性的程度，主要功能是作谓语和状语，表达临时性评价。

评价性副词也涵盖了评价的五方面特点，可分为三小类。第一小类是词义实在、具有积极或消极评价意义的副词，常用于从物评价，如"稳步、秉公、蓄意、擅自"等，这类副词在描述动作行为的方式、状态的同时，也表达了评价主体对动作及其发出者的评价，常位于动词、形容词之前，不能位于句首。第二小类评价性副词的句法位置灵活，常用于从言评价，表达对句子所包含命题的价值判断或主观情态。第三小类属于非典型评价词语，我们将在后文加以分析。

上述副词中最受关注的是第二小类。学者们对其定名各不相同，赵元任（1979）称之为"评价性副词"，齐沪扬（2002）和张谊生（2000）分别称之为"语气副词"和"评注性副词"。齐沪扬（2002）借鉴沈家煊（1999）的标记性理论，将语气副词分为肯定评价和否定评价、传信评价和传疑评价两类，其中肯定评价和传信评价是无标记的，否定评价和传疑评价是有标记的。张谊生（2000）将评注性副词所表达的情态概括为十小类，提出了"评价辖域"的概念，并从语用视角考察了该类副词的语篇功能。

陈景元、高佳（2012）将"元语"概念①（沈家煊，2009）与 Martin 评价理论相结合，指出前述第一小类描摹性副词具有明显的褒贬评价意义，而第二小类评注性副词具有元语评价意义。元语评价表明说话人对命题或述题的真实性、可能性、必然性、确定性、合意性和意欲性等态度，是评价的重要参数。褒贬评价与元语评价一起，表达说话人和受话人之间的人际互动，共同实现评价功能。邵洪亮（2013）对评注性副词"还是"进行了个案考察，指出其具有典型的元语用法，其作用在于"引述"而不影响命题，表达的是主观上的"非断然"选择。

能愿动词也称为"助动词"，具有"表述性"和"层级性"等评价特征，常用于从言评价。齐沪扬（2002）从语气系统的视角出发，指出助动词常被看作意志语气②类别中的形式标记。能愿动词从评价意义来看可分为两类，一类是对命题是否为真的确认性评价，如"可能、会、要₁"等；一类表说话人的立场和态度，如"愿意、想、要₂、应该、必须"等。贺阳（1992）在研究汉语书面语的语气系统时分别将这两类评价称为"模态语气"和"履义语气"。

彭利贞（2007）以动词作为切入点，将情态分为"静态情态"和"动态情态"两类，前者表现为能愿动词与静态动词搭配，主要表达确认性评价；后者表现为能愿动词与动态动词的搭配，主要表达说话人的态度和立场。宋永圭（2007）对能愿动词"能"及其参与的否定构式进行了个案分析，指出"不"为情态否定标记，而"没"为非情态否定标记。杨曙、常晨光（2012）将韩礼德的系统功能语法理论中对语言韵律结构的研究视角和方法运用在现代汉语小句中的能愿动词研究，发现能愿动词所具备的情态意义在现代汉语小句层面的实现方式呈现出韵律特征。具体而言，能愿动词可在句首作为主位化评价，主导从属小句的情态意义；也可在句中连用以强化说话人的情态意义；还可在句末作为信息焦点，情态韵律由句尾新信息回射到前面的小句成分。

这里所说的"心理动词"单指表情绪的动词，也就是吕叔湘（1942）③ 在动词分类时提到的表"心理活动"的动词如"爱、恨、怨、悔、感激、害怕"等，不包括表知觉的动词如"注意、感觉、打算、主张"等。周有斌、邵敬敏（1993），胡裕树、范晓（1995），陈昌来（2002）都注意到了心理动词所具有的程度量特征。心理动词也具有"相对性、层级性、价值负载性"等评价特征，其语法化程度比能愿动词低，心理动词的评价主体既可以是说写者也可以是句中

---

① "元语"的概念是沈家煊（2009）在《副词和连词的元语用法》一文中提出的。该文指出，元语是用来指称或描述语言的语言。典型的元语以引述的形式出现，引述的用意不在传递命题内容，而在表明说话人对所引述的话语的态度。如否定副词"不"的元语用法就是在引述一个说法的同时对这个说法表示否定的态度。

② 齐文所指的"意志语气"是以说话人对说话内容的态度和情感为依据划分出来的语气类别，具有主观性的特点。

③ 吕叔湘一书《中国文法要略》于 1942 年初版，1990 年由商务印书馆出版。

主语，而能愿动词的评价主体多为说写者。

张积家、陆爱桃（2007）运用心理语言学的实验方法，指出被试的 107 名大学生将汉语心理动词的语义空间分为"认知/情意"和"积极/消极"两个维度，并将汉语心理动词分成五类：认知类、积极情绪类、消极情绪类、积极意愿类、消极意愿类。可见心理动词的评价特征尤其是价值负载性在人的心理认知层面有较为明显的表征。

叹词多用于口语，音高变化非常灵活，刘宁生（1987）和杨树森（2006）都指出叹词具有表达说话人主观情感的作用。杨树森（2006）指出叹词主要独用，极少入句，此时叹词可作为独词类感叹句，表达惊讶、赞叹等主观情态。周国光（2016）认为叹词可以表达人的多种情感、态度，具备动词的诸项语法特征，但带宾能力较弱，属于非典型的有生自主动词。

2. 非典型评价词语

大多数的名词、动词、量词、介词、代词、语气词不具备前文所述的评价特征，但也有部分成员或具有评价意义，或在句中参与评价表达，它们可归入非典型评价词语。

对名词的评价研究主要集中在名词的褒贬义及其与语素构成的关系两个方面，张志毅、张庆云（2005）列举了具有情态陪义的名词；符淮青（1996）注意到"人杰、名产、珍品"等名词所含语素"杰、名、珍"等具有"种差表评价"的作用。刘慧（2009）将带评价义的语素称为"元评价项"，如带评价义名词"文豪、酒鬼、佳丽"中的元评价项是"豪、鬼、佳、丽"，含"元评价项"的词语含有评价性的词汇义。

大多数表达动作行为的动词不带有评价义和主观情态，但部分动词可以作为评价行为出现的标志词。方梅（2005）考察了表认识和见证义的"认证义动词"，如"觉得/觉着、想、看、感觉"等。该类词去动词范畴化的倾向较明显，其后小句可以表达言者的主观态度和看法，因而可以作为引出说话人主观评价的动词。此外，判断动词"是"也是常规评价句的标志词之一，Susan Hunston（1999）称之为评价句中的"铰链词（hinge）"。

绝大多数量词不具有评价意义，但也有一些量词高频搭配具有积极或消极意义的词语，因而在句中表现出积极或消极的语义韵。邵敬敏（1996）发现有一小类动量词具有褒贬倾向并将其定名为"情态量词"。刁晏斌（2005）考察了量词色彩义的动态发展过程。

刘悦明（2011）运用 Martin 的评价理论，通过外显性评价手段来分析汉语中的量词，指出量词具有评价意义，主要集中在态度系统和级差系统，可分为独立评价意义和伴随性强化评价意义。具有独立评价意义的词属于评价系统的典型评价项，因为其能不依赖其他句子成分、独立明晰地表达评价主体的价值判断和主观情态。但是汉语中的量词离开所修饰的名词、动词无法独立明晰地表达评价意义，因而属于非典型评价项，具有辅助性评价功能。

介词在评价句中可以起到介引评价成分的作用。如在"他对集邮很感兴趣""小王在唱歌方面很有天赋""按照法律规定，酒后不能驾车""他为祖国的繁荣富强感到自豪"这几句中，介词"对、在、按照、为"分别起到了介引评价视域和评价依据的作用。

代词本身没有评价意义和功能，但部分人称代词及指示代词与其后的名词（主要是表人名词）搭配可表达说话人的主观态度。张爱玲（2008）研究了对话体中经常出现的"单数人称代词＋指人专有名词"结构，指出其带有反谦敬色彩，可协助说话人对他人的观点看法进行消极性的回声型评价。吴早生（2010）讨论了"这/那"指别功能与主观评价及话题功能之间的联系，并从认知语言学的"三域"（行域、知域、言域）角度进行了解释。李劲荣（2013）考察了同位结构"我/你一个NP"的主观评价性，指出该结构常出现于对话语境，对意料之外的情况进行现场评论，目的是探究相关当事人的责任，即"我一个NP"是推脱责任，"你一个NP"为追究责任，即"问责式"评价。

语气词不是构成意志语气即表情态意义的必要成分（齐沪扬，2002）。表评价时语气词不一定必须出现，齐沪扬对语气词进行了深入研究，指出非典型语气词的评价功能强于典型语气词，一些非典型语气词如"罢了、也好、着呢"分别带有评价主体轻视、容忍、夸张的情态。赵春利、石定栩（2015）基于评价句的态度关联，提取了语气词"呗"的核心语义"应而不愿"及其四种态度取向：不在乎、无奈何、不耐烦和不满意，并从逻辑范畴解析了语义关联对四种"呗"态度取向的语义制约性。此外，语气词还可参与构成带有主观情态的固定格式，如"V啊V啊"可以表示对动作程度量的高量评价，"X就X吧"可以表示说话人不介意或者不满意的态度。

前文提及的评价性副词中的第三小类是指参与构成评价"层级性"和"比较性"的程度副词、频率副词和范围副词，它们不能独立表达评价，也属于非典型评价词语。如石定栩、孙嘉铭（2017）比较了近义词"常常"和"往往"，指出前者是客观的频率副词，后者是主观的概率副词。"往往"不充当状语，而是对小句命题做出评价。孙嘉铭、石定栩（2020）从评价表达维度考察了副词"一直"和"总是"，指出前者是情状副词，后者是概率副词，二者句法功能不同。"一直"在句子中描述事件或动作的状态，"总是"则表达说话人的主观判断和主观预期。

（二）句子层评价项

句子层评价项也称为"评价句"。Labov（1972）归纳了句子中四类具有评价力（evaluative force）的语言手段：语气加强手段，如语音、不定量词、重复等；比较手段，包括否定词语、将来词语、情态词语、问句、祈使句、比较级和最高级或小句等；关联手段，包括非限定性现在分词短语、双重同位语和定语等；说明性从属小句，即由从属连词引导的小句。此外，Hunston 和 Sinclair (2000) 考察了英语中六类表达评价的句型：① It + 系动词 + 形容词词组 + 小句。② There + 系动词 + something/ anything/ nothing + 形容词词组 + about/in + 名词词组/-ing 小句。③系动词 + 形容词词组 + to-不定式小句。④系动词 + 形容词词组 + that 小句。⑤假分裂句。⑥带"形容词 + 普通名词"的句式。上述的第①种句型又被称为"评价型强势主位结构""主位化评述结构"等，苗兴伟 (2007)、柴同文 (2007)、张克定 (2007) 从功能语言学的角度考察了该句式的评价功能。杨信彰 (2003) 分析了英语语篇中的评价性手段。

我们参照陆俭明 (1987, 2004) 归纳出的句子意义的构成 (见图1)，将评价句分为三小类：基于句式义的评价句、基于具体词汇义和抽象关系义的评价句、基于语气义的评价句。第一小类评价句具有特殊的句法构式；第二小类属常规句式，句中包含典型及非典型评价词汇；第三小类评价句主要指感叹句、反问句。

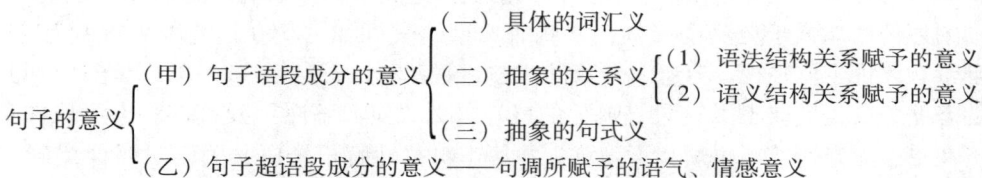

图1　句子的意义构成（陆俭明，2004）

1. 基于句式义的评价句

该类句子的评价意义主要来源于句子的构式，是汉语中极富特色的一类评价句，这方面的个案研究较多。从研究内容来看，储泽祥 (2003) 详细考察了述评性格式"NP 一副 X 的样子"的结构及功能，指出该格式具有贬义倾向，其中作为局部的"X"的语义内容和功能对其贬义倾向有较大影响。有研究者分析了该类评价句的特点及语篇功能。如刘长征 (2007) 指出进入"（X）整个一（个）Y"格式有明显的讽刺和戏谑色彩，其所处的篇章语义结构一般分为"对原因的描写说明"以及"结论"两个层次，"（X）整个一（个）Y"处在结论层，两个层次的顺序可以灵活互换。郑娟曼、邵敬敏 (2008) 考察了表负面评价义的格式"都是 + NP"，其所在语篇结构上有三个语义因子：后果因子、责怪因子和解说因子，三种因子排列组合的顺序十分灵活。吉益民 (2013) 研究了表极性评价的构式"X（的）Y"，指出其极性评价义的生成是构式赋义、极性传导和语境帮衬共同作用的结果。

学者们运用语用学、认知语言学等理论分析了评价句的形成动因。如郑娟曼、邵敬敏（2008）运用语境频率效应、象似性原则、经济原则、焦点凸显原则解释了"都是＋NP"表责怪义的原因。"都是＋NP"格式是对会话"经济原则"的运用，将消极事件的肇事者作为焦点凸显，符合人类的"理想化认知模式"（ICM）。郭圣林（2009）应用语用学中的面子理论，指出表不满情绪的"爱V不V"格式是说话人遇到"威胁面子行为"时，把事件"V"的主体归入与自己无关的"外人"，借疏远对方来表达自己的不满，同时保全面子。孙鹏飞（2017）指出"X还来不及呢"构式义为"言者（或言者认为某行为主体应该）主观上倾向于选择'X'动作或处于'X'状态"。该结构的构式化机制是"重新分析"和"类推"，结构隐喻是其得以构式化的根本动因。"反预期""申辩""主观高量评价"为该构式的主要话语功能。

从评价性来看，该类评价句的研究对象多为消极评价句，占到了研究对象总数的88.9%。研究对象中消极评价句占多数，而现实情况恰好相反。邹韶华（2001）指出汉语积极评价句的数量远多于消极评价句。由于消极评价句多属于有标记句式，在格式、语序、信息焦点等方面与常规句式不尽相同，因而引起了研究者的关注。

从语体特征来看，该类评价句研究对象具有明显的口语语体色彩，口语评价句占研究对象总量的72.2%。汉语口语评价句较短，其评价义多通过特殊构式产生，而书面评价句的评价义多通过评价性词汇和抽象关系义产生。

2. 基于具体词汇义和抽象关系义的评价句

基于具体词汇义的评价句和基于抽象关系义的评价句很难截然分开。相较而言，前者的评价功能更倚重评价词汇，后者则更倚重句法关系。

（1）基于具体词汇义的评价句。

该类评价句研究可以分为"量性评价句"研究和"量质结合的评价句"研究两类。对量性评价句的研究集中在主观量上。陈小荷（1994）将狭义主观量分为"主观大量"和"主观小量"两类，归纳并分析了表达主观量的三种主要手段：句重音、副词、语气助词。王群力（2005）进一步把"主观量"区分为"主观量₁"和"主观量₂"，认为前者是含有主观评价意义的量，后者是主观评价意义得以产生的一个主观评价标准。张谊生（2006）考察了主观量标记"没、不、好"，指出"没"和"不"可以用来对客观量进行减量评价，"好"可以用来对客观量进行增量评价。

量质结合评价句包括述补结构句、"动词/形容词＋程度补语"结构句、"程度状语＋动词/形容词"结构句等。陆俭明（1990）将述补结构"VA了"的语义分为"某种结果的实现"和"某种预期结果的偏离"两类，后一类语义可以表达说话人的消极评价，如"挖浅了、买贵了"等。在"动词/形容词＋程度补语"的结构研究方面，刘兰民（2003）考察了"极、透、死、坏"四个极性程度补语在句中所体现出的评价性倾向。以往观点认为"透顶"常与贬义词语搭配，"绝顶"常与褒义词语搭配，张谊生（2008）通过考察发现目前"透顶"也逐渐和褒义词语搭配，表达积极评价。在"程度状语＋动词/形容词"结构研究方面，田宏梅（2006）利用语料库语言学的研究方法，考察了"有点儿"的左右搭配情况，印证了"有点儿＋形容词"大多表示消极评价的结论。周娟（2006）分析了新兴的高量级程度副词"巨、狂、超、暴、奇"流行的原因之一是其具有强烈的表情功能。

（2）基于抽象关系义的评价句。

该类评价句如被动句和比较句。屈承熹（2006）曾提到汉语"被"字句具有很强的消极意义，即事件的发生是不如意的。但其同时指出，年青一代所使用的"被"字句的消极含义正在减弱，可见"被"字句的消极评价功能具有动态性。

"比较性"作为评价的一个重要特征（Labov，1972），在句子层面的表现之一为比较句。目前从评价视角对比较句的研究主要集中在带有能愿动词的比较句研究及带有否定副词和评价副词的比较句研究。如邵敬敏、刘焱（2002）分析了"比"字句的构成要素，指出"比较结果"由比较属性与比较差值构成，比较属性是指比较以后得出的对差异的主观评价。无论是形容词还是动词性的比较结果，都必须具有［＋程度］的语义特征。这些论述也体现了评价"比较性、层级性、相对性"的特点。史银姈（2003）指出"X 比 Y 还 Z"和"X 不比 YZ"两种句式都属于反预期句式，带有说话人的主观情态。许国萍（2007）通过定量统计发现助动词"会、应该、可以、可能"多位于比较词前，对整个命题进行限制，常表达说话人对命题真实性的评价；助动词"能、要"多位于结论项中，常表达说话人对评价对象的能力和主观意愿方面的评价。

此外，刁晏斌（2001）研究了口语比较句式"比 N 还 N"，周静（2006）和王洁（2007）研究了"N 中的 N"结构，周静认为该结构有增加程度义的作用，王洁将该结构的语法意义归纳为性质义的量级递推。本书第三章比较了"程度副词＋有＋N""程度副词＋N""比 N 还 N"和"N 中的 N"四种评价性结构在语体色彩、构成成分、句法分布等方面的异同，指出其都具有对事物性质的程度量进行主观评价的功能。

3. 基于语气义的评价句

该小类评价句如感叹句和反问句。感叹句研究方面，吕叔湘（1942）强调感叹句的基本作用是"表达感情"。相对于其他句类来说，感叹句的主观性和表达情感的程度更强、方式更直接（杜道流，2005），可以视为典型评价句。孙仁生、陈兆福等（2002）根据所表达的感情种类和程度的不同，将感叹句分为"惊叹句、赞斥句、抒叹句"三种。杜道流（2005）在分析独词类感叹句时，将其分为"主动评价"和"被动应激"两种类型，前者具有陈述性，后者具有指称性。

李成军（2005）提出了"感叹义子"的概念，狭义的"感叹义子"专指感叹句中说话人或主体主观评价的具体结果。李文认为相对于比较句而言，感叹句的评价标准更为主观，比较句的评价标准相对客观、固定。

对于反问句是否具有评价功能，学界存在不同看法。持肯定观点的有张志公（1980）、邵敬敏（1996）、刘娅琼（2004）等，其中邵敬敏指出反问句可以表示说话人内心的不满情绪，刘娅琼认为反问句的语用附加义之一是表示评价。持否定观点的如殷树林（2006）。我们认为，反问句在表否定的同时带有说话人较为明显的情感态度，可归入典型评价句。

（三） 话语标记层评价项

与词汇层评价项和句子层评价项相比，话语标记层表达评价的方式及其所表达的评价意义和功能与前两者不尽相同，三者相辅相成。话语标记除了调控话轮和话题等作用之外，在话语评价功能方面所发挥的最重要的作用就是反映说话人的主观情感和态度，表达说话人的交际意图，促进与听话人的互动。因此，话语标记层的评价意义和功能常体现在语用层面，多用于从言评价，表达说话人的主观情态，价值负载性较为明显，可视为典型评价项。此外有一些话语标记主要承担语篇、话题及话轮衔接和转换等功能，在表达说话人的主观情态方面较模糊，评价意义和功能也较弱，可归为非典型评价项。

近年来话语标记的研究成果较多，我们选取其中的典型评价项，将其评价意义和功能列出，如表 1 所示。

表 1　话语标记层典型评价项的意义及功能

话语标记	主观态度及价值负载性
"当然"（玄玥，2017）	作为话语标记的"当然"可以加强说话人的主观肯定语气，强调判断的确切性，体现出说话人自信的主观情态
"对了"（李艳，2010）	话语标记"对了"表示说话人惊讶的主观情态。其所衔接的后续句、后续话题往往是说话者此前没有想到的、意料之外的
"不对"与"对了"对比分析（胡乘玲，2014）	话语标记"不对"的核心语用意义是表示突然想起或醒悟，也有自我修正和补充说明的语用意义。"不对"前指旧信息，起到话轮转接的作用。"对了"后指新信息，起到话轮延续与转接的作用
"够了"（张宏国，2014）	话语标记"够了"总体上表达了说话人的否定态度。可以作为话轮标记或不礼貌标记。在不礼貌标记功能下，"够了"表达说话人批评指责、警告劝诫、讽刺挖苦等主观情态

（续上表）

话语标记	主观态度及价值负载性
"糟了" （张宏国，2016）	作为话语标记的"糟了"表达的是说话人的否定态度或消极评价
"得了/得了吧" （李萌，2016）	作为话语标记的"得了/得了吧"表达对听话者或自己的言语行为的否定性的评价，多带有说话人不耐烦、不屑的情感态度
"看你"类话语标记 （你看你/看你、你瞧 你/瞧你） （李宗江，2009）	这些由祈使句形式变来的话语标记，是说话人想表达对听话人的负面评价，故采取一种让对方参与的祈使句形式，以降低因自己的看法态度和情绪给人带来的心理影响，体现了话语标记的交互主观化
"别看" （张金圈，2016； 刘焱，2009）	"别看"用来引出说话人认为与受话人预期不一致的信息并提请受话人注意（张金圈，2016）；"别看"是反预期信息标记，其核心意义是表示说话人的实际认知与预期认知相反（刘焱，2009）
"依我看" （周德庆，2021）	作为话语标记的"依我看"可以位于句首和句中，其功能主要包括：提示转折，表达不同观点意见；提醒听话人注意，说话人即将发表自己的观点；舒缓语气，委婉表达说话人的主观评价、推测、建议
"别说" （董秀芳，2007）	提醒听话人注意出乎意料的某个情形的真实性
"谁知道" （董秀芳，2007）	表达说话者不确定、没把握的主观情态，具有话语连接功能
"对不起" （汪梦翔、王厚峰， 2013）	标异启下功能。说话人主观上认为"对不起"后所陈述的是出乎听话人意料之外的会给听话者带来不利影响的内容。因此有意让听话人做好准备，以便有个心理准备
"倒好" （胡承佼，2016）	"倒好"表意外性的主观评价，具有话语标记倾向。既可以表达说话人不满意、不认可、反对等消极情态，也可以表达满意、认可、赞成等积极情态
"也好" （张恒君，2015）	话语标记"也好"表达说话人对前述的话语内容的让步性弱认同（有保留性的积极评价），话语标记"也好"还有语篇衔接和拟对话功能
"才好" （邵长超，2016）	作为话语标记的"才好"可以起到强化说话人希望、轻蔑，或消极应对的主观情态的作用

（续上表）

话语标记	主观态度及价值负载性
"说真的"（有时也作"讲真的、说真话、说句真话、真的"等）（苏俊波，2014）	话语标记"说真的"表明说话人对自己表述内容的真值性评价。虽然不合听话人的想法或常情，但符合听话人自己认为的实情，提醒听话人予以关注
北京话话语标记"是不是""是吧"（李咸菊，2009）	作为话语标记的"是不是""是吧"表达的是说话人肯定、确认之前的旧信息，提示、凸显之后的新信息，并具有帮助说话人赢得思考时间、辅助话语的衔接等语用功能
话语标记"没"与"差点儿VP"结构的结合（杨子，2017）	话语标记"没"所体现的"出乎意料"义，是交际者对命题内容谓语部分的主观评价
"V起来"（江洪波，2020）	"说、看、听、算、想"等少数动词与"起来"构成评注类"V起来"话语标记，表示说话人对情况的推测和估计，带有很强的主观色彩
作为话语标记的"真的"（方清明，2012）	作为话语标记的"真的"表示说话人确认、强调的主观情态
"你懂的"（杨国萍，2016）	话语标记"你懂的"表明说话人隐晦含蓄的主观情态，具有"不可说""不用说""说不出"三大语用功能
"问题是"（张璐，2015；李宗江，2008）	话语标记"问题是"表达的是说话人的负面评价（李宗江，2008）。此外还具有表"深究"的递进性、"预设否定"的转折性等篇章连接功能，以及表"主题变化"的话题标记功能（张璐，2015）
"再怎么说"（王刚，2015）	话语标记"再怎么说"表明说话人提醒、明示后续内容的主观情态，并且在语用上具有加强语气的作用
"别说"（兼与"别提了"进行比较分析）（周莉，2013；尹海良，2009；侯瑞芬，2009；韩蕾、刘焱，2007）	"意外"是话语标记"别说"的核心义（韩蕾、刘焱，2007）。即说话人发现自身的预期或者听话人的预期与现实情况不一致的一种主观评价和认知连贯功能（周莉，2013）。话语标记"别说"表达了说话人"确认"和"标异"的主观情态（尹海良，2009）。"别说"是说话人通过表面的自我否定来表示对听话人看法的认同。作为话语标记的"别说"后面不能出现负面评价。"别提了"是说话人表达不如意心情的话语标记（侯瑞芬，2009）

（续上表）

话语标记	主观态度及价值负载性
"你说" （盛继艳，2013）	话语标记"你说"多用来表达说话人的消极评价，以及个人困惑情绪的表达，仅用于口语对话
"你说你" （杨江，2016）	话语标记"你说你"体现了说话人对听话人言行进行否定和责怪的主观情态
"不是我说你" （乐耀，2011）	作为话语标记的"不是我说你"结构表达了说话人强调后续话语内容、唤起听话人对后续话语注意的主观情态
"我说什么来着" （朱红、关黑拽，2016； 吕为光，2011； 郭娟，2009）	话语标记"我说什么来着"表达了说话者自豪、炫耀的主观情态（郭娟，2009）。其语用功能是对听话人行为的不满和抱怨（吕为光，2011）。其最根本的语用功能是提醒听话人注意现实情况与说话人的预期一致，同时具有一定的语篇组织功能和人际互动功能（朱红、关黑拽，2016）
"夸张地说" （高群，2014）	话语标记"夸张地说""不夸张地说""毫不夸张地说""可以毫不夸张地说"凸显说话人强烈的主观情感、评价、态度
"谁说不是" （刘丞，2013）	话语标记"谁说不是"表示说话人在应答的同时给予听话人情感上的认同，既可延续、转换话题，也可终结话轮
"何必呢" （张田田，2013）	话语标记"何必呢"表达了说话人委婉的隐性否定的主观情态。在言语交际中具有语篇组织、人际互动等语用功能
"我去" （周青作琪、黄芳， 2020）	"我去"由詈骂语发展成具有评价功能的话语标记词。可以表达消极否定的态度或愤怒惊讶的情绪，还可以表达惊喜、意外或敬佩的语气
"怎么" （刘焱、黄丹丹，2015）	话语标记"怎么"是一个反预期标记，表达说话人"惊异或意外"和"批评或嗔怪"的主观情态。"怎么"还具有开始话题和切换话题的语篇功能
"怎么着" （徐小波，2014）	话语标记"怎么着"的核心语用义是表达说话人的不满情绪和说话人猜测会话意图。其还具有引发、回应、转移、延续话题等语用功能
"怎么说呢" （吕为光，2015）	话语标记"怎么说呢"表达说话人的迟疑情态。汉语中具有迟疑功能的语言形式很多，"怎么说呢"与其他形式相比具有保持听说双方同步交际状态、保持语篇连贯、主观调节和弱断言等特殊语用价值

（续上表）

话语标记	主观态度及价值负载性
"一句话"（李绍群，2013）	话语标记"一句话"是总括评注性话语标记出现的。其凸显并强调说话人的主观看法，如赞赏、感激、认同、指责、批评、无奈、不满等
"这不"（兼与"可不"比较）（胡建峰，2010；于宝娟，2009）	话语标记"这不"表达了说话人对自身观点真实性的肯定评价，是一个具有证言功能的话语标记（胡建峰，2010）。话语标记"可不"是说话人对会话中另一方观点真实性的肯定评价（于宝娟，2009）
"我告诉你"（董秀芳，2010）	话语标记"我告诉你"可以表达说话人警示、重申、提醒等主观情态，表示强调其后引进的话语
"瞧（看）你说的"（李治平，2011）	话语标记"瞧（看）你说的"可以表达说话人的两种消极情态：从其后续话语内容或反驳对方观点，或责怪对方言辞不当
"你不知道"（周毕吉、李莹，2014）	"你不知道"作为话语标记使用时，具有衔接对话的语篇功能，意在提醒听话人注意下面的说话内容；或者主动提供新的信息给听话人，以指出听话人的想法、看法或做法不正确。这时往往隐含语义上的转折
"就是"类话语标记（就是说、也就是、也就是说）（史金生、胡晓萍，2013）	"就是"类话语标记是说话人为了避免局促和尴尬，缓和交际气氛而使用的。其还具有确立话题、自我修正、明示、标记迟疑等语篇组织功能

　　由表1所列话语标记中高频出现的"说"可见，话语标记多出现在对话中，具有鲜明的口语语体特征。话语标记涵盖了词、短语、小句等语法单位，以短语为主，也包括副词、连词、叹词和小句。话语标记的研究可分为"个案考察""对比分析""群案研究"三大类。"个案考察"类如对话语标记"当然"（玄玥，2017）、"糟了"（张宏国，2016）、"何必呢"（张田田，2013）的考察。"对比分析"类如话语标记"不对"与"对了"的对比分析（胡乘玲，2014）、"别说"与"别提了"的对比分析（侯瑞芬，2009）。"群案研究"类如对"说、看、听、算、想"等动词与"起来"构成的评注类话语标记"V起来"（江洪波，2020）、"就是"类话语标记即"就是说、也就是、也就是说"（史金生、胡晓萍，2013）、"看你"类话语标记即"你看你/看你、你瞧你/瞧你"（李宗江，2009）的分析等。

在研究思路和方法方面，口语中的话语标记研究多以自然会话的发展序列作为参照系，研究其在不同会话阶段中的使用模式及功能，如刘丽艳（2005）从构成会话的三个序列出发，指出"不是"在应答序列中可以表示说话人的不满、惊讶、愤怒、害怕、怀疑等情绪；在反馈序列中可以对应答人的表现予以评价，同时表达不满、遗憾等情绪。有学者注意到了已有话语标记所出现的新兴用法及语义内涵，如郑娟曼、邵敬敏（2008）区分了后附否定标记"好不好"新旧两种用法和语义偏向，旧有用法在语义偏向上以表达观点针锋相对和不耐烦的情绪为主；新兴用法则表达出说话人调侃、愉悦的情态。有学者对形态、意义和功能相近的话语标记进行对比分析，如侯瑞芬（2009）比较分析了话语标记"别说"和"别提"。指出说话人通过话语标记"别说"在表达对他人观点的否定或赞成的同时，还带有出乎说话人意料的主观情态，"别说"之后不能出现负面评价。"别提（了）"主要表达说话人不如意的主观情感。话语标记所具备的主观情态使其在不同语体中的出现频率也不同。孟晓亮、侯敏（2009）指出，话语标记的语体特征对文本分类具有一定的参考价值。

书面语的相关研究内容主要包括考察话语标记与前后小句的语义关联，分析话语标记表达言者主观情态的"元语"的意义和功能。如杨才英、赵春利（2014）考察了焦点性话语标记"X 的是"，文章从语义层面将焦点性话语标记"X 的是"分为"情感激发型、言思引发型、评判促发型"三种类型，从话语层面揭示了背景句与焦点句之间前轻后重的转折、递进、追补、因果四种话语关联对焦点句的性质及其焦点功能的制约性；并从句法层面阐明了焦点句的焦点命题与焦点标记间的诱发性语义关系。以"青壮年文盲率高达 21.63%，更严重的是，新文盲仍在不断产生"为例，话语标记"更严重的是"具有表达主观情态和评价结果的功能，其前的背景句"青壮年文盲率高达 21.63%"揭示了评价行为发生的语境和语义信息，焦点句"新文盲仍在不断产生"是焦点性话语标记"更严重的是"所指向的命题式评价对象。

从评价特征来看，表 1 的话语标记都具有评价的核心特征即表述性和价值负载性。表述性体现在话语标记可以表达说话人的从言评价，即在会话的时候利用话语标记表达主观情感态度。价值负载性表现在部分话语标记表达说话人或消极，或积极，或中性的主观情态，表 1 中表消极情态的话语标记较多，包括话语标记"够了"（张宏国，2014）、"糟了"（张宏国，2016）、"得了/得了吧"（李萌，2016）、"看你"类话语标记（你看你/看你、你瞧你/瞧你）（李宗江，2009）、"问题是"（张璐，2015；李宗江，2008）、"别提了"（侯瑞芬，2009）、"你说"（盛继艳，2013）、"你说你"（杨江，2016）、"何必呢"（张田田，2013）、"怎么着"（徐小波，2014）、"瞧（看）你说的"（李治平，2011）、"我去"（周青作琪、黄芳，2020）等，其具体的消极评价意义和功能表 1 已列出。与词汇层和句子层的典型评价项相比，话语标记的评价意义较为隐晦模糊，但就消极评价而言，模糊的暗示也许比明确的表达更有利于交际双方话轮的持续和人际关系的维持。

表 1 中表积极评价的话语标记如"也好"（张恒君，2015）、"谁说不是"（刘丞，2013）、"别说"（侯瑞芬，2009）、"这不"（胡建峰，2010）、"可不"（于宝娟，2009）等。表中性评价的话语标记如"谁知道"（董秀芳，2007）、"说真的"（苏俊波，2014）、"真的"（方清明，2012）、"再怎么说"（王刚，2015）、"不是我说你"（乐耀，2011）、"夸张地说"（高群，2014）、"怎么说呢"（吕为光，2015）、"一句话"（李绍群，2013）、"你不知道"（周毕吉、李莹，2014）、"就是"类话语标记（就是说、也就是、也就是说）（史金生、胡晓萍，2013）、"V 起来"（江洪波，2020）等。还有一些话语标记根据会话内容的不同，既可以表示积极评价，也可以表示消极评价，如"倒好"（胡承佼，2016）、"我说什么来着"（朱红、关黑拽，2016；吕为光，2011；郭娟，2009）。还有一些正在形成中的话语标记，如"按说"与"照说"（岳辉、施伟伟，2017）、"不怕你 + V"（苏小妹，2014）等也具有评价功能。

以往研究成果显示，并非所有的话语标记都具有明显的评价义和较强的评价功能，因为话语标记的形成动因和显性作用是语篇衔接、延续或转换主题及话轮，评价意义和功能是通过其语用层面的意义和功能传达出来的。如表达话语先后顺序关系的口语话语标记"完了"（方梅，2000）；具有连接作用的口语话语标记"回头"（高增霞，2004）；具有反预期和知识优势的话语标记"其实"（田婷，2017）；具有连贯、指代、推论等功能的独白式语体中的话语标记"这样一来"（王凤兰、方清明，2015）等，这些话语标记具有很强的语篇功能，其主观情态则需通过上下文语境加以分析。

（四）近期研究新动向

随着计算语言学及语料库语言学的发展，对文本及词汇的评价功能研究逐渐受到关注。这方面的研究内容主要包括：中文情感语料库、意见型语料库的主观性标注及构建（徐琳宏、林鸿飞、赵晶，2008；宋鸿彦、刘军、姚天昉等，2009；崔晓玲，2013）等。有学者将计算语言学与语体分类相结合，考察了特定语体环境下语篇的评价词汇的挖掘方法及评价性倾向的计算。如王素格（2008）和张冠元、林健（2009）分别针对网络语体中出现的"汽车产品评论"和"餐馆评论"文本，提出了获取评价性词汇和文本评价倾向的分析算法。

杨立公、朱俭、汤世平（2013）指出，目前相关研究存在的主要问题是自然语言处理的研究成果在计算机文本情感倾向分析中尚未得到广泛切合的应用，如已出版的各种字典、词典等工具书的应用价值高，但在计算机领域尚未得到重视。计算机文本情感倾向分析的准确率也有待提高。此外，计算机文本情感分析所用的各类语言工具、词典和实验语料尚未建立统一的规范标准，致使研究成果之间缺乏可比性。未来的研究应以提高情感倾向识别准确率为核心，发展多领域、跨语言的情感分析处理平台。

近年来，系统功能语言学等领域的评价研究也体现出较强的应用性。何伟（2016）为实现建构实用化的汉语评价词典的目标，依据 Martin 的评价系统理论对汉语评价词语进行梳理，界定了汉语评价词语的概念和形式，将评价词语的核心成分"态度词"划分为心理态度词、社会态度词和自然态度词三类，并扩展了评价词语的附加成分"级差词"的外延范围。陈景元（2012）基于 Martin 的评价理论和巴赫金的对话理论，从互动视角和功能视角来探讨网络热点事件文本中评价的功能，陈文指出评价功能的最终实现得益于互动。网络热点事件文本中的评价主要有情感宣泄、立场站位、网络问责、网络问政和语篇建构等功能。

在汉语语法研究领域，学界在考察构式、话语标记等评价意义和功能的同时，更加关注其与语境、语体、言者的语气语调、体态语等多种因素间的关系。如方梅、乐耀（2017）分析了语气词的互动性与言者意图和言者立场表达的关系。其还指出语境因素如会话序列会影响评价立场的表达。李慧敏（2016）考察了汉语口语中"X 了"类话语标记如"好了、行了、对了"等，指出言者的语速语调、话语标记单复用的形式、"前言后语"（如叹词、语气词和称呼语）、交际场景和语体的差异、会话模式和言者的体态语等因素与话语标记相互制约，共同作用，多维立体式地影响到话语标记功能的构建。

五、结语

本章将现代汉语评价系统研究概括为三个阶段。20 世纪 70 年代至 80 年代初期为开创期，其研究对象主要是评价性词汇，如赵元任（1968）所提及的"表示评价的副词"，朱德熙（1982）指出动词"值得、配"具有"表示估价"的作用。20 世纪 80 年代末到 90 年代末为初步发展阶段，主要考察的是词汇褒贬义，也开始关注评价句研究。20 世纪 90 年代末至今是汉语评价研究的深入发展期，除了持续关注词语的评价义以及跨词界的"褒化"及"贬化"现象之外，也对话语标记、特殊句式进行细致深入的分析，研究方法由传统的词汇语义学、结构主义分析法拓展至评价理论、构式语法、语料库语言学、语用学等。

本章立足评价系统视角，将深入发展期的研究成果分为词汇层评价项、句子层评价项、话语标记层评价项三大类并展开述评。在词汇层评价项中，典型成员主要包括评价性形容词、评价性副词、能愿动词、心理动词、叹词，非典型成员包括大多数的名词、动词、量词、介词、代词、语气词。在句子层评价项，我们参照陆俭明（1987，2004）的分类，将评价句分为三小类：基于句式义的评价句、基于具体词汇义和抽象关系义的评价句、基于语气义的评价句。近年来话语标记的研究成果较多，我们从评价视角选取其中的典型评价项，归纳总结其评价意义及功能。

近年来随着计算语言学、语料库语言学、功能语言学等学科的发展，评价语言研究的应用价值逐渐凸显，如对网络中海量评价文本的情感倾向分析，对新闻、广告语体中文本评价功能的考察等，都取得了较大进展。语境、语体、言者的语气语调以及体态语等多种因素影响下的评价语言研究也引起了学界关注。在今后的评价语言研究中，我们可以利用图片、视频等多模态资源，深入挖掘真实交际语境中评价语言的表达特点及功能。在整合已有成果的基础上，考察评价词汇、句子、语篇间的互动，描绘具有层级性的汉语评价系统，深入分析语言与评价之间密切而复杂的关系。

第三章 带评价义的名词

一、引言

在现代汉语词类中，名词数量庞大且具有开放性。赵元任（1979）指出，名词不但比任何别的词类都多，并且比别的词类加在一块还多。符淮青（1996）在对词义的种差进行分析时，把常见的种差归纳为 12 类，其中第 10 小类是"种差表评价"，文中列举了"人杰、人士、珍品"三个例子，这三个例子恰巧都是名词。

以往学界尚未对名词的评价义进行系统研究，这与名词本身的特点有很大关系。与形容词相比，无论是性质形容词"好、坏、贵、贱"，还是状态形容词"优美、恶劣、昂贵、高尚"，它们的语法意义都是表示抽象的性质或状态，大多可以直接而明确地表示评价结果，属于典型的评价性词汇。而名词的语法意义主要是指称世界上各种现实或虚拟的、具体或抽象的人或物，这一点决定了名词是现代汉语评价系统的非典型成员。

二、研究对象

本章主要考察的是带评价义名词。所谓带评价义名词指的是词义表达以评价结果为主，兼及评价视域、评价视角、评价对象等评价活动要素的名词。由于评价是对人和事物性质特点的主观判断与情态表达，而性质常附于实体，实体的特点因其性质的差异得以体现。如描述不同类型的"人"的名词有"好人、坏人、美人、名人、凡人、超人、财迷、书呆子、酒鬼、路霸"等，它们属于带评价义名词。其词义中包含着评价结果、评价视域、评价视角、评价对象等评价活动要素，这些要素使名词具有指称、分类以及主观评断等功能。

我们以《现代汉语词典（第 7 版）》（后文简称"《现汉》"）为考察范围，对其中带评价义名词进行了筛选和分类。在分类方面，首先根据评价的价值负载性，把带评价义名词分为积极评价义名词、消极评价义名词、中性评价义名词。然后根据评价义在评价项中的呈现方式，将三类带评价义名词分为"显评型"和"隐评型"两小类，考察各小类名词中评价活动要素的组合情况和表达特点。

三、显评型积极评价义名词

根据评价活动要素在词语中的表达情况，该类名词可以分为五小类："评价结果 + 评价对象"类、"评价视角 + 评价结果"类、"评价视域 + 评价结果"类、"评价对象 + 评价结果"类、"评价结果"类。

（一）"评价结果 + 评价对象"类

此小类名词在带评价义名词中的占比较大。此类名词的结构多为双音节偏正式，中心语素由非评价性语素充当，表达的是评价对象；修饰性语素由元评价项①充当，表达的是评价结果。该类词的例词如下所示：

第①小类：

A 类评价对象为人：

勇士、忠臣、伟人、神医、能手、好汉、淑女、精兵、鸿儒、幸运儿、积极分子

B 类评价对象为物：

益虫、良田、美餐、好话、慈颜、秀发、胜地、佳作、宝物、壮举、积极性、灵丹妙药

第②小类：

A 类评价对象为人：

圣人、功臣、福将、才女、力士、儒将、恩师、赤子、望族、前辈、高材生

B 类评价对象为物：

上品、圣地、骏马、丹心、琼浆、柳腰、福相、德政、礼遇、责任心、无价之宝

第③小类：

A 类评价对象为人：

契友、诤友、畏友、通人、处士、超人、有识之士

B 类评价对象为物：

化境、诤言、警句、验方、自尊心

根据语素性质，可将该类词分为三小类：第①小类的结构是"形容词性语

---

① "元评价项"的定义见本章"五、显评型中性评价义名词"的"（三）元评价项在显评型评价义名词中的分布"。

素＋名词性语素"，第②小类的结构是"名词性语素＋名词性语素"，第③小类的结构是"动词性语素＋名词性语素"。其中第①小类的词语数量较多，我们收集到《现汉》中的例词有492个，除上述例词外，其余词语附于本章末尾。此外还有一类"副词性语素＋名词性语素"结构的词语，但我们只收集到了"极品"一词。鉴于例词数量很少，因此没有单独为其设立小类。

上述例词以双音节为主，也包括少量三音节和四音节词语。我们将其分成了A类和B类，其中A类的评价对象是人，B类的评价对象是各类具体和抽象的事物。如果把该类词的修饰性语素义设定为X，中心语素义设定为Y，该类词的词义大多可以用评价句"Y是（有）X的"来表达。如"好人"一词可表达为"某人是好的"，"才女"可表达为"某女子是有才华的"。还有部分词的词义可以用"Y像X一样……"的评价句表达，如"琼浆"可表达为"酒浆像玉一样美"。

（二）"评价视角＋评价结果"类

这类词的数量很少，例词如下所示：

文豪、词宗、文宗、歌星、影帝、影后、影星、舞星

这类词的评价对象是各种不同的人。其中前语素如"文、歌、影、舞"等表示的是"写文章、唱歌、演戏、跳舞"等动作行为，后语素如"豪、宗、星、帝、后"等是上述动作行为的论元。从评价角度来看，前语素是评价视角，后语素包含积极评价结果。如"文豪"表示的是"从写文章的角度来看，某人是极其精通该行为的人"；"歌星"表示的是"从唱歌的角度来看，某人是唱得很好的一位明星"；"影帝"表示的是"从影视表演的角度来看，某人是演得最好的男演员之一"。

（三）"评价视域＋评价结果"类

该类词的数量也较少，例词如下所示：

A类评价对象为人：

鬼雄、将才、帅才、人才、人瑞、人杰、校花、时贤、前贤、先贤、先哲、国色、国魂、行家、人尖子、孩子头儿、后起之秀

B类评价对象为事物：

国宝、国粹、山珍

由上述例词可见，该类词中A类的评价对象是人，B类的评价对象是事物。从评价角度看，前语素既包括评价的对象视域，如"鬼、将、帅、人、孩子"；也包括评价的时间视域，如"前、先、时、后起"；还包括评价的空间视域，如

"国、校、行、山"。而后语素就是基于前语素的视域范围所得的积极评价结果。

如果我们把前语素义设定为 X，后语素义设定为 Y，上述词语的词义可以用评价句"（某评价对象）是 X 的 Y"来表达。如"鬼雄"一词可以表达为"某某是鬼中的雄杰"；"时贤"一词可以表达为"某某是当代有声望的人"；"国粹"一词可以表达为"某物是该国的精品"。

（四）　"评价对象 + 评价结果" 类

这一类双音节词的数量非常少，例词如下所示：

A 类评价对象为人：

群雄、群英、群芳、群星

B 类评价对象为事物：

地利、耳福、口福、眼福、墨宝

该类词按照评价对象可分为 A 类和 B 类。其中前语素表达的是评价对象，后语素表达的是针对评价对象的性质所作的积极评价结果。如果把该类词的前后语素的意义分别设定为 X 和 Y，该类词的词义可表达为"X 是（有）Y（的）"或"X 有 Y"，如"群雄、群英、群芳、群星"等词可以表达为"这群人是英雄/英才/美女/明星"；"地利"可以表达为"地形是有利的"；"墨宝"可以表达为"墨迹（书法作品）是宝贵的"；"耳福、口福、眼福"等词可以表达为"耳朵/嘴巴/眼睛是有福气的"。

（五）　"评价结果" 类

该类词的语素主要表达的是评价结果，一般不包含其他评价要素，可分为偏正式和并列式两类。

（1）偏正式：

A 类评价对象为人：

巨匠、巨星、先进、先驱、先觉、大方（贻笑大方）、大家（他是书法界的大家）、名家、名士、名媛、名宿、新锐、新秀、干才、鬼才、红星（她是当今的舞蹈红星）、娇娃、至交、巨富、首富、绝色、奇才、新宠、新贵、新知（他结交了很多新知）、美色、里手、前辈、谦谦君子、大力士

B 类评价对象为事物：

首功、名胜、洪福、瑰宝、至宝、重奖、重赏、秘宝、妙诀、秘诀、万机、要诀、殊荣、殊勋、殊誉、速效、特效

C 类评价对象为人或事物：

至爱、最爱

（2）并列式：

A 类评价对象为人：

忠烈、宗匠、英才、英杰、英豪、英烈、英雄、英模、贤达、贤德、贤良、贤明、贤能、贤哲、俊杰、榜样、模范、楷模、魁首、魁元、表率、中坚、权威、圣贤、方家、佳丽、显贵、显要、权贵、权要

B 类评价对象为事物：

精华、精要、本真、典范、经典、神威、机遇、际遇、风采、风范、风骨、风华、风韵、神通、成果、成绩、成效、成就、诀窍

该类词的评价对象既可以是人也可以是事物。其中"偏正式"中的两个语素从不同的角度表达了评价结果，如"妙、速、重、特、至"等语素表明的是评价结果的性质及程度量；"星、才、功、宝、奖、荣"等语素表明的是对人或事物的积极评价结果。"并列式"词语的前后语素的意思均相同或相近，都是表达对人或事物的积极评价结果，在语义表达模式方面为"同义/近义互见"。

这类词中还有少量成员如"先进、先驱、先觉"等，其语素单独来看评价性较弱或不具备评价性，但组合之后词义产生了增值，表达了评价结果。

四、显评型消极评价义名词

消极评价义名词主要可分为四小类："评价结果＋评价对象"类、"评价视角＋评价结果"类、"评价视域＋评价结果"类、"评价结果"类。

（一）"评价结果＋评价对象"类

该类词的数量较多，我们列举了部分例词如下所示：

第①小类：

A 类评价对象为人：

庸人、孽种、佞臣、泼妇、怨妇、酷吏、狂人、昏君

B 类评价对象为事物：

丑行、恶意、邪念、凶相、歪风、虚名、傻气、顽敌、颓势、劣马、暴政、惨剧、糊涂账、虚荣心、死心眼儿、污言秽语、愁眉苦脸、假模假样

第②小类：

A 类评价对象为人：

墨吏、鼠辈、武夫

B 类评价对象为事物：

贼心、兽性、兽行、血债、弊端、疵品、习气、屁话、醋意、刺儿话、奴颜婢膝、旁门左道

第③小类：

A 类评价对象为人：

病夫、幸臣、败家子、文抄公、乌合之众

B 类评价对象为事物：

谗言、蜚语、谤书、臆见、谰言、惯技、流言、谣言、骗局、破坏力、煽动性

上述例词按照语素性质的不同可以分为三小类。每一小类中 A 类的评价对象是人，B 类的评价对象是各类具体和抽象的事物。其中第①小类的结构是"形容词性语素 + 名词性语素"，该小类词语的数量较多，在《现汉》中有 436 个；第②小类的结构是"名词性语素 + 名词性语素"；第③小类的结构是"动词性语素 + 名词性语素"。

（二）　"评价视角 + 评价结果" 类

与"评价视角 + 评价结果"类积极评价义名词一样，此小类消极评价义名词的数量较少，且评价对象只包括人。例词如下所示：

烟鬼、酒鬼、酒徒、赌徒、赌棍、官迷、网虫、文侩、文痞、渔霸、色鬼

由上述例词可见，该类词前语素表示的是某种行为，如"烟、酒、赌、官、网"表示的是"抽烟、喝酒、赌博、做官、上网"。后语素表达了以这些行为作为评价视角所得出的消极评价结果。如"烟鬼、酒鬼、赌棍、官迷、网虫"等词表示的是"从抽烟/喝酒/赌博/做官/上网等行为角度来看，某人是沉溺其中不可自拔的人"。

（三）　"评价视域 + 评价结果" 类

这类词数量较少，部分例词如下所示：

A 类评价对象为人：

民贼、兵痞、人精、人渣、汉奸、内奸、地痞、市侩、党徒、党阀、党棍、国贼、狱霸、路霸、遗毒、余孽、兵油子、江湖骗子

B 类评价对象为事物：

时弊、世弊、流弊、流毒、家丑、内难、外侮、飞灾、内忧外患

从评价视角来看，该类词与前述同类的积极评价义名词一样，前语素既可以表示评价行为产生的对象视域，如"民、兵、人、汉、党"；也可以表示评价行为产生的时间视域，如"时、世"；还可以表达评价行为产生的空间或方式视域，前者如"地、市、狱、路、家、内、外、江湖"，后者如"流、遗、余、飞"等，后语素是在前语素所表达的视域之中得出的消极评价结果。如果我们把前语素义设定为 X，后语素义设定为 Y，上述词语的词义可以用评价句"（某评价对象）是 X 中的 Y"来表达。如"家丑"一词可以表达为"某事是家中发生的不体面的事情"；"狱霸"一词可以表达为"某某是监狱里的恶霸"；"时弊"一词可以表达为"某现象是当前社会中存在的弊病"。

（四） "评价结果" 类

该类词也可分为偏正式和并列式两大类。

（1）偏正式：

A 类评价对象为人：

恶棍、死鬼、坏蛋、笨蛋、混蛋、傻瓜、恶霸、笨货、蠢货、叛徒、歹徒、懒虫、巨贪、首恶、老顽固、卖国贼、小淘气、洋鬼子、冒失鬼、胆小鬼、糊涂虫、可怜虫

B 类评价对象为事物：

私弊、私愤、万恶、万难

（2）并列式：

A 类评价对象为人：

奸佞、奸邪、谗佞、亲信、帮派、残余、朋党、窝囊废

B 类评价对象为事物：

伎俩、弊病、厄难、势焰、窝点、谣诼

上述"偏正式"例词的前语素大多是消极形容词语素，如"恶、坏、笨、傻、蠢、懒、歹、冒失、糊涂、可怜"等；还有少量表主观程度的中性语素，如"巨、老、小、万"；后语素大多表达的是对人或事物的消极评价结果，如"霸、虫、鬼、弊、恶、难"等。"并列式"词语的前后语素的意思相同或相近，都表达了对人或事物的消极评价结果，在语义表达模式方面为"同义/近义互见"。

除了上述四小类词语之外，显评型消极评价义名词中还有一类结构为"评价对象＋评价结果"的词语，如"病魔、文山会海"，其中前一个语素"病、文、会"是评价对象，后一个语素"魔、山、海"是评价主体从程度、数量等视角

对评价对象"病、文、会"所做出的评价结果。《现汉》中这类词的数量很少。

五、显评型中性评价义名词

相对于积极和消极评价义名词来说，这类词的数量较少，我们在《现汉》中收集到了158个。其具体类型及例词如下所示：

（一）"评价结果+评价对象"类

第①小类：

A类评价对象为人：

熟客、平民

B类评价对象为事物：

深山、实景、全局、密林、普遍性、崇山峻岭

第②小类：

B类评价对象为事物：

地价_{（极低的价格）}、天资、寸土、飙风

第③小类：

A类评价对象为人：

万众

B类评价对象为事物：

万年、万顷、万世、万事、千方百计、千姿百态

我们按照语素的性质把上述例词分成了三个小类：第①小类为"形容词性语素+名词性语素"；第②小类为"名词性语素+名词性语素"；第③小类为"数词性语素+名词性语素"。A类的评价对象是人，B类的评价对象是各类具体和抽象的事物。

（二）"评价视角+评价结果"类

A类评价对象为人：

网迷、书迷、影迷、戏迷、歌迷、股迷

该小类词所包含的评价对象都是人。从构成语素来看，该类词的成员都来自"X迷"词语模，其中X表示的是人发出的行为，如"网、书、影、戏、歌、股"表示的是"上网、看书、看电影、看戏、唱歌、炒股"等行为。"迷"表达

的是对评价对象行为状态的中性评价结果。

除了上述两小类词语之外，中性评价义名词还包括一些其他小类的名词，如"评价视域＋评价结果"类的"时鲜、国是"、"评价对象＋评价结果"类的"人海、题海、人潮、情网"、"评价结果"类的"新低、新高"等。

（三） 元评价项在显评型评价义名词中的分布

元评价项是包含评价义的语素，也是表达评价义的最小单位，考察元评价项在显评型评价义名词中的分布情况，可以使我们了解显评型评价义名词中评价义和语素之间的对应关系。

"评价结果＋评价对象"类中，元评价项都处于修饰性语素的位置，形容词性的占了绝大多数。中心语素多为不带评价义的名词性语素。如"歪风、虚名、伟人、忠臣、深山、繁星"等。

"评价视角＋评价结果"类中，元评价项都处于中心语素的位置，多为表人的名词性语素。修饰性语素都是非评价性语素，表达的是评价视角。如"歌星、文豪、酒鬼、赌棍、网迷"等。

"评价视域＋评价结果"类中，元评价项都处在中心语素的位置，表达评价结果。修饰性语素都是不带评价义的名词性语素，表评价视域。中心语素大多为名词性语素，如"人尖子、行家、党棍、民贼、内难、飞灾"中的"尖子、家、棍、贼、难、灾"等，少数为形容词性语素，如"时贤、人杰、山珍"中的"贤、杰、珍"等。

"评价结果"类的偏正式词语中大多数成员都是由两个元评价项构成，结构方面又以"形容词性语素＋名词性语素"最多，如"巨星、奇才、妙诀、笨货、懒虫、冒失鬼、蠢货、大力士、谦谦君子"等；还有少量的"形容词性元评价项＋形容词性元评价项"和"副词性元评价项＋动词性元评价项"，前者如"新低、新高"，后者如"至爱、最爱"等。此外还有少数词语不含评价项，如"同伙、同谋、先进、先驱"等，这些词所含的评价义是通过语素间的组合搭配产生的。

"评价结果"类中的并列式词语中多数成员都含有两个元评价项，结构主要包括"形容词性元评价项＋形容词性元评价项"和"名词性元评价项＋名词性元评价项"，前者如"贤明、英烈、俊杰、佳丽、奸佞、窝囊废"等，后者如"弊病、楷模、成效、诀窍"等。

六、隐评型评价义名词

该类名词的评价义主要是通过比喻、引申等途径产生的。我们按照构词语素和评价义之间的对应关系，将隐评型评价义名词分为"以物评人、以物评物、以人评人、以人评物"四小类。此处的"物"是一个较为宽泛的概念，包括具体的实物，如没有生命的物体、植物、动物，也包括抽象的事物如时间、数字等。

（一）"以物评人" 类

"以物评人"指的是评价结果为物，评价对象为人的隐评型名词。根据评价性的不同，我们把这类词分为积极评价、消极评价两小类。如下所示：

（1）积极评价类：

国宝、明珠、苗子、翘楚、支柱、泰斗、明灯、栋梁、鸿鹄、黑马、大鳄、尖刀、靠山、头牌、大款、大牌、旗帜(比喻榜样或模范)、活地图、智多星、孺子牛、顶梁柱、半边天、笔杆子、老黄牛、及时雨、千里马、铁算盘、连理枝、金枝玉叶、飞毛腿、掌上明珠、初生之犊、泰山北斗、两袖清风

（2）消极评价类：

破鞋、饭囊、饭桶、油条、废物、脓包、炮灰、祸水、草包、棒槌、刀俎、朽木、墙头草、应声虫、傀儡、蛊虫、禽兽、畜生、虎狼、鹰犬、羔羊、王八、黄牛、豺狼、走狗、蛇蝎、狗熊、梼杌、秃瓢、快嘴、土包子、小广播、万金油、半瓶醋、传声筒、肉中刺、眼中钉、坏东西、滚刀肉、老油条、马前卒、交际花、跟屁虫、马屁精、受气包、牛脖子、死老虎、兔崽子、笼中鸟、铁公鸡、俎上肉、醋罐子/醋坛子、替罪羊、老狐狸、出头鸟、哈巴狗、落水狗、癞皮狗、地头蛇、狗腿子、旱鸭子、瘦猴儿、夜猫子、不倒翁、闷葫芦、出气筒、炮筒子、药罐子、白虎星、白眼儿狼、看家狗、瓷公鸡、老古董、老江湖、害人虫、十三点、二百五、木头人儿、半吊子、二把刀、二流子、假道学、酒囊饭袋、狼心狗肺、漏网之鱼、井底之蛙、害群之马、两面三刀、惊弓之鸟、过街老鼠、釜底游鱼、涸辙之鲋、衣冠禽兽

由上可见，在"以物评人"型名词中，评价载体中的"物"主要包括以下几类：①表示自然景物和静物的词语，如"泰斗、明灯、栋梁"等；②表示动植物的词语，如"虎狼、千里马、羔羊、翘楚、墙头草"等；③表示时间、数量的词语，如"十三点、二百五"等。

在上述"隐评型"名词中，有一部分词语所表示的事物并非自然界真实存在的，是人们为表达主观评价创造出来的，如"活地图、眼中钉、交际花、旱鸭子、跟屁虫、地头蛇、孺子牛、铁公鸡、白眼儿狼、衣冠禽兽、金枝玉叶"等，这些词的中心语素是客观世界中存在的事物，但它们的修饰语素表述的并不是这些事物的客观属性，而是人们出于评价表达的需要主观添加的。

上述部分词语的语素中包含着元评价项。如"智多星、闷葫芦、假道学、坏

东西、害人虫"等词中的"智、闷、假、坏、害"都具有积极或消极的评价性。尽管"隐评型"名词表达评价结果的方式较为间接隐晦，但这些元评价项有助于我们了解"隐评型"名词中隐藏的评价义和价值负载性。

（二） "以物评物" 类

"以物评物"类名词的评价结果和评价对象为各种具体事物或抽象事物。例词如下所示：

（1）积极评价类：

亮点、香草、丰碑、法宝、锋芒、天堂、韶光、韶华、高峰、福音、宝库、宝藏、宝座、旗帜（比喻有代表性或号召力的思想、学说等）、结晶、精髓、春晖、画卷、巅峰、仙境、坦途、锁钥、热潮、巨浪（浩大的声势）、百宝箱、金饭碗、铁饭碗、聚宝盆、闪光点、上坡路、高枝儿、广角镜、头班车、宽心丸儿、凤毛麟角、神来之笔、牛溲马勃、吉光片羽、包袱底儿、金字招牌、康庄大道、千里鹅毛、拳头产品、近水楼台、天字第一号

（2）消极评价类：

小鞋、弯路、巢窟、巢穴、草芥、蛇足、屠刀、苦海、歧途、怪胎、脂膏、糟粕、野食、西风、陷阱、瓶颈、毒草、粪土、污点、皮毛、火坑、枷锁、气焰、炼狱、暗箭、魔爪、虎口、虎穴、秃笔、幌子、唾余、旧账、垃圾、低谷、坏水、铜臭、田地、水分、死棋、死水、覆辙、把柄、苦旅、鬼胎、块垒、苦水、牢笼、疮疤、末路、恶浪、漏洞、愁云、愁城、幕后、内幕、重担、泡影、泡沫、花腔、框框、冷风、鸿毛、迷宫、一锅粥、一言堂、小儿科、花架子、下坡路、活地狱、风凉话、场面话、门面话、牛角尖、夹生饭、现成饭、迷魂阵、马蜂窝、小算盘、鬼门关、保护伞、软刀子、驴肝肺、拦路虎、迷魂汤（迷魂药）、敲门砖、绊脚石、烂摊子、死胡同、小辫子、八辈子、高帽子、灰色收入、黑色收入、千疮百孔、明枪暗箭、空中楼阁、空头支票、洪水猛兽、狐狸尾巴、表面文章、鸵鸟政策、刀山火海、皮包公司、狗皮膏药、嗟来之食、家常便饭、天文数字、有色眼镜、黔驴之技、门户之见、一盘散沙、鸡毛蒜皮、条条框框、龙潭虎穴、明日黄花、沧海一粟、车轱辘话、镜花水月、糖衣炮弹、陈谷子烂麻子、豆腐渣工程、银样镴枪头、九牛二虎之力

由上述例词可见，该类词语评价项对评价活动要素的表达类型包括"评价结果"和"评价结果＋评价对象"两小类，其中前者的数量较多，后者的数量较少。

在"评价结果"类词语中，表达评价结果的事物主要包括以下两种：①客观存在的事物，这类词语的数量较多，如"旗帜、泡沫、疮疤、上坡路、下坡

路、小儿科"等；②人们主观虚构的事物，如"天堂、炼狱、糖衣炮弹、鬼门关"等。

"评价结果＋评价对象"类词语，如"拳头产品、黑色收入、黔驴之技、豆腐渣工程、皮包公司、天文数字、九牛二虎之力"等，这些词语的修饰性语素"拳头、黑色、黔驴、豆腐渣、皮包、天文、九牛二虎"是表评价结果的事物，中心语素"产品、收入、技（术）、工程、公司、数字、力（气）"是这些评价结果所指向的评价对象。

这类词中也有少量成员包含着直接表达评价义的元评价项，如"恶浪、愁云、苦旅、毒草、烂摊子、怪胎"等词语中所包含的元评价项为"恶、愁、苦、毒、烂、怪"。我们常可以通过这些元评价项来推知隐评型名词的价值负载性。

（三）"以人评人"类

"以人评人"类名词的评价结果和评价对象都是人。此处所言的"人"的外延较为宽泛，可分为"整体的人"和"局部的人"。前者包括人和以人为原型的鬼神，后者包括人的局部特征，如性格、体态、能力等。例词如下所示：

（1）积极评价类：

A类：伯乐、包公、急先锋、有心人、明眼人、多面手、弄潮儿、生力军、大丈夫、排头兵、活菩萨、场面人、白马王子、风云人物、头面人物、重生父母、再生父母

B类：七步之才、八斗才、法眼、热血、热肠、傲骨、碧血、红心、实心眼儿、金嗓子、热心肠、肺腑之言、古道热肠、铜筋铁骨、刀子嘴，豆腐心、股肱、直肠子、腕力、骨肉、骨干、血肉、心腹、心肝、心尖、主心骨、眼珠子、大腕儿、腕儿

（2）消极评价类：

A类：阿Q、阿斗、阿飞、丘八、婊子、瘪三、陈世美、老好人、土皇帝、稻草人、草头王、狐狸精、两面派、穷措大、钉子户、吹鼓手、乡巴佬、小市民、耳报神、猴儿精、刽子手、活阎王、吸血鬼、和事佬、替死鬼、丑八怪、白骨精、膏粱子弟、跳梁小丑、牛鬼蛇神、花花公子、奶油小生、混世魔王、东郭先生、酒肉朋友、三姑六婆、狗头军师、甩手掌柜、无名小卒、二道贩子、钦差大臣、哼哈二将、徒子徒孙

B类：长舌、愁眉、愁肠、肉眼、血泪、黑手、魔掌、婆婆嘴、左嗓子、左性子、娘娘腔、小性儿、慢性子、急性子、势利眼、碎嘴子、软耳朵、牛脾气、枯肠、书生气、方巾气、孩子气、二五眼、一根筋、贱骨头、小白脸儿、偏心眼儿、铁石心肠、狼子野心、虎背熊腰、虎头虎脑、花花肠子、人面兽心、司马昭

之心、花岗岩脑袋、三寸不烂之舌

上述例词从评价的价值负载性来看主要包括积极性和消极性两类，此外还有极少量的中性词语，如"发烧友"等。从评价活动要素的构成来看，上述例词可以分为"评价结果"小类和"评价结果＋评价对象"小类。"评价结果"小类词语数量较多，其中既包含"整体的人"（例词中的 A 类词），也包含"局部的人"（例词中的 B 类词）。

表"整体的人"的例词可分为三小类：①表人名类专有名词，如"伯乐、包公、阿 Q、阿斗、陈世美、东郭先生"等；②表身份职业类名词，如"排头兵、丘八、婊子、吹鼓手、刽子手、钦差大臣"等；③表虚构的人物形象的名词，如"白骨精、狐狸精、吸血鬼、活阎王"等。

表"局部的人"的例词大多由人体器官构成，如"心腹、心肝、眼珠子、长舌、一根筋"等。当评价对象是"整体的人"时，其评价结果既可以是"局部的人"，如"心腹、心肝、眼珠子、大腕儿"等，也可以是"整体的人"，如"白马王子、再生父母、花花公子、跳梁小丑"等。

"评价结果＋评价对象"类词语数量较少，其修饰性语素表达的是评价结果，中心语素表达的是评价对象。如"有心人、铁石心肠"等，"有心、铁石"表达的都是评价结果，"人、心肠"表达的是评价对象。

元评价项在该类词中有所出现但数量不多，如"贱骨头、傲骨、热肠、愁眉、急性子、慢性子"中的元评价项为形容词性修饰语素"贱、傲、热、愁、急、慢"。

除此之外，隐评型评价义名词中还有少量的"以人评物"类词语，如"杀手、孔方兄"二词。"杀手"本义是"刺杀人的人"，其评价对象是某些疾病和有害物质，用表人名词"杀手"来表达评价结果。"孔方兄"一词的评价对象是钱，"兄"本是对男性朋友的尊称，在此带有鄙视和嘲讽的色彩，表达了对钱财的消极评价。

"隐评型"中还有一类对语境依赖性较强的词语，这类词包括表人物职业身份及表抽象事物的两小类名词。其中表人物职业身份名词的本义和派生义中都不包含评价义，但进入一些评价结构如"N 中的 N""比 N 还 N"之后，可以参与表达积极性和消极性的评价结果。表积极评价的词语如"教授、博士、冠军、党员、干部、作家、警察、导演、教师"等，表消极评价的词语如"敌人、罪犯、小偷、强盗、流氓、骗子、土匪"等。从常理来看，要成为"教授、博士、冠军"等人，必须经过后天的努力，并能得到社会的认可和赞赏。而"罪犯、小偷"等人是做了危害社会的事，会受到民众的批评和法律的制裁。

表抽象事物的名词如"生命力、战斗力、感染力、说服力、吸引力、竞争力、事业心、艺术性"等，这些词能进入评价结构"程度副词＋有＋N"中参与表达评价结果。其后缀"力、心、性"指的是某种抽象能力、想法和特点，要具备这些能力、拥有这些特点或实现这些想法，必须经过后天的努力，评价对象也可能因此得到认可和好评。由此可见，该类词的评价义具有较强的语境依赖性，可以称之为非典型的隐评型评价义名词。

综上可见，无论评价义在名词中的呈现方式是"显评型"还是"隐评型"，无论其价值负载性是积极、消极还是中性，在评价活动要素的构成方面，数量最多的均为"评价结果＋评价对象"小类和"评价结果"小类。其主要原因在于评价结果和评价对象，尤其评价结果是评价活动参与者关注的焦点信息，而评价视角、评价视域等作为评价参与者共享的背景信息，受关注度相对较低。而且从词义结构的压制和解码来看，"评价视域/视角＋评价结果"类词语比"评价结果＋评价对象"类和"评价结果"类更为复杂，因此评价视域和视角常用句法手段表达，便于人们理解和交流。

七、句中分布及特点

本节主要考察带评价义名词在独词类感叹句和四类评价结构中的分布情况与使用特点。

（一） 带评价义名词在感叹句中的分布特点

感叹句是"以直接抒发感情为主要功能的句子"（杜道流，2005），属于"基于语气义的评价句"。带评价义名词充当的独词类感叹句能够直接而明确地表达评价结果，如"好人！""坏蛋！""瘪三！"等。

并非所有的带评价义名词都能进入独词类感叹句。一般而言，带积极或消极评价义且属于口语或通用语体的名词更易进入。由于感叹句带有说话人强烈的主观情感态度，而带积极和消极评价义名词的主观性也较强，因此相较于中性评价义名词，前者更易进入独词类感叹句。由于独词类感叹句的口语色彩较强，用词较为通俗，因此书面语色彩较强的带评价义名词，如"贤哲、俊杰、翘楚、鸿鹄、奸佞、涸辙之鲋、唾余"等较少出现。此外，还有一些非评价名词也能够形成独词类感叹句，但句义较为模糊。如"蛇！"这个感叹句究竟是表示说话人惊异、惶恐还是喜悦的情态，离开具体语境很难判断。

（二） 带评价义名词在评价结构中的分布特点

我们主要考察带评价义名词在评价结构中的出现和使用情况，这里的评价结构主要包括以下四种：

A 结构："程度副词＋有＋N"结构，如"他很有勇气"。

B 结构："程度副词＋N"结构，如"小李太淑女了"。

C 结构："比 N 还 N"结构，如"她比西施还西施"。

D 结构："N 中的 N"结构，如"白鹤是珍禽中的珍禽"。

1．"程度副词＋有＋N"结构

贺阳（1994）、彭利贞（1995）、闫新艳（2006）从不同角度考察了"程度副词＋有＋N"结构（下文简称"A 结构"）的语法和语义等特点。贺阳（1994）指出能够进入 A 结构的程度副词包括"比较、很、挺、十分、非常、更、最"，并列出了能进入 A 结构的常见名词；彭利贞（1995）根据 A 结构中 N 成分的差异把 A 结构分成三个小类。闫新艳（2006）考察了表评价义的"有＋N"结构。上述研究成果都未涉及带评价义名词和非评价名词在 A 结构中的分布及语义特点，我们将重点对此加以考察。

非评价名词包括具体名词和抽象名词。其中具体名词的光杆形式不能进入 A 结构，如"很有被子、非常有大象、比较有开水"等都不成立。但某些具体名词的复杂形式如数量名结构可以进入 A 结构，如：

（1）小王很有几本武侠小说。

（2）他很有几个朋友。

上述两个例句都表达了主观高量评价。评价结果用"很＋有＋N"的形式表达出来。

贺文、彭文和闫文都指出，能够进入 A 结构的名词基本上是抽象名词。我们的考察结果显示，进入 A 结构的抽象名词中，带评价义名词的数量较多，非评价名词的数量较少。贺阳（1994）列出了能够进入 A 结构的常见名词，其中带评价义名词也多于非评价名词。我们在参考贺阳（1994）例词的基础上，列出了能够进入 A 结构的较为常见的带评价义名词，如下所示：

（1）积极评价类：

智慧、耐心、魄力、活力、功力、魅力、潜力、权力、势力、实力、威力、眼力、眼光、热情、毅力、志气、骨气、才气、运气、福气、勇气、斗志、名望、声望、威望、威信、信誉、胆量、良心、雄心、策略、谋略、能耐、把握、出息、信心、气魄、兴趣、效果、成果、成效、韧性、耐性、功劳、气势、声势、成就、成绩、诚意、好感、好处、灵感、觉悟、口才、文采、才华、文才、才干、见识、疗效、功效、诗意、福分、福相、威名、威仪、匠心、威风、耳福、口福、眼福、风采、风范、风骨、风华、风韵、权威、神通、决心、激情、责任心、好奇心、责任感、荣誉感、自尊心、同情心、生命力、战斗力、感染力、说服力、吸引力、理解力、想象力、竞争力、事业心、艺术性

（2）消极评价类：

野心、风险、心计、怨气、偏见、压力、阻力、害处、手段、花招、贼心、醋意、坏处、歪理、负担、包袱、虚荣心、破坏力、煽动性、鬼点子、小聪明、牛脾气、孩子气

（3）中性评价类：

共性、普遍性、购买力、典型性

由上述例词可以看出，进入 A 结构的名词以带评价义名词为主。从"有界"和"无界"的视角来看，进入 A 结构的名词以无界的抽象名词为主，表示人物或事物的抽象性质或状态。A 结构内部语法成分的层次为"程度副词 + 有 N"，其中"有 N"为形容词性结构，与"有力、有礼、有理、有益"等形容词类似，程度副词肯定了"有 + N"所表达的性质状态的高程度量。

A 结构属于表主观高量的评价结构，在句中多作谓语。A 结构本身不带有价值负载性，其积极性、消极性、中性的评价倾向主要通过其中的"N"表现出来。当带有消极性的义项或消极语义韵的词语进入 A 结构之后，该结构体现出消极评价性，如"手段"在《现汉》中的义项之一为"指待人处事所用的不正当的方法"，"意见"在《现汉》中的义项之一为"（对人、对事）认为不对因而不满意的想法"。又如"看法、情绪"等词具有消极性语义韵，因此"很有看法/情绪"等搭配具有消极评价功能。带有积极性义项或积极语义韵的词语进入 A 结构之后，该结构体现出积极评价性，如"福气、威望、成效、计划、力量、水平"等。还有部分中性评价词如"共性、购买力、典型性"等进入结构之后，该结构体现出中性评价的特点。

2. "程度副词 + N"结构

"程度副词 + N"结构（下文简称"B 结构"）是否符合语法，曾在学界引起争议，如朱德熙（1982）、邢福义（1962）、吕叔湘（1979）、胡裕树（1981）等认为副词不能修饰名词。直到 20 世纪 90 年代，还有学者指出"程度副词 + N"属于不规范的用法（桂诗春，1995；邢福义，1997），是一种"铤而走险"的语用策略，不能纳入乔姆斯基的语言能力/语言运用模式（桂诗春，1995），对此用法持十分审慎的态度（邢福义，1997）。

由此可见，对于程度副词是否能够修饰名词，能够修饰哪些名词，会由于使用者的语感差异而产生不同的接受度。谭景春（1998）认为该结构能够成立是因为其中的名词在语义上具有与形容词相似的"度量义"。张谊生（1997）指出，可前加程度副词表示内涵义的名词很多，可以是普遍名词也可以是专有名词，可以是指人名词，也可以是指物名词，只要该名词的内涵义是具有个性的、富有特色的、比较普及的，尤其是足以引起人们联想的，都可以性状化。施春宏（2001），邵敬敏、吴立红（2005）认为该结构中副词的语义特征和名词的语义特征的匹配为句法组合提供了可能。

本小节我们主要考察带评价义名词中哪些词语更易进入该结构，其在评价义和功能方面有什么特点。此外我们还将考察非评价名词中有哪些成员能进入 B 结构。我们首先考察带评价义名词进入 B 结构的情况。张谊生（1997）统计出 B

结构中"程度副词"出现频率的高低依次为"很、最、太、非常、比较、十分、挺、特、有些、顶、相当、特别、绝对、更、好"。我们选取排在前五位的程度副词"很、最、太、非常、比较",对前文第三至六小节中带评价义名词进入 B 结构的情况进行考察,如表1所示。表1中不带星号的词语可以进入 B 结构,带星号的词语进入 B 结构的接受度较低。

表1　带评价义名词进入"程度副词 + N"结构情况考察

显评型评价义名词		隐评型评价义名词
积极评价类	"评价结果 + 评价对象"类: 评价对象为人: 好汉、淑女; 评价对象为物: *雄心、*宝物	"以人评人"类: 多面手、直肠子、*红心 "以物评人"类: *活地图、黑马、智多星、孺子牛 "以物评物"类: *旗帜、宽心丸儿、金饭碗
	"评价视角 + 评价结果"类: 评价对象为人: 歌星、影帝	
	"评价对象 + 评价结果"类: 评价对象为人: *群芳、*群星; 评价对象为物: *眼福、*墨宝	
	"评价结果"类: 评价对象为人: 巨星、奇才; 评价对象为物: *至宝、*重奖	
	"评价视域 + 评价结果"类: 评价对象为人: 校花 评价对象为物: *国宝	
消极评价类	"评价结果 + 评价对象"类: 评价对象为人: 泼妇、马屁精; 评价对象为物: *鬼话、*贼心	"以人评人"类: 阿 Q、奶油小生、势利眼 "以物评人"类: 草包、禽兽、二百五、土包子 "以物评物"类: *瓶颈、*圈套、*保护伞、小儿科 "以人评物"类: *杀手、*孔方兄
	"评价视角 + 评价结果"类: 评价对象为人: 酒鬼、官迷	
	"评价对象 + 评价结果"类: 评价对象为物: *病魔、*文山会海	
	"评价结果"类: 评价对象为人: 傻瓜、胆小鬼; 评价对象为物: *伎俩、*弊病	
	"评价视域 + 评价结果"类: 评价对象为人: 人渣、市侩; 评价对象为物: *流毒、*家丑	

（续上表）

显评型评价义名词		隐评型评价义名词
中性评价类	"评价结果＋评价对象"类： 评价对象为人：熟客、平民； 评价对象为物：＊血本、天价	"以人评人"类： 发烧友、＊血肉 "以物评人"类： ＊旱鸭子、＊瘦猴儿、＊夜猫子 "以物评物"类： 家常便饭、＊天文数字
	"评价视角＋评价结果"类： 评价对象为人：戏迷、歌迷	
	"评价对象＋评价结果"类： 评价对象为人：＊人海、＊人潮； 评价对象为物：＊题海、＊情网	
	"评价结果"类： 评价对象为物：＊新低、＊新高	
	"评价视域＋评价结果"类： 评价对象为物：＊时鲜、＊国是	

考察结果显示，带评价义名词能否进入 B 结构且接受度较高，和词语的有界性、生命度、语体色彩有关，而与其是显评型或隐评型词语无关，与其价值负载性（积极、消极、中性）也无关。整体而言，有界的、生命度高、口语色彩明显的带评价义名词更容易被 B 结构所接受，如评价对象为人的名词"淑女、人渣、胆小鬼、马屁精、奶油小生"等。而无界的、生命度低、书面语色彩明显的带评价义名词则较难进入 B 结构，如"雄心、鬼话、伎俩、活地图、天文数字"等。

张谊生（1997）将可进入 B 结构的名词内涵义概括为四种：内涵凸现式、形象比喻式、特征概括式、概念状化式。由表 1 可见，能够进入 B 结构的多为内涵凸现式和形象比喻式，前者如"好汉、傻瓜、平民"等，后者如"土包子、小儿科、奶油小生"等。具有特征概括式内涵义的名词多为非评价名词，如"中国、东方、山东"等。而具有概念状化式内涵义的名词进入 B 结构的接受度相对较低，只有少量形容词性特征较强的名词，如"传统、罪恶、色情、青春"等进入 B 结构的接受度较高。其他名词如"原则、水平、危机、文化、朝气、哲理、情趣、情感、福分、诗意"等进入 B 结构的接受度较低。

3. 包含评价标准的结构——"比 N 还 N"和"N 中的 N"

"比 N 还 N"（下文简称"C 结构"）和"N 中的 N"（下文简称"D 结构"）都具有评价功能。C 结构和 D 结构中的"N"以带评价义名词为主，也包括一些非评价名词。两个"N"虽然形式相同，但在评价活动要素表达方面的分工不同。如下例所示：

（1）他比电视上演的清官还要清官。

（2）一年 8 斤白面使他家成为穷人中的穷人。

（3）这是个比小旅馆还小旅馆的暗娼窝子。

（4）18 栋的入住门槛相当高。只有教授中的教授，学者中的学者，才能入住。

上述例（1）中的"清官"和例（4）中的"教授、学者"带有积极评价义，例（2）中的"穷人"带有消极评价义。例（3）中的"小旅馆"不具有评价义。四个例句中的 N_1 即"清官$_1$""穷人$_1$""小旅馆$_1$""教授$_1$""学者$_1$"都是类称，具有评价标准的作用；而 N_2 即"清官$_2$""穷人$_2$""小旅馆$_2$""教授$_2$""学者$_2$"都是特指，所指对象均在句内，如例句中的主语［例（1）中的"他"，例（3）中的"这"］和宾语［例（2）中的"他家"］。如果以 N_1 为评价标准，则 N_2 在"清廉""贫穷""面积小""学养高"等方面的程度量更高，性质特征更为凸显。王洁（2007）曾指出 D 结构的语法意义是性质义的量级推进，这种性质义的量级推进也体现了评价的比较性、层级性、相对性。

与进入 B 结构的带评价义名词相比，进入 C 结构和 D 结构的带评价义名词的范围窄一些，多为表具体的人和事物的名词。表抽象义的名词能够进入 D 结构，但数量不多，如下例所示：

（5）比影迷还影迷，影迷中的影迷，很影迷

（6）比美女还美女，美女中的美女，很美女

（7）＊比善意还善意，＊善意中的善意，很善意

（8）＊比土气还土气，＊土气中的土气，很土气

（9）重点中的重点，难点中的难点，美味中的美味

由上述五组结构可以看出，前两组中的"影迷、美女"都是表具体的人的名词，它可以同时进入 B、C、D 三种结构。"善意、土气"是表抽象事物的名词，它们只能进入 B 结构，不能进入 C 结构和 D 结构。但也有部分表抽象事物的名词可以进入 D 结构，如例（9）中的"重点、难点、美味"等。

进入 C 结构和 D 结构的非评价名词大多是表具体的人和具体事物的名词。由于非评价名词所包含的性质义较为模糊，因此在评价结果的表达方面也较为间接、隐晦，需要人们根据语境和百科知识进行判断推理。

综上可见，C 结构和 D 结构在评价表达方面具有较多共性。其不同之处主要在于语体色彩方面，C 结构的口语色彩较强，而 D 结构在书面语和口语中都有出现。除了语体色彩不同之外，二者在句法位置上也有差异，C 结构大多出现在谓语位置上，还有部分出现在定语位置上。D 结构大多出现在谓语位置上，还有部分出现在主语和介词宾语的位置上。

总体来看，能够进入 A、B、C、D 四种结构的名词以带评价义名词为主，也包括部分非评价名词。其中能进入 B、C、D 结构的名词多为表具体义的有界名词，能进入 A 结构的名词多为表抽象义的无界名词，四类结构在名词类型的选用上具有一定的互补性。当带评价义名词进入时，这些结构的评价功能和特点如价值负载性、比较性、层级性、相对性等较为明确。当非评价名词进入时，这些结构所体现出评价功能及特点相对较弱，且对语境具有一定的依赖性。与传统的 A 结构相比，B、C、D 结构表达方式简洁而有新意，因而接受度也较高。

八、结语

本章首先界定了带评价义名词的概念，以《现汉》为考察范围，对其中带评价义名词进行了筛选和分类。在分类方面，首先根据评价的价值负载性将其分为积极、消极、中性三类。然后根据评价义的呈现方式，将三类名词分为"显评型"和"隐评型"两小类，并考察各小类名词中评价活动要素的组合情况和表达特点。

考察结果显示，无论评价义的呈现方式是"显评型"还是"隐评型"，无论其价值负载性是积极、消极还是中性，带评价义名词在评价活动要素的构成方面占比最高的均为"评价结果＋评价对象"小类和"评价结果"小类。这主要是由于评价结果和评价对象，尤其评价结果是评价参与者关注的焦点，其他评价活动要素主要作为共享的背景信息。而且其词义压制和解码过程也较为简单，便于理解。

本章还考察了带评价义名词在独词类感叹句及"程度副词＋有＋N""程度副词＋N""比 N 还 N""N 中的 N"四种评价结构中的分布情况和表达特点。总体来看，带评价义名词进入上述句子或结构的能力强于非评价名词，其在有界性、生命度、语体色彩等方面呈现出一定的互补性。"程度副词＋N""比 N 还N""N 中的 N"等结构因表达新颖，近年来已逐渐被大众接受和使用。

附　录

"评价结果＋评价对象"类评价义名词①

1. 积极评价类

壮举、勇士、义士、壮士、壮心、志士、忠臣、忠告、忠言、灼见、卓见、

---

① 附录词语后带圈的数字表示《现汉》中的义项。如"强人"在《现汉》中有两个义项：①强有力的人；坚强能干的人。②强盗（多见于早期白话）。附录收录的"强人①"指的是第一个义项，带有积极评价义。

卓识、雅量、雅士、雅兴、雅言、高徒、义举、益虫、益鸟、益友、益处、硬汉、硬气、能手、优点、优势、雄心、秀色、孝子、孝女、幸运、雄辩、雄风、伟人、善心、善意、神算、神童、神效、神医、胜算、淑女、奇趣、盛况、奇观、虔心、仁政、盛情、高见、高招、好感、好汉、好评、好人、好心、好意、好运、慧根、慧眼、慧心、佳人、美貌、美女、美人、美味、美誉、妙笔、妙手、豪气、豪情、和气③、红运、硬手、强手、英气、英名、好处、长处、优价、雄主、雄关、秀发、贤人、贤士、幸事、雄兵、伟绩、伟业、伟力、伟论、猥词、猥辞、善报、善举、善类、善事、善行、善本、神品、胜地、胜迹、胜景、胜境、胜果、胜机、胜绩、胜局、胜势、胜仗、盛世、盛评、盛誉、盛举、盛事、盛意、盛典、盛会、宿儒、能人、奇功、奇勋、高论、高人、高僧、高士、好话、好景、好脸、好事、好手、好性儿、浩气、吉期、吉日、吉星、吉言、吉兆、佳绩、佳节、佳境、佳句、佳酿、佳偶、佳期、佳肴、佳音、佳作、良策、良辰、良方、良机、良民、良田、良宵、良言、良药、良缘、良知、美餐、美差、美称、美德、美感、美景、美酒、美梦、美名、美食、美事、美谈、美言、美意、妙计、妙龄、妙药、妙用、妙招、令名、令闻、宝刀、宝岛、宝地、宝典、昌言、长策、慈颜、宝物、大儒、巧计、巧匠、巧劲儿、华章、豪举、恒心、洪量、杰作、巨著、巨作、巨子、绝笔②、绝唱①、绝门③、绝艺、绝学②、绝活、绝技、绝招、精兵、精品、快婿、兰章、靓女、灵机、灵气、灵性、大师①、大餐①、大道③、全情、热望、稀客、特产、特色、铁案、铁证、铁则、奇兵、奇峰、奇景、奇闻、奇想、奇遇、奇文、劲歌①、劲舞①、丽人、丽质、尤物、完人、劲旅、甘味①、虎步、宝珠、珍本、珍品、珍禽、珍玩、珍馐、真传、真谛、真品、真情、真心、真知、正道、正路、正论、正气、正业、挚友、准信、准数、准话、骁将、旺季、旺铺、旺市、旺势、旺月、婉言、稳产、温情、特价、特效、甜活儿、喜事、深交、深情、深意、盛馔、盛宴、盛服、盛装、肥差、肥活、肥缺、丰年、富国、富婆、富商、富翁、公道、公心、贵宾、贵客、豪门、豪绅、豪兴、豪语、豪宅、豪族、弘论（宏论）、弘图（宏图）、弘愿（宏愿）、弘旨（宏旨）、红人、和风、隽语、娇妻、娇儿、廉价、健步、健儿、健将、节妇、阔佬、阔少、快感、名产、名厨、名迹、名句、名角、名伶、名流、名门、名模、名牌、名篇、名票、名品、名人、名山、名师、名手、名著、实处、实底、实情、实感、实效、实事、清官、清风、俏货、趣事、趣谈、趣闻、韧劲儿、趣话、柔肠、柔情、厚爱、厚礼、厚利、厚望、厚谊、厚意、欢歌、欢声、欢心、诚心、热情、热货、热泪、热土、丽日、媚眼、猛将、猛士、诚意、纯情、醇酒、礼貌、严师、巨制、赢家、宁日、重地、重点、重托、重责①、重镇、要隘、要件、要人、要冲、要道、要地、严词、细工、细活、闲心①、显学、骁骑、信据、铁军、实据、宿将、宿志、熟年、腻友、平价③、朴学、奇迹、强国、强力①、强人①、强项、软话、锐气、刚性①、高参②、高产②、高龄、高位①、密友、大户①、大计、大奖、大节②、大军①、大力①、大事、大业、大政、飞人、惠风、骄子、巨头、快货、快手、利嘴、烈女、达官、激情、圣手、福星、才子、恩人、莲步、柳眉、蛾眉、德治、福地、福分、福气、匠心、童心、恩情、金曲、赤胆、威风、威力、威名、威仪、范例、范式、范文、望门、力作、窍门、金点子、科学性、革命性、优越性、同情心、责任感、荣誉感、红角儿、神枪手、仁人志士、幸运儿、良师益友、孝子贤孙、能工巧匠、佼佼者、积极分子、丰功伟绩、嘉言懿行、灵丹妙药、诚心诚意、慈眉善目、赤胆忠心、丰衣足食、豪言壮语、雄才大略、鸿篇巨制、崇山峻岭、浩然之气、达官贵人、达官显宦、奇花异草、奇光异彩、快人快语、锦衣玉食、琼楼玉宇、全心全意

2. 消极评价类

妖风、妖言、野心、异端、阴谋、庸才、庸夫、庸人、庸医、谀辞、谀词、瞎话、闲话、邪财、邪道、邪教、邪路、邪念、邪气、邪说、邪心、邪行、凶兆、凶相、歪才、歪道、歪理、歪风、虚名、妄人、妄想、妄言、妄语、顽敌、微词、微辞、颓风、颓势、颓态、颓市、傻气、私见、私利、私囊、私情、私心、私欲、俗套、孽根、孽种、佞臣、虐政、懦夫、泼妇、穷寇、反派、废话、废人、疯话、腐儒、高调、故伎（故技）、怪物、诡辩、诡计、秽迹、秽气、秽闻、秽行、秽语、坏处、坏话、坏人、坏事、浑话、昏话、昏君、贱货、贱民、骄气、狡计、奸臣、奸计、奸商、空论、空名、空话、虚名、苛政、酷吏、狂人、狂言、诳话、诳语、烂账、滥调、劣迹、劣马、劣品、劣势、陋规、陋俗、陋习、媚骨、媚态、谬论、谬说、谬种、傲气、败笔、败兵、败果、败绩、败将、败局、败军、败类、败象、败仗、暴君、暴政、暴徒、暴行、暴利、背运、笨伯、残货、残局、惨祸、惨景、惨境、惨剧、惨状、差生、成见、丑话、丑类、丑史、丑态、丑闻、丑行、臭名、臭棋、蠢话、蠢人、蠢事、次货、次品、粗话、粗人、大话、刁民、毒计、毒谋、毒手、独夫、短处、短见、厄境、厄运、恶报、恶感、恶果、恶疾、恶名、恶念、恶人、恶少、恶习、恶意、噩梦、噩运、噩兆、恶语、赘言、浊世、歹心、歹意、歹人、蛮劲、莽汉、薄情、黑店、黑话②、黑钱、黑枪①、鬼话、花招、花心、横肉、横财、横祸、横事、土气、死党、孬种、杂种、顺民、杂念、杂事、枭将、危城、危机、危局、顽童、伪钞、伪书、伪证、特权、伪装、伪作、误传、误会、误解、误区、奢求、奢望、奢想、淡季、淡市、淡月、赝品、赝本、赝币、赝鼎、怪话、怪癖、怪圈、怪事、害虫、害处、苦差、苦处、苦工、苦功、苦活、苦境、苦力、苦命、苦刑、苦心、苦行、苦役、苦雨、苦衷、酷暑、酷刑、陋室、陋巷、乱兵、乱臣、乱局、乱民、乱世、哀歌、哀思、驽马、怒目、怒气、怒色、怒容、僻壤、僻野、偏见、偏题、贫民、穷途、弱点、弱旅、弱势、弱项、寡头、孤军、僵局、

犟劲、娇气、愧色、困境、困局、笨活儿、薄产、薄地、薄田、薄利、薄命、惭色、惭颜、愁怀、愁容、愁思、愁绪、悲歌、悲剧、悲情、悲声、背货、难处、难事、难题、难点、难关、苦活儿、淫雨、忧心、重犯、重话、要案、要犯、异心、细故、闲人、闲心②、闲职、险象、险兆、险症、险境、险地②、虚辞、顽疾、痛处、气话、强敌、强权、冗务、冗员、烦言①②、反调、反感、反话、痼疾、痼癖、痼习、暴病、暗疾、暗事、沉疴、成规、成说、陈规、陈货、陈言、错觉、错处、绝地①、辣手①、大故①、大观、大汉、恶战、恶仗、大敌、寒士、憾事、荒年、快嘴、老调、厉鬼、厉色、闷气、劲敌、高价、迂夫子、小心眼儿、漂亮话、死脑筋、鬼点子、糊涂账、花点子、死心眼儿、奇装异服、奇谈怪论、苛捐杂税、花言巧语、甜言蜜语、蠢头蠢脑、滑头滑脑、笨手笨脚、笨头笨脑、笨嘴拙舌、笨口拙舌、混账话、油腔滑调、油嘴滑舌、油头滑脑、穷山恶水、穷途末路、恶声恶气、异端邪说、歪门邪道、假模假样、残兵败将、污言秽语、愁眉苦脸、呆头呆脑、不正之风、粗茶淡饭、深仇大恨、长篇大论、断壁残垣、断简残编、薄物细故

3. 中性评价类

中策、重兵、重价、重金、重利①、重资、严冬、逸事、逸闻、隐情、隐衷、幽情、险地①、险关、险滩、险峰、详情、微利、特技、特例、特性、特征、特质、深秋、深山、深海、深闺、生手、实景、实例、实录、实名、实权、实物、凤愿（宿愿）、凤诺（宿诺）、素愿、素志、素装、宿疾、琐事、琐闻、琐议、熟客、熟路、熟人、熟手、偏方、平民、歧见、曲笔、全局、全力、全权、全速、热线、凡夫、凡人、凡心、繁花、繁星、高利、高薪、酣梦、豪雨、憨态、确证、激浪、激流、激战、急病、急症、急茬儿、急流、急务、疾步、骄阳、巨资、绝响、均势、巨变、老病、老手、利刃、利器、烈风、烈火、烈马、烈焰、烈日、隆冬、隆情、曼声、猛劲儿、猛禽、猛兽、秘本、秘方、秘籍、秘笈、秘史、秘闻、密报、密林、大局、暗处、暗道、奥义、奥旨、暴雷、本色、本相、本心、本性、本业、本意、本愿、长物、陈粮、陈迹、大案、大道①、大典、大法、大关、大考、大战、大旨、大族、熏风、另类①、飞车、飞舟

第四章　辅助评价量词

一、引言

量词是数量较为固定的封闭性词类。据统计，汉语量词共有 789 个（何杰，2000）。郭先珍（2002）编著的《现代汉语量词用法词典》收入量词 600 余个。量词的词汇意义和语法意义的作用主要是"凑足音节、区分类别、代替名词、区分名词词义、区别词与词组"（刘丹青，1988）。量词的本义不含评价义，无法独立地、明确地表达主观情态和评价结果，属于非典型评价项。

回顾以往研究，何杰（2000）对量词词义的情态色彩作了较全面的考察，指出量词的情态色彩是一种主观的情态意味，是在给予客观事物以计量概括认识的同时，还表达了人们对该事物的爱憎意味和褒贬评价。何文把量词的情态色彩分为五小类：表敬重、褒奖；表厌恶、贬斥；表郑重；表随意；表珍惜。邵敬敏（1996）指出动量词中有一小类具有褒贬倾向的"情态量词"，张晓华（1996）分析了单个量词"起"的感情色彩，刁晏斌（2005）考察了量词色彩义的动态发展过程，王均松、田建国（2016）利用北京语言大学 BCC 语料库考察了量词"一副"的语义韵，指出"一副 X 模样"在文学、微博、报刊文体中以消极语义韵为主，但在科技文体中以积极语义韵为主。吴海霞（2018）运用 CCL 语料库分析了汉语量词"群""伙""帮"的语义韵，结果显示，"伙"在三个量词中的消极语义韵程度最强，"群"呈中性语义韵，"帮"呈杂糅语义韵。

在量词性质的研究方面，学者们围绕量词性质的虚实与否问题展开讨论。高名凯（1986）倾向于把量词看作强制性句法成分，将其归为虚词。朱德熙（1982）把量词归为实词，放在体词的次类中。因为在一定的语言环境中数量结构可以代替整个偏正结构，如"两间"可以代替"两间房子"，"五张"可以代替"五张纸"等。上述观点的观察视角有所不同，高名凯侧重于量词的句法位置，朱德熙侧重于量词的动态句法功能。李宗江（2004）将量词称为"类虚词"，在一定程度上兼顾了量词的语法和语义特点。因为量词内部成员的虚实度不同，有些量词残留着古代的语义，理据性较强，尚未发展成为只具有语法意义的虚词，如"篇、颗、圈、碗、群、座、盒"等。有些量词的语义已经高度虚化，可以看作虚词，如"个"。

二、研究对象

我们把汉语评价系统中的量词称为"辅助评价量词",这主要是由于量词具有"类虚词"的特性,无法独立明确地表达评价,其评价义只有在与名词、动词搭配的具体语境下才能体现出来。量词是否具有辅助评价功能,与之搭配的名词和动词是重要的参考对象,此外一些尚未完全虚化的量词词义也可作为参考。

筛选辅助评价量词要考察与其搭配的名词及动词的评价性,但这并不是说如果某量词修饰积极性或消极性评价义名词,该量词就是积极性辅助评价量词或消极性辅助评价量词,因为同一个量词能够搭配的名词和动词的范围较广。如下所示:

(1) A 类:一团和气,B 类:一团糟,C 类:一团漆黑

(2) A 类:在社交上,她还真有一套。

   B 类:别来这套,如今不兴这一套。

(3) 老鼠跳进米箩里——A 类:一场欢喜,B 类:一场空(歇后语),C 类:《一场游戏一场梦》(歌名)

上述例子中,A 类量词搭配的是积极评价义名词,B 类量词搭配的是消极评价义名词,C 类量词搭配的是非评价名词。而只能和单一评价性词语搭配的量词几乎不存在。

研究思路方面,我们首先将辅助评价量词分为"辅助评价名量词"和"辅助评价动量词"两大类。然后把辅助评价量词按照评价的价值负载性分为积极、消极、中性三小类。将积极性辅助评价量词界定为:与积极评价词语搭配频率较高,即搭配频率约占 CCL 语料库用例总数的 50% 及以上,并且与消极评价词语搭配频率较低,即搭配频率约占 CCL 语料库用例总数的 30% 及以下的量词。将消极性辅助评价量词界定为:与消极评价词语搭配频率较高(约 50% 及以上)、与积极评价词语搭配频率较低(约 30% 及以下)的量词。将中性辅助评价量词界定为:表达对事物程度量的主观判断,且与非评价词语搭配频率较高(约 50% 及以上)、与积极性及消极性评价词语搭配频率较低(分别约 25% 及以下)的量词。本章将考察上述三小类辅助评价量词在句中的使用情况和评价特点。

三、积极性辅助评价量词

积极性辅助评价量词主要由名量词构成,主要成员如"手""员""位""番""线"等。

（一）　积极性辅助评价名量词——手

《现汉》中"手"有七个义项，其中"手⑥"是量词，《现汉》对该义项的解释是"用于技能、本领等：他真有两手；学得一手绝活儿"。可见量词"手"搭配的名词所指称的对象是各种技能，这些技能是人通过后天学习获得的。CCL语料库中包含量词"手"的语料有 1 000 多条。部分用例如下所示：

A 类：

第①小类：

（1）……练就了一手"一鸣惊人"的氩弧焊焊接技术。

（2）冲茶技术更有一手绝招，令人眼花缭乱。

（3）北京紫竹院餐厅的王龙华身怀一手擀饺子皮的绝活。

第②小类：

（4）天资聪明的他不出三个月就能打出一手好家具。

（5）他写得一手好行草，时常要笔酣墨畅笔走龙蛇。

（6）还是吴师傅那一手色、香、味、形俱全的苏帮菜特别可口开胃。

第③小类：

（7）除读书之外，还练得一手好剑。

（8）听说赵王弹得一手好瑟。

（9）一位姓杨的男青年，……打得一手好鼓。

B 类：

（10）*他跳得一手好舞；*她唱得一手好歌；*小王说得一手好相声

C 类：

（11）从此阿丽便学偷窃扒拿这一手窃贼本领。

由上述用例可见，量词"手"表示人体部位的词义并未完全虚化，其在句中修饰的对象都是人手掌握的技术或手部行为动作产生的积极成果。在 CCL 语料库中，量词"手"搭配的对象绝大多数是如 A 类所示的带积极评价义的名词及短语，约占 CCL 语料库中"手"作量词用例总数的98%。如果人们所掌握的技术或行为是由人体其他部位如脚、嘴等发出的，则不能与量词"手"搭配使用，如 B 类例（10）所示的句子都是不成立的。C 类量词"手"搭配消极评价义名词的用例很少，约占 CCL 语料库中相关用例总数的2%。因此量词"手"可归入积极性辅助评价名量词。

在 A 类用例中，量词"手"所搭配的带积极评价义的名词或名词性短语按照语义可以分为三小类：第①小类是手部掌握的高超技术，如例（1）~（3）所示。第②小类是手部高超技术产生的积极成果，如例（4）~（6）所示。第③小类是手部动作需要使用的工具，如兵器、乐器等，如例（7）~（9）所示。上述三小类积极评价义名词或短语在表达评价活动要素方面的特点也不同。第①小类积极评价义名词或短语的构成包括"评价结果＋评价对象"和"评价结果"两种，前者如例（1）和例（3），后者如例（2）所示。第②小类积极评价义名词或短语的构成是"评价结果＋评价对象"，如例（4）~（6）所示。第③小类积极评价义名词或短语的构成是"评价结果＋评价关涉的对象"，其中评价关涉的对象是手部发出动作时所使用的工具，如例（7）~（9）中的"剑""瑟""鼓"。

（二） 积极性辅助评价名量词——员

"员"在《现汉》中有三个义项，其中义项③是"用于武将：一员大将"。根据我们对 CCL 语料库的检索，"员"的语料有近 3 000 条，其中常见搭配如下：

一员大将，一员猛将，一员虎将，一员武将，一员骁将，一员悍将，一员干将

上述用例中"员"搭配的都是双音节积极评价义名词。除此之外，"员③"还经常搭配积极评价义名词性短语，如下例所示：

（1）像你一样，也爱吃"红"，算得上一员"红色少将"！
（2）聂凤智同志是从长期的中国革命战争中拼杀出来的一员杰出战将……
（3）杜松是一员身经百战的名将。
（4）邓华，我军一员战功卓著的优秀将领。
（5）他……是一员智勇兼备、独当一面、多打胜仗的著名战将。

在上述例句中，量词"员"搭配的都是积极评价义名词性短语。在 CCL 语料库中，量词"员"与积极评价义名词及名词性短语的搭配频率较高，约占相关用例总数的 78%。

"员③"和消极评价义名词、中性评价义名词、非评价名词搭配的用例较少，如下例所示：

（6）张大力，原名叫张金璧，津门一员赳赳武夫，身强力蛮，力大没边，故称大力。
（7）卡尼吉亚今年 29 岁，是参加过两次世界杯足球赛的一员老将。
（8）在这条战线上，我只是一员战士，一个老兵。

上述三例中量词"员"搭配的"赳赳武夫""老将""战士"分别是消极评价义名词、中性评价义名词、非评价名词。量词"员"在 CCL 语料库中与消极评价义、中性评价义、非评价名词及名词性短语的搭配频率分别约为 4%、

10%、8%，因此量词"员"可归为"积极性辅助评价名量词"。

（三）　积极性辅助评价名量词——位

"位"在《现汉》中有六个义项，其中"位⑥"为："用于人（含敬意）：诸位；各位；家里来了几位客人"。与书面语色彩较浓的"员"相比，"位"在书面语和口语都可以使用，属于使用频率很高的名量词。我们在 CCL 语料库中检索到包含量词"位"的语料约九万条。

在用法方面，"位"常见用法之一是修饰积极评价义名词或名词性短语，以及指称较高地位或声望的表人名词或短语，如下所示：

A 类：

第①小类：一位勇士，一位天才，一位成功者，一位名士，一位英雄，一位好心人，一位模范

第②小类：一位杰出的人物，一位多才多艺的"口技大师"，一位非常出色的建筑师和雕塑家，一位名叫木花开耶姬的美丽而又智慧的姑娘，一位维护世界和平和支持人类正义事业的战士

第③小类：一位大使，一位法官，一位总统，一位领导者，一位生物学家，一位产品经理

B 类：

第①小类：一位名叫帕里西安的人，一位亲戚，一位妇女，一位癌症病人

第②小类：一位含羞的少女，一位素不相识的人

C 类：

第①小类：卡西俄珀亚王后是一位虚荣心很强的女人……

第②小类：那一位蛮横的女人大声问道……

第③小类：……一位不合格的老师，不解雇他，该怎么办呢？

由上可见，A 类第①小类中量词"位"搭配的是双音节积极评价义名词；第②小类中"位"搭配的是积极评价义名词性短语；第③小类中"位"搭配的是表职业、身份类的名词性词语，其所指称的都是具有较高社会地位或声望的人物，A 类用例约占 CCL 语料库中"位"作量词用例总数的 52%。

B 类第①小类中量词"位"搭配的是非评价名词或短语，它们多为表普通职业、身份类的名词性词语，约占 CCL 语料库中相关用例总数的 18%。第②小类中"位"搭配的是表中性评价的名词性短语，这些短语多为偏正式结构，约占 CCL 语料库中相关用例总数的 21%。

C 类中量词"位"可以搭配消极评价义名词，此类用例的数量较少，约占

CCL 语料库中相关用例总数的 9%。如 C 类例子中的"虚荣心很强、蛮横、不合格"都表达了消极评价,评价对象是其修饰的中心词"女人、老师"。此类用法与量词"位"所含"表敬意"的词义内涵存在矛盾,因此出现频率很低。

（四） 积极性辅助评价名量词——番

《现汉》对量词"番"的释义是这样的:"①种;样:别有一番天地。……③回;次;遍:思考一番;几番周折;三番五次;翻了一番(数量加了一倍)。""番①"是名量词,"番③"是动量词。"番"在 CCL 语料库中的语料约有 1.67 万条,其中名量词"番①"约占 45%,动量词"番③"约占 55%。

名量词"番①"与名词及名词性短语的搭配情况用例如下所示:

A 类:

第①小类:一番敬意,一番美意,一番好意,一番孝心,一番盛情,一番心血,一番气势,一番事业,一番业绩,一番宏论,一番豪言壮语,一番肺腑诚言,一番异国情趣,一番动人的景象

第②小类:别有一番情趣/乐趣/风趣/风韵/诗情画意/得天独厚的优势

第③小类:别具一番风光/气象/风味/神韵/风韵/情趣

第④小类:自有一番趣味/乐趣/情趣/风韵和气度/高见/引人入胜的景象

B 类:

一番话,一番景象,一番情景,一番心思,一番模样

C 类:

第①小类:一番申斥,一番磨难,一番波折,一番虚情假意

第②小类:自有一番难言的苦衷/相当偏激的理论

第③小类:别有一番讽刺意味/苦涩的滋味

由上述用例可见,A 类中"番"修饰的名词或名词性短语带有积极评价义,这类搭配约占 CCL 语料库相关用例的 48%。B 类中"番"修饰的名词都是非评价性的。此类搭配约占 CCL 语料库相关用例的 39%。C 类中"番"修饰的名词或名词性短语带有消极评价义,约占 CCL 语料库相关用例的 13%。

"别有一番+N/NP""自有一番+N/NP""别具一番+N/NP"等句式具有明显的积极语义韵色彩,其中的"N/NP"多数带积极评价义,如 A 类中第②～④小类所示,其偶尔也搭配非评价名词及带消极评价义的名词或名词性短语,前者如"风味、风光",后者如 C 类中第②～③小类所示。

（五）　积极性辅助评价名量词——线

《现汉》中的"线"有十个义项，其中第一个义项是"用丝、棉、麻等制成的细长而可以任意曲折的东西，主要用来缝补、编织衣物：毛线；一根线；一绺线"，第九个义项是"用于抽象事物，数词限用'一'，表示极少：一线光明；一线希望；一线生机"，可见量词"线"常用于表达主观小量。

量词"线"在 CCL 语料库中的用例为 1 000 多条。部分用例如下所示：

A 类：

一线生机，一线光明，一线机会，一线希冀，一线转机，一线希望/解决的希望，一线曙光/和平的曙光/希望的曙光，一线生机和曙光，一线好转的希望，一线期待和信任

B 类：

一线微光，一线颤音，一线飞泉，一线思绪，一线细细的竖纹，一线低矮的山脉

C 类：

心里被一根不经意的手指勾出一线懊悔，懊悔什么呢？（唐颖：《糜烂》，《作家文摘》1995 年第 3 期）

如上述 A 类搭配所示，"一线"常与带积极评价义的抽象名词搭配，如"希望、生机、曙光、转机"等。"一线"搭配带积极评价义的名词或短语的数量约占 CCL 语料库相关用例的 72%。B 类中"一线"所搭配的非评价词语以表光线类的名词为主，如"微光、光线、阳光"等，有时也搭配"颤音、飞泉、山脉"等名词。"一线"搭配非评价词语的数量约占 CCL 语料库相关用例的 26%。此外，量词"线"与消极评价词语搭配的用例极少，约占 CCL 语料库相关用例的 2%，如 C 类例句所示，此例句出现在文学作品中，"一线懊悔"的用法属于作家创造的临时搭配。

（六）　名量词　"尊"　与　"班"

何杰（2000）认为量词"尊"表"郑重情态"，其所举用例如下：

（1）如来即令十八尊罗汉开宝库取十八粒"金丹砂"与悟空助力。（吴承恩《西游记》）

（2）通都大邑来了几位选家；僻壤穷乡出了一尊名士。（吴敬梓《儒林外史》）

何文的例子均为"尊"在近代汉语的用例，和现代汉语中量词"尊"的使

用情况不完全相同。《现汉》对量词"尊"的第四个释义为："a) 用于神佛塑像：一尊佛像。b) 用于炮：五十尊大炮。"例（1）与《现汉》对量词"尊"的 a 释义吻合，例（2）的义项未见于《现汉》。

在 CCL 语料库中，量词"尊"的语料有一千多条，其中绝大多数搭配为"（一）尊 + 艺术品或纪念品"，如"一尊 12 米高的雅典娜雕像/刚出土的陶俑/重 5.5 吨的大金塔/古铜香炉/奥斯卡金像奖座"，量词"尊"表"郑重情态"的相关用法在 CCL 语料库中极为少见。

郭先珍（1987）比较了"班"和"帮"的异同，指出"'班'多用于好的方面，如'这班小伙子真机灵'，'那班孩子多么可爱'。'帮'有'伙，群'义，常用于不好的方面，如'来了一帮流氓'，'简直是一帮土匪'等。以上'班''帮'不宜替换"。

《现汉》中量词"班"的第六个释义为："a) 用于人群：这班姑娘真有干劲。b) 用于定时开行的交通运输工具：你搭下一班飞机走吧；火车每隔半小时就有一班。"由释义可见，b 释义属于非评价量词，而 a 释义是否具有辅助评价性，则要根据其在语料中的使用情况加以判定。我们在 CCL 语料库中共搜集到含有 a 释义的用例近两千条，部分用例如下所示：

A 类：

一班人，一班随从官员，一班歌女，一班王公大臣，一班警察，一班人马，一班老人，一班唱京戏的老艺人，那班年纪较轻的将领，那班修道院里的修士

B 类：

一班革命志士，一班朝气蓬勃、锐意改革的领导们，
一班颇有招商引资经验的精兵强将，这班充满活力的"小虎队"，
这班生死与共的兄弟，那班铁汉子

C 类：

一班地痞流氓，一班文痞文棍，一班傲慢顽固的贵族
一班丧失明确的生活目的，整日沉湎于声色之欲的颓废青年
一班锱铢必较、积资千万，而恶衣恶食、一钱如命的富商
这班披着人皮的豺狼，这班势利小人，这班官僚杂种们
那班笨蛋，那班乌合之众，那班老弱残兵，那班庸俗的小人

D 类：

一班新人马，那班年轻的科技人员

在上述用例中，A 类是与"班"搭配的表人的职业、年龄的名词及短语，它们都不表评价。这类例子占 CCL 语料库用例总数的 30% 左右。B、C、D 类分别是带积极、消极、中性评价义的名词及短语，其中 B、C 两类用例各占 CCL 语料

库用例总数的 30% 左右。D 类用例较少，占 10% 左右。由此可见，量词"班"和不表评价、表积极评价、表消极评价的名词及短语都能够搭配，而且用例的数量较为相近，郭文中"'班'多用于好的方面"的观点值得商榷。

四、消极性辅助评价量词

消极性辅助评价量词包括名量词和动量词，名量词如"撮""伙""帮"，动量词如"气""顿""通"。下文将逐词加以考察。

（一） 消极性辅助评价名量词——撮

《现汉》对量词"撮"的第七个释义是："a）〈方〉用于手所撮取的东西：一撮盐；一撮芝麻。b）借用于极少的坏人或事物：一小撮坏人。"我们在 CCL 语料库中收集到包含"一撮"和"一小撮"的语料各 200 多例，包含"几撮"的语料 10 例。部分用例如下所示：

A 类：

第①小类：中国的儿童都有爱国热忱，坚持不抵抗主义的是国民党的一撮败类

第②小类：一小撮坏蛋，一小撮台独分子，一小撮军国主义分子

B 类：

第①小类：一撮毛，一撮黄土，一撮八字胡，一撮短而直的长条鬃毛，一撮颗粒饱满的稻穗，一撮经精加工后的黄花菜，一撮黄亮黄亮的兰州烟丝

第②小类：几撮茶叶，几撮鼻烟

第③小类：一小撮盐，一小撮挂面条，一小撮黄土，一小撮粉末，一小撮野草，一小撮胡须，一小撮精心染制的黄毛

C 类：

也许，男人无法明白，江湖上有一撮风尘女侠，是情比金坚的。（梁凤仪《豪门惊梦》）

上述用例中，A 类中"一撮"和"一小撮"均搭配带消极评价义的名词，前者用例较少，后者用例很多，约占 CCL 语料库相关用例总数的 93%。我们在古代和近代汉语语料库中尚未检索到相关搭配的用例。这种用法的产生和扩散很可能是受"文革"时期"一小撮"高频搭配带消极评价义名词的影响。"文革"时期有很多包含"一小撮"的句子，其中"一小撮"既可独用，指称坏人，也可以搭配带消极评价义的表人名词或短语。后一种用法沿用至今且较为常见，如

A 类用例中，第②小类都是"文革"后的用例。

B 类"一撮、几撮、一小撮"搭配的都是非评价名词及短语，约占 CCL 语料库相关用例总数的 7%。这些名词及短语所指称的多为细小的颗粒物或较细长的物体。这是由于动词"撮"指的是手指发出的动作行为，而可用手指获取的物品数量少、体积细小。C 类所示"撮"搭配带积极评价义名词的用例极少，我们在 CCL 语料库中仅搜到了一例。该句的作者是香港作家梁凤仪，"撮"的此类用法可能是作家地域或个体风格的体现。

（二） 消极性辅助评价名量词——伙

《现汉》对量词"伙"的第四个释义为："用于人群：一伙人；分成两伙；三个一群，五个一伙。"CCL 语料库中含有"一伙""这伙""那伙"的用例共约 3 500 条。部分用例如下所示：

A 类：

第①小类：一伙色情狂，一伙流氓，一伙亡命之徒，一伙匪徒，一伙强盗，一伙不法之徒，一伙蛀虫，一伙危险人物，一伙该死的复仇主义罪犯

第②小类：这伙强盗，这伙禽兽，这伙党羽，这伙匪徒，这伙路霸，这伙歹徒，这伙空中强盗，这伙文化娼妓，这伙制贩毒品的不法分子，这伙危害社会的罪人，这伙鬼子特务们，这伙仗势力不说理的家伙们

第③小类：那伙歹徒，那伙无赖，那伙土匪，那伙偷树贼，那伙狐朋狗友，那伙写东西的骗子，那伙恶言恶语的小畜生，那伙横暴无耻的贵族，那伙得了巨额赃款的江洋大盗

B 类：

一伙人，一伙乐师，一伙朋友，一伙新文学家，一伙年轻人

这伙朋友，这伙卫兵，这伙匠人，这伙绅士，这伙食客

那伙儿女，那伙朋友，那伙作家，那伙平均年龄不到 35 岁的伙伴们

C 类：

（1）我们一伙谈得来的人聚到一起。

（2）但我的家乡没有一伙风流倜傥的人物可供报道。

（3）国民自卫军这伙好汉是极为英勇的。

（4）这一伙子都是我的心腹人，书没念几天，一个厚道字眼儿还是明白的。

（5）论咱们这伙人，义气相投，生死同心，果然像当年的梁山好汉一样。

（6）咱们这伙人谁都能干出点名堂，独你板上钉钉一事无成。

（7）头等舱的那伙人全都单纯得可爱，所以这不是像我原来想的那样枯燥无味。

D 类：

第①小类：

a 哈佛经理一定要有一群懂得并会运用现代科技的智囊人物……

b＊哈佛经理一定要有一伙懂得并会运用现代科技的智囊人物……

第②小类：

a 股本为四亿港币的新中港集团，由香港一群中青年知名企业家……

b＊股本为四亿港币的新中港集团，由香港一伙中青年知名企业家……

第③小类：

a 热情洋溢地讴歌了一群奋发有为、目光远大的农民企业家和当代新农民形象。

b＊热情洋溢地讴歌了一伙奋发有为、目光远大的农民企业家和当代新农民形象。

我们对语料的统计结果显示，"伙"（包括"一伙""这伙""那伙"）搭配数量最多的是带消极评价义的名词及短语，如 A 类所示，约占 CCL 语料库用例总数的 86%。然后是表人物身份、职业、年龄的名词及短语，这类名词没有评价性，如 B 类所示，所占比例约为 10%。积极评价义名词如 C 类所示，这类语料的数量非常少，所占比例约为 4%。可见量词"伙"主要搭配的是带消极评价义的名词及短语。

"伙"与积极评价义名词搭配时受限较大。上文 D 类第①～③小类中的例 a 均来自 CCL 语料库，句中量词"群"与积极评价义名词搭配，如"一群 + 智囊人物/知名企业家/当代新农民形象"，如果将"群"替换成"伙"，如 D 类第①～③小类中的例 b 所示，则句子接受度明显降低。

（三）　消极性辅助评价名量词——帮

量词"帮"在《现汉》中的第六个释义是："用于人，是'群、伙'的意思：一帮小朋友；一帮强盗。"CCL 语料库中量词"帮"与名词及名词性短语搭配的用例总数近 2 000 条。我们将部分用例分类列举如下：

A 类：

第①小类：一帮子懒汉，一帮傻子，一帮赌徒，一帮歹徒，一帮流氓，一帮地痞无赖，一帮车匪路霸，一帮非常可怕的恐怖分子和土匪，一帮右翼政客，一帮狐朋狗友，一帮亡命之徒，一帮修正主义分子，一帮不三不四的人，一帮谣言家

第②小类：这帮歹徒，这帮罪犯，这帮乳臭未干的学生，这帮可恶的小鬼子，这帮乌合之众，这帮小崽子，这帮汉奸特务，这帮不知廉耻的官吏，这帮恶

魔，这帮庸才和蠢材，这帮臭狗屎

第③小类：那帮狗官，那帮土匪，那帮永远一知半解却永远自以为是的人，那帮嗜杀成性的土匪，那帮张牙舞爪的害人精，那帮别有用心的人

B 类：

第①小类：一帮人，一帮年轻人，一帮后生，一帮记者，一帮领导人，一帮推销员，一帮团干部，一帮伙伴，一帮中外记者，一帮老艺人，一帮年轻书生

C 类：

第①小类：一帮大腕明星，一帮不服输的人，一帮全身心奋斗的人，一帮鼎力相助的朋友，一帮热血青年

第②小类：这帮聪明可爱的男孩子，这帮好汉

第③小类：那帮平凡却又坚强的人们，那帮好小子

上述 A 类用例中，量词"帮"搭配的是带消极评价义的名词及短语，此类搭配在 CCL 语料库相关用例中的占比最高，约为 77%。此外，CCL 语料库中的名量词搭配"一帮人/这帮人/那帮人"的后续句法成分表消极评价的用例也较多。如下三例所示：

（1）有那么一帮人舞刀弄棒，声嘶力竭地为军国主义招魂。

（2）这帮人嚣张至极，凡有工人拦阻时，他们就举枪"嗒嗒"向天空乱放一通。

（3）我一直认为又是下边那帮人搞的，搞乱了好浑水摸鱼，保护自己打击好人。

在辅助表达消极评价时，量词"帮"与"伙"可以互换。如"一帮/一伙 + 土匪、强盗、骗子、盗贼、亡命之徒、车匪路霸"等。

上述 B 类用例中，量词"帮"搭配的是非评价名词及短语，如表人的年龄、职业、国别等的名词及短语，此类搭配约占 CCL 语料库相关用例总数的 19%。C 类用例中，量词"帮"搭配的是带积极评价义的名词及短语，约占 CCL 语料库相关用例总数的 4%。

（四） 消极性辅助评价动量词——气

动量词"气"常与数词"一"搭配，《现汉》对词语"一气"的解释是"数量词。一阵（多含贬义）：瞎闹一气；乱说一气"。CCL 语料库中包含"一气"的语料共 2 300 余条。我们将部分用例分类列举如下：

A 类：

乱干/搞/抓/改/撞/审/用/练/敲/捅/打/写一气

瞎说/摸/忙/猜/摸/指挥/比画一气，胡搞/来/搅/说/诌一气

胡奔乱窜一气，闲拉漫扯一气，串通一气

B 类：

(1) 他们端起相机猛照一气，又爬进集装箱一起拆运。

(2) 卡尔帕队猛攻一气，在十分钟内连进 5 球。

(3) 他给自己打开一瓶矿泉水，咕咕地猛喝一气。

(4) 自然我们又海聊一气。

C 类：

吃了一气，喝了一气，灌了一气，吃喝了一气，厮打了一气，抵挡一气

D 类：

(5) ……也暗想要扎实体验一番"都市生活"，潇洒风发一气。

(6) 倘要论争中国文化的价值核心究竟何在，或许尚可放胆雄辩一气。

上述用例中，A、B、C、D 类动量词"气"搭配分别为消极评价性、中性评价、非评价、积极评价性的动词及短语，分别约占语料库相关用例总数的 88%、6%、4%、2%。在占比最高的 A 类中，动量词"气"搭配的动词及短语常含有消极性元评价项，如"乱、胡、瞎"等，"一气"在程度量上凸显了动作行为的不正确或不合理性。而在 B 类和 C 类的搭配中，"一气"强调了动作的连续性。

（五）消极性辅助评价动量词——顿

《现汉》对动量词"顿"的第六个解释是："用于吃饭、斥责、劝说、打骂等行为的次数：一天三顿饭；被他说了一顿。"CCL 语料库中动量词"顿"的用例有 4 000 多条。我们将部分用例分类列举如下：

A 类：

第①小类："V（了）+一顿"：哭/号啕大哭一顿儿，打了一顿，暴打一顿，毒打一顿，痛打一顿，辱骂了一顿，痛骂一顿，臭骂一顿，大骂一顿，呵斥了一顿，咆哮了一顿，狠揍了一顿，指责一顿，大吵大闹一顿，狠狠地数落了一顿

第②小类："V+一顿+……"：挨一顿冤打/批/骂，遭到了一顿痛打，发了一顿牢骚

第③小类："一顿+V"：一顿拳打脚踢，一顿痛骂，一顿臭骂，一顿数落

B 类：

美餐一顿，美美地吃上一顿，痛痛快快吃一顿，表扬/夸奖/赞美/嘉奖他一顿

C 类：

吃上一顿，喝了一顿

上述例子的 A、B、C 三类中，数量词"一顿"搭配的依次为消极评价性、积极评价性、非评价动词及短语，相关格式如"V（了）＋一顿""V＋一顿＋……""一顿＋V"等。A 类"一顿"搭配消极评价性动词及短语属高频搭配，约占 CCL语料库相关用例总数的 91%。其中"一顿"搭配的多数动词及短语都是动作性强、对评价对象进行消极言语评价和打骂类的动词，如"打、骂、数落、呵斥"等，还有少量表消极情态的动词如"哭"等。B 类和 C 类的用例都比较少，分别约占用例总数的 5% 和 4%。

（六） 消极性辅助评价动量词——通

量词"通"既可以作名量词也可以作动量词。《现汉》对名量词"通"的解释是："用于文书电报等：一通电报，一通文书，手书两通。"可见当其作名量词时，不具备辅助评价功能。我们考察的是"通"作动量词的用法，在 CCL 语料库中有 2 000 多例，部分用例分类列举如下：

A 类：

第①小类："V（了）＋一通"：乱编了一通，讨伐了一通，鼓吹了一通，瞎猜一通，胡诌一通，发泄一通，手忙脚乱地干一通，得意洋洋地吹了一通，责骂了一通

第②小类："一通＋V"：一通质问，一通搅和，一通埋怨，一通厉声批评，一通儿歇斯底里大发作，一通没完没了的神吹海聊

第③小类："V（了）＋一通＋N"：大发了一通脾气，出了一通洋相，受了一通批评，大谈了一通"大东亚共荣圈"谬论，拌一通儿嘴，汇报了一通捏造的"捷报"

B 类：

你对于所见所闻，都要去研究一通，尽量地去了解它们的意义……
不管三七二十一地又连比画连喊地解释了一通。

C 类：

表扬了一通，安慰了一通，赞美了一通，美餐一通

上述用例中，A、B、C 三类短语中"通"搭配的分别是消极评价性、非评价、积极评价性的动词及短语，"通"在其中的意思是"次、回"。相关格式包括"V（了）+ 一通""一通 + V""V（了）+ 一通 + N"等。其中"V（了）+ 一通"是谓词性的，多作谓语；"一通 + V"在句中是体词性的，多作宾语。"V（了）+ 一通 + N"是在动宾短语如"发脾气、出洋相、拌嘴"等中间插入"一通"，多作谓语。

A 类动量词"通"搭配消极评价性动词或短语的数量最多，约占相关用例总数的 92%。B 类和 C 类短语的数量很少，分别占用例总数的 7% 和 1%。C 类即"一通"搭配积极评价性动词及短语的用例很少，如"表扬/安慰/赞美了一通"，有时在具体语境中带有说话人讽刺、调侃的语气。

（七）动量词 "番" 的评价性辨析

如前文所言，"番"既可作名量词也可作动量词。上文已考察了积极性辅助评价名量词"番"，本部分对动量词"番"的辅助评价性加以辨析。CCL 语料库中动量词"番"的部分用例如下所示：

A 类：

第①小类："V（了）+ 一番"：查询一番，商量了一番，较量一番，晾晒一番，打量了一番，思考了一番，考察一番，吩咐了一番，倾诉了一番

第②小类："V（了）+ N/Pron + 一番"：打量了客人一番，叮嘱了他一番

B 类：

第①小类："V（了）+ 一番"：训斥一番，瞎扯一番，抱怨了一番，乱抢了一番，杀鸡儆猴一番，大肆宣扬一番，照本宣科一番，胡乱吹嘘了一番

第②小类："V（了）+ N/Pron + 一番"：嘲笑了政委一番，戏弄/羞辱/教训/斥责了他一番

C 类：

第①小类："V（了）+ 一番"：表扬一番，畅谈一番，感谢了一番，称赞了一番

第②小类："V（了）+ N/Pron + 一番"：赞美我太太一番，夸奖了她一番

上述搭配中的动量词"番"表示施事在做出某行为时耗费了一定的时间和精力。在 A、B、C 三类用例中，与"一番"搭配的分别是非评价、消极评价性、积极评价性动词及短语，分别约占 CCL 语料库相关用例总数的 48%、37%、15%。可见动量词"番"搭配非评价动词及短语的比例最高，故不宜将其归入积极性或消极性辅助评价量词。

（八） 名量词 "股" 评价性辨析

《现汉》对量词 "股" 的第六个解释是："a）用于成条的东西：一股线；一股泉水；上山有两股道。b）用于气体、气味、力气等：一股热气；一股香味；一股劲儿。c）用于成批的人（多含贬义）：两股土匪；一股敌军。" 下文将三个义项的量词 "股" 分别简称为 "股a、股b、股c"。

我们在 CCL 语料库中共收集到含有 "一股" "一小股" "这股" "那股" 的用例 1.5 万多条，这些用例在搭配方面主要具有以下两个特点：

首先，"股b" 的语料约占用例总数的 87%，使用频率远高于 "股a" 和 "股c"。"股b" 搭配的名词及短语类型如下所示：

第①小类：一股勇气，一股敬意，一股感激之情，一股艰苦奋斗的创业精神，一股坚定的信念，一股廉洁、节约、公正之风，一股跃马横刀的豪气，一股神来之力，一股巨大的喜悦之情，一股神圣的民族自豪感

第②小类：一股怪味，一股呛人的恶臭，一股潮湿的霉气，一股怨恨，一股极不规范的投机潮，一股出国旅游的不正之风

第③小类：一股很浓的气味，一股外国人购房热/"围棋热"/旅游热/出国热，一股前所未有的市场潮

第④小类：一股味儿，一股冷空气，一股劲儿

上述用例中，量词 "股b" 搭配的名词及短语所指称的事物既包括客观事物如气味、气体，也包括主观抽象事物如精神、气概、感情、态度、风气、潮流等。从价值负载性来看，第①、②、③、④小类名词及短语分别为：带积极评价义、消极评价义、中性评价义及非评价义的名词及短语，分别约占 CCL 语料库相关用例总数的 49%、33%、11%、7%。可见 "股b" 搭配带积极评价义名词及短语的比例最高（49%），可将 "股b" 归入积极性辅助评价名量词。

"股c"（即 "'股'用于成批的人"）的用例数量约占 CCL 语料库中用例总量的 9%。部分搭配如下所示：

第⑤小类：这股敌人，这股流贼，这股匪徒，这股特殊难民，这股邪恶的势力，这股走投无路的日军

第⑥小类：这股人潮，这股人流，这股人马，这股官军，一股兵力；这股游行队伍

第⑦小类：这股义军

上述第⑤、⑥、⑦小类用例中，"股c" 所搭配的分别是带消极评价义、非评价义及带积极评价义的名词及短语，分别约占 CCL 语料库中量词 "股c" 用例总数的 59%、40%、1%。可见 "股c" 搭配带消极评价义及非评价义的名词及

短语的比例均较高，其搭配积极评价义名词比例极低。我们的考察显示，"股 c"所搭配的消极评价义名词的范围较小，常见词语如"敌人、匪徒、贼、难民"等，此外还有带消极评价义的固定搭配"一股……势力"，如"一股反动/邪恶/台独势力"等。

综上可见，《现汉》中的释义"（股 c）用于成批的人（多含贬义）"并不十分准确，可将"多含贬义"改为"有时含贬义"。

五、中性辅助评价量词

我们考察的中性辅助评价量词为"丝"。根据《现汉》的解释，"丝"作为量词有两个义项，第一个义项是"表示长度、质量或重量的单位"，第二个义项是"表示极少或极少的量"。我们考察的是量词"丝"的第二个义项。CCL 语料库中"丝"的第二个义项的用例有 4 000 多条，现列举部分用例如下：

A 类：一丝光芒，一丝颤动，一丝缝隙，一丝真实性，一丝声息，一丝灰尘，一丝清风

B 类：一丝慰藉，一丝喜悦，一丝的温暖，一丝雅兴，一丝沁人肺腑的清甜

C 类：一丝畏缩，一丝忧郁，一丝孤独，一丝怒气，一丝恐惧，一丝被戏弄的委屈

从上述用例可以看出，"丝"搭配的对象有：①名词，如"光芒、灰尘、声息、清风、缝隙、雅兴、怒气"。②动词，如"颤动、畏缩"。③形容词，如"喜悦、温暖、恐惧、孤独、忧郁"。从评价性来看 A、B、C 三类中"丝"修饰的词语或短语分别是非评价、积极评价性、消极评价性，三类例子分别约占 CCL 语料库中相关用例总数的 64%、20%、16%。

名词"丝"指的是毛发和蚕丝之类的极细的物体，当"丝"作量词修饰客观事物如"一丝春风，一丝细雨，一丝头发"时，"丝"表细小物体的本义仍有所保留，描写性也较强。当"丝"修饰动词时，表示的是动词所包含的极其微小的动量；当"丝"修饰形容词时，表示的是形容词所包含的极低的程度量。量词"丝"的上述用法是对事物数量或程度的一种中性评价，评价结果是量极小或程度极低。

由此可见，量词"丝"所搭配的词及短语以非评价词语为主，对其所含的数量和程度表达一种中性的极小量的评价，属于"中性辅助评价量词"。

当数量词"一丝"重叠为"一丝丝"时，可以表达比"一丝"更为细微的量。用例如下所示：

（1）让我暗暗吃惊的是，他脸上竟带着一丝丝笑意。

（2）主人请客人空口品尝几根葱丝，不仅脆香，而且还有一丝丝甜！

（3）当时母亲尚存一丝丝气，面对守候于炕前的长子长媳想叮嘱什么却又语难成声。

（4）优先的选择必须是能够较确定地带来预期后果而不是仅仅有一丝丝可能性的。

上述例句中的"一丝丝笑意，一丝丝甜，一丝丝气，一丝丝可能性"比"一丝笑意，一丝甜，一丝气、一丝可能性"的主观程度量更小更低。

同为表极小量的量词，"丝"搭配的对象范围比"线"广，使用频率也比"线"高。"线"修饰的对象基本上都可以被量词"丝"修饰，但"丝"所搭配的对象不一定能和"线"搭配。用例如下所示：

一线/丝微光，一线/丝光芒，一线/丝耀眼的阳光

一线/丝生机，一线/丝曙光，一线/丝光明，一线/丝希望

一丝颤动/＊一线颤动，一丝真实性/＊一线真实性，一丝声息/＊一线声息

一丝灰尘/＊一线灰尘，一丝畏缩/＊一线畏缩，一丝忧郁/＊一线忧郁

一丝孤独/＊一线孤独，一丝憾意/＊一线憾意，一丝恐惧/＊一线恐惧

由上可见，量词"线"和"丝"均可搭配"光线"类的非评价名词，以及"希望"类的带积极评价义名词。此外，量词"丝"还可搭配带消极评价义名词，如"孤独、畏缩、忧郁、憾意、恐惧"等，量词"线"则极少与带消极评价义名词搭配，如上述加星号词语的接受度均很低。

六、结语

量词与典型的评价词汇如形容词和动词不同，量词的本义中不含评价值，无法独立地、明确地表达主观情态和评价结果，因此我们称汉语评价系统中的量词为"辅助评价量词"。

我们采用定量统计与定性分析相结合的方法，以 CCL 语料库中量词的搭配情况及出现频率为参照标准，从 600 余个量词中筛选出具有辅助评价功能的量词共 13 个，将其分为积极、消极、中性三小类。它们分别是：积极性辅助评价名量词"手""员""位""番""线""股（用于精神、感情、风气等）"；消极性辅助评价名量词"撮""伙""帮"；消极性辅助评价动量词"气""顿""通"；中性辅助评价量词"丝"。本章详细考察了这 13 个辅助评价量词的搭配情况及评价特点。此外还对名量词"尊""班""股"和动量词"番"是否具有辅助评价功能进行了辨析。

第五章　评价性动词

一、引言

朱德熙（1982）在《语法讲义》中指出，"值得、配"这两个词都表示估价，"值得看"是说有看的价值，"不配看"是说没有看的资格。此外，吴为章（1988）在对"X 得"合成动词的语义句法功能进行分析时，也指出这些动词中部分成员具有评价功能。以往对动词的评价性研究主要包括对能愿动词、心理动词、认证义动词等的考察分析，我们在第二章已作了较为详细的述评。

二、研究对象

评价性动词指的是表达评价行为，或对动作行为进行评价，或带有主观情态的动词。评价性动词至少包含以下四小类：

1. "评价行为"类

"评价"本身可以看成一种动作行为，如动词"赞扬、批评、鼓励、惩罚"等表示的就是评价性动作行为。其评价主体就是评价行为的发出者，评价对象是行为涉及的对象，如受事、与事等。

2. "评价结果 + 动作行为"类

这类动词如"善战、荣获、谄笑、贪求"等，其中消极评价性动词的评价主体是说话人；积极评价性动词的评价主体既可以是说话人，也可以是句中动作行为的发出者。

3. "主观情态"类

这类动词是包含主观情感态度的动词，如"狂喜、感激、后悔、懊恼、迟疑"等，该类动词的评价主体既可以是说话人，也可以是句中的人物。

4. "评价标记"类

这类动词如"看、想、觉得、认为"等，这类动词的动作性较弱，必须与包含评价对象和评价结果的小句相伴出现。如在"他很帅，我觉得"和"我看这件事错不在他"两个例句中，评价标记型动词"觉得"和"看"需与评价结果"他很帅"及"这件事错不在他"同现，否则表义不完整。方梅（2005）将此类动词归为认证义谓宾动词，其根据 Brinton（1996）和 Fraser（1996）提出的语用标记虚化的判定尺度，判定这类动词语义已经高度虚化，成为表达评价的语用标记，因此我们称之为"评价标记"词。

本章我们以《现汉》《汉语动词用法词典》为考察范围，重点对评价性动词中的前三类动词，即"评价行为"类、"评价结果 + 动作行为"类、"主观情态"类动词进行考察。"评价标记"类动词将在第十一章中结合具体实例加以分析。

三、"评价行为"类动词

"评价行为"类动词数量不多。根据价值负载性可分为"积极评价类"和"消极评价类"。如下所示：

（1）积极评价类：

A 带宾类：歌颂、夸奖、肯定、支持、表扬、表彰、讴歌、赞扬、盛赞、颂赞、颂扬、夸赞、赏识、推重、推崇、钦佩、景仰

B 不带宾类：称道、叫好、叫绝、打气、喝彩、鼓劲、鼓掌、激赏、惊叹、惊美

（2）消极评价类：

A 带宾类：批判、批评、驳斥、谴责、纠正、揭露、揭发、揭破、拆穿、讨伐、反对、封杀、呵斥、痛斥、声讨、鞭挞、非难

上述例词都是表评价行为的动词，如"表扬"表积极评价行为，"批评"表消极评价行为。该类动词的评价主体就是行为的发出者。动词中包含积极性或消极性元评价项，前者如"赞、颂、夸、奖"等，后者如"揭、批、驳、斥"等，可归入"显评型"动词。

在句法功能方面，根据能否带宾语，评价行为类动词可分成 A、B 两类。A类动词能直接搭配宾语，其评价主体是动作的发出者即施事，评价对象是动作涉及的对象如受事、系事等。评价结果可以出现在句中，也可以隐藏在句外。如下例句所示：

（1）他表扬了小张。

（2）他批评小张做得不对。

上述例（1）的主语"他"是评价主体，宾语"小张"是评价对象，谓语"表扬"是评价行为，评价结果隐藏在句外。例（2）中的句子主语"他"、谓语"批评"、宾语"小张"分别是评价主体、评价行为、评价对象，补语"不对"

表达的是评价结果。

B 类动词不能直接带宾语，可通过介词"为、令、使"等引入评价主体，评价对象常由句子主语充当，评价结果由句中的评价性形容词以及评价性动词共同表达。如下例句所示：

（3）而且她的为人真诚和演戏投入、一丝不苟也为电影界同行所称道。

（4）那甜美圆润、韵味醇厚的声音，仿佛是有磁力的金属发出的，令人叫绝。

（5）她知识面广阔，谈吐诙谐幽默，使印度少年儿童们惊叹不已。

上述三例中的评价主体是句中介词"为、令、使"所引出的"电影界同行""人""印度少年儿童们"；评价对象是主语中的"她的为人和演戏""声音""知识面""谈吐"；修饰主语的"真诚、投入、一丝不苟""甜美圆润、韵味醇厚""广阔、诙谐幽默"，以及积极评价性动词"称道""叫绝""惊叹不已"，共同表达了评价结果。

综上可见，评价行为类动词的动作性较强，具有［＋动作］、［＋自主］、［＋可控］的语义特征。除了"支持、反对"等少数成员之外，都不受程度副词如"很、非常"等的修饰，可搭配"了、过"以及动量词"一阵、一下、一番"等，部分成员可重叠为 ABAB 或 AAB，前者如"鼓励、夸奖、批评、表扬"，后者如"叫好、打气、鼓掌"等。

四、"评价结果＋动作行为"类动词

根据评价义在评价项中的呈现方式，该类动词可分为"显评型"和"隐评型"两类。"显评型"动词基本都包含元评价项以及评价结果、评价行为等评价活动要素，如"欢唱、勇于、煽动、吹嘘、热卖、密谈"等。"隐评型"动词及短语所包含的评价义多通过隐喻、引申等方式表达，如"戴绿帽子、打退堂鼓、放冷箭、抱佛脚、放包袱、上台阶"等，其构成及词义与特定社会文化背景密切相关。

（一）显评型积极评价性动词

从评价活动要素在词语中的分布来看，该类动词可细分为五小类："施事情态＋行为/于"类、"施事能力评价＋行为/于"类、"施事行为或状态评价＋行为/状态"类、"施事行为及情态＋受事"类、"行为评价＋行为"类。下面将逐类加以分析。

1. "施事情态 + 行为/于" 类

该类动词的前语素表达的是施事的主观情态，后语素表达的是施事所发出的行为，如 A$_1$ 类所示；还有少量动词的后一个语素为介词性语素 "于"，如 A$_2$ 类所示。

A$_1$ 带宾类：宽待、恳请、恳求、恳托、畅谈、忠告、畅饮、畅谈、畅叙、畅游、力持、力求、力行、力争、喜获、恪守、严守、厉行、静观、善待、欢唱、欢度、欢聚、欢庆、欢送、珍藏、珍存、坚守、坚信、礼让

不带宾类：恳谈、实干、欢歌、欢呼、欢腾、欢跃、诚服、警觉、谦让、肃立

A$_2$ 带动词宾语类：勇于、敢于、甘于、乐于

上述 A$_1$ 类动词多数为带宾类动词，少数为不带宾类动词。修饰性语素都包含着积极性元评价项，表达的是对施事发出行为时主观情态的积极评价结果，如 "宽、恳、畅、力、喜、善、欢" 等，中心语素是非评价性的动词语素。

A$_2$ 类动词的前一语素也包含着积极性元评价项，表达了对施事发出行为时的主观情态的积极评价结果，后一语素是介词性语素 "于"，该小类动词搭配的是动词宾语，如 "勇于拼搏、敢于争先、甘于奉献、乐于助人" 等。

2. "施事能力评价 + 行为/于" 类

这一类动词的数量较少，其前语素表达了对施事行为能力的积极评价结果，后语素或是施事发出的行为，或是介词 "于"，例词如下所示：

A$_1$ 类：善战、健谈、胜任
A$_2$ 类：善于、长于、精于

上述 A$_1$ 类动词的前语素 "善、健、胜" 包含积极性元评价项，其中 "善战、健谈" 都是不带宾动词，"胜任" 是带宾动词。A$_2$ 类动词的前语素 "善、长、精" 也包含积极性元评价项。后语素是介词性语素 "于"，介引出动词性宾语，如 "善于表演、长于绘画、精于雕刻" 等。"善于、长于、精于" 也有与消极评价性动词搭配的用例，如 "善于逢迎、精于算计" 等，但 CCL 语料库中的相关用例显示，A$_2$ 类动词与消极评价性动词搭配的频率很低，因此我们仍将其归入积极评价性动词之列。

3. "施事行为或状态评价 + 行为/状态" 类

该类动词数量较少，例词如下所示：

带宾类：荣登、荣归、荣获、荣升、荣膺
不带宾类：健存、健在

该类动词的前语素包含积极性元评价项，如"荣"和"健"，是对施事行为或状态的积极评价结果。后语素是非评价的动词语素，表达了施事的行为或存在状态。

4. "施事行为及情态 + 受事"类

这类动词数量很少，例词如下所示：

勤政爱民、安居乐业、爱岗敬业、尊老爱幼

上述四个动词都是不带宾动词。其前语素包含着积极性元评价项，从情态视角对施事行为做出了积极评价。后语素是行为的受事，属于名词性的非评价语素。

5. "行为评价 + 行为"类

该类动词根据行为的发出者可分成两小类，例词如下所示：
第①小类：

A 类：大胜、狂胜、完胜、彻悟
B 类：厚待、洞察、洞悉、洞见、轻取、奇袭、独创、妙用、义捐、义演、义卖、义诊、优抚

第②小类：

畅销、俏销、热销、热映、热播、热卖

上述例词第①小类动词的行为发出者是人，第②小类动词的行为发出者多为事物。在第①小类的 A 类例词中，前语素"大、狂、完、彻"是对动作所达到程度量的评价结果，后语素是动词性语素。这一类动词都是带宾动词，搭配名词性宾语。在第①小类的 B 类例词中，前语素都包含着元评价项，是对行为特点的积极评价结果，如表轻松的"轻"、表巧妙的"妙"、表独特的"独"等。中心语素为动词性语素。其中"义捐、义演、义卖、义诊、优抚"为不带宾动词，其余都是带宾动词。在第②小类例词中，前语素"畅、俏、热"是对行为特点即受欢迎程度的积极评价，中心语素是动词性语素。

6. "评价结果"类

"显评型"积极评价性动词中还有少量"评价结果"类动词，其表达的评价结果来源于语素相互搭配所产生的整体词义。根据是否带宾语可将其分为两小类，如下所示：

A 类：绝代、绝世、超凡、脱俗、超俗、盖世
B 类：值得、够格

A 类动词都是不带宾动词，评价对象包括人和物，含有某人或某事物是非同

寻常、空前绝后之义，其所表积极评价的程度高、视域广。如下例所示：

（1）10 年回望，香港风华绝代。

（2）有的任劳任怨，有的才华绝世。

（3）《华盛顿中国文化节盛况空前　民族特色魅力超凡》

（4）诗文立意高远、清新超俗。

（5）长期在前线指挥大战的彭德怀、贺龙、刘伯承、粟裕功勋盖世。

上述五例中，加点的 A 类动词的评价主体是句外言者，评价对象是句中主语。加点动词在句中作谓语，表达评价结果。

A 类动词的部分成员还常用作定语修饰名词，如：

（6）她是古埃及的绝代美人。

（7）天池忽隐忽现，倍感"处处奇峰镜里天"的绝世美景。

（8）走进团村，踏在清脆的青石板路上，有一种超凡脱俗的感觉。

（9）对于海外华人而言，需要有一种超俗的力量来化解这种矛盾与冲突……

（10）我被她那余派嫡传的盖世绝唱和精湛技艺所陶醉入迷。

上述例（6）~（10）中，加点的 A 类动词在句中作定语修饰名词，表达积极评价结果，其评价对象是定语所修饰的中心语。根据我们对 CCL 语料库的考察，A 类动词作定语的使用频率高于作谓语的使用频率，且该类词一般不带体助词"着、了、过"，不能重叠，也不受"不、没有"的修饰，时间性和动作性弱，体现出较强的形容词性。

B 类动词中的"值得"和"够格"都可以受否定词"不"和程度副词"很"的修饰。其中"值得"从价值视角对评价对象做出积极肯定的评价，例句如下所示：

（11）邹城市既抓"菜篮子"，又抓"钱罐子"的做法值得提倡。

（12）他还说，粮农组织认为这些经验值得世界上其他国家借鉴。

（13）一个月多交两包烟钱，换来生意做得安心，值得。

上述例（11）和例（12）中的"值得"分别搭配的是双音节动词和小句，例（13）的第一和第二个小句位于"值得"之前，作为话题。例（11）和例（13）中的评价主体都是说话人，例（12）的评价主体是"粮农组织"。三个例句中的评价对象分别是句中所述行为，如例（11）的"提倡既抓'菜篮子'，又抓'钱罐子'的做法"，例（12）的"借鉴经验"，例（13）的"多交烟钱换来安心做生意"，动词"值得"表评价结果，对上述行为表示肯定。

"够格"一词从资格视角对评价对象做出积极评价。其后可以搭配动词性宾语，动词性宾语也可以提前至"够格"之前，如：

（14）a 舍生忘死的民警完全够格当今天的英雄。

　　b 舍生忘死的民警当今天的英雄完全够格。

　　（15）作为大陆的官员，生意上的合伙人，李杰明是够格的。

　　上述两例中，例（14)a 的评价对象是"舍生忘死的民警能否当今天的英雄"，"够格"表达了积极肯定的评价结果。句中的动词性宾语也可以提至"够格"之前，如例（14)b 所示。

　　例（15）中的前两个小句表达的是评价视角，具有话题的功能，第三个小句包含评价对象即主语"李杰明"，以及积极评价结果，即谓语"够格"，且处于焦点位置。

　　"够格"还经常与否定副词"不"搭配，如下所示：

　　（16）妈既非"学富五车"，也不够"多才多艺"，把她归到哪一类她都不够格。

　　（17）我家里的很落后，不够格当支委。

　　上述两例中的首个小句的主语均为评价对象，"不够格"所在小句为消极评价结果，评价对象和评价结果之间的句子成分表达的是评价依据。

（二）　显评型消极评价性动词

　　我们对《现汉》收录词语的统计显示，显评型消极评价性动词在数量上多于显评型积极评价性动词，郭先珍、王玲玲（1991）也指出，褒义动词较贬义动词来说数量不多。从消极性元评价项的分布来看，显评型消极评价性动词可分为七小类：

　　第一类：说话人认为动作的施事指使或伙同他人一起做坏事。

　　（1）煽（鼓动别人做不应该做的事情）：煽动、煽惑、煽风点火。

　　（2）唆（指使或挑动别人去做坏事）：教唆、唆使、挑唆。

　　（3）诱（使用手段引人随从自己的意愿）：引诱、利诱、色诱、诱拐、诱骗。

　　（4）撺（鼓动、怂恿他人做坏事）：撺掇、撺弄。

　　（5）勾（串通他人或引诱他人做坏事）：勾结、勾搭、勾引。

　　第二类：说话人认为动作的施事直接做坏事。

　　（1）攫（抓、夺）：攫取、攫夺、攫为己有。

　　（2）掠（掠夺，多指财物）：掠夺、掠取。

　　（3）霸（强行占据）：霸持、霸占、霸据。

　　（4）篡（用不正当的手段夺取）：篡夺、篡权、篡位。

　　（5）诬（捏造事实冤枉人）：诬赖、诬栽、诬告、诬害、诬陷、诬枉。

（6）欺（欺骗、欺负）：欺弄、欺诈、欺哄、欺蒙、欺骗、欺瞒、欺压、欺侮。

（7）败（毁坏、搞坏事情）：败坏、败家。

第三类：说话人认为动作施事用言行取悦受事。

（1）谄（谄媚）：谄笑、谄谀、谄媚。

（2）媚（有意讨人喜欢、巴结）：谄媚、献媚、媚俗、媚外、媚世、媚悦、取媚。

第四类：说话人认为动作施事拒绝承担义务和责任。

（1）诿（推卸）：诿过、诿卸、诿罪。

（2）推（推脱）：推诿、推卸、推脱。

（3）赖（不承认自己的错误或责任）：抵赖、赖账、赖皮。

第五类：说话人认为动作施事的行为超过了合理的度。

（1）滥（过度、没有限制）：滥情、滥用、滥权、滥杀。

（2）贪（过分追求某种事物）：贪杯、贪财、贪求、贪图、贪生怕死。

（3）肆（不顾一切、任意妄为）：肆行、肆虐、肆扰。

（4）纵（放任、不约束）：纵欲、纵酒、纵容。

（5）苛（苛刻、过于严厉）：苛待、苛评、苛求、苛责。

第六类：说话人认为动作施事过于抬高自己。

（1）摆（显示、炫耀）：显摆、摆谱、摆阔、摆威风、摆架子。

（2）逞（显示自己的才能、威风等）：逞能、逞强、逞凶、逞性。

（3）耍（施展、表现出来）：耍奸、耍滑、耍赖、耍弄、耍贫嘴、耍花招。

（4）吹（说大话、夸口）：胡吹、吹擂、吹拍、吹捧、吹嘘。

（5）夸（夸口）：夸海口、夸示、夸耀。

第七类：说话人认为动作施事的言行和实际情况不符。

（1）妄（非分地、超出常规地、胡乱）：妄称、妄图、妄想、妄说、妄求、妄动。

（2）虚（虚假）：虚报、虚夸、虚设、虚造、虚有其表、虚张声势。

（3）胡（随意乱来）：胡扯、胡吹、胡搞、胡编、胡搅、胡诌、胡来、胡闹、胡说八道、胡作非为、胡搅蛮缠。

（4）盲（盲目地）：盲从、盲动、盲干。

（5）瞎（没有根据地、没有来由地、没有效果）：瞎扯、瞎掰、瞎吹、瞎闹、瞎说。

（6）空（不切实际地）：空喊、空谈、空想、空耗。

以上列举的七类消极评价性动词都具有［＋动作］、［＋自主］、［－评价可控］的语义特征，且书面语体色彩较强。除"胡 X"和"瞎 X"类的"胡吹、瞎扯"等之外，多数成员不带动量词。除"勾搭、逞能、耍花招"等少量动词之外，多数成员不重叠；除"贪财"等少量动词外，大多成员不受程度副词修饰。多数成员为带宾动词，部分为不带宾动词，如"篡权、篡位、败家、媚俗、媚世、贪财"等。

前文所述的显评型积极评价性动词具有［＋评价可控］的语义特征，其评价主体既可以是动作施事，也可以是说话人或旁观者。此小类消极评价性动词具有［－评价可控］的语义特征，其评价主体多为说话人，只有极少数为动作施事。从认知角度来看，人类具有趋利避害的心理，希望自身行为得到他人的认可和好评，因而动作施事一般不会对自身行为做出消极评价。如"我表扬了小张"一句中，"表扬"为积极评价动词，其动作施事和评价主体都是句中主语"我"。而在消极评价性动词中，除含有"忌、嫉、妒"元评价项的动词之外，多数成员不与第一人称代词的主语搭配。如下例句所示：

在康熙病逝前后，雍正精心策划了篡位阴谋，篡夺了皇位。（CCL 语料库）

由例句中的"篡位""阴谋""篡夺"等词可见，说话人认为雍正采用不正当手段夺取了皇位，但雍正本人并不承认。句中消极评价行为的主体是说话人而非施事。

（三）　显评型中性评价动词

显评型中性评价动词中所包含的评价活动要素没有积极或消极的倾向。我们按照评价活动要素的特点将其大致分为以下四小类。如下所示：

第①小类"施事态度评价＋行为"：

坚信、固辞、聆听、断言

第②小类"施事状态评价＋行为"：

静养、共存、密谈、目击、公认、散居、惯用、默念、熟知

第③小类"施事行为方式评价＋行为"：

广求、假扮、略谈、深谈、漫谈、疾书、渐进、锐减、锐增、劲升、剧变、突变、林立、普查、均分、特制、通用、简介、爬升、毛估、特约、精读、高举、牢记

第④小类"施事行为量评价＋行为"：

盛产、丰收、飞奔、疾驰、长谈、久别、暂住、偶感、常备

由上述例词可见，中性动词具有［＋动作］、［＋自主］、［＋评价可控］的语义特征，不受程度副词修饰，不能重叠，可以带"了、过、着"等表示动态。部分动词为不带宾动词，如"剧变、林立、共存、飞奔、久别、丰收"等。也有部分动词为带宾动词，如"广求、假扮、高举、牢记、盛产、偶感、常备"等。

上述例词的评价表达结构为"中性评价结果＋非评价性行为"，修饰语素的评价视角分别为施事的态度、状态、行为方式、行为量。第④小类对行为量的评价中，"量"是个宽泛的概念，包括行为的数量如"盛、丰"，行为的速度如"飞、疾"，行为的持续时间如"长、久、暂"，行为的发生频率如"偶、常"等。由于修饰语素的价值负载性为中性，因此评价主体的受限较少。其评价主体既可以是说话人，也可以是句内主语。

（四） 隐评型评价性动词

隐评型评价性动词包括双音节动词以及多音节动词性短语和成语。该类动词不直接体现评价的价值负载性，也不直接表达评价行为及结果等评价活动要素，而是通过比喻、引申等手段间接表达评价。我们整理分析了《现汉》中的隐评型评价性动词及短语，将其分为"消极评价""积极评价""中性评价"三类进行考察。

1. 消极评价性动词

《现汉》中标注了"含贬义"或"多含贬义"的动词及动词性俗语和成语多属于隐评型动词，部分例词如下所示：

双音节动词：

窥伺、附和、纠合、纠集、炮制、拜倒、渗入、把持、得宠、得势、告密、换马、居心、呱嗒、逛荡、捞本、卵翼、伸手、叵测、破产、企图、暴发、暴富、变卦、表功、表现①、失宠、百出

三音节及多音节俗语：

斗心眼儿、放空气、耍笔杆、护犊子、拉交情、摆摊子②、插杠子、套近乎、树倒猢狲散

成语：

大放厥词、胆大包天、顶礼膜拜、奉若神明、俯首帖耳、改头换面、歌功颂

---

① 《现汉》中"表现"的第二个义项为："故意显示自己（含贬义）：此人一贯爱表现，好出风头。"
② 《现汉》中"摆摊子"的第三个义项为："指铺张：不要摆摊子，追求形式。也说摆摊儿。"

德、鬼哭狼嚎、好大喜功、呼风唤雨、明来暗往、抛头露面、如鸟兽散、如丧考妣、软硬兼施、煽风点火、上蹿下跳、生财有道、树碑立传、死心塌地、挑肥拣瘦、不择手段、处心积虑、垂涎欲滴、挖空心思

上述"隐评型"动词、动词性短语及成语所含消极评价义与文化、习俗、典故、语境等因素关系密切，其语义透明度低于"显评型"词语，如果缺乏相关文化背景常识，则难以把握其评价性质和意义。

除此之外，我们在《现汉》中还搜集到了一些没有标注贬义但也属于隐评类的动词和短语。根据词义大致可分为以下三小类：

（1）情态类。

情态类是指以人的各种情感态度作为评价对象的动词及短语。如下所示：

断肠/断魂、打官腔、吃枪药、吹胡子瞪眼、大发雷霆、低声下气、摧眉折腰、呼幺喝六、呼天抢地、捶胸顿足、不闻不问、提心吊胆

上述词语表达的都是消极情态。表生气的如"吃枪药、吹胡子瞪眼、大发雷霆"等，表悲伤的如"断肠/断魂、呼天抢地、捶胸顿足"，表高傲的如"打官腔、呼幺喝六"，表谦卑的如"低声下气、摧眉折腰"，表冷漠的如"不闻不问"，表害怕的如"提心吊胆"。

（2）言语类。

言语类指的是以言谈方式及内容为评价对象的动词性短语，如下所示：

放毒①、放屁、吹喇叭、吹冷风、吹牛皮、放空炮、放空气、放冷风、夸海口、灌米汤、嚼舌头/嚼舌根、耍嘴皮子、戳脊梁骨、大吹法螺、大放厥词、含血喷人、说三道四、含沙射影、指桑骂槐、添油加醋、添枝加叶、天花乱坠、调嘴学舌

上述言语类短语包括夸耀、吹捧、污蔑等小类，表夸耀的如"吹牛皮、夸海口、大放厥词、天花乱坠"，表吹捧的如"吹喇叭、灌米汤"，表污蔑的如"戳脊梁骨、含血喷人、说三道四、含沙射影、指桑骂槐"，此外还有表不实之言的如"添油加醋、添枝加叶"等。

（3）行为类。

行为类是指以动作行为为评价对象的动词性短语，该类短语的数量较多。如下所示：

拆台、骑墙、贴金、吃醋、拆墙脚、抬轿子、扯后腿、穿小鞋、打板子、打棍子、打冷枪、打屁股、踢皮球、抱佛脚、开小差、和稀泥、帮倒忙、揭疮疤、抱粗腿、拉关系、拉交情、走后门、托门子、拉近乎、套近乎、捡漏儿、吃白

---

① 《现汉》中"放毒"的第二个义项为："比喻散布、宣扬反动言论。"

饭、吃白食、吃干饭、吃闲饭、吃现成饭、吃豆腐、放冷箭、翘尾巴、随风倒、两边倒、捅马蜂窝、戴绿帽子、戴高帽子、唱对台戏、唱反调、扣帽子、揪辫子、使绊儿、敲竹杠、打秋风/打抽丰、落井下石、告枕头状、趁火打劫、倒打一耙、攀龙附凤、俯仰由人、歌功颂德、奉若神明、俯首帖耳、树碑立传、顶礼膜拜、吮痈舐痔、拉帮结伙、赶鸭子上架、碰壁、摔跟头、碰钉子、碰一鼻子灰、鸡蛋里挑骨头、挂羊头卖狗肉、敬酒不吃吃罚酒、横挑鼻子竖挑眼

上述短语中有的表示不劳而获，如"吃白饭、吃白食、吃干饭、吃闲饭、吃现成饭"等。有的表示吹捧他人，如"歌功颂德、吮痈舐痔、戴高帽子"等。有的表示拉拢他人，如"拉交情、套近乎、拉帮结伙"等。有的表示陷害他人，如"穿小鞋、使绊儿、放冷箭"等。有的表示遭遇到不如意之事，如"碰壁、摔跟头、碰钉子、碰一鼻子灰"等。

总而言之，上述隐评型消极评价性动词采用间接隐晦的方式表达消极评价，符合"礼貌原则"中"赞扬原则"的"尽力缩小对他人的贬损"，其中的俗语如"护犊子、吃闲饭"等生动形象，成语如"刻舟求剑、揠苗助长"等带有传统文化色彩，满足了口语及书面语等不同语体语境下的评价需求。

2. 消极评价行为的与事

"评价行为的与事"是指评价行为所涉及的对象。如"吃醋"一词的引申义是"嫉妒"，嫉妒的对象就是评价行为的与事，它在句中的出现方式是插入"吃醋"一词的中间，如下例句所示：

小芬是你的妹妹，也是我的妹妹，你怎么吃她的醋？

上述例句中评价主体是说话人，评价对象是主语"你"，"吃她的醋"中的"她"是评价行为的与事，即第一个小句中的主语"小芬"。

除了"吃醋"一词之外，能在评价动词中插入与事的还有如"拆墙脚、拆台、扯后腿、打板子、打棍子、揭疮疤、敲竹杠、揪辫子"等。

此外，评价行为的与事还可通过介词介引的方式出现在句中，现列举部分例句如下：

（1）许多大企业、大老板都给自己树碑立传，许多有名气的记者都给大企业树碑立传。

（2）当时不少人将这篇社论奉若神明，大小单位都组织学习。

（3）这种附庸国，只能对美国俯首帖耳，唯命是从。

（4）一些人花钱买"假院士"的帽子戴，就是为了往自己脸上贴金。

（5）如现实中就曾发生过个别媒体与少数房地产投机开发商穿连裆裤……

上述例句中画线部分就是由介词"给、将、对、往、与"和评价行为的与事组成的介宾短语。除上述例句中的评价性动词外，能够通过介词引入与事的词

语还有"行为类"动词，如"使绊儿、唱反调、穿小鞋、扣帽子、抬轿子、拉近乎、套近乎、唱对台戏、戴绿帽子、歌功颂德、顶礼膜拜、拉帮结伙、吮痈舐痔、拉帮结派、落井下石、趁火打劫、鸡蛋里挑骨头"等短语和成语。

还有一部分评价行为的与事出现在上下文语境中，如：

（6）患者想找<u>专家</u>看病，可能就要托关系、走后门，甚至送红包……

（7）一时间，找关系的，托门子的，包围着<u>景志刚</u>。

上述例（6）的"专家"和例（7）的"景志刚"分别是评价性动词短语"拉关系、走后门"和"找关系、托门子"的与事，它们通过在上下文语境中出现的方式加以呈现。

还有部分成语如"攀龙附凤、俯仰由人"等，其语素"龙、凤、人"也是指评价行为的与事。

3. 积极评价类动词性短语

隐评型积极评价类动词性短语的数量比消极性短语少，主要包括语用和语体两方面原因，第一，如果评价主体对评价对象做出直接而明确的积极评价，符合"礼貌原则"中的"赞誉原则"即"尽力夸大对别人的赞扬"。而隐评型词语的词义较为间接隐晦，需要人们了解传统文化或历史典故才能理解。第二，此类词语中成语居多，成语具有书面语体特征，人们在口头夸赞时较少使用。

按照评价对象的不同，此类词语大致可分为以下四小类：

（1）行为评价类：

挑大梁、大显身手、见义勇为、拔刀相助、精雕细刻、驾轻就熟、乘风破浪、叱咤风云、大处落墨、推陈出新、拾金不昧、身先士卒、废寝忘食、过关斩将、破釜沉舟、摧枯拉朽、不遗余力、赴汤蹈火、日理万机、披荆斩棘、锲而不舍、举一反三、举重若轻、前赴后继、融会贯通、画龙点睛、不费吹灰之力

（2）情态类：

谈笑风生、气冲霄汉、大彻大悟、洗耳恭听、聚精会神、披肝沥胆、舐犊情深

（3）事物评价类：

上台阶、放包袱、别具一格、别开生面、别树一帜、别有洞天、别有风味、别有天地、不落窠臼、颠扑不破、沁人心脾

（4）关系评价类：

够交情、够朋友、比翼齐飞、举案齐眉、相敬如宾、唇齿相依、化干戈为玉帛

上述词语在句中可以作谓语、定语和状语，如下所示：

（1）这种奇特的造型和科学的安排方法，不管是从艺术家的角度，还是从建筑家的角度来看，都<u>独具匠心</u>、<u>别具一格</u>。

（2）它是人类在生命延续过程中的心灵之花，散发出<u>沁人心脾</u>的芳香。

（3）一名全国政协委员在小组讨论休息期间<u>聚精会神</u>地阅读着《人民日报》。

上述三例的画线部分短语分别在句中作谓语、定语和状语，表达积极的评价结果。三句中评价主体都是说话人，评价对象为句中主语。

4. 隐评型中性评价类动词及短语

这类动词短语的数量也不多，部分例子如下所示：

升温、不在乎、爆冷门、打游击、跑龙套、随大流、煲电话粥、狼吞虎咽

上述隐评型中性评价类词语除了"不在乎"表示态度以外，其余表示的都是行为。例句如：

（1）几天前，她在家里用手机与朋友煲电话粥，不知不觉就过去半个多小时。

（2）英国18岁小将比利·乔·桑德斯大爆冷门，以14∶3的悬殊比分横扫世锦赛。

（3）"我们就像打游击，哪里有空位就往哪里钻，"韩医师说，"采血车大多停靠在步行街或闹市区等地，这些地方市民集中，更利于血液的采集。"

（4）据了解，造成车价紧缩的主要原因是当前车市明显升温。

上面四例中的评价主体都是说话人，评价对象分别是句中的行为主体，即例（1）的"她"，例（2）的"英国小将"，例（3）的"我们"，例（4）的"车市"。"煲电话粥、爆冷门、打游击、升温"分别对行为发生的时间、频率、方式、状态等特点作了中性评价。

5. 隐评型动词性词语进入句式"他这样做是……"的

陆俭明、马真（1985）根据对外汉语教学中的实例，提出了"他这样做是合情合理的"的句末"的"不能省略，而"他这样做是偏听偏信"句末不能加"的"的问题。周国光（2002），张宝胜、毛宇（2007）对句式"他这样做是……""他这样做是……的"及成语"合情合理、偏听偏信"的语义语法特点作了深入细致的分析。

在词语的区别方面，周国光（2002）指出，"合情合理"是个一价形容词性成语，而"偏听偏信"是个二价动词性成语。"他这样做是合情合理的"（包括"这样做是合情合理的"）中的主语是指称性主语，"他这样做是偏听偏信"中的主语是一个说明动作行为的陈述性谓词性主语。张宝胜、毛宇（2007）指出，动

词都无法进入"他这样做是……的"句式，部分具有［+述行］语义特征的评价性动词及形容词性词语能够进入"他这样做是……"句式。

周国光（2002）和张宝胜、毛宇（2007）考察的词汇主要是成语。实际上除成语之外，很多隐评型动词及短语也能进入"他这样做是……"句式，如：

吃醋；骑墙；拆台；贴金；翘尾巴；随风倒；两边倒；拆墙脚；扯后腿；穿小鞋；打板子；打棍子；打冷枪；打屁股；打秋风/打抽丰；踢皮球；揭疮疤；抱佛脚；开小差；和稀泥；帮倒忙；乱弹琴；将虎须；捡漏儿；吃豆腐；放冷箭；唱对台戏；唱反调；扣帽子；使绊儿；敲竹杠；揪辫子；挑大梁；放包袱；泡蘑菇；随大流；抱粗腿；抬轿子；拉关系；拉交情；走后门；托门子；拉近乎；套近乎；褪套儿；吃白饭；吃白食；吃干饭；吃闲饭；吃现成饭；吃闭门羹；倒打一耙；戴绿帽子；戴高帽子；赶鸭子上架；捅马蜂窝；告枕头状；穿连裆裤；鸡蛋里挑骨头；挂羊头卖狗肉；敬酒不吃吃罚酒；横挑鼻子竖挑眼；干打雷，不下雨

上述俗语大部分属于隐评型消极评价词语中的"行为类"俗语，还有少数积极性和中性评价的俗语，如"挑大梁、放包袱、见义勇为、拾金不昧、画龙点睛、随大流"等。部分词语在进入"他这样做是……"句式时，可添加评价行为的与事，如：

（1）他这样做是和老赵穿连裆裤。
（2）他这样做是给老李戴绿帽子。
（3）他这样做是吃小张的豆腐。
（4）他这样做是挑起了企业的大梁。

上述例句中的例（1）和例（2）通过介词介引的方式，例（3）和例（4）通过在动词中间插入"小张的、企业的"添加评价行为的与事。

并非所有表行为的隐评型评价性动词都能进入"他这样做是……"，如：

碰壁、摔跟头、碰钉子、露马脚、露馅儿、喝西北风、碰一鼻子灰

上述七个词语都是行为主体在无可奈何的情况下所遇到或发出的行为，如挨饿受穷、遭遇挫折、不好的事情暴露出来，因而上述词语具有［－自主］的语义特征。相比而言，能够进入句式的"吃醋、放冷箭、抱佛脚、随大流"等词语都是主体自觉主动发出的行为，具有［+自主］的语义特征。

如果将句式"他这样做是……"中的"做"改为"说"，表言语类的隐评型消极评价类俗语也可进入，如：

吹喇叭、吹冷风、吹牛皮、放空炮、放空气、放冷风、夸海口、灌米汤、戳脊梁骨

综上所述，具有［+自主］语义特征的隐评型评价性动词，无论其价值负

载性是积极、消极还是中性的，大部分都能够进入"他这样做是……"句式，因为其满足了该句式宾语要具有动词性和评价性的特点。

五、主观情态类动词

此处所言的"主观情态类动词"指的是表现人的喜怒哀乐以及好恶等情感态度的动词，也有学者称之为心理动词。"心理"是就其来源说的，"情感态度"是就其表现形式而言的。关于此类动词的筛选标准，周有斌、邵敬敏（1993）提出了"主（人）+｛很+动词｝+宾语"的句式框架。框架中的"主（人）"指的是主语只能由表人名词或与之相当的代词充当；"｛很+动词｝+宾语"指动词首先跟"很"组合，然后再跟宾语发生关系；"｛很+动词｝"是指"很"跟动词结合后能单说，能单说的才有可能是心理动词。

周有斌、邵敬敏（1993）以《汉语动词用法词典》为依据，根据"主（人）+｛很+动词｝+宾语"的鉴别框架，筛选出 73 个心理动词。并根据能 否转换为"主（人）+对+宾+很+动"这一格式，将心理动词划分为"真心理动词"和"次心理动词"两类，能够转化的是"真心理动词"，不能转化的是"次心理动词"。

本小节我们参考周有斌、邵敬敏（1993）所提出的句式框架，按照形式和意义相结合的思路，考察情态类动词的特点。

（一）积极情态类动词

积极情态类动词的部分例词如下：

A 带宾类：爱、爱惜、崇拜、崇敬、可怜、热爱、疼爱、敬爱、敬服、敬佩、敬美、怜爱、怜悯、珍惜、喜爱、喜欢、久慕、笃爱、酷爱、酷好、满意、满足、佩服、崇仰、推崇、景慕、钦服、无悔、钦慕、钦美、倾慕、尊敬、尊重、感谢、感激、爱戴、包容、重视、体贴、体谅、体惜、信任、同情、关怀、看重、赏识、心疼、感戴、感佩、顾惜、顾怜、关心、关注、眷顾、眷念、宽恕、缅怀

B 不带宾类：乐、快乐、高兴、兴奋、愉快、暗喜、窃喜、狂喜、无愧、开心、欣喜、欣慰、倾倒、忍耐、忍让、宽容

由上述例词可见，其动词语素中大多都含有积极情态类元评价项，如"乐、喜、爱、珍、尊、慕、佩、赏"等。A 类带宾动词大多能够进入"主语（人）+很/太/非常+动词+宾语+（了）"句式，其余少量自带程度性语素的词语如"久慕、笃爱、酷爱、酷好"等可以进入"主语（人）+动词+宾语"。B 类不带宾动词能够进入"主语（人）+很/太/非常+动词+（了）"的句式。

（二） 消极情态类动词

消极情态类动词的部分例词如下所示：

A 带宾类：恨、愁、嫌弃、懊恨、懊悔、悔恨、忌恨、厌倦、厌恶、憎恨、鄙薄、轻视、小看、恼怒、后悔、讨厌、畏避、鄙夷、鄙视、鄙薄、鄙弃、鄙屑、嫉妒、妒忌、痛恨、歧视、怀疑、轻视、害怕、负疚、怪怨、怪罪、吝惜、痛恨、痛悔、痛恶

B 不带宾类：慌、怒、寒心、灰心、怕羞、记仇、记恨、迷惑、畏缩、愤怒、犹豫、狐疑、伤心、失望、粗心、急躁、悲伤、遗憾、发愁、发慌、发呆、发怒、盛怒、暴怒、震怒、害羞、纳闷、惊吓、贪心、着急、骄傲、傲慢、愧悔、愧恨

上述例词的语素大多都含有消极情态类元评价项，如"愁、怒、悔、恨、羞、鄙、恼、畏、嫌、厌、疑、躁、急"等。在可进入的句式方面，除了少量带程度性语素的动词如"盛怒、暴怒、震怒"等很少搭配程度副词，也很少带宾语之外，多数成员可进入"主语（人）+ 很/太/非常 + 动词 + 宾语 +（了）"或"主语（人）+ 很/太/非常 + 动词 +（了）"的句式，能够进入前一句式的是 A 类即带宾动词，能够进入后一句式的是 B 类即不带宾动词。

（三） 中性情态类动词

中性情态类动词的部分例词如下所示：

A 带宾类：挂念、挂记、顾念、怀念、思念、热衷、盼望、期待、期盼、期求、翘盼、翘望、企盼、企望、渴求、渴盼、渴望、醉心、惦记、熟悉

B 不带宾类：怀旧、入迷、入神、着迷

上述动词语素中的元评价项都不带有积极性或消极性，如"念、盼、望、挂"等。A 类带宾动词能够进入"主语（人）+ 很/太/非常 + 动词 + 宾语"句式，B 类不带宾动词能够进入"主语（人）+ 很/太/非常 + 动词"句式。

六、结语

本章考察了评价性动词。评价性动词指的是表达评价行为，或对动作行为进行评价，或带有主观情态的动词。我们以《现汉》《汉语动词用法词典》为范围，重点对评价性动词中的前三类动词，即"评价行为"类、"评价结果 + 动作行为"类、"主观情态"类动词进行了考察。

考察结果显示，评价行为类动词的动作性较强，具有［＋动作］、［＋自主］、［＋可控］的语义特征。"评价结果＋动作行为"类动词中的显评型消极评价性动词具有［＋动作］、［＋自主］、［－评价可控］的语义特征，且书面语体色彩较强。而显评型积极评价性动词和中性评价动词具有［＋动作］、［＋自主］、［＋评价可控］的语义特征。隐评型评价性动词中具有［＋自主］语义特征的成员，大多能够进入"他这样做是……"句式，因为其满足了该句式宾语需具备动词性和评价性的特点。"主观情态"类动词语素中大多含有元评价项，带宾动词能够进入"主语（人）＋很／太／非常＋动词＋宾语"句式，不带宾动词能够进入"主语（人）＋很／太／非常＋动词"句式。

第六章　评价性形容词

一、引言

　　形容词多用于表达事物的抽象性状，具有较明显的主观性和相对性。寺村秀夫（1982）指出，典型的形容词是为了表示与同类事物相比的"差"而创造的，"差"的规定基于现实和心理。评价最重要的特点是"主观性"，包括"表述性、层级性、比较性、相对性、价值负载性"等内容。评价主体将评价对象与评价标准加以比较，所得的"差"就是评价结果，评价结果可以用形容词来表达。在英语评价系统及相关研究中，形容词和副词的评价意义及功能也是其关注的重点之一（Martin & White，2005）。

二、研究对象

　　评价性形容词既包括对人或事物的性质状态进行主观概括的形容词，也包括表达主观情感态度的形容词。评价性形容词是形容词家族中的典型成员，也是现代汉语评价系统词汇层的核心成员。

　　本章考察对象主要包括单音节及双音节评价性形容词。我们首先运用"动词+形容词+了"句式（下文简称"VA了"句式）对单音节形容词中的评价性形容词进行筛选。根据马真、陆俭明（1997）对《形容词用法词典》的考察，在该词典收录的168个单音节形容词中，有153个能进入"VA了"结构作结果补语，可见大多数单音节形容词能够进入该句式。

　　马真、陆俭明（1997）指出，"VA了"述补结构的语法意义可以概括为四种：①预期结果的实现；②非理想结果的出现；③自然结果的出现；④预期结果的偏离。而"VA了"述补结构中"A（即形容词）"的评价价值负载性对该结构的语法意义有明显的影响。如果"A"是积极评价性形容词，它只能表示语法意义①和③，不能表示语法意义②和④。如"做对了"表示的是语法意义①，"变聪明了"表示的是语法意义③。如果"A"是消极评价性形容词，它只能表示语法意义②和③，不能表示语法意义①和④。如"弄乱了"表示的是语法意义②，"发臭了"表示的是语法意义③。如果"A"是中性评价形容词，它可以表示除②之外的其他三种语法意义，如"（那堵墙）砌高了"可以兼表语法意义①和④，"（他）长高了"表示的是语法意义③。因此，我们可以用"VA 了"作为验证框架之一，根据形容词进入"VA 了"结构之后表示的不同语法意义，来鉴别其具有何种评价的价值负载性。由此我们得出了第一个单音节评价性形容词的筛选框架：

（1）VA 了。

除了"VA 了"格式之外，某些语用原则影响下的形容词与程度副词的搭配格式也可作为验证形容词是否具有评价性的框架。如 Leech（1983）所提出的语用学的"乐观原则"，即人们总是追求和看重事物好的一面，而摒弃事物坏的一面（沈家煊，1999）。反映在评价性词语的使用方面，人们总是尽可能地"缩小贬义"和"扩大褒义"，这体现在如下三个格式中：

（2）有点儿 + A（"A"为消极评价性形容词）。

（3）很不 + A（"A"为积极评价性形容词）。

（4）A + 一点儿（"A"为积极评价性形容词）。

沈家煊（1999）指出，人总是倾向好的一面，令人如意的事情就希望往大里说，不如意的事情就希望往小里说。这种说法的固化结果之一就是上述格式（2）即"有点儿 + A"结构，该格式中的程度副词"有点儿"所修饰的多为消极评价性形容词。而格式（3）"很不 + A"中的 A 多为积极评价性形容词，人们把"很生气"说成"很不高兴"，"很难受"说成"很不舒服"，也是出于"缩小贬义"目的的一种委婉表达，同样符合"乐观原则"。格式（4）中的"一点儿"表示说话人希望程度的增加，修饰的形容词也多为积极评价性形容词，这也是因为人们希望事情向好的方向转化，出现理想的结果。

根据上述四个格式，我们以《现汉》和《形容词用法词典》中的形容词为主要考察对象，先用格式（1）筛选出单音节评价性形容词，再用格式（2）、（3）、（4）筛选出双音节评价性形容词，具体考察分析情况如下所示。

三、单音节评价性形容词

根据"VA 了"句式，我们区分出了单音节的消极形容词、积极形容词、中性形容词。具体情况如下所示：

（一）　单音节消极形容词

笨、傻、蠢、馋、臭①、丑、刁、乏、烦、浮②、狠、滑③、贱、倔、穷、累、懒、酸④、迟、惨、苦⑤、怪、冲⑥、疼、凶、闷、弱、麻⑦、狂、恶、奸、难、乱、偏⑧、破、涩、歪、脏、糟、干⑨、烂、差、次⑩、错、坏、阴⑪

除了上述能够进入"VA了"格式的消极评价性形容词以外，还有四个消极评价性形容词"慌、险、毒、假"不能进入该格式，这四个词中的"慌、险、假"能进入格式（2）即"有点儿+A"格式，"毒"有"歹毒"之义，因此我们将其归入单音节消极形容词。

上述单音节消极形容词所针对的评价对象可以是人，如"笨、狂、奸"等；也可以是事物，如"臭"等；还有的评价对象既可以是人也可以是事物，如"丑、错、坏"等。

（二）　单音节积极形容词

富、红⑫、俊、帅、美、勤、灵、好、乐、乖、对、齐、强、巧、全、透、旺、稳、香、匀、正⑬、直⑭、壮、准、妥、精⑮

除了上述能进入"VA了"结构的单音节积极评价性形容词，还有四个积极评价性形容词"善、棒、妙、真"不能进入该结构。从词义来看，四个词都具有积极评价义，因此我们也将其归入积极评价性形容词。

---

① 《现汉》中"臭"的前三个义项均为形容词性的消极评价义，即"（气味）难闻""惹人厌恶的""拙劣；不高明"。

② 《现汉》中"浮"的第六个义项为"轻浮；浮躁"。

③ 《现汉》中"滑"的第三个义项为"油滑；狡诈"。

④ 《现汉》中"酸"的第三、四个义项分别为"悲痛；伤心"和"迂腐（多用于讥讽文人）"。

⑤ 《现汉》中"苦"的第二个义项为"难受；痛苦"。

⑥ 第四声。例句如：老余的脾气变冲了，没有以前那么平和。

⑦ 《现汉》中"麻"的第一个义项为"身体某部位的知觉因长时间的压迫而部分或全部丧失的不适感"。例句如：站了一天，腿都站麻了。

⑧ 《现汉》中"偏"的第二个义项为"仅注重一方面或对人对事不公正"。例句如：你这话的理太偏。

⑨ 《现汉》中"干"的第四个义项为"空虚；空无所有"。

⑩ 《现汉》中"次"的第三个义项为"质量差；品质差"。例句如：这个人太次，一点儿也不讲究社会公德。

⑪ 《现汉》中"阴"的第九个义项为"阴险；不光明"。例句如：这个人常背地里使坏，真阴。

⑫ 《现汉》中"红"的第三个义项为"象征顺利、成功或受人重视、欢迎"。

⑬ 《现汉》中"正"的第六、七个义项分别为"正当"和"（色、味）纯正"。

⑭ 《现汉》中"直"的第六个义项为"直爽；直截"。例句如：他嘴直，藏不住话。

⑮ 《现汉》中"精"的第五个义项为"机灵心细"。例句如：这孩子比大人还精。

（三） 单音节中性形容词

进入"VA 了"结构的单音节中性形容词数量较多，如下是其中部分成员：

新、旧、忙、闲、高、低、矮、亮、暗、多、少、厚、薄、大、小、快、慢、粗、细、长、短、空、满、松、紧、潮、湿、干、密、稀、早、晚、软、硬、近、远、深、浅、浓、淡、轻、重、严、宽、窄、冷、凉、热、烫、老、嫩、生、熟、扁、圆、酸、脆、辣、酥、甜、咸、白、黑、红、蓝、绿、弯、黏、沉、肥、胖、瘦、急、久、碎、陡、精、猛、斜、正①、钝、利、贵、贱、光、滑、清、浊、晴、阴

上述单音节中性形容词多以反义形式成对出现，如"新—旧，早—晚，多—少，快—慢"等。大多表达的是事物固有属性，人们无须凭借社会经验进行复杂的判断推理，直接凭感官就能感受。从习得顺序来看，这些形容词属于儿童较早就能习得的形容词（朱曼殊，1996）。

上述单音节评价性形容词大多可以受程度副词"有点儿"修饰。除了能够作结果补语之外，还可在"N + Adv + A +（了）"句式中作谓语，与程度副词充当的状语搭配，如"他太累了""毯子有点儿潮""那里的风景非常美"等。

有一些单音节评价性形容词可以作为动词，进入"$N_1 + A + 着 + N_2$"句式，如"他歪着头/斜着眼睛/直着身子"等。进入该结构的"歪、斜、直"等词为表持续状态的动词，能与体助词"着"搭配，后接名词性宾语，不具有评价性。

四、双音节评价性形容词

该类形容词的数量较多。根据评价义在评价项中的呈现方式，其可分为"显评型"和"隐评型"两种。"显评型"是双音节评价性形容词中数量较多的一类，我们先来考察该类形容词与不同量级程度副词的搭配情况。

由前文评价性形容词的四个筛选格式可见，形容词的价值负载性与其搭配的程度副词关系密切。朱德熙（1982）曾经从语法意义的角度把形容词划分为"性质形容词"和"状态形容词"两类，前者单纯表示属性，后者带有明显的描写性。张国宪（2006）指出，性质形容词中的属性程度值只是背景化了的蕴涵语义而非关注焦点。典型的性质形容词在程度量上具有无界性的特征，可以和各种不同量级的程度副词搭配，如"最、很、比较、稍"等。而状态形容词侧重于勾勒属性程度的高低，在程度量上是有界的，它定位某一个特定的程度刻度，失

---

① 《现汉》中"正"的第一个义项为"垂直或符合标准方向（跟'歪、偏'相对）"。

去了被不同量级程度副词切割的可能性。

在副词程度量的界定方面，我们参考张国宪（2006）的分类，把程度副词分为表客观量程度副词和表主观量程度副词两大类，每类又分为"微量、中量、高量、极量"四个量级。表述客观量四个量级的程度副词分别为：①客观微量：稍微/略微/稍稍/稍为/稍 + A + （一）点儿/一些；②客观中量：比较、较为、较；③客观高量：更加、更为、更、越加、越发、愈加；④客观极量：最、顶、最为。表述主观量的程度副词分别为：①主观微量：有点儿；②主观高量：很、太、非常、十分、挺；③主观极量：极、极为、极其。

（一）显评型积极形容词

根据能否与表客观量程度副词搭配的标准，积极形容词可分为"宽量幅"和"狭量幅"两小类。其中"宽量幅形容词"能够同时接受客观微量、中量、高量、极量四个量级的程度副词的修饰，"狭量幅形容词"只能接受某些量级程度副词的修饰，其中又以高量和极量的程度副词为主。

1. 宽量幅积极形容词

该类形容词能同时接受客观微量、中量、高量、极量程度副词的修饰，此外还可以接受主观高量形容词"很、非常、十分"的修饰。该类词的数量较多，我们列举部分例词如下所示：

高兴、开心、幸福、安分、聪明、自信、友好、镇定、谦虚、勤奋、诚恳、诚实、大方、得体、负责、恭敬、果断、谨慎、机灵、厚道、积极、健康、坚强、活泼、活跃、豁达、刻苦、客气、乐观、冷静、理智、耐心、能干、明智、勤快、虔诚、热情、热心、认真、融洽、洒脱、慎重、熟练、爽快、斯文、随和、踏实、坦率、细心、温柔、文静、稳重、贤惠、潇洒、孝顺、虚心、勇敢、用功、幽默、自由、镇静、满意、轻松、舒服、朴素、实在、老实、专一、专注、大胆、大量、风趣、从容、开朗、开明、老成、老练、平和、齐心、兴奋、直率、真诚、严谨、快乐、快活、敏捷、敏锐、勤劳、舒畅、舒坦、忠厚、正经、痛快、愉快、幸运、亲切、真挚、正直、正派、端庄、实惠、实用、经济、合身、考究、气派、通畅、凉快、卫生、好吃、工整、洁净、可口、美观、发达、好过、流利、恰当、容易、正规、理想、通顺、便利、充裕、充足、纯正、合算、简便、简洁、科学、合理、灵便、流行、严密、麻利、优惠、过硬、适当、稳定、稳固、地道、利索、得力、卖劲、卖力、周到、对劲、稳妥、生动、俭省、勤俭、善良、俭朴、好客、称职、内行、扼要、简要、正当、利落、憨厚、中肯、朴实、和睦、平等、标准、充分、具体、详细、顺手、顺眼、顺耳、顺口、重要、可爱、可靠、好看、好玩、有趣、公平、合适、简单上述形容词的评价对象包括人和事物。当评价对象为人时，评价视角主要集中在人的态度、性格、行为、感觉、关系等方面。当评价对象为事物时，评价视角主要集中在事物的性质和状态。评价态度的如"谦虚、真诚"等，评价性格的如"温柔、文静"等，评价行为的如"麻利、流利"等，评价感觉的如"开心、舒服"等，评价人际关系的如"和睦、平等"等，评价事物性质的如"凉快、好吃"等。

2. 狭量幅积极形容词

狭量幅积极形容词较少与客观微量程度副词搭配，较少出现在"X 比 Y 稍微/略微/稍稍/稍为/稍 + A +（一）点儿/一些"的句式中。该类形容词也很少与主观微量程度副词"有点儿"搭配。该类词中的部分成员常与客观高量、客观极量、主观高量、主观极量副词搭配，可称之为"高极量积极评价性形容词"，如下所示：

肥美、富强、富饶、丰饶、丰盛、宏大、宏伟、强盛、兴盛、翔实、繁华、兴旺、豪华、名贵、雄伟、华丽、华贵、贵重、壮观、壮丽、壮烈、丰美、繁荣、繁盛、博大、灿烂、苍劲、昌盛、隆重、磅礴、美满、美妙、美好、完美、奇妙、神圣、雄厚、辉煌、稳健、灵验、浩荡、浩大、典雅、精湛、渊博、尊贵、崇高、刚毅、豪迈、坚毅、富贵、平安、高尚、逍遥、杰出、英勇、豪放、忠贞、贤明、欣喜、坦荡、友爱、慈祥、坚贞、英明、宽大、坚韧、欢畅、欢乐、诚挚、自豪、太平、出众、高明、忠诚、贤淑、娴静、仁慈、乖巧、透彻、和蔼、健全、安宁、安稳、优秀、优异、可贵

上述部分高极量积极形容词的词义可以理解成"程度量 + 性质义"，如"宏大、英勇、美好"所包含的程度比人们普遍认可的"大、勇敢、好"所表示的标准属性值更高。还有部分成员如"肥美、壮丽、富强"等，可以看成不同单音节性质形容词的加合，而且这种加合不是两种属性值的简单叠加，是在加合之后产生了程度量上的增值。"肥美"等三词在《现汉》中的释义分别为"肥壮；丰美""雄壮而美丽""（国家）富足而强盛"，可见其语素义具有较高的程度量级。由于上述词语的语素义中已含有高程度量，因此不能被不同量级的程度副词随意切割。

上述词语在句中可作状语、谓语、补语和定语。作定语时，需加"的"再修饰中心语。如下四例所示：

（1）这首歌曲调气势磅礴，坚毅豪迈……（作谓语）

（2）3 月 15 日下午，"中日青少年友好交流年"活动在中国人民大学隆重开幕。（作状语）

（3）失地农民住房、就业、养老保险等六个方面，让群众笑得更灿烂。（作补语）

（4）我们站在新的历史起点上，正在向更加宏伟的目标迈进。（作定语）

（二）显评型消极形容词

该类形容词也可根据与程度副词的搭配情况，分为"宽量幅消极形容词""准宽量幅消极形容词"和"狭量幅消极形容词"。

1. 宽量幅消极形容词

宽量幅消极形容词能同时接受客观量各量级以及主观量各量级程度副词的修饰。例词如下所示：

傲慢、死板、笨拙、草率、迟钝、倒霉、孤单、肤浅、寒酸、悲观、粗心、粗野、脆弱、偏激、暴躁、糊涂、懒惰、啰唆、冷漠、马虎、任性、柔弱、软弱、小气、淘气、调皮、油滑、自私、顽皮、腼腆、害羞、难看、难听、土气、呆板、生疏、困难、危险、俗气、过火、荒凉、艰苦、简陋、凌乱、闷热、散乱、潦草、冷清、嘈杂、费事、麻烦

上述词语的评价对象主要是人，评价视角包括人的态度、行为、性格等，评价人态度的词语如"傲慢、悲观、偏激"等，评价人行为特点的词语如"粗心、草率、死板"等，评价人性格的词语如"任性、腼腆、自私"等，有些词的评价对象既可以是人也可以是事物，如"难看、麻烦、危险"等。

上述词语最常出现的句法位置是谓语，其次是定语和状语，有时也作补语。其作定语和状语时需加助词"的、地"，作补语时需要搭配程度副词。如下例句所示：

（1）教学方法死板，引不起学生的兴趣。（作谓语）
（2）回归后的事实证明，这些悲观的预测都一项接一项地落空。（作定语）
（3）韩云峰为了减轻压力，自私地将孩子扔掉了。（作状语）
（4）他现在变得非常冷漠，对包括亲人在内的任何事都缺乏兴趣。（作补语）

2. 准宽量幅消极形容词

准宽量幅消极形容词经常搭配除了客观微量之外的其他主客观量级的程度副词，这类词都可以进入格式（2）即"有点儿 + A"结构，考虑到这类词所搭配的程度副词的范围包括中量、高量和极量，故可称之为"准宽量幅消极形容词"。该类词数量较多，例词如下所示：

暧昧、封建、反感、滑稽、刻薄、空虚、盲目、轻浮、轻率、散漫、扫兴、伤心、霸道、不满、残忍、猖狂、粗暴、烦躁、疯癫、疯狂、浮滑、浮躁、尴尬、高傲、孤独、古板、古怪、固执、愤懑、愤怒、哀伤、懊丧、悲哀、悲惨、

悲伤、粗鲁、粗俗、胆怯、烦闷、烦恼、习钻、风流、多情、拖拉、孤僻、怪
僻、慌乱、慌张、惶惑、惶恐、灰心、急躁、寂寞、尖刻、尖酸、奸诈、焦躁、
焦虑、骄傲、骄横、狡猾、狡诈、拘谨、拘束、沮丧、苛刻、恐慌、恐惧、苦
闷、狂暴、狂热、狂妄、困倦、困苦、赖皮、狼狈、冷淡、冷酷、吝啬、鲁莽、
麻木、蛮横、漠然、难堪、恼怒、内疚、腻烦、懦弱、疲惫、疲乏、疲倦、疲
劳、缺德、世故、势利、颓废、颓丧、贪婪、贪心、气愤、气恼、气馁、痛苦、
痛心、顽固、窝囊、羞愧、消沉、厌烦、遗憾、虚伪、幼稚、愚蠢、自卑、自
大、自负、自满、懈怠、心酸、不安、愚昧、委屈、忧愁、忧虑、忧郁、忧伤、
保守、苍老、吃力、惊慌、茫然、迷茫、迷惘、反动、悲凉、沉闷、恐怖、松
懈、讨厌、别扭、乏味、反常、虚假、无聊、庸俗、拖沓、动荡、混乱、极端、
糟糕、晦涩、刺耳、刺眼、单调、棘手、空洞、费解、枯燥、牵强、片面

上述词语的评价对象以人为主，评价视角包括人的态度、感觉、言行、性格
等。态度类的如"粗鲁、骄横、狂妄"，感觉类的如"厌烦、气愤、痛苦"，言
行类的如"粗俗、吝啬、散漫"，性格类的如"固执、残忍、古怪"等。此外，
该类词的评价对象还包括事物，评价视角为事物的性质和特点，如"动荡、费
解、棘手"等。

准宽量幅消极形容词和宽量幅消极形容词一样，在句中可作谓语、状语、定
语、补语。

3. 狭量幅消极形容词

此类形容词一般不与表客观微量和主观微量的程度副词搭配，它们可以与表
客观中量、高量、极量以及表主观高量、极量的程度副词搭配。如下所示：

肮脏、毒辣、恶毒、凶暴、凶残、强横、沉痛、腐化、贫困、平庸、弱小、
悲痛、卑鄙、卑贱、不幸、残暴、残酷、差劲、严重、猖獗、低贱、腐败、孤
立、寡情、狠毒、狠心、嚣张、无耻、无能、无情、狰狞、邪恶、坎坷、阴险、
低劣、庞杂、丑恶、险恶、恶劣、奢侈、繁乱、淡漠

上述词语在表达对人或事物的消极评价结果时已具有高程度量，如"狠毒、
恶毒、毒辣"均对人的心肠或者手段做出了高量级的消极评价。因此，它们一般
不和表主观微量的程度副词"有点儿"搭配。狭量幅消极形容词在句中常作谓
语和定语，有时作状语和补语。

（三） 显评型中性形容词

根据我们对《现汉》和《形容词用法词典》的考察，评价性形容词大多具
有积极或消极的价值负载性。既包含评价主体的主观价值判断，又没有积极或消
极倾向的中性形容词数量很少。部分例词如下所示：

第①小类：普通、特殊、实际、少见、多见、平常、相似、一般、相同、相反、相仿、众多、一样、朦胧、强烈、透明、显然

第②小类：初级—中级—高级—超级，初等—中等—高等，微型—小型—中型—大型，低层—中层—高层，低速—中速—高速，业余—职业，新式—旧式，理性—感性，适龄—低龄—大龄—高龄，相对—绝对，正面—反面，次要—首要，大量—少量，感性—理性，主观—客观

上述中性形容词的第①小类词语的评价对象既可以是人也可以是事物。它们与程度副词的搭配情况也较为复杂，属于宽量幅的中性形容词有"普通、特殊、实际、少见、多见、平常、相似、相仿、朦胧、强烈、透明"，这些词基本都能与主观量和客观各个量级的程度副词搭配。属于狭量幅的中性形容词有"显然、众多、一般"，这些词只能与主观高量副词"很、非常"搭配。还有一些词极少与程度副词搭配，如"相反、相同、一样"。这些词主要是对人或事物之间的相似度做出评价，评价结果多处于相似度的两端，不存在程度的差别。

上述第②小类是形容词中较为特殊的一小类词，《现汉》称之为"属性词"，也有学者称之为"区别词"。该类词的词义中蕴含了程度量和时间量，其所表达的属性不是人和事物固有的本质属性，而是带有较强的主观性和规约性。如用"高层"界定建筑物的高度时，我国旧的《民用建筑设计通则》规定，8层以上的建筑都被称为高层建筑。而新的《高层建筑混凝土结构技术规程》规定，10层及10层以上或高度超过28米的钢筋混凝土结构称为高层建筑结构，可见"高层"的属性具有时空相对性。又如"良性—恶性，优质—劣质"等词，尽管在分类时有客观公认的标准，但这类性质与人类利益密切相关，词义中包含着价值评判。再如"新式"事物随着时间流逝变成了"旧式"事物。由此可见，第②小类词表达的人或事物的属性具有评价的相对性、层级性、比较性等主观性特征。总体来看，区别词很少搭配除主观高量之外的其他程度副词，因此属于"狭量幅中性形容词"。

吕叔湘、饶长溶（1981）归纳了区别词（非谓语形容词）的句法特点：①都可以直接修饰名词，如"小型水库、上好衣料"。②绝大多数可以加"的"修饰名词，如"小型的水库、上好的衣料"。③大多数可以加"的"，用在"是"字后面，如"这个水库是小型的"，或者代替名词，如"大型的不如小型的"。④不能充当一般性的主语和宾语。⑤不能作谓语。⑥不能在前边加"很"。⑦否定用"非"，不用"不"。显评型中性形容词的第②小类词大都具有前四个特点，但部分词语已不具备第五和第六个特点。如"他对待感情问题非常理性"和"小王的手机很袖珍"句中，"理性"及"袖珍"均可作谓语，也可以受"很"修饰。相较于能直接进入感叹句、独立担当评价功能的形容词而言，第②小类词语的评价功能较弱，需要与程度副词搭配才能表达评价。

（四） 隐评型形容词

隐评型形容词与显评型形容词不同，其语素不是由表评价结果的形容词性语素构成的，大多是由非评价性语素构成。我们以评价的价值负载性作为分类标准，列出部分例词如下：

①积极性隐评型形容词：

拔尖儿、顶呱呱、吃得开、叫座、到家、到位

②消极性隐评型形容词：

吊儿郎当、吃不开、近视、棘手、吃力、大舌头

③中性隐评型形容词：

耳尖、耳热

上述例词的语素大多是非评价性的，它们组合之后评价义才得以产生。其中部分例词是口语中常用的俗语，如"拔尖儿、顶呱呱、吃得开、吊儿郎当、吃不开"等。部分词语的评价义是通过比喻、引申等手段产生的，如"近视"是比喻目光短浅。"棘手"是比喻事情难办。在评价对象方面，上述隐评型形容词的评价对象既包括人也包括事物，如评价人的情态及特点的"吊儿郎当、大舌头、近视"等，评价事物特点的"叫座、棘手"等。

五、结语

本章主要考察了评价性形容词。首先，采用"VA 了"格式筛选单音节评价性形容词，采用"有点儿 + A""很不 + A""A + 一点儿"格式筛选双音节评价性形容词。其中"有点儿 + A"格式用于筛选消极评价性形容词，后两个格式用于筛选积极评价性形容词。其次，双音节评价性形容词可根据评价义呈现方式分为"显评型"和"隐评型"两类，前者数量很多，后者数量很少。再次，考察显评型双音节评价性形容词与程度副词的组配情况，将其分为宽量幅、准宽量幅、狭量幅评价性形容词。宽量幅评价性形容词的数量最多，准宽量幅评价性形容词的数量也较多，两者最常出现的句法位置是谓语，其次是定语和状语，有时也作补语。狭量幅评价性形容词的数量较少，在句中常作谓语和定语，有时作状语和补语。

第七章　评价性副词

一、引言

我们搜集的资料显示，"评价性副词"这一概念首见于赵元任（1968）的 *A Grammar Of Spoken Chinese* 一书，书中提出了"adverbs of evaluation"的概念，并将其成员列举出来，如下所示：

单音节：可（是），却（是），倒，偏［偏（儿）］，就$_2$（我就不这样），还$_2$（还好），竟，也$_2$（见了人也不打招呼），都$_2$（你们都买了些什么怪东西?），硬（是）~愣（是）（没核桃夹子，硬得拿牙咬）

多音节：幸亏，居然，果然，其实，究竟，根本，压根儿（他们压根儿就没脚），简直，横是（←横竖），反正，姑且，故意~成心（≠诚心）

赵元任在书中并未界定评价性副词的概念。根据其所举例词，可推知其所指评价性副词是表说话人主观情感、态度、意志等的副词，其用法具有沈家煊（2009）所提出的"元语"的特点。

张谊生（2014）提出了"评注性副词"（evaluative adverbs）的概念，并列出了160个评注性副词。我们按单双音节将其列举如下：

单音节（共50个）：切、万、偏、竟、并、岂、倒、反、亏、似、是、却、恐、怕、盖、正、许、委、或、约、直、真、可、恍、若、像、该、准、定、诚、硬、愣、实、决、绝、好、多、太、断、也、又、还、才、就、都、非、刚、老、总、连

双音节（共110个）：难怪、难道、究竟、索性、到底、简直、莫非、亏得、多亏、幸亏、幸而、幸好、反正、反倒、倒反、确然、确乎、显然、居然、竟然、诚然、当然、固然、断然、断乎、果然、果真、或许、也许、兴许、恰恰、恰好、恰巧、正巧、正好、刚巧、偏巧、偏生、偏偏、好歹、确实、委实、着实、其实、实在、绝对、甚至、甚而、乃至、约莫、大约、大概、八成、宁肯、宁可、宁愿、左右、高低、横竖、准保、管保、终究、终竟、终于、总算、似乎、倒是、还是、敢是、可是、硬是、算是、就是、真是、真的、好像、仿佛、依稀、俨然、看似、貌似、万万、千万、非得、必定、必须、的确、定然、一

定、想必、务必、分明、明明、何必、何不、不妨、不愧、不免、未免、未必、未始、无非、无妨、当真、敢情、根本、只好、只得、本来、原来

在上述 160 个副词中，有些词如"倒反、确然"使用频率较低，《现汉》没有收录。"敢是"一词，《现汉》标记为方言词语。张谊生指出，评注性副词的基本功能是充当高层谓语进行主观评注。此外还具有"突出焦点、指明预设、限定指称"的语用功能。

吕叔湘（1979）指出，副词的内部需要分类，可是不容易分得干净利索，因为副词本身就是个大杂烩。相对于名动形三大类词语来说，副词的语义比较虚，评价活动要素和元评价项在副词中出现的频率较低。评价性副词的筛选和分类应"以句法功能为依据，以所表意义为基础"（张谊生，2014），我们将在综合考虑句法功能及语义特点的基础上，筛选出评价性副词并考察其特点。

二、研究对象

能够体现说话人主观情态的副词都可归入评价性副词。首先，根据评价主体和评价对象的对应关系，评价性副词可分成"自评副词"和"他评副词"，例句如下所示：

（1）为什么厄运偏偏降临到我头上？
（2）她心中有无限的忧虑，可是偏偏要拿出无限的慈祥。
（3）在他没有主意的时候，他会发脾气，而瑞丰这样的人偏偏会把这样的发脾气解释成有本事的人脾气都不好。

上述例子中的"偏偏"是预设类中性评价副词。例（1）评价主体和评价对象相同，都是说话人，即"我"，此时"偏偏"是自评副词。例（2）和例（3）中的"偏偏"的评价主体是句外的言者，评价对象是动词"拿出、解释"的施事，即"她"和"瑞丰"，此时"偏偏"是他评副词。"他评副词"作为元语表达说话人的主观情态，其使用频率高于"自评副词"。

根据评价项和评价义之间的对应关系，评价性副词可分为"单值评价性"和"多值评价性"两种。前者如"婉言、悉心、毅然、公然、蓄意、严词、亲眼、只身、骤然"等，这类副词数量较少，多由动词或形容词虚化而来，且虚化程度较低，词义实在且单一。后者与赵元任（1968）和张谊生（2014）列举的表评价的副词有重叠的部分，如"偏偏、果然、反倒、终究"等，多值评价性副词数量较多，词义较模糊，用法和功能需要结合语境来分析。

根据评价对象的范围，评价性副词可分为"狭域评价性副词"和"宽域评价性副词"。"狭域评价性副词"是指主要对句中谓语动词部分进行评价的副词。如：

（4）自进入中国市场五年来，在各个行业和领域业务一直稳步增长。

（5）考官没买他的账，还是秉公办事，让陆游中了第一名。

上述例（4）中的评价主体是说话人，评价对象是主语即"业务"，"稳步"是说话人对评价对象的积极评价。谓语即状中短语"稳步增长"表达的是评价结果。例（5）中的"秉公"是说话人对评价对象即主语"考官"的积极评价。状中短语"秉公办事"表达的是评价结果。

"宽域评价性副词"是指能对句子中大于词的单位，如短语或小句等加以评价的副词。如下例句中的加点词所示：

（6）他心中马上想明白：怪不得人们往城里逃，四处还都在打仗啊！

（7）有这样坚实的生产条件，怪不得焦作的干部群众对夺取农业丰收，总是充满信心。（《人民日报》）

（8）许多坏事固然幸亏有了他才变好，许多好事却也因为有了他都弄糟。

（9）幸亏我是个达观的人，否则真要伤心死呢。

上述四个例句中，例（6）和例（7）中的"怪不得"是表态度类中性评价副词，其评价对象可以包括其后的一个或多个小句，前者如例（6），后者如例（7）。例（8）和例（9）中的"幸亏"是表条件类积极性评价副词，它的评价对象可以是短语，如例（8）中的"有了他"，也可以是小句，如例（9）中的"我是个达观的人"。

三、狭域评价性副词

"狭域评价性副词"在内部成员和语义语法特征方面与以往学界所提出的"描摹性副词"（张谊生，2000）及"描状副词"（张亚军，2002）存在诸多相似之处。副词的"描写性"或曰"描摹性"具有较强的主观评价色彩，与"大、小、高、低、长、短"等表示客观描写的形容词具有较明显的差异，我们在此转引张亚军（2002）的一组例词加以说明，如下所示：

大点儿声！	？高点儿声！	＊柔点儿声！
小点儿声！	？低点儿声！	＊细点儿声！
大声点儿！	＊高声点儿！	＊柔声点儿！
小声点儿！	＊低声点儿！	＊细声点儿！

张亚军（2002）指出，"高声、低声"与"大声、小声""柔声、细声"等内部结构相似，语义功能相当，但语法表现不完全一致。"大声、小声"可以出现于祈使句中，其他几个词则不能。张文认为"高声、低声、柔声、细声"都是典型的描状性副词，而"大声、小声"仍具有一定的谓词性。我们认为，张文所举例子中前两组都是可以成立的，最后一组加星号的"柔/细点儿声！"和

"柔/细声点儿！"的语感接受度很低。"柔"和"细"本来不是用来表示音高和音强的，其通过隐喻的方式来描述声音，隐喻可以把客观、具体的事物变得主观、抽象。以"柔"为例，其表"柔和"的义项属于积极性元评价项，把"柔声"理解为"声音柔和地"或者"柔和的声音"，都表达了积极评价。而表主观评价的词语一般而言不用于祈使句。

狭域评价性副词根据价值负载性可分为积极、消极、中性三小类，主要表达的是对动作行为或行为施事的评价。具体分析如下：

（一） 狭域积极评价性副词

该类副词既可用于自评，也可用于他评。评价主体可以是说话人或动作施事。如下所示：

A 类：健步、昂首、阔步、好言、婉言、一心、潜心、苦心、悉心、倾心、锐意、正色、秉公、奋力、通力、竭力、稳步

B 类：毅然、决然、慨然、欣然

上述例词都是表积极评价的狭域副词，其中部分词语含有积极性元评价项，如"健、好、婉、稳、正、公、毅、欣"等。从评价视角来看，A 类副词是从动作实施方式的视角对施事所作的评价。B 类副词是从情感态度的视角对施事所作的评价。如"毅然、慨然、决然"评价的是人的态度，"欣然"评价的是人的情感。

其评价对象大多是人，也有少数是事物。如积极评价性副词"稳步"所修饰的动作主体多为非述人名词。如下所示：

国民经济稳步增长/经济稳步发展/效益稳步提高/制度改革稳步推进/期货市场稳步建立/教学质量稳步上升/重大改革措施稳步实施

（二） 狭域消极评价性副词

该类副词一般只用于他评，评价主体为说话人而非动作施事，评价对象均为人。如下所示：

A 类：信口、厉声、严词、空口、束手、成心、存心、肆意、恣意、蓄意、曲意、仗势、擅自、私自、大肆、凭空、强行、公然

B 类：凄然、潸然

上述例词都是表消极评价结果的狭域评价性副词，部分词语包含消极性元评价项如"肆、恣、擅、凄、潸"等。A、B 两类词的评价视角分别为动作的实施方式和施事的情态。

（三） 狭域中性评价副词

该类副词可用于自评及他评。如下所示：

信步、信手、满心、无心、无意、特意、特地、执意、刻意、任意、纵情、徐步、快步、寸步、徒步、疾步、极口、亲口、交口、矢口、顺口、随口、绝口、缄口、一手、白手、就手、联手、携手、亲手、徒手、顺手、随手、亲眼、只身、亲耳、一气、劈脸、劈头、劈手、死命、大力、一起、多方、互相、一道、一同、共同、轮番、独自、单独、专门、专程、分别、分头、逐年、逐月、逐日、长年、成天、彻夜、随时、按期、按时、如期、随地、随处、就近、就地、当众、当场、当庭、从宽、从快、从速、从重、从严、从轻、照价、照章、照实、如实、按理、悉数、全数、如数、尽数、尽量、趁机、乘机、就便、借机

上述例词中，带有"步、口、手、耳、头、脸"等人体部位语素的副词，其评价对象大多是人，评价视角是人们实施动作的方式。具体来看，例词中从"一起"到"分头"等 13 个词的评价视角是动作的实施方式，从"逐年"到"彻夜"等 6 个词的评价视角是动作实施时的时间特征。"当众、当场、当庭"的评价视角是动作发生的场合。"从宽、从快、从速、从重、从严、从轻"的评价视角是动作实施的标准。"趁机、乘机、就便、借机"的评价视角是动作实施所凭借的条件。

中性情态类评价性副词我们只收集到"慨然（表感慨之意）"一例。"X 然"类格式的评价性副词来源于古代汉语，书面语色彩较强。在《现汉》中，仅有"毅然、决然、慨然"被标注为副词，其余均标注为形容词，如"悻然、惨然、昂然、傲然、淡然、黯然、悠然、怅然、悍然、坦然、凛然、愕然、浩然、轩然"等，这主要是由于其在句中都可作谓语，多数还能作状语和定语。但"欣然、凄然、潸然"在现代汉语中作状语的频率远高于作谓语的频率，因此我们也将其归入副词。

四、宽域评价性副词

与狭域评价性副词不同的是，宽域评价性副词的评价范围从词扩展至短语或小句。这类副词词义虚化程度较高，评价视角和视域各不相同，内部成员差异性较大。多用来表达说话人的主观情态，具有"元语"的性质和功能（沈家煊，2009）。

张谊生（2014）指出，评注性副词具有传信和表情态两大功能，并按照传信功能的四种方式即"断言、释因、推测、总结"，表情态的十个方面即"强调与婉转、深究与比附、意外与侥幸、逆转与契合、意愿与将就"，对评注性副词作

了细分。张文也指出，传信和情态是紧密相关的，二者往往你中有我，我中有你，如表揣度性推测的评注性副词同时也带有委婉的情态和语气，这也说明单纯基于语义角度很难清晰地对评注性副词进行分类。

有鉴于此，我们在张谊生（2000）分类的基础上，综合宽域评价性副词语义、语法、语用等方面的特点，对其进行分类考察，具体分类情况如下所示：

（一）加强肯定类副词：真、确实、实在、确、的确、委实、诚然

（1）诸葛孔明真/确/的确/确实/委实/实在是天下奇才啊！

（2）纸的发明真/确/的确/确实/委实/实在是太伟大了。

（3）他很爱小动物，小动物也诚然/的确/确实/委实/实在讨人喜欢。

（4）高尔基那里的确/确实有一卷诗。

（5）植物体内确实/的确存在一类带糖基的蛋白质或多糖链。

上述"加强肯定类"副词中，"真、确实、实在"还可以作形容词。"确、的确、委实、诚然"只能作副词，其中"确、委实、诚然"的书面语色彩较浓。

"加强肯定类"副词大多可以修饰评价性命题，如前三个例句中都包含着评价性命题，即"诸葛孔明是天下奇才""纸的发明太伟大了""小动物讨人喜欢"。

副词"的确、确实"还常修饰陈述性命题，如后两个例句包含着陈述性命题，即"高尔基那里有一卷诗""植物体内存在一类带糖基的蛋白质或多糖链"。

此外，"诚然"还具有语篇连接功能。作为连词，"诚然"之前常需要有先导小句，它常和"但/但是、可/可是"搭配：

（6）我们很讲家长尊严、师道尊严，这诚然是对的，但同时我们往往忽略子女也有子女的尊严……

（7）他指出，鲁迅诚然是一位现实主义作家，但他也是一位极富浪漫主义精神的作家。

"诚然"常表示说话人对评价性结果的主观强调和肯定，上述两个例句前半部分中"这是对的"和"鲁迅是一位现实主义作家"都是评价性命题。不过说话人语义的重点在后半部分，补充前半部分没有反映出来的、事情另一方面的情况。

（二）加强否定类副词：决、绝、根本、压根儿、并、万万、千万

（1）a 去年冬天根本/压根儿/并不冷。

　　　b *去年冬天决/绝/万万/千万不冷。

（2）a 他根本/压根儿/并不住在这儿。

b＊他决/绝/万万/千万不住在这儿。

(3) a 这绝非/决非/根本不是/并不是戏言，而是当时现实的生动写照。

b＊这万万/千万不是戏言，而是当时现实的生动写照。

(4) a 千万/万万/绝/决不要再重复昨天的故事了。

b＊压根儿/根本/并不要再重复昨天的故事了。

上述加强否定类副词在与评价性命题和陈述性命题搭配方面存在着差异，a组句子的接受度很高，b组句子的接受度很低。加点副词"根本、压根儿、并"既可以强调对陈述性命题的否定，也可以强调对评价性命题的否定，如前三个例句分别是在否定陈述性命题"去年冬天很冷；他住在这儿"及评价性命题"这是戏言"基础上的一种强调。"绝、决、千万、万万"主要是对表说话人主观情态及评价的否定性命题进行强调，如例（4）所示。其中"千万、万万"常和表情态的助动词"别、不可、不能、不要"连用，表示说话人的叮咛嘱托。"绝、决"常和"非、不、无、没有"等否定词连用。

"并"强调否定时还带有附加语气，《现代汉语八百词》认为"（并）常用于表示转折的句子中，有否定某种看法，说明真实情况的意味"，马真（2001）也认为"（'并'有）加强否定语气，强调说明事实不是对方所说的，或一般人所想的，或自己原先所认为的那样"。我们通过考察发现，在对否定性陈述命题进行强调时，"根本、压根儿"和"并"都具有否定某种看法，强调说明事实不是对方、一般人或自己原先所想的那样的作用。我们借用马真（2001）所举的四个例子：

(5) "小张昨天又去打麻将了？"

"他昨天并没有去打麻将，他一直跟我在一起。"

(6) "他的态度是不是有一些变化？"

"并没有什么变化，还是坚持原来的意见。"

(7) 他们说小明那孩子傻，其实他并不傻。

(8) 我以为他也去中国了，谁知他并没有去。

马文认为，上述四个用"并"的句子都含有强调说明真实情况而否定某种看法的意味，当我们用"根本、压根儿"替换"并"后，上述四例也成立，且"说明真实情况而否定某种看法的意味"仍然存在。

通过比较分析可以发现，"根本、压根儿"和"并"的区别在于，前者表达加强否定语气的程度高于后者。如下所示：

(9) a 上面所谓作家学者们被金钱所诱，其实并不十分正确。

b＊上面所谓作家学者们被金钱所诱，其实根本/压根儿不十分正确。

(10) a 虽然国务院以及各省市关于农民负担管理《条例》都有明文的规定，但是，时至今日，还有相当多的农民并不很清楚。

　　b＊虽然国务院以及各省市关于农民负担管理《条例》都有明文的规定，但是，时至今日，还有相当多的农民根本/压根儿不很清楚。

　　在上述两组例子的a句中的"并"修饰的是否定程度较低的"不十分正确"和"不很清楚"，如果换用"根本、压根儿"句子则不能成立，因为"根本、压根儿"表达的是强烈的加强否定的语气，不能和否定程度较低的词语搭配。

（三）　表反问（加强肯定或否定语气）类副词：岂、难道①、何尝、何苦、何必、何曾、何不、何妨

　　邵敬敏（1996）曾指出，反问句在语用上起码具有三个特点：①显示说话人内心的"不满"情绪；②表现说话人主观的"独到"见解；③传递说话人对对方的一种"约束"力量。上述论述表明反问句的主观性很强，可用于表达说话人的主观情态及看法。

　　根据语义的虚实，反问类副词可分为两个小类，第一小类是语义较虚的"难道①、岂"，其作用是加强反问语气，第二小类是语义较实的"何~"系列。

　　第一小类"难道①"或"岂"的例句如下所示：

　　（1）a 难道你对花花绿绿的票子就一点不动心？
　　　　　b 你对花花绿绿的票子就一点不动心？
　　（2）a 如果连这点胸怀都没有，实现共产主义的理想岂不是一句空话吗？
　　　　　b 如果连这点胸怀都没有，实现共产主义的理想不是一句空话吗？

　　由上述例句可见，"难道①、岂"本身不一定是成句的必要成分，其主要功能是加强反问语气。a句去掉反问副词"难道①、岂"后成为b句仍然成立，但反问的语气有所减弱。我们通过对CCL语料库中相关语料的考察后发现，含有"难道①"的反问句在去掉"难道①"一词之后，绝大部分仍能够成立。带"岂"的反问句的情况比较复杂，如果句中含有"岂非、岂是、岂可、岂能、岂止、岂敢"，去掉"岂"之后，句子或不能成立，或反问语气减弱，或句义有所改变。如下所示：

　　（3）a 岂非劳而无功？/浪费的岂止是时间？/驾驶证岂可买卖？/京剧改革岂是一桩轻而易举的事情！/食品药品岂能混淆！/凡人岂敢问津！

　　　　　b＊非劳而无功？/＊浪费的止是时间？/＊驾驶证可买卖？/＊京剧改革是一桩轻而易举的事情！/＊食品药品能混淆！/＊凡人敢问津！

　　上述a组中"岂非/是"意为"难道不是/是"，其他几句的"岂可/能/止/敢"意为"怎么（或'哪里'）可以/能够/只有/敢"。"岂非、岂止"两句在去掉"岂"之后，句子不能成立。"岂可"一句去掉"岂"后句义不变，但反问语气减弱。"岂是/能/敢"三句去掉"岂"后，表层句义由否定转为肯定，句子合

法性较低。

"难道①"和"岂"在强调否定和强调肯定时的使用频率是不均衡的。齐沪扬、丁婵婵（2006）考察大量语料后指出，"难道①、岂"后无标记配对的是否定性结构，强调的是肯定意义；有标记配对的是肯定性结构，强调的是否定意义。也就是说"难道①、岂"的主要功能是强调肯定，次要功能是强调否定。此外，"难道"在是非句中还有表揣测的功能，我们记为"难道②"并在后文加以分析。

相较于第一小类的"难道①、岂"，第二小类的"何尝、何苦、何必、何曾、何不、何妨"语义更为实在，"何尝"重在说明某事或某想法是否有发生或存在的可能性；"何苦"语义为"不值得"，是消极评价性副词；"何必"重在表示没有必要；"何曾"重在说明事件是否已经发生；"何不、何妨"语义为"为什么不、不妨"，常用于建议、劝说等；如果去掉句中的这些反问副词，句子可能不成立，或者句义发生变化。

在第二小类词语中，"何苦"是典型的消极评价性副词，它明确表示了评价结果，即"不值得"。其评价对象既可以是句子的某部分，也可以是数个小句：

（4）你以后就别再写了，何苦自己折磨自己！

（5）招募起来的人马去抵抗，好比赶着羊群去跟猛虎斗，明摆着要失败，何苦呢？

上述两个例句都包含着嵌套型的评价。例（4）的底层评价对象是写作行为，评价结果是"自己折磨自己"，高层评价对象是"写作是自己折磨自己"，评价结果是"何苦"即不值得。例（5）中的底层评价是第三小句即"明摆着要失败"，是一个消极评价，评价对象是前两个小句。"何苦呢"小句是高层评价，评价对象是其前面的三个小句，对"以弱敌强注定失败"行为的消极评价。

此外，该小类的"何必、何曾、何尝"分别对动作等的必要性、时间性和可能性做出中性评价。例句如下所示：

（6）体育场馆主席台何必那么大？

（7）在旧社会我们这些属于下九流的卖艺的何曾被人正眼看过？

（8）a 徐世鼎何尝不想开学的第一天就去报到！

　　b 徐世鼎何曾不想开学的第一天就去报到！

例（8）的 a 句中的"何尝"强调的是（徐世鼎）"确实非常希望"做某事，b 句中的"何曾"强调的是（徐世鼎）"曾经"想做某事。

"何必、何妨"和"何苦"一样，也可以和疑问词搭配独立成句：

（9）做保健服务，挣不了多少钱，还整天辛苦劳累，何必呢？

（10）或许"海马"明天就要解体，但这一切，又何妨呢？

上述例（9）中"何必"和疑问词"呢"组成小句，用反问形式对前三个小句所述行为的必要性做出评价。"何妨"在和疑问词"呢"组成独立成句时，前面常加上表加强反问语气的副词"又"，如例（10）所示。

齐沪扬、丁婵婵（2006）在考察了反问副词与肯定和否定结构搭配的情况之后，列出了以下的序列，从左至右，与否定形式的搭配逐渐减少而与肯定形式的搭配逐渐增加：

何尝 > 岂 > 难道 > 何必 > 何苦 > 何曾 > 何不 > 何须（何妨）

由此可见，"何尝"与"岂、难道"一样都经常与否定形式搭配，"何必、何苦、何曾、何不、何妨"常与肯定形式搭配。因此，肯定意义是"何尝"所表示的无标记意义，否定意义是"何必、何苦、何曾、何不、何妨"所表示的无标记意义。

（四）表恍悟类情态副词：原来、难怪、怪不得、无怪乎、怨不得

此小类副词都能表达说话人恍悟的情态。肖奚强（2003）把"原来、难怪、怪不得、怨不得"归为"醒悟模态副词"，与我们的观点基本相同。张谊生（2000）基于语义视角，将"难怪、无怪、无怪乎、怪不得、怨不得、原来"等词归入释因类副词。但我们的考察显示，"原来"一词在句中并非都有释因之意，而是如《现汉》所言，"原来"的义项之一是"表示发现真实情况"。如下例句所示：

（1）a 我现在才知道为什么你女儿那么蛮横无理，原来是遗传！

　　　b 我现在才知道为什么你女儿那么蛮横无理，因为是遗传！

（2）a 怪不得你那么爱听京戏，原来你是"四大名旦"之一呀！

　　　b 怪不得你那么爱听京戏，因为你是"四大名旦"之一呀！

（3）a 这种奇特的树木，曾引起植物学家很大的兴趣，经仔细鉴定，才肯定它原来是瓜类大家庭中的一员，属于葫芦科。

　　　*b 这种奇特的树木，曾引起植物学家很大的兴趣，经仔细鉴定，才肯定它因为是瓜类大家庭中的一员，属于葫芦科。

（4）a "小时候，你的眉头总是皱着。受不了噢！"一个男生说。"原来你也有偷看我呀?!"顺手拍一下打了他的头。

　　　*b "小时候，你的眉头总是皱着。受不了噢！"一个男生说。"因为你也有偷看我呀?!"顺手拍一下打了他的头。

上述四例的 a 组例句"原来"都表达了说话人恍悟的情态。前两例"原来"表恍悟的同时，引出的是说话人之前不知道的、事件的真实原因，其常与"怪不

得、为什么、难怪"等副词搭配使用。例（1）a 和例（2）a 中的"原来"可用"因为"替换为例（1）b 和例（2）b。后两个例句的"原来"表恍悟的同时，引出的是说话人之前不了解的真实情况，这种情况并非原因。例（3）a 和例（4）a 中的"原来"不能用"因为"替换为如例（3）b 和例（4）b。

从词语的语素构成来看，除"原来"之外，其余词语都含有表情态类的语素"怪、怨"，与其他语素成分搭配后表示"不觉得奇怪、不应该埋怨"等情态。这类副词常出现的句法环境是表因果关系的复句，从评价功能来看，这类副词的出现使得表原因或结果的小句带上说话人的主观情态：

（5）a 原来是名震天下的叶剑英元帅，怪不得那么面熟。

　　　b 因为（他）是名震天下的叶剑英元帅，所以（觉得他）很面熟。

　　　c＊原来是名震天下的叶剑英元帅，怨不得那么面熟。

（6）a 无怪乎徐虎的小木箱今晚"失业"了，原来"生意"都给热线抢去了！

　　　b 因为"生意"都给热线抢去了，所以徐虎的小木箱今晚"失业"了。

（7）a 这怨不得人家，全怪自己孤陋寡闻。

　　　b 这不是因为人家，全是因为自己孤陋寡闻。

　　　c 这怪不得人家，全怪自己孤陋寡闻。

上述例句中的 a 句如果去掉恍悟类情态副词，换成 b 句非评价类连词"因为"或"所以"，说话人表恍悟的情态就消失了。例（5）中 a 句属于双层嵌套型评价，"叶剑英元帅名震天下"和"那么面熟"分别是积极性和中性的评价小句，"原来……怪不得……"表达了说话人对这两个评价小句的主观情态。

含有"怨不得"的句子常可换成"怪不得"，如例（7）c 所示。但含有"怪不得"的句子不一定能用"怨不得"替换，如例（5）c 所示。因为"怨不得"的语义是"不应该埋怨"，"怪不得"的语义除了"不应该怪罪/埋怨"外，还可表示"（发现了新情况，因而）不觉得奇怪"。

（五）　表估测类副词

a 把握性较强的估测：准保、管保、想必、势必、一定、必定、总、总归

b 把握性不强的估测：别是、不定、不见得、大概、好像、怕、恐怕、兴许、或者、或许、可能、莫非、难道②、多半、未必

表估测的副词可以看作对可能性大小的一种评价，成员没有积极或消极的评价性倾向。按照把握性的强弱又可以分为 a、b 两类，a 类的把握性较强，多为对未发生事件或情况做出的预见性估测，如下例（1）和例（2）所示。b 类的把握性较弱，可对已发生和未发生的事件情况进行估测，如下例（3）～（5）所示：

（1）等会儿老街坊来到，准保有热茶喝。

（2）人总归要老的。

（3）这个方法不见得好。

（4）可能你这件衣服买贵了。

（5）明天多半是风和日丽的好天气。

该类副词既可以与陈述性命题搭配，表示事件发生的可能性，如例（1）和例（2）所示。也可与评价性命题搭配，表示评价结果产生或存在的可能性，如例（3）~（5）所示。

b类副词除了具有表示估测的作用之外，其中部分成员如"不见得、恐怕、可能、未必"在与消极评价命题搭配时，能够起到表委婉语气、削弱消极评价的作用，如下所示：

（6）a 这个方法不好。

　　　b 这个方法不见得好／未必好／可能不好／恐怕不好。

（7）a 你这件衣服买贵了。

　　　b 可能／恐怕你这件衣服买贵了。

上述两组例句中b组句子比a组句子的消极评价程度更低，语气也较委婉。符合"礼貌原则"中所提到的"用言语进行评价，尤其是评价人的社会行为时，对坏的要说得委婉，对好的要说得充分"（沈家煊，1999）。

（六）强调条件或结论类副词：终归（总归）、终究、毕竟、到底、反正、好歹

该小类副词语义都比较虚。张谊生（2014）将这类词定名为表总结类副词。从语义来看，这类副词强调的是事物的特点或事实的真实性；从句法功能来看，这类副词多出现在复句中，对充当条件或结论的句子进行强调或确认。如下所示：

（1）a 终归是知青生活赋予他的坚韧顽强的性格所使，他再次贷款。

　　　b 中国有这么好的群众，终归是有希望的。

（2）a 终究是分隔时间太久了，彼此都显得有些生分。

　　　b 只要怀揣一颗真诚的心，终究会得到别人理解。

（3）a 因为有钱人毕竟占少数，而文化娱乐却是多数人所应当享有的。

　　　b 受历史、经济、文化等各种因素的影响，澳门毕竟又有其不同于香港的独特之处。

（4）a 小王到底还年轻，不能理解这些事。

　　　b 他们研究了半天，到底弄明白了事情的原委。

（5）a 反正我饿死了你快乐，你的好姑母会替你找好丈夫。

　　　b 东西好吃不好吃先放在一边，反正看着漂亮干净。

（6）a 因为他毕竟不是当年那个畏畏缩缩的"傻子"了，好歹也算个人物。

　　　b 他好歹也是师范毕业生，凭啥不给安排个教师的职位？

上述六组例句中，a 句和 b 句中的副词强调的分别是复句中表条件和结论的分句。其中前四组 a 句中的副词可以互换且语义不变。此外，"终归、终究、毕竟、到底"都可以出现在"N ~ 是 N，……"的句式中且语义基本相似，如"孩子终归/毕竟/终究/到底是孩子，不懂那么多道理"。前四组的 b 句除了"终究"和"终归"可以自由互换外，"到底、毕竟"之间及它们和"终究、终归"之间都不能自由互换，其中第四组 b 句的"到底"可以与第一组 b 句的"终归"互换，但不能与第二组 b 句的"终究"互换。

在语义方面，"终归、终究、到底"强调的是根本性的条件和最终的结论。"毕竟"除了强调句中的条件或结论之外，有时还带有辩解和反驳的语气。《现代汉语八百词》对"毕竟"的释义也指出，"充分肯定重要的或正确的事实，暗含否定别人的不重要的或错误的结论"。"毕竟"的这项语义特点在语篇中体现得较为明显：

（7）我并不是出于感动才导致后来和她结婚。毕竟感动是一瞬间的情绪波动，而大部分时间在理智地权衡。

（8）我当然清楚，可压根还不是那意思呢——还! 冷丁了点，总得征求我意见吧？毕竟我也算当事人吧？

上述例（7）中"毕竟"一词肯定了说话人的结婚行为是出于"理智地权衡"，也暗含否定，即否定自己是出于感动才结婚。例（8）的"毕竟"一词肯定了说话人作为当事人发表意见的权利，也暗含着否定，即"压根还不是那意思"。

"好歹、反正"都是由两个反义语素构成的副词，张谊生（2004）称之为"反义对立式语气副词"，并从性质、功能、成因三大方面比较归纳了这类副词的语义语法特点。"反正"的语义比"好歹"虚一些，用于结论句时，表示结论不因条件的改变而变化，常和"不管、不论"搭配使用；用于条件句时，强调条件不会随主观看法的改变发生变化，可以用于解释原因和表明情况：

（9）不管输了赢了，反正提高了自己的知名度，目的就达到了。

（10）反正上午谁也不会来，便懒得打扮。

"好歹"的义项之一是"不管怎么样；无论如何"，强调条件或结论不会随着主客观情况的变化而改变。表此义的"好歹"一般不修饰消极评价的句子，也就是说，"好歹"常搭配非评价句和积极评价句，有"虽不算很好，但也勉强能凑合"的意思。

(11) 那里好歹已经有两个医生，我不去也可以。

(12) 这果子个儿小，而且可能很酸，不过好歹也是橘子。

(13) 虽然家境普通，可好歹是诗礼人家，也算过得去是不是？

上述三例的前两例中"好歹"所修饰的是陈述性命题，强调"已经有两个医生"和"这个果子是橘子"的事实不会改变。第三例中"……是诗礼人家"为评价性命题，表达的是积极评价，"好歹"对该命题加以强调，希望引起读者的注意。

（七）表庆幸类副词：a 类 "幸亏、幸好、多亏、亏得"；b 类 "好在"

该类副词都是表积极评价的副词，部分成员含有积极性元评价项"幸、好、亏"。它们多出现在复句中，对表条件的分句做出积极评价：

(1) 幸亏/多亏/幸好/亏得乡、村干部及时组织群众堵塞瀑穴，控制险情。

(2) 幸亏/多亏/幸好/亏得有孩子照看，不然，你回来后就见不着我了。

(3) 好在那时车少人稀，没发生交通事故。

(4) 好在还有毡巴给我打饭，不然中午就只好挨饿了。

(5) 那年我在唐山，地震中被压在倒塌的房子下 4 个多小时，幸亏/多亏/幸好救灾人员把我挖出来。

上述例（1）和例（2）的前一分句是积极评价句，其后分句是由前面的积极条件产生的好的结果。例（3）和例（4）的前一个分句也是表示积极评价的句子，其后分句为因前面的积极条件而避免出现的消极结果。例（5）中表结果的分句省略了，我们可以依据语境补充出结果，如"救了我一命"，或"不然我肯定死了"等。如果存在表结果的分句，a 类的四个副词大多可以自由替换，如结果句省略，则多用"幸亏、幸好、多亏"而少用"亏得"。

关于 a 类和 b 类词的区别，吕叔湘（2003）及肖奚强（2003）均指出，a 类是指由于某种偶然出现的有利条件而侥幸避免了不良后果，而 b 类所表示的某种有利条件是本来就存在的。吕叔湘（2003）举了两个例子，指出例句中的"好在"和"幸亏"一般不能替换使用，如下所示：

(6) 我每天都要去医院照顾他，好在（×幸亏）离得不远。

(7) 当时情况十分危急，幸亏（×好在）遇到警察才转危为安。

但我们在 CCL 语料库中查到的语料显示，"好在"搭配的多为表客观存在的条件句，但"幸亏"也可以和"本来就存在的"条件句连用，如下三例所示：

(8) 戴崴这下慌了，把自行车随便扔在一旁，幸亏离宿舍不远，忙手忙脚地将她扶到了屋里。

（9）幸亏每月我除工资外，还能挣点稿费，才勉强能维持家里的收支平衡。

（10）幸亏我是男的，要不早被你们逼良为娼了！

由上述例句可见，"幸亏"后接小句所陈述的均为本来就存在的，但被说话人忽视的客观事实并非偶然出现的有利条件。可见 a 类和 b 类副词的区别并不一定是"偶然产生"或是"本来就存在"，而是与说话人的主观态度，即是否预知有利条件密切相关。如果说话人事先没有预测到，或者是在结果产生之后才发现有利条件的存在，说话人倾向于选用 a 类副词，如"幸亏"。如果说话人预先已经意识到有利条件，或者有利条件是说话人主动创造出来的，说话人倾向于选用 b 类副词即"好在"。总的来说，a 类副词多和说话人主观归纳出来的有利条件搭配使用，b 类副词多和表示客观的有利条件搭配使用。

（八）表契合态副词：a 类 "正好、刚好、恰好"；b 类 "恰巧、偏巧、刚巧、正巧、碰巧"

这类副词表示说话人认为时间、数量、事物的性质特点之间相互契合的一种观点态度，我们依照其所含的语素"好"及"巧"把它们分为两组，a 类成员都含有语素"好"，b 类成员都含有语素"巧"。

a 类成员在语义和用法方面的一致性比较强，表达的是说话人希望看到事物间的契合状态。如下所示：

（1）当天下午，我在总理住处院内正好/刚好/恰好/恰巧/偏巧/刚巧/正巧/碰巧遇到了总理从外边回来。

（2）记者来到医院采访时，刚巧/正好/刚好/恰好/恰巧/偏巧/正巧/碰巧孩子的母亲也在。

（3）他今年正好/刚好/恰好五十岁。

（4）那件衣服，不大不小，正好/刚好/恰好合适。

（5）老田，你来得正好/刚好……

从上述五个例句可以看出，例（1）和例（2）表示的是当事人在行动时间上的契合性，例（3）和例（4）表示的是数量和事物性质上的契合性，前四个例句中的副词如果去掉就变成了客观陈述句，表契合的主观态度也随之消失。a 类成员都可以作状语，修饰动词、形容词、数量名短语和小句。此外"正好"和"刚好"还可以作补语，如例（5）所示，"恰好"则不能。

b 类成员在语义和用法上的一致性也较强。其共同的语素"巧"有"偶然的、巧合的"之义，即事物间的契合状态是说话人事先没有预料到的。CCL 语料库中的相关例句显示，b 类成员基本不搭配数量词及短语，也不能作补语。与

"正巧"相比，"偏巧"更侧重于表示发生了出乎意料的事，而且该事是人们不希望发生的。如下三个例句所示：

（6）本来手中的积蓄还够回国的路费，偏巧又病了一阵，把四千法郎全部用光。

（7）兰医生，您别笑我，我是普通人家的女儿，偏巧又生得心比天高。

（8）我虽改了容貌装束，偏巧此时又撞到这两个死鬼化子，给他们一揭穿，怎么能脱得师父的毒手。

上述三例中的"偏巧"所搭配的"生病、心比天高、碰到叫花子并被其揭穿"都是人们未曾料到或者不希望发生的事，因为这些事导致了消极后果，即"积蓄全部用光、心比天高、难逃师父的毒手"。

（九）表意愿（决心）类副词：a 类 "宁肯、宁愿、宁可、宁"；b 类 "偏、就（是）、非"

该类都是表人们主观意愿的副词，当主观意愿非常强烈时就表现为一种决心，因此这类副词中部分成员也可用于表达人们的决心。我们按照语义把该类副词分成 a、b 两个小类。a 类副词的用法如下所示：

（1）我宁愿/宁肯/宁可辛辛苦苦地磨豆浆，也不去搞那些赚钱的花哨食品。

（2）不少人宁可/宁愿/宁肯花几元钱买根进口笔芯，而不愿花几角钱买国产的。

（3）宁可/宁愿/宁肯少上几个工业项目，把工业的速度放慢点，也要优先保证农业。

（4）法亭宁愿/宁肯/宁可自己啃窝窝头，也要让老人吃上细粮。

（5）我宁愿/宁肯/宁可下地狱，也不愿意老是指挥同一支乐队。

上述五例中的 a 类副词都可以自由替换且语义基本不变，它们常常和"也不、而不、也要"等词搭配使用。与表否定的带"不"词语搭配时，句中主语可选择去做的两件事，如前两个例句中画线部分所示，a 类副词搭配的是外人和句中主语都认为是不利的，但主语愿意去做的选择，"也不、而不"等搭配的是主语放弃的选择，这种选择有时在外人看来是更好的。与"也要"等搭配时，"也要"后面接的是人们进行选择之后希望达到的目的，如例（3）和例（4）分别选择"少上几个工业项目"和"啃窝窝头"的目的分别是"优先保证农业"和"让老人吃上细粮"。

这些可供选择的事情有的是真实的，如例（1）和例（2）；有的是假设的，如例（3）中的"少上几个工业项目，把工业速度放慢点"和例（5）中的"下地狱"，"下地狱"用带有夸张色彩的假设凸显了说话人不愿做某事或希望达到某个目的。

a类副词在CCL语料库中的使用频率由高到低依次为"宁愿 > 宁可 > 宁肯 > 宁",其中"宁"多出现在一些固定格式的短语中，即成语、格言等，如"宁死不屈""宁可信其有，不可信其无""宁为鸡口，不为牛后""宁为玉碎，不为瓦全"等。而"宁可"在无主语句中的出现频率较高，"宁愿"在有主语的句子中出现频率较高，"宁肯"在无主句和有主句中的出现频率相差不大。

b类成员属于多义副词，义项和用法较复杂。其基本相同的义项是：都可以用来表示说话人或动作发出者希望做某事或不希望做某事的强烈愿望，而这种愿望多是他人不允许、不认可的。如下例句所示：

（6）我为什么要听你的，我偏/就/非不穿！

（7）我偏/就/非要去，看他怎么着！

（8）这本领我非学不可！

（9）走着瞧吧，下次我非得站在最高处。

上面例（6）和例（7）中的副词可以自由替换且语义基本不变。两个例句中动作发出者"我"的意愿或行为受到了句中的"你"和"他"的反对。例（8）中的"非……不可"和例（9）中的"非得"都表达了说话人做某事的强烈决心。

（十）表不得已类副词：a类 "只好、只得、不得不"；b类 "就"

这类副词从语义来看都是表示"虽不想如此，但又不得不这样"的情态类副词。在一定程度上违背了说话人或动作发出者的主观意愿，还可能因此使得其利益受到损失，故而属于消极评价性副词。按照用法特点可以分为a、b两小类。a类副词的例句如下所示：

（1）一些姜农想种也来不及，只得/只好/不得不望姜兴叹。

（2）一个月下来，这位妈妈实在承受不了这种奔波之苦了，于是，儿子只好/只得/不得不转学到一所离家近的大学。

（3）家庭的困难，曾使树泉不得不放弃上高中，他要去做工，养家糊口了。

由上述例句可见，该类副词是消极评价性副词，评价主体多为说话人。评价对象为副词后面的行为，评价结果是说话人认为该行为是施事不得已而为之的，带有说话人无奈、惋惜的主观情态。

b类的"就"是一个多值评价性副词，义项和用法较为复杂，表"不得已"的消极评价只是它诸多用法之一。《现代汉语虚词例释》中对该项用法的解释是"表示消极性同意或不得已的让步"，并举了以下例子：

（4）你不赞成，那就算了吧。

（5）你们一定要划船，那就划吧。

除此之外，当"就"出现在"A（一点）就 A（一）点（吧）"（A 为形容词）句式时，也可表不得已而为之的意思，如下所示：

（6）为了不想断档，贵一点就贵一点吧。

（7）大就大点儿，凑合穿吧。

（十一）表相悖类情态副词：a 类"偏偏"；b 类"倒、却"

这组词都是表示说话人对相悖情况所表达的主观情态。按照相悖的具体内容可分为 a、b 两类，其中 a 类词"偏偏"表达的主要是与人们的想法、愿望、要求或客观情况相悖的主观情态，b 类词"倒、却"表达的主要是与客观情况、前文语境、常理相悖的主观情态。a 类词"偏偏"例句如下所示：

（1）心里越是怕有宪兵队的人跟着，偏偏特务韩小斗在后边紧跟了来。（想法）

（2）我们都不愿打仗，偏偏他骗着我们去打。（愿望）

（3）老师让他去办公室，他偏偏跑去运动场踢足球。（要求）

上述三例中画波浪线部分分别表达的是句中主语的想法、愿望和要求。"偏偏"之后小句表达的情况与画波浪线部分所表达的情况相悖。"偏偏"表达的是基于这种相悖情况而产生的主观情态。

"倒、却"的例句如下所示：

（4）几天后，他成了师傅，木工倒成了徒弟。

（5）你说得倒轻巧，上台讲话，当着众人的面，可不是一件容易的事啊。

（6）人才市场的不景气，MBA 已不如往年抢手，但中欧出来的 MBA 却依然热门。

（7）政治大国却是经济小国的俄罗斯的加入，加剧了这样的趋势。

由上述四个例句可以看出，例（4）中所述事件与常理相悖；例（5）中主语"你"的说法与实际情况相悖。彭小川（1999）指出副词"倒"的基本语法意义是表示对比，对比的结果是评价对象和参照体在某方面相悖。例（6）副词"却"对比的事实"MBA 已不如往年抢手"和"中欧出来的 MBA 却依然热门"是相悖的；例（7）"却"前后的特点"政治大国"和"经济小国"相悖，四例中"倒""却"的语境依赖性较强，表达了说话人的主观情态，但不一定具有消极性或积极性。

（十二） 表主观量评价副词： 只、 仅、 就、 才、 都

此类副词是对事物量进行主观评价的副词。较早研究副词主观量的是陈小荷（1994），其考察了副词"就、才、都"表主观量的用法。李宇明（1999）对表主观量的副词作了系统详尽的研究。此类副词所表达的是主观大量还是主观小量，与评价对象的句法位置以及说话人对此类副词的轻重音处理有关（吕叔湘，2003）。如"才、就、都"等可对其之前及之后的数量进行主观评价，"仅、只"等只能评价其之后的数量。

此类副词多属于多功能副词，除了能够表主观量之外，还能够表达说话人的主观情态，这些情态也具有较强的语境依赖性，需结合具体词句加以分析。除标题所举例词之外，能够对数量进行主观评价的副词还包括"刚、还、竟然、居然"等。

五、辅助性评价副词

这里的辅助性评价副词指的是程度副词。程度副词按照所表程度量的强弱可分为"微量、低量、中量、高量、极量"五个量级。如下例词所示。

微量：稍、稍稍、稍微、稍为、有点儿

〈书〉：略、略微、微微、些微、稍许、略为

低量：不大、不很、不太、有些、有点儿

〈书〉：不甚

中量：更、较、比较、较为、更加、更为、越发、越加、越、还

〈书〉：愈、愈加

高量：很、挺、大、好、多、够、特、至、透、大为、多么、非常、格外、分外、十分、特别、相当、异常、尤其

〈书〉：甚、颇、殊、不胜、无比、倍加、好不、何其、何等、颇为、深为、甚为、万分、至为、大大、尤为

〈口〉：怪、慌、老、满、狂、超、巨

极量：最、太、极、顶、过于、过分、顶顶、极其、极度、极端、绝对、绝顶、透顶

〈书〉：最为、绝伦

上述用例中的"〈书〉""〈口〉"分别表示常见于书面语或口语中的程度副词。部分高量副词如"狂、超、巨"是近年来产生的新词，常见于口语及网络语体等正式度较低的语体中。

在评价表达中，程度副词可以体现评价的"比较性""相对性""层级性"

等特点。具体而言，程度副词可以和评价性形容词和动词搭配使用，对其所蕴含的主观程度量加以界定，共同表达评价行为和评价结果。不同量级的程度副词在与消极或积极评价性形容词搭配时具有一定的倾向性，如微量程度副词"有点儿"常搭配消极评价性形容词，低量程度副词"很不"常搭配积极评价性形容词等。此外，"程度副词＋名词"是一个较典型的评价构式，无论进入该结构的名词是否带有评价义，程度副词都能对名词词义中的抽象性质量加以描述及凸显，从而促使该构式具备评价意义及功能。

六、结语

本章考察的是评价性副词，能够体现说话人主观情态的副词都可归入评价性副词。其中"狭域评价性副词"是指对句中谓语动词部分进行评价的副词，具有单值评价性。狭域消极评价性副词一般只用于他评，评价主体为说话人。狭域积极评价性副词和中性评价副词可用于自评及他评，评价主体可以是说话人或动作施事。宽域评价性副词的评价范围包括短语及小句，具有多值评价性，内部成员差异性大，词义虚化程度高，体现出"元语"的特点。按照语义和句法功能，宽域评价性副词可分为"表加强肯定、表加强否定、表反问、表恍悟、表估测、表强调条件或结论、表庆幸、表契合、表意愿（决心）、表不得已、表相悖、表主观量评价"12小类，本章考察了各小类的句法特点及主观情态性。此外，本章还考察了具有辅助评价功能的程度副词，其能够体现评价的"比较性""相对性""层级性"等特点，并使得"程度副词＋名词"构式具备评价性。

第八章 评价句及语篇

一、引言

在第二章中，我们将评价句分为三类：基于句式义的评价句、基于具体词汇义和抽象关系义的评价句、基于语气义的评价句。本章我们从评价的价值负载性、评价活动要素、评价义表达等视角出发，考察三类评价句的特点，并分析典型评价语篇的构成及表达特点。

二、基于句式义的评价句

基于句式义的评价句包括"变序"和"特殊结构"评价句两类。前者是指通过变换句子语序所产生的评价句，后者是指具有特定结构的评价句。

（一）"变序"评价句

"变序"是指在句子真值语义不变的前提下，句中词语线性位置的改变。语言的历时演变和说话人主观性的表达都可能带来句子语序的变换。前者如广州话中的"佢畀一支笔我"和普通话中的"他给我一支笔"。后者如"王冕死了父亲"和"王冕父亲死了"，"他是一个书生"和"他是书生一个"等，下文将对后一小类即"变序"评价句进行分析。

1. "名 + 数量词"类

现代汉语中数量词和名词搭配的常规语序是数量词位于名词之前，可视为无标记结构。而数量词位于名词之后则属于有标记结构，变序的出现也意味着句子风格及意义的变化。如下所示：

（1）汕头海关联合汕尾市公安局在 324 国道汕尾市陆丰路段截查装载玩具的货柜车一部，查获黑色仿真手枪 2 000 多支。

（2）日前该市禁毒支队成功破获一起特大跨国贩毒案，缴获毒品十七点五公斤，抓获犯罪嫌疑人四人，毒资三十八万元人民币。

上述两例都是新闻中的句子，内容均涉及较为重大的刑事案件，需要严肃庄重的语体风格，因此新闻中使用了"名＋数量词"的变序结构，如画线部分所示。

除了具有显示语体风格的作用之外，"N＋一个"结构还能表示消极评价义，其中的"N"多为带评价义名词。如下所示：

（3）不过那时，他还没出名，穷书生一个。

（4）现在沙逼人退，不干死路一条。

（5）你要是害怕，就是大傻瓜一个。

（6）他老好人一个，什么也干不了……

（7）就她单钵儿，苦瓜一根，瞅着刚遭了歹人的强奸泪未干似的。

上述五例中画线部分都是有标记的"名＋数量词"的变序结构，其中例（4）中的"死路一条"的凝固性较强，属于固定搭配，例（7）的"苦瓜"是消极性的隐评类名词，评价对象是句中的主语"她"。在"N＋一个"结构中，名词多为带消极评价义的表人名词，除了上述例句中的"穷书生、大傻瓜、老好人"等，还有如"孤鬼、笨蛋、奇葩、白痴、神经病、书呆子、臭流氓、病秧子、丑八怪"等。进入该结构的带积极评价义名词和不带评价义的名词较少。除了"表人名词＋一个"之外，还有少数"表物名词＋一＋量词"的例子，如"死水一潭、丑闻一桩、破事一箩筐"等。

储泽祥（2001）从语用的角度对"名＋数量词"的语序作了解释，认为人们有时放弃"数量词＋名"的常规语序而采用"名＋数量词"的变序，是由于说话人想让数量名词短语所负载的信息成为注意的焦点，我们认同储文的观点。相比之下，无标记结构"数量词＋名"的客观描述性很强，主要作用是计量。而变序的"名＋数量词"结构的表量作用减弱，主观性增强，如果其中的名词带有消极评价义，则整个句子也具有消极评价性。

2. "王冕死了父亲"类

该类句式的例句如下所示：

A	B
（1）老王眼睛瞎了。	老王瞎了眼睛。
（2）老王父亲死了。	老王死了父亲。
（3）老王一条腿瘸了。	老王瘸了一条腿。
（4）老王家一面墙倒了。	老王家倒了一面墙。
（5）老王家一间房塌了。	老王家塌了一间房。
（6）老王家五筐苹果烂了。	老王家烂了五筐苹果。
（7）老王家三只鸽子飞了。	老王家飞了三只鸽子。
（8）老王家一只猪跑了。	老王家跑了一只猪。

本章所指的该类句式在语义关系上必须具有以下特点：第一，动词一般情况下都是不带宾的。第二，主语和宾语存在着领属关系，郭继懋（1990）称之为"领属主宾句"。第三，动词包含"受损"或"失去"义，即表示主语领属的宾语受损或主语失去领属宾语的语义。之前的相关研究主要关注的是这类句子尤其是"王冕死了父亲"的生成方式等。

上述例句的动词一般情况下都是不带宾动词，A组句子属于无标记常序句式，B组句子属于有标记变序句式。对比两组句子可以看出，A组的客观描述性很强，主语的结构由"领属体＋被领属体"组成，当其中的"被领属体"（例句中用波浪线表示）被移至动词之后，就产生了B组句式。也就是说，A组的"主题"即已知旧信息构成了B组"焦点"即新信息的要素之一，它们和A组的谓语动词共同构成了句子的焦点。从词义来看，这类句子中的动词包含"受损"及"失去"义，如"瞎、死、瘸、倒、塌、烂、飞、跑"等，这些事物的所有者将失去所有物，并可能因此受到损失或伤害，故可将其视为带消极评价义的动词。而变序和包含"受损"及"失去"义的谓语动词共同表达出句子的消极评价性。

3. "定语移位至状语"类

此类句子的例子如下所示：

A   B

（1）他沏了一壶酽酽的茶。   他酽酽地沏了一壶茶。

（2）他炖了一碗嫩嫩的鸡蛋。   他嫩嫩地炖了一碗鸡蛋。

上述A组波浪线部分的"酽酽"和"嫩嫩"都是状态形容词，在句中作定语，表客观事物的属性。当其移位到B组状语位置时，其语义仍指向宾语，而典型的"宾语指向"的状语都带有说话人的自我表现的印记（张国宪，2006）。由此可见，状态形容词由定语移位至状语之后，其语义更侧重强调事物的某种属性是人们有意识赋予其的临时情状，句子也因此带有了说话人的主观情态，但这种情态的价值负载性不太明显。

当移位的词语具有评价性时，例句如下所示：

A   B

（3）孤独的他走在大街上。   他孤独地走在大街上。

（4）愤怒的狮子仰天长啸。   狮子愤怒地仰天长啸。

（5）喜出望外的妈妈看着女儿。   妈妈喜出望外地看着女儿。

（6）勇敢的中国人站起来了。   中国人勇敢地站起来了。

上述句子中画波浪线的部分都是评价性词语，当其处于定语位置时，评价对象和辖域主要集中于主语。当其移至状语位置，评价性词语修饰的是谓语动词。谓语动词通常是句子的中心所在，主语、宾语都可以看成是谓语动词的论元，因此当评价性词语移位后，其评价辖域和对象由主语扩展至谓语，句子的评价性也更加明显。

由上述三类变序评价句可以看出，语序的变换之所以能够凸显句子的评价性，原因之一是语序的变化改变了句子成分之间的语法结构关系（陆俭明、马真，1985)，并由此改变了句子的话题、焦点等信息成分。具体而言，语序的变换可以让原本处于背景状态的评价信息前景化。如评价性词语从主语即表达已知信息的话题位置，移位至句子的谓语即句子的焦点部分，句子的评价性也因此而增强。对于"王冕死了父亲"类句式而言，表受损类的不带宾动词与关涉对象共同作为句子的谓语即焦点部分，也凸显了句子的消极评价性。

（二）"特殊结构" 评价句

除了"变序"评价句之外，现代汉语中还有一些"特殊结构"评价句。如表1所示：

表1   "特殊结构" 评价句

评价句式或结构	评价的价值负载性	评价对象	评价结果	例句
①……是……，就是……	消极	人或事物的性质	人或事物同时存在着某种消极性质和积极性质，评价主体关注的焦点是其消极性质	那孩子聪明是聪明，就是有点懒。
② 不 X 不 Y（X、Y 可以是形容词、名词、动词）	积极、消极	人或事物的性质	当 X、Y 分别处于互补反义义场或极性反义义场时，"不 X 不 Y"分别表示对事物性质的消极或积极评价（邓英树、黄谷，2002)	（1）这件衣服不大不小，正合适。（不软不硬、不多不少、不肥不瘦）（2）那个人不男不女的，很奇怪。（不中不西、不死不活、不人不鬼）
③ 大 X 大 Y（X、Y 可以是名词、动词、形容词）	积极、消极、中性	名量、动量的大小及性质蕴含的量级高低	表示名量、动量、性质所含程度量很高	大慈大悲、大吉大利、大彻大悟、大手大脚、大吼大叫、大鱼大肉、大是大非、大喜大悲、大山大河

（续上表）

评价句式或结构	评价的价值负载性	评价对象	评价结果	例句
④大 V 特 V	积极、中性、消极	动量的大小和程度的高低	表示动量很大	大书特书、大吃特吃、大错特错
⑤NN 地 V	积极、消极、中性	人或事物的行为	行为的频率很高或涉及的事物的量很大，含有说话人夸张的语气（邢福义，1993）	（1）他白天黑夜地干活。 （2）他烧鸡烤鸭地吃。 （3）他天天深圳、香港地跑生意。
⑥V 个够	积极、消极、中性	动量的大小和程度的高低	表示动量很大	（1）大家开开心心地聊个够。 （2）今天大家吃了个够。 （3）他去北京玩了个够。
⑦……比 N 还 N				（1）他的球踢得比罗纳尔多还罗纳尔多。 （2）他简直比陈世美还陈世美。
⑧N 中的 N	积极、消极、中性	人或事物的性质特点	性质特点所蕴含的量级很高	（1）她不仅仅是话题女王、广告女王，她更是明星中的明星。 （2）他一毛不拔，是铁公鸡中的铁公鸡。
⑨程度副词 + N				他是一个很娘的人。
⑩程度副词 + 有 + N				（1）父亲很有责任感。 （2）日本帝国主义非常有侵略性。

由表 1 我们可以看出，现代汉语中特殊结构的评价句既有复句也有单句，可以表达积极、消极和中性评价。上述评价句的句式如"NN 地 V、V 个够、……比 N 还 N、N 中的 N、大 V 特 V"等表达的是评价结果的高程度量，即评价的"层级性""相对性"和"比较性"，而评价结果的价值负载性则受到进入该句的词语的褒贬义的影响。此外也有少量句式结构如"……是……，就是……""不X 不 Y"等是以人或事物的性质特点作为评价对象，体现出评价的"表述性"。

三、基于具体词汇义和抽象关系义的评价句

该类评价句的评价义一方面来源于句子中的词汇层评价项，其中既有典型的评价性词汇，也有非典型的带评价义的词汇。前者如评价性形容词和副词等，后者如带评价义的名词、辅助评价量词等。另一方面来源于句子的抽象关系义，即句子成分之间的常规性语法结构关系，这里的常规性语法结构关系是区别于前文所考察的特殊句式或语法结构而言的。当评价义强弱不同的词语处于不同的句法位置时，句子的评价义和评价特征也会出现相应的变化。

我们曾对评价活动要素（如评价主体、对象、结果、视角、视域等）和其所充当的句法成分做过考察，结果显示，同一种评价活动要素可以充当多种句法成分，而同一种句法成分也可以表达多种评价活动要素。此外，评价活动要素所体现出的评价特点如评价的表述性、价值负载性、层级性、相对性、比较性等，在句中的凸显度也有所不同。

我们首先根据词汇评价义的显隐特性，将此类评价句分为"显评型"和"隐评型"两种，再考察不同类型的评价词汇处于不同句法位置时评价句所体现出的特点。

"显评型"评价句如下例句所示：

（1）乐观的人认为事情不算太糟，悲观的人认为已经无可救药了。（主语：评价主体）

（2）现在这样的好书太少了。（主语：评价对象）

（3）在这个竞争异常激烈的班级，每个学生学习都非常努力。（句首地点状语：评价视域）

（4）论聪明，小王比不上小李，但论勤奋，小李比不上小王。（句首条件状语：评价视角）

（5）他很尊重她，待她非常好。（谓语、补语：评价结果）

（6）今天我这顿酒喝得非常好。（补语：评价结果）

（7）他努力吸取人类一切优秀的思想成果，精通哲学、政治经济学、历史学等。（状语、宾语、谓语：评价结果）

（8）更重要的是，商品的种类会更丰富。（主语、谓语：评价结果）

上述八例中带点的词语都是评价性或带评价义的词语，句末括号里标示了带点词语充当的句法成分和评价活动要素。例（1）~（4）中带点词语分别表达的是评价主体、评价对象、评价视域和评价视角。例（5）~（8）中带下划波浪线的评价性词语表达的是评价结果。

从评价的"表述性"来看，例（1）~（7）都是从物评价，即针对某一个（类）人或事物的评价。例（8）属于从言评价，即说话人对"商品的种类会更丰富"这一命题的积极评价，而"商品的种类会更丰富"这一命题是一个从物评价。

由例（1）~（8）可见，评价"主观性"的五方面特征即表述性、价值负载性、层级性、比较性、相对性，其在句中的凸显度并不一致。听者和读者更关注评价结果而非评价过程，因此评价结果常常作为核心小句的状动、谓宾、动补等成分出现，是句子的焦点信息。而与评价结果直接相关的特征即"价值负载性、层级性、表述性"则常作为前景化的核心信息出现在句中。

与评价标准和评价过程相关的特征"相对性、比较性"则成为背景化的次要信息。表达评价标准和过程的评价活动要素包括"评价主体、对象、视角、视域、标准"等，它们常常出现在处于从属地位的小句，或句中的定语、主语等已知信息的部分，如例（1）、（3）、（4）所示。评价的"比较性"指评价的实施必须基于一定的评价标准或视角，例（1）的评价标准是"从人的性格角度来看"，例（4）的评价视角是"从人的先天条件及后天态度等角度来看"。评价标准及视角不同，评价结果也随之改变，体现了评价的"相对性"。

口语语体与书面语体中评价句的"比较性"和"相对性"在句中的显隐情况有所不同。口语语体评价句的评价标准常为说话人的主观看法，常隐于句外。书面语体尤其是科技语体中评价句的评价标准常为大家所公认的客观标准，有时现于句中，有时隐于句外。上述八例的例（2）和例（6）的口语体色彩较明显，例（1）、例（3）、例（7）、例（8）的书面语体色彩较明显，例（4）和例（5）则属于通用语体。例（1）和例（4）的评价标准列于句中，凸显出句子的"比较性"和"相对性"。

上述句子中的评价性词语或带评价义的词语都是显评型词语，以下数例是带评价义的隐评型词汇和非评价词汇一起，通过句法关系形成的评价句。按照评价的价值负载性分类，如下所示：

A 类积极评价：

（9）迟承德不光救火有两下子，搞社会治安综合治理也呱呱叫……

（10）吴教授科研上有一手。

（11）您是大演员，今天可得上去露一手。

上述都是积极评价句，画线部分中的"两下子""一手"和"呱呱叫"分别是积极性隐评型名词和形容词，其中动词"有、露"和"一手"、动词"有"和

"两下子"的搭配使用频率特别高，已成为表达积极评价义的固定搭配。

B 类消极评价：

（12）他老婆也不是东西，以前借她个芭斗都借不出。

（13）当时我的眼泪也在眼圈里打转，心里很不是滋味。

（14）对青年这样搞，把他们的棱角都磨光了，不是办法。

（15）你可别学你嫂子，那个婆娘不是人。

（16）老年人还嫌我们太会闹，不成样子。

（17）他这把年纪干偷鸡摸狗的勾当实在不成名堂。

（18）这位先生很有点那个/那个了点/有些那个/太那个了/挺那个的。

（19）人家都是君子坦荡荡，只有他李文彬小人长戚戚……

上述消极评价句中前七例的评价义来源于画波浪线的部分，例（12）到例（17）中画波浪线部分都属于表消极评价义的固定搭配，且都含有表否定的动词"不是、不成"，否定词和消极评价义的表达之间的关系密切，对人或事物特性的否定也是一种消极评价。

关于"那个"表消极义的用法，吕叔湘（1979）、赵元任（1979）、邹韶华（2001）等都曾进行过考察分析。吕叔湘和赵元任均指出，说话人使用"那个"的原因是"为了避免说出不好听的字眼"以及"代替一时想不好或者不便说的字眼"。可见用远指代词"那个"表达消极评价义较为委婉，符合"礼貌原则"中的"尽力缩小对他人的贬损"。

例（19）中的主语"他李文彬"是说话人对评价对象的一种蔑称，由第三人称代词和姓名构成，是一种较含糊的消极性称呼，谓语部分的"小人长戚戚"具体明确地表达了消极评价结果，两部分共同构成了完整的消极评价句。

C 类中性评价：

（20）山里有的是野兔、獐子供它们吃，还没有伤过人。

上述例句中的"有的是"是固定搭配，表达了对人或事物高量度的中性评价。

四、基于语气义的评价句

这里所说的"基于语气义的评价句"指的就是感叹句。感叹句对各类对象加以评价的同时，也表达了强烈的主观感情色彩。按照评价的价值负载性，我们将其分为积极、消极和中性感叹句三类，并考察其中评价性活动要素的分布和评价义表达情况。

（一）积极感叹句

积极感叹句包括独词句和多词句。独词句可由形容词、名词、动词、叹词等具有评价功能的词语单独构成，如"好！""漂亮！""值！""久仰！""嘿！"等，这些词都带有积极评价性。形容词"好""漂亮"是对人或事物性质的积极评价，动词"值"是对事物或行为的肯定性评价，"久仰"体现了说话人尊敬对方的态度，叹词"嘿"传递了说话人兴奋、惊喜的情态。整体而言，组成独词感叹句的词语在表达积极评价结果的同时，也体现了说话人赞扬、兴奋、喜悦等情态。

多词句所包含的词语既有评价词语，也有非评价词语。它们在句中充当的句法成分和表达的评价活动要素各不相同。其中部分例句如表 2 所示。

表 2　积极感叹句的结构和评价活动要素

例句	结构	评价活动要素构成
①多美的夜晚！最勇敢的战士！	定中	评价结果 + 评价对象 + 主观情态（赞扬）
②酷毙了！帅呆了！	述补	评价结果 + 主观情态（赞扬）
③太痛快了！	状谓	评价结果 + 主观情态（喜悦）
④真的很不错！	状谓	评价结果 + 主观情态（赞扬）
⑤他这个人没得说！	主谓	评价对象 + 评价结果 + 主观情态（赞扬）
⑥幸亏退出了作协！	状谓宾	评价结果 + 评价对象 + 主观情态（庆幸）
⑦好在天无绝人之路！	状主谓宾	评价结果 + 主观情态（庆幸）
⑧你比俺的亲闺女还要亲呀！	主状谓	评价对象 + 评价视域 + 评价结果 + 主观情态（赞扬）
⑨他查案缉凶很有一套手段！	主谓宾	评价对象 + 评价视角 + 评价结果 + 主观情态（赞扬）
⑩我觉得每张都很棒！	主谓宾	评价主体 + 评价行为 + 评价对象 + 评价结果 + 主观情态（赞扬）
⑪不但有营养，而且味道好！	递进复句	评价结果$_1$ + 评价结果$_2$ + 主观情态（赞扬）
⑫又年轻又漂亮！	并列复句	评价结果$_1$ + 评价结果$_2$ + 主观情态（赞扬）
⑬虽然他穷困潦倒，但是我很敬佩他！	转折复句	评价结果$_1$ + 评价结果$_2$ + 主观情态（赞扬、敬佩）

表 2 中既有单句也有复句，单句的结构包括定中、述补、状谓、主谓、状谓

宾、主状谓、主谓宾等结构。复句包括并列、递进、转折等类型。部分句子的语序还可以进行变换，如例④和例⑤的句子可以变换成"很不错，真的!"和"没得说，他这个人!"

在评价活动要素的表达方面，积极感叹句包含了积极的评价结果和主观情态，如赞扬、喜悦、庆幸、敬佩等情态。还有部分句子包含了评价主体、对象、视角、视域等要素，如例⑤~⑨所示。例⑪递进复句和例⑫并列复句都包含着两项积极评价结果。例⑬转折复句中的"虽然"分句包含消极评价结果，"但是"分句包含积极评价结果，由于其语义重心在后一分句，因此整个句子凸显的是积极评价。

由表2可见，多数感叹句中包含积极评价词语，明确表达了说话人喜悦、赞扬等积极情态。如果去掉感叹号，大部分句子仍然成立，也能表达积极评价，但由感叹句所带来的超语段积极情态将随之减弱或消失。

（二） 消极感叹句

消极感叹句也包括独词句和多词句。独词句可由消极评价性形容词、动词、叹词以及带有消极评价义的名词构成，如"讨厌!""糟糕!""胡说!""瞎整!""呸!""嘻!""笨蛋!""二百五!"等。上述独词句除了表达消极评价结果之外，也带有说话人强烈的贬斥、厌恶等消极情态。消极感叹句的多词句可分为常规句和特殊句两类。常规句如表3所示：

表3　常规消极感叹句的结构及评价活动要素

例句	结构	评价活动要素构成
①混账王八蛋的小李!	定中	评价结果＋评价对象＋消极情态（厌恶）
②烦死了! 无聊透了!	谓补	消极情态（烦闷）
③太痛苦了!	状谓	消极情态（痛苦）
④简直太无耻了!	状谓	评价结果＋消极情态（贬斥）
⑤他真是不像话!	主状谓	评价对象＋评价结果＋消极情态（贬斥）
⑥他动不动就生气!	主状谓	评价对象＋评价结果＋消极情态（厌恶）
⑦迟到比不到还糟糕!	主状谓	评价对象＋评价视域＋评价结果＋消极情态（贬斥）
⑧那家伙待人接物很差劲儿!	主状谓	评价对象＋评价视角＋评价结果＋消极情态（贬斥）
⑨我认为你是个鲁莽的人!	主谓宾	评价主体＋评价行为＋评价对象＋评价结果＋消极情态（贬斥）

（续上表）

例句	结构	评价活动要素构成
⑩不但不好，而且很糟！	递进复句	评价结果₁+评价结果₂+消极情态（贬斥）
⑪又脏又臭！	并列复句	评价结果₁+评价结果₂+消极情态（厌恶）
⑫周君虽然有仁人志士的心肠，但是太偏颇了，太过激了！	转折复句	评价结果₁+评价结果₂+消极情态（贬斥）

由表3的例句可见，消极感叹句的常规单句包括定中、谓补、状谓、主状谓、主谓宾等结构，复句包括并列、递进、转折等类型。在词汇构成方面，除例⑤"他真是不像话！"中的"不像话"属于隐评型消极短语之外，其余例子都含有显评型词语，如"混账、王八蛋、痛苦、鲁莽"等。在评价活动要素的表达方面，上述例句都包含了消极评价结果以及说话人贬斥、厌恶等消极情态，此外部分例句还包含着评价主体、对象、视角、行为、视域等要素，如例⑦～⑨所示。例⑫转折复句中"但是"分句的"太偏颇、太过激"是全句凸显的消极评价结果。

消极感叹句由特殊句式构成，其评价结果的表达方式大多是间接的。如表4所示：

表4 特殊消极感叹句的结构及评价活动要素

特殊结构	例句	评价活动要素构成
①A：（你）+ V + 什么！ 　B：你 + V + 什么！	（你）急/怕/慌/担心什么！ 你懂/知道/乱喊/瞎说些什么！	评价对象 + 主观情态（生气、不满）
②（你）+ V + 什么 + V！	（你）看什么看/笑什么笑/哭什么哭！	
③（你/他）+ 爱 + V + 不 + V！	（你/他）爱来不来/爱玩不玩/爱吃不吃/爱去不去！	
④还 + N + 呢！	还大学生/名导演/企业家呢！	评价对象 + 主观情态（不以为然、蔑视）
⑤都是 + N！	都是小王/你/该死的老李！	评价对象 + 主观情态（反感、不满）
⑥你 + 个 + N！	你个大坏蛋/卖国贼！	评价对象 + 评价结果 + 主观情态（愤怒、不满）

（续上表）

特殊结构	例句	评价活动要素构成
⑦Adv + 呢！	何苦/何必呢！	部分评价结果 + 主观情态（不满）
⑧（瞧）+ N + V + 的！	（瞧）这事办的/这饭吃的/这节目演的！	
⑨瞧 + Pro + V + 的！	瞧他醉的！瞧他们搞的！瞧你说的/能的！	评价行为 + 评价对象 + 主观情态（不满）
⑩瞧/看 + Pro + 这（个）/那（个）+ N！	瞧他那副嘴脸/我这脑子！看你这记性！	评价行为 + 评价对象 + 主观情态（贬斥、自嘲）
⑪好你个 + N！	好你个花花公子小王/老滑头/二麻子！	评价对象 +（评价结果）+ 主观情态（贬斥）
⑫V/A + 个 + N！	聪明个鬼！漂亮个头！	否定性评价或看法 + 主观情态（愤怒、不满）
⑬N + 才 + V +（N）！	王八蛋才怕死！鬼才相信！孙子才喝了酒！	

　　表4所列的是13种特殊消极感叹句，与常规消极感叹句相比，它们具有以下三个特点：

　　第一，特殊消极感叹句对超语段消极情态的依赖性强。如果去掉感叹号，则句子合法性大为降低。

　　第二，消极词语并非特殊句的必现成分。表4中超过一半例句未包含消极词语，如例①～④、⑧～⑩。特殊句式中例⑤"都是 + N！"和例⑪"好你个 + N！"中的N既可以是消极词语，也可以是非评价词语。如"都是该死的老李！"和"都是老李！"，"好你个花花公子小王！"和"好你个小王！"等，前者包含消极词语"该死"和"花花公子"，后者则不包含评价词语，但两组句子都具有消极评价性。

　　第三，特殊消极感叹句中大多未出现消极评价结果，如例①～⑤、⑨～⑩、⑫、⑬的句式中都只出现了评价对象，加上说话人厌恶、贬斥的消极性情态，句子的消极评价性得以表达。这种隐晦的消极评价符合"礼貌原则"中的"尽力缩小对他人的贬损"。因此，在日常口语中，特殊消极感叹句的出现频率较高。

　　相比之下，常规消极感叹句对消极词语的依赖性很强，消极评价结果的表达更为直接明确。如果去掉常规句中的消极词语，句子无法成立。大部分常规句去掉感叹号后，超语段的消极情态消失，但句子仍然成立，消极评价性也仍然存在。如表4中的例⑤～⑩及例⑫所示。

（三）　中性感叹句

中性感叹句指的是包含中性评价和情态的句子，中性感叹句也可分为独词句和多词句。独词句包括名词、副词、叹词等。如"老天爷！""乖乖！"等名词感叹句等可表达说话人惊异的情态。"当然！""怪不得！"等副词感叹句可表达确认、恍悟等情态。"哎！""噢！"等叹词感叹句可表达吃惊、领悟等情态。

多词句包括单句和复句，其内部结构和评价活动要素的构成也较为多样，部分例句如表 5 所示：

表 5　中性感叹句的结构及评价活动要素

例句	结构	评价活动要素构成
①真圆！	状谓	评价结果 + 感叹情态
②细多了！	谓补	评价结果 + 感叹情态
③好宽的河！	定中	评价结果 + 评价对象 + 感叹情态
④他的嗓门真大！	定主状谓	评价对象 + 评价结果 + 感叹情态
⑤老王比小张大得多！	主状谓补	评价对象 + 评价视域 + 评价结果 + 感叹情态
⑥他确实长高了！	主状谓补	确认某事实的情态
⑦我必须回去照顾她！	主状谓宾	表意愿、决心的情态
⑧我一定要做完！	主状谓补	表意愿、决心的情态
⑨这种水果又红又大！	并列复句	事实描述 + 感叹情态
⑩她嗓门儿不仅大还粗！	递进复句	事实描述 + 感叹情态

由表 5 可见，多词中性感叹句具有如下特点：

第一，构成中性感叹句的形容词大都是表事物客观属性的形容词，如"圆、细、宽、大、高、红、粗"等。这些形容词在感叹句中与程度副词搭配，表达了说话人对这些客观属性在程度量方面的中性评价，如例①～⑤所示。例⑥～⑧中的副词"确实、必须、一定"表达了说话人确认事实、表明意志的情态。例⑨、⑩中的形容词虽未受副词修饰，但进入感叹句之后，也带有说话人较为明显的感叹、惊讶等情态。

第二，中性感叹句的评价性可能会随着微观语境的语用因素而发生变化。如一个初学包汤圆的人看到熟手包的汤圆说："真圆！"这个感叹句带有说话人的积极评价和赞扬的情态。又如一个需要安静环境的人听见外面有人大喊后说："嗓门可真大！"这个感叹句则带有说话人的消极评价和厌烦的态度。

第三，大部分中性感叹句如果换为陈述语气仍然成立，如表5例⑤～⑩所示。可见其对说话人超语段情态的依赖性不强。当我们将感叹号换成句号后，说话人的主观情态减弱，仍可表达中性程度量评价。

五、评价语篇

典型的评价语篇如书评、时评、社论等，其通常具有以下两方面特征：从内部构成来看，评价性词汇和句子是语篇的必需成分（obligatory element），而不是可选成分（optional element）。形容词多充当低层评价项，针对某一具体对象表达评价结果；评价性副词和情态动词既可以充当低层评价项也可以充当高层评价项，而高层评价项如情态状语可以表达对整个命题的主观看法和情态。具有评价功能的句子成分既可以位于述位即通常焦点所在的位置，也可以充当有标记主位，此时评价对象则位于述位，如"值得/令人＋心理动词＋的是，……"一类句式。句际关系方面，评价结果常出现在并列关系句中的起始小句和主从关系句中的主句，而评价的依据和解释等次要因素常出现在并列关系句中的继续小句与主从关系句中的从句。

从表达目的来看，典型评价语篇的说写者给予听读者的主要是针对某类现象、事件或某一类人的观点看法和主观情态，其首先着眼于人际功能，再聚焦概念功能和语篇功能。非典型评价篇章中也有一些评价性词语和句子，但说写人的主要目的不仅是表达看法和情态，也要给予听读者客观信息，其对三类功能的侧重与评价语篇不尽相同。

我们以叙事类语篇、部分商业广告语篇以及导游解说类语篇来加以说明。Labov（1972）曾考察过叙事类语篇，他将一个完整的叙事类语篇结构概括为点题、指向、进展、评价、结局、回应六个部分，黄国文（2001）考察大量叙事类语篇并修正了Labov的上述观点，指出叙事类语篇的必需成分是进展和结局，而点题、指向、评价、回应则属于可选成分。可见叙事类语篇的表达目的是介绍事件的发展状况和结局，而不是表达说写者的主观情态和对该事件的看法，因而评价部分是叙事类语篇的可选成分，该类语篇属非典型评价语篇。

在商业广告语篇中，有一种较为常见的"问题—解决办法"类语篇模式，该类语篇由"情景、问题、解决办法、评价"四个部分组成，其中"情景"和"问题"是必需成分，"解决办法"和"评价"是可选成分（黄国文，2001）。此外，导游解说类语篇中既包括导游对旅游景点信息的介绍，也包括导游对景点历史地位、人文价值等方面的积极评价。景点的信息介绍功能是基础及核心，对景点的积极评价须建立在介绍的基础之上，因此对景点的积极评价是辅助的和次要的。

六、结语

本章的研究对象是评价句和评价语篇。首先从评价的价值负载性、评价活动要素、评价义表达等视角出发，考察三类评价句即基于句式义的评价句、基于具体词汇义和抽象关系义的评价句、基于语气义的评价句特点，并简要分析评价语篇的构成及表达特点。

基于句式义的评价句包括"变序"和"特殊结构"评价句两类。"变序"评价句可以通过语序的变换，让原本处于背景状态的评价信息前景化。"特殊结构"评价句中，"NN 地 V、V 个够、……比 N 还 N、N 中的 N、大 V 特 V"等凸显评价的"层级性""相对性"和"比较性"，"……是……，就是……""不 X 不 Y"则体现出评价的"表述性"。

基于具体词汇义和抽象关系义的评价句的评价义来源于词汇层评价项以及句子的抽象关系义。当评价义强弱不一的词语处于不同的句法位置时，句子的评价义和评价特征也会出现相应的变化。

基于语气义的评价句即感叹句。其中积极感叹句多含积极评价词语，明确表达了说话人喜悦、赞扬等积极情态。如果去掉感叹号，大部分句子仍然成立，但由感叹句所带来的超语段积极情态将随之减弱或消失。

消极感叹句的多词句可分为常规句和特殊句两类。前者直接明确表达评价结果，去掉感叹号后，超语段的消极情态消失，但句子仍然成立，消极评价性也仍然存在。后者对超语段消极情态的依赖性强，消极词语并非其必需成分，去掉感叹号后，句子合法性大为降低。

中性感叹句多由表事物客观属性的形容词构成，句子评价性可能会随着微观语境的语用因素发生变化。多数中性感叹句去掉感叹号后仍然成立，句子主观情态减弱，仍可表达中性程度量评价。

典型的评价语篇如书评、时评、社论等，主要针对某类现象、事件或人物表达观点看法和主观情态，体现出语篇的人际功能。评价性词汇和句子是其必需成分。语篇中的评价结果常出现在并列关系句中的起始小句和主从关系句中的主句，评价依据和解释等常出现在继续小句和从句中。

第九章 词语的语义韵及词典释义

一、引言

"语义韵"（semantic prosody）是语料库语言学领域的一个术语，它主要关注的是词语之间的搭配行为。当一个词（我们可以称之为"关键词项"）经常与某一类词搭配使用，而这一类词中的大多数成员具有相同的语义倾向，这个关键词项也会因此带上相关的语义特点，从而使整个语境具有某种特殊的语义氛围，这就是语义韵（Sinclair，1991；Louw，1993）。

有学者按照语义特征的不同将语义韵分为积极、中性、消极三类。消极语义韵中的关键词项所搭配的词或短语大多带有消极性语义特征，从而使其所在的语境表现出一种较为明显的消极语义氛围，积极语义韵则与之相反。中性语义韵中的关键词项所搭配的词或短语有的带有积极性语义特征，有的带有消极性语义特征（Stubbs，1996）。

语义韵不仅仅是语料库语言学中的一个术语，也是一种词汇研究的新视角，它可以为对外汉语学习词典的编纂者提供词语的出现频率、常用搭配、语境特征等信息，从而帮助编纂者精准地概括词语的意义，描写其常用搭配，为汉语学习者提供准确有效的词汇信息。

对外汉语学习词典是汉语学习者课外进行自主学习的重要参考资料，也是对外汉语教材体系的有机组成部分。章宜华（2010）指出，目前已出版的对外汉语学习词典种类繁多，但整体来看仍存在着一些不足之处，如外向型特征表现不够突出、释义和收词未考虑外国用户的国别化特点、对语言学等相关学科研究的新成果应用不够等。章宜华（2011）在借鉴英语学习词典编纂经验的基础上，对提高对外汉语学习词典的编撰质量和使用效果提出了一些建议，其中包括以框架语义学为理论基础，考察并描写词项的语义框架，把句法结构、搭配结构等反映语词分布特征的信息纳入词典释义。而语料库语言学中语义韵的研究方法可为上述建议的实施提供有效路径。

国外词典学界在 20 世纪八九十年代已开始将语义韵的研究方法应用于词典编纂工作，纪玉华、吴建平（2000）曾提到，目前世界上最大的英语语料库之一的柯林斯 - 伯明翰大学国际语料库（COBUILD）的主创人 John Sinclair 教授是首先注意到语义韵现象的语料库语言学家兼词典编纂家，他通过定位检索发现"happen"和"set in"（发生）常常与"不愉快的事件"（unpleasant events）联系在一起，并在词典的释义中加以标注。国外词典学界的经验做法值得对外汉语学习词典界借鉴。

二、相关研究回顾

1987 年 John Sinclair 首提语义韵现象之后，我国学者卫乃兴等将其译介至国内。近年来国内研究主要呈现以下三方面特点：

第一，研究对象更多元。由英语词汇语义韵拓展至汉语、华语词汇语义韵研究，以及不同语码的词汇语义韵的对比研究。如姚双云（2011）通过对语料库及相关电子资源的统计分析，发现近代汉语中"搞"呈现消极语义韵，而现代汉语中"搞"的语义韵则呈积极性倾向。童富智、修刚（2020）对比分析了语料库中汉语动词"坚持"及其日语对应词「坚持（する）」的语义韵异同。李玉红、方清明（2019）将马来西亚华语与普通话对比，指出马来西亚华语中的部分名词存在语义韵变异现象。

第二，跨领域研究更广泛。语义韵与二语习得、语体、句法、词典、翻译等方面的研究相结合，深化了语言学的跨域研究。如王瑞（2016）利用语料库对比了中国英语学习者与英语母语者使用"做"类动词时的语义韵差别。翟萌、卫乃兴（2015）考察后发现，与普通文本相比，学术文本中的语义韵具有隐含和弱化的特征。李向农、陈蓓（2011）指出小句中枢的"句法管控"和"句域管控"对互相冲突的词语语义韵具有压制与重释的作用。崔维霞（2018）分析了英语学习型词典中的语义韵的标注对象、信息分类、标注方法，希望在此基础上摸索出一套系统规范的词典语义韵信息处理方法。宋伟华（2010）比较了汉语和英语基本颜色词"白"和"white"的语义韵，指出了解词语的语义韵特征、掌握词语的典型搭配可以避免误译。而且通过观察语义韵的变化也可以了解翻译过程中不同语言所体现出的共性和个性（杨晓琳、程乐，2016）。

第三，理论探讨更深入。李芳兰、卫乃兴（2015）在个案考察的基础上概括出语义韵的三个基本属性：语义韵的短语属性、语义韵的强度测量、语义韵的隐匿性。张莹（2012）归纳了语义韵的主要特点即评价性、隐秘性、跨界性。王雅刚等（2014）一方面肯定了语义韵概念的重要性，认为其唤醒了学界对含义（connotation）的关注，深化了对词汇褒贬义的理解，为观测和描述词语行为提供了新视角。另一方面也指出语义韵概念尚属经验语范畴，缺乏理论术语的严谨性和自治力。为此王雅刚、刘正光（2017）尝试从构式语法视角重新阐释语义韵，指出语义韵的本质即构式义，作为意义单位的"节点词＋搭配词"型式即构式，语义韵依附于构式，对语境和文本类型敏感。语义韵与构式语法研究如能紧密结合，可以为语义韵现象找到合理自洽的理论归宿。

上述成果所提及的语义韵"评价性"的特点，以及语义韵与构式语法相结合的研究思路，对本章及下一章的研究均有较大启发。其中语义韵与评价研究的互动是我们重点关注的内容，Louw（2000）指出，语义韵最基本的功能就是表达说话人或作者的态度或评价，这也是语义韵最主要的特点（Sinclair，1996）。Morley 和 Partington（2009）也指出，语义韵的评价机制可以减轻听话人处理话语的负担，是语言表达中"省力机制"的体现。

三、研究对象

本章利用语义韵研究方法，并借鉴框架语义理论，考察短语"可想而知"的语义韵特征，对比分析四部对外汉语学习词典中"可想而知"的释义及用例，提出改进意见及建议。

之所以选择"可想而知"作为考察对象，一方面是因为其语义韵特征较为隐蔽，仅凭语感无法感知，需要借助大型语料库进行识别判断；另一方面"可想而知"也是《汉语水平词汇与汉字等级大纲》中收录的丁级词，是中高级汉语学习者必须掌握的词汇。

本章所选取的四部对外汉语学习词典分别是：《汉语常用词用法词典》（下文简称为《常用词词典》）、《学汉语用例词典》（下文简称为《学汉语词典》）、《汉语 8 000 词词典》（下文简称为《8 000 词词典》）、《汉语水平考试词典》（下文简称为《汉考词典》）。它们由对外汉语教学书籍出版方面经验丰富的出版社出版，编撰者也是汉语学界的专家。此外还有一些较有影响的对外汉语词典如《商务馆学汉语词典》《现代汉语学习词典》《现代汉语常用词用法词典》，由于未收入"可想而知"，故不在本章考察范围之内。

这四部词典对"可想而知"的释义和例句如下所示：

（1）《常用词词典》：〈丁〉想想就明白；可以想见：这首歌儿唱了几十年还在唱，可想而知人们是多么喜欢/他一句外语也不会说就去了非洲，生活不方便是可想而知的/她每月收入不到普通人的一半，生活情况可想而知/这些人连自己的名字也不会写，受到的教育可想而知。

（2）《学汉语词典》：[戊] 想想就可以知道。（it can be imagined）常作谓语、定语。

（3）《8 000 词词典》：从表现、情况、环境等可以知道：他干工作又好又快，可想而知他在家里也很能干｜他连怎么打车都不清楚，可想而知他平时很少坐出租车｜人们看见他都敬而远之，可想而知他的群众关系不会很好。【近义词】由此可见【构词】得知/感知/告知/明知/求知/熟知/预知/真知/未卜先知/众所周知。

（4）《汉考词典》：丁（习语）［偏正］【义3】根据已知事实，通过想象就可以推知（it is obvious that）：干这种缺德事，可想而知，是没有好下场的。｜花绣得这么漂亮，可想而知她的手艺是很好的。

由上文（1）~（4）可见，四部词典所提供的"可想而知"的释义和例句等信息简繁各异。它们是否符合语言事实，是否有利于非本族汉语学习者的理解运用？由于目前尚未出现专门服务于对外汉语学习词典编纂的语料库，我们以 CCL 语料库为观察范围，运用语料库语言学的研究方法，考察"可想而知"在句中的常见搭配行为、语义韵等特征，在此基础上对上述四部词典中"可想而知"的释义及例句进行检验和改进。

四、"可想而知"的语义韵

（一）　"可想而知"　类连接的建立

"可想而知"作为关键词项，在 CCL 语料库中出现的原始有效频数是 1 264。我们将以这 1 264 条语料作为观察对象，研究"可想而知"搭配词的语义特点及语义韵特征。

要考察"可想而知"的语义韵特征，首先要建立"可想而知"的"类连接"。"类连接"主要是从语法结构的角度出发，对关键词项与左右搭配词所建立的连接进行分类。一个类连接就代表了一个搭配类（collocational class）（卫乃兴，2002）。比如，汉语句中常见的"N＋V"即"名词＋动词"搭配就是一个类连接。

据考察，"可想而知"在 CCL 语料库中最常见的用法是作谓语，如下文的例（1）~（4）及（7）~（9）所示。在搭配行为的方向性上，"可想而知"是一个以左搭配为主的关键词项，"左搭配词＋可想而知"的语料数量占 CCL 语料库中"可想而知"语料总量的 82.12%。

我们从 CCL 语料库中随机抽取了一些含有"可想而知"的语料，由于篇幅的限制，在此列出其中 10 条。这些句子展示了关键词项"可想而知"所在的语境（keyword in context），即句中位于"可想而知"左右两侧所搭配的词语。如下所示：

（1）撤退中竟损失四员之多。其情况之惨可想而知。
（2）她要在美、澳等国选手的夹击下夺冠，难度之大可想而知。
（3）再从多哈飞赴赛地，旅途的辛苦可想而知。
（4）其自尊和自信心所受到的打击也就可想而知了。
（5）精确到每一帧都不马虎。可想而知，最后诞生的画面该是怎样的讲究和精美。

（6）人在这个环境里会是什么感觉，可想而知。

（7）曾经是那样贫困落后，其村容村貌可想而知，这里曾经是一片茅屋草舍，断壁残垣，没有几间像样的房舍。

（8）她在这方面遇到的种种困难是可想而知的。

（9）后来又在美国当了五年律师，对美国法律的熟悉了解程度是可想而知的。

（10）即使少女们已有意中人，可想而知，她们的意见也将会被抹杀。

（二）　"可想而知" 的左搭配行为

在 CCL 语料库中，"可想而知"① 的左搭配成分可分为五小类：名词及名词性短语、形容词及形容词性短语、动词及动词性短语、代词、小句，我们分别用"NP +、AP +、VP +、PP +、S +"来表示，建立五个类连接②。其中数量最多的是"NP +可想而知"，共954条，占语料总数的75.47%。"NP"包括四小类名词性成分：①以形容词性语素为中心的名词短语。如"情况之惨、任务之艰巨、生活环境的恶劣"等；②以动词性语素为中心的名词短语。如"财力与物力的耗费、对社会的危害、刊物之难办"等；③以名词性语素为中心的名词短语。如"贫穷程度、急躁之情、恐慌心理"等。④名词。如"难度、后果、下场"等。其数量和在语料中的占比如表1所示：

表1　"NP +可想而知"的小类数量及占比

种类	名词 + 可想而知	以名词性语素为中心的"NP + 可想而知"	以形容词性语素为中心的"NP +可想而知"	以动词性语素为中心的"NP + 可想而知"
数量/例	152	497	260	45
在语料中所占的比例/%	15.93	52.10	27.25	4.72

其他四个类连接的数量较少。其中"AP +可想而知"共5例，所含形容词

---

① "可想而知"在 CCL 语料库中还有一些变体，常见的如"是可想而知的"（213 例）、"就可想而知了"（147 例），约占"可想而知"语料总数的28%。由于这些变体在消极或积极性等语义内涵方面与"可想而知"相同，用法也非常相近，因而我们没有将其单独列出进行考察。

② 在类连接成员的分类和数量的统计方面，我们使用了分词软件，并在此基础上进行了人工校对和修正。

包括"忙、苦、艰辛、痛苦、危险";"VP+可想而知"共10例,所含动词及动词性短语如"研究、获利、扩大企业规模"等;由于这两种类连接中的形容词和动词都处于主语的位置,因而也具有名词化的倾向。"PP+可想而知"共18例,包含指示代词"这、那"和人称代词"你、您、我们"等;"S+可想而知"共51例,包含的小句多含有疑问词,如"公司的前途会如何、过去发生过什么事"等。

从语义特征来看,"可想而知"的左搭配成分可以分为积极、消极、中性三类。表2列出的是三类词语的数量及其在"可想而知"左搭配语料中所占的比例。

表2　"可想而知"左搭配成分的语义内涵、数量及占比

种类	消极内涵的左搭配	积极内涵的左搭配	中性内涵的左搭配
数量/例	859	124	55
在"可想而知"左搭配语料中所占的比例/%	82.75	11.95	5.30

由表2可见,"可想而知"的左搭配成分中,多数带有消极语义内涵,占左搭配语料总数的82.75%。

（三）"可想而知"的右搭配行为

据统计,"可想而知"右搭配语料总数为226例,其中类连接以"可想而知+小句"为主,共176例,占右搭配语料总数的77.88%。

从语义特征来看,"可想而知"的右搭配成分也可以分为积极、消极、中性三类[①]。我们对"可想而知"的右搭配成分的语义特征进行了分类统计,如表3所示:

---

① 在"可想而知+小句"语义特征方面,若小句中含有表消极语义内涵的词语,从而使句子体现出消极性的语义倾向,如"可想而知,这种产品不知坑了多少人",我们将其归为表消极语义的小句;若小句中含有表积极语义内涵的词语,从而使句子体现出积极性的语义倾向,我们将其归为表积极语义的小句,如"可想而知,最后诞生的画面该是怎样的讲究和精美";若小句中不包含积极或消极语义内涵的词语,句子体现出一种中立的语义内涵,我们将其归为表中性语义的小句,如"可想而知,这样的概率非常非常之小"。

表3 "可想而知"右搭配小句的语义内涵、数量及占比

种类	消极内涵右搭配小句	积极内涵右搭配小句	中性内涵右搭配小句
数量/例	140	53	33
在"可想而知"右搭配语料中所占的比例/%	61.95	23.45	14.60

由表3可见，带消极内涵的右搭配小句也比较多，占"可想而知"右搭配语料总数的61.95%。

我们将"可想而知"左搭配和右搭配的类连接进行整合，得到了"可想而知"的所有搭配的语义特征的数量和比例，如表4所示：

表4 "可想而知"类连接的语义内涵、数量及占比

种类	消极内涵的类连接总数	积极内涵的类连接总数	中性内涵的类连接总数
数量/例	999	177	88
在"可想而知"语料总数中所占的比例/%	79.04	14.00	6.96

由表2、表3、表4可以看出，"可想而知"的左搭配和右搭配类连接的语义特征均体现出较强的消极性特征，带有消极内涵的类连接数量占语料总数的79.04%。为了进一步验证"可想而知"所带有的消极性语义韵特征，我们将应用基于数据驱动的方法，计算并查找出"可想而知"高频共现的词项，在此基础上考察这些词项的语义内涵和特征。

（四） 基于数据驱动的 "可想而知" 语义韵考察

基于数据驱动的语义韵研究已经形成了一套完整的操作步骤和方法。简言之可概括为：确立关键词项、设定跨距、提取搭配词、计算搭配词与关键词项之间的搭配能力。在计算"可想而知"的语义韵方面，考虑到"可想而知"左搭配的语料占语料总数的82.12%，因此我们以CCL语料库中"可想而知"的左搭配语料为计算范围，设定共现次数≥9、跨距为关键词项左边4个词的范围来提取

搭配词①。

在计算搭配词与关键词项之间的搭配能力方面，我们运用互信息（MI）公式，计算搭配词与关键词项"可想而知"之间的搭配力。互信息是用来测量词语间搭配强度的，它的优点在于测量结果受语料库容量的影响很小。MI 值的计算公式为：

$$I(a, b) = \log_2 \frac{W \cdot F(a, b)}{F(a) \cdot F(b)}$$

式中，W 代表语料库的总词容量，$F(a)$ 是词项 a 的观察频数，$F(b)$ 是词项 b 的观察频数，$F(a, b)$ 是两个词项在语料库中的共现频数。如果 MI≥3，表示该词与关键词项之间有较强的搭配力（Hunston, 2002）。通过计算我们得到了与"可想而知"共现次数≥9 且 MI 值最高的 10 个词项，如表 5 所示。

表 5　位列前 10 位的"可想而知"左搭配词及 MI 值

左搭配词 b	总的出现次数 $F(b)$	与关键词项共现次数 $F(a, b)$	MI 值
难度	5 148	80	10. 848 740
艰辛	2 854	18	9. 547 762
后果	6 744	33	9. 181 612
处境	3 559	16	9. 059 350
艰难	8 434	29	8. 672 586
压力	14 745	29	7. 866 649
艰巨	4 605	9	7. 857 546
痛苦	15 825	25	7. 550 545
困难	37 820	58	7. 507 726
程度	27 936	33	7. 131 163

由表 5 可以看出，位居"可想而知"前 10 位的搭配词中，除了"程度"一词之外，其余 9 个词都带有消极内涵。这也证明了"可想而知"具有较强的贬义韵特征，其作为关键词项，与消极内涵词语的共现率较高。

---

① 分词及词频统计方面我们分别使用了张华平博士设计的 ICTCLAS2011 汉语词法分析系统软件和日本同志社大学金明哲教授设计的 MLTP（Multilingual Text Processor）软件。

五、利用"可想而知"语义韵考察改进词典释义

根据前文的考察，我们可以将"可想而知"在语料库中的搭配行为和语义韵特征概括为以下三点：

首先，"可想而知"最常见的句法位置是作谓语。其作定语的例句非常少见，在语料库中仅出现了3例，如"或者一位当官的还想同时是个买卖人，出现的就是可想而知的一团混乱"。

其次，与"可想而知"同现频率最高的是作为左搭配的名词性短语，作为右搭配的小句在语料库中出现的频率远低于前者。

最后，"可想而知"在语义韵方面体现出较强的消极语义韵特征。它常与消极内涵的词或小句搭配使用，其所在的类连接也因而带有消极语义内涵。

将上述三点结论与前文列出的四部对外汉语学习词典中的释义相对照，可以看出，四部词典在释义及用例方面存在着一些问题：

（1）《学汉语词典》中"常作谓语、定语"的表述不太准确，可改为"常作谓语，有时也可以作定语"；

（2）从四部词典中"可想而知"例句的句子形式来看，只有《常用词词典》的例句体现了"可想而知"的常用搭配，即"可想而知"与左搭配成分的共现，其余三部词典的例句未体现出该特点。前文统计数据显示，"可想而知"与左搭配名词及名词性短语共现的用例数占语料库用例总数的82.12%，因此词典例句中应当体现出这种常用搭配。

此外，从例句的用词来看，还存在少数《汉语水平词汇与汉字等级大纲》未收录的词汇，如《汉考词典》例句中的"缺德"一词，属于超纲词汇，也未被该词典收录，可能会给非本族汉语学习者带来一些理解方面的困难。

（3）从四部词典中"可想而知"的释义来看，在易懂性方面，《常用词词典》《学汉语词典》《8 000词词典》的释义所用的词语较为简单，易于非本族汉语学习者理解，而《汉考词典》中的"推知"一词和《常用词词典》中的"想见"一词均属《汉语水平词汇与汉字等级大纲》未收录的词汇，两部词典也未收录，不符合学习词典释义的闭环要求（章宜华，2011），会增加非本族汉语学习者理解方面的困难。

在语义框架方面，通过"可想而知"在CCL语料库中的用例可见，"可想而知"的核心语义框架是说话人认为通过某个前提就能推出某个结论。这个前提可以是已经发生的事实，也可以是可能会发生的情况。《常用词词典》的释义"想想就明白；可以想见"和《学汉语词典》的释义"想想就可以知道"，体现出了核心语义框架的部分内容，但还有一些内容如"前提""结论"等未体现出来；而《8 000词词典》的释义"从表现、情况、环境等可以知道"和《汉考词典》

的释义"根据已知事实，通过想象就可以推知"则较为完整地体现出了"可想而知"的核心语义框架。

（4）"可想而知"的消极性语义韵特征在《常用词词典》的后三个例句、《汉考词典》中的第一个例句和《8 000 词词典》中的第二个例句均有所体现，但是编撰者均未在释义中加以说明，如加以补充，则释义更加完整科学。

综上所述，我们对"可想而知"的释义和用例做出如下修改：

习惯用语。说话人认为，通过已经发生的事情，或是可能会发生的事情，可以知道一些情况，得到一些结论。这些情况和结论常常是不好的、人们不愿意看到的。

常常作谓语，有时也可以作定语。

常用搭配：名词或名词性短语＋（是）~（的）/（就）~（了）；

其他搭配情况：形容词或形容词性短语/动词或动词性短语/代词＋（是）~（的）/（就）~（了）；小句＋ ~ ＋小句；~ ＋小句（常用在一段话的开始）。

例句：他白天工作，晚上学习，辛苦（是）可想而知（的）。｜她不但要准备 HSK 考试，还要写毕业论文，压力之大（就）可想而知（了）。｜如果他是去打听消息，可想而知，消息一定不好。

六、结语

本章运用语料库语言学中语义韵的研究方法，并借鉴框架语义理论，以词语"可想而知"为个案考察的对象，对其在语料库中的常见搭配行为、语义韵特征等信息进行了定量统计和定性分析。在此基础上，对比分析了四部对外汉语学习词典中"可想而知"的释义及用例，提出了改进的意见和建议。由本次考察可见，语料库给我们提供了一个实证的基础，使我们能深入了解词语的评价义及评价功能。运用语料库语言学的研究方法，词典编纂者能掌握词语在不同句法位置上的出现频率与各类词语的搭配情况，从而为描写词语的语义框架和编写例句打下坚实的基础。因此，运用语义韵等语料库语言学的研究方法，深入细致地描写词语的评价意义和功能，为对外汉语学习词典的编撰工作服务，是我们今后应该努力的方向。

第十章　广告语体中的新型三音节颜色词

一、引言

现代社会是网络时代下全球化的商业社会，商业广告作为推销商品和服务的重要手段，大量高频地出现在人们的生活中。语言是广告的核心要素，广告语也成为语言学、翻译学、文化学、广告学、新闻传播学等诸多学科研究的对象。语言学、翻译学等主要考察的是广告的语言学特征，文化学、广告学、新闻传播学等主要关注广告语的文化内涵、设计和传播效果。本章我们将哲学价值论中的评价视角与语言学的研究方法相结合，以广告语体中的新型三音节颜色词为研究对象，考察其内部结构、评价义和接受度，分析语体环境对评价表达的影响。

二、相关研究回顾

综观语言学领域广告语的研究成果可见，学者们运用修辞学、语用学、系统功能语言学、社会语言学、话语分析等领域的理论和方法，考察了广告语篇、标题、句式、词汇等层级单位的语言使用特点，结合广告语体的特征及功能，分析广告语特点的形成动因。如黄国文（1997，2001）对广告语篇的会话含义、叙事模式、语码转换等现象的研究，陈新仁（1999）对广告语语用预设的考察。薛冰、李悦娥（2000）从语用学原则和美学理论入手，剖析了广告中的修辞现象——双关语。唐锋（2005）运用批判性话语分析和社会语言学作为理论框架，分析了中文广告语的性别描写语言，并指出其具有参与社会现实建构的功能。

近年来，语言学中的多模态话语分析方法为广告语篇研究提供了新的视角。21世纪计算机技术和数字信息化高速发展，越来越多的广告以语言、图像、声音、动作等多种模态（modality）的方式呈现，让受众综合运用听觉、视觉、触觉等多感官接收相关信息。如王红阳（2007）运用系统功能语言学，以及由此发展出的视觉图像分析语法框架，研究宣传广告画中互动意义的构建和体现，验证了系统功能语言学理论对分析带有图像的多模态广告语篇的可行性。张辉、展伟伟（2011）探讨了多模态隐喻和转喻在广告中的动态构建过程，以及广告中的图文关系，进一步揭示了隐喻和转喻的本质与操作机制。李德志（2013）从社会符号学的视觉语法角度出发，解读了旅游形象广告超文本的多模态化，如多模态的社会符号学论述、视觉语篇的空间划分、旅游形象广告的释义、读者与图像之间的社会关系等。

评价理论视角下的广告语研究也取得了一些成果。由于评价理论主要是基于英语中的评价语言提出的，故该视角下的研究对象多为英文广告语，对中文广告语的研究较少。这些研究考察广告语篇中的评价资源，如"介入、态度、级差"等子系统，分析广告语如何利用评价资源实现语篇目的及功能。如蔡虹（2005）运用评价理论的介入系统，考察了英语广告中评价性语用指示词。钱宏（2007）运用评价理论中的态度系统，解释了英文香水广告中的"不忠实"翻译现象。袁秀凤（2007）运用评价理论中的介入系统，分析了43篇英语叙述式招生广告语篇的评价资源分布及动因。

本章我们考察的是广告语体中的新型颜色词。以往相关研究成果主要集中在对新型颜色词的类属、结构、词义、修辞、流行动因、接受度等方面的讨论。首先，新型颜色词的词义用法与传统色彩词的差异度较大，类别归属也有其独特性。其次，新型颜色词以三音节最为常见，此外还有少量的四音节、五音节等多音节词。在内部结构上，三音节颜色词采用复合构词法和超常规移就造词法，如"名词性语素＋颜色词语、形容词性/动词性语素＋颜色词语"（苏向红，2008）。从词义构成和修辞效果来看，双音节修饰性语素在表义上运用隐喻、转喻等手段，其语素义所指并非颜色语素，而是指向词语之外的产品和消费者，这使得其词义构成丰富多元，具有新颖独特、形象生动的修辞效果（刘峰，2005；刘慧，2008；邱莉芹，2009）。

对新型颜色词出现并流行的动因分析，相关视角主要包括隐喻认知、符号传播、语体及受众特征、词汇结构及词义特点等。杨先顺、邓琳琳（2016）指出，广告设计者利用三音节颜色词独特的修辞方法和文化意蕴，巧妙隐藏商业动机，在社会文化语境的作用下，将符号的意义传达给受众，迎合了受众标新立异、避俗求雅、追逐时尚前卫等心理特征。相关问卷调查显示，约半数的受访消费者表示能接受此类三音节颜色词（杨文全、李媛媛，2013）。但也有学者和受访者认为此类词语存在造词随意性大（刘慧，2008）、词语表义模糊、有生造痕迹等弊端（邱莉芹，2009；杨先顺、邓琳琳，2016）。

综上可见，近年来广告语研究的视角多元，方法出新，理论分析也更深入，而中文广告的评价语言研究尚处起步阶段。本章所考察的新型颜色词在广告中的使用范围较广，数量较多且呈增长趋势，词义表达也较为复杂，从评价视角对其加以考察，可以使我们更细致深入地了解评价主体、评价对象、评价语言、语体环境之间的互动关系。

三、研究对象、思路及方法

（一）研究对象

本章我们考察的是广告语体中的"新型三音节颜色词"（下文简称"新型颜色词"），其概念可分为广义和狭义两类。广义的新型颜色词指的是近年来广告语体中出现的"2＋1"式三音节颜色词，包括"写实型"和"写意型"两小类①，其修饰性语素可以是名词性、形容词性、动词性语素，中心语素为各类颜色语素，如"幽兰白、芳草绿、蜜桃粉、贵族黑、风采银、俏丽红、梦想绿"等。狭义的新型颜色词仅指写意型颜色词。

之所以将新型颜色词的概念分为广义和狭义两类，是因为"2＋1"式写意型颜色词目前仅见于广告语体，"2＋1"式写实型颜色词类似的词语在其他语体中早已出现，如"鱼肚白、鹦哥绿、胭脂红"等，李红印（2003）称之为"指色词"②。近年来在广告语体中也大量出现"2＋1"式写意型颜色词，其修饰语素既包括记忆意象也包括创见意象③，修饰语素为"记忆意象"的颜色词如"子夜黑、石灰白、橄榄绿、玫瑰红"等，修饰语素为"创见意象"的颜色词如"莹雪白、薄暮灰、炫枫红、霓裳紫、瀚海蓝"等，广告设计者用"莹雪、薄暮、炫枫、霓裳、瀚海"等创见意象作为修饰语素，意在引导消费者产生有艺术感和诗意的联想，进而对商品留下深刻美好的印象。而在广告语体以外的其他语体中，"2＋1"式写实型颜色词的出现频率较低，修饰语素多为记忆意象。由此可见，"2＋1"式写实型颜色词虽在其他语体中早已有之，但在修饰语素所表达的意象类型和出现频率方面，广告语体中的此类写实型颜色词仍有独特之处，故我们将其纳入广义的广告语体新型颜色词。广告语体独有的写意型颜色词不属于辨色词、指色词、描色词中的任何一类，我们将其纳入狭义新型颜色词之列。

---

① 刘慧（2008）将广告语体中的三音节颜色词分为"写实型"和"写意型"两类，"写实型"的修饰性语素多描述颜色特征，如"艳阳红、鲜果绿、琥珀黄"等；"写意型"的修饰性语素多对消费者或商品进行积极评价，如"经典红、沉稳灰、时尚蓝"等。

② 李红印（2003）指出，颜色词的形成与发展同人类的色彩认知能力发展密切相关。汉民族色彩认知能力的发展经历了"辨色""指色""描色"三个阶段，因此现代汉语颜色词也是一个由"辨色词""指色词"和"描色词"三类颜色词组成的词汇系统。"辨色词"指的是"红、黄、白、黑、绿、蓝、紫、灰"等八个稳定而能产的基本颜色词。"指色词"是指分辨、指称色彩的颜色词或颜色名称，如"红色、大红、枣红、绿色、草绿、豆绿、胭脂红、鹦哥绿"等。"描色词"是描绘色彩状态的颜色词，如"通红、红润、红彤彤、红不棱登"等。

③ 童庆炳（1999）在《艺术创作与审美心理》一书中将"审美想象的生成机制"分为"知觉形象积累→记忆意象→创见意象→假遗忘→灵感爆发→创见意象的形式化"六个阶段。其中"记忆意象"是指在对原始形象鲜明生动深刻的感知基础上所形成的记忆意象，"创见意象"是指利用联想和想象，对记忆意象进行自由组合与运用，从而创造出世上从未有过的独一无二的新形象，这体现了艺术的独创性。

新型颜色词与 ABB 式描色词的内部结构有明显的差异。ABB 式描色词指的是用"颜色语素＋重叠式后缀"来描绘色彩状态的颜色词，如"红艳艳/彤彤，白茫茫/花花/皑皑，黑黝黝/乎乎/漆漆，绿油油/莹莹/森森，蓝晶晶/盈盈，黄/金灿灿，粉嘟嘟"等。这类形容词在汉语中早已有之，朱德熙（1985）称之为带后缀的颜色词，并指出其属于状态形容词，带有明显的描写性，作定语时比性质形容词更为自由。如"红艳艳的花、蓝盈盈的天"等。郭锐（2004）称之为"状态词"，指出状态词从意义上看一般都带有程度的意味，这一点与形容词不同。

ABB 式颜色词词义的描述性较强。在语体分布方面，其常出现在非正式的口语语体中，文艺语体中也时有出现，较少出现在高正式度的书面语中。从评价特征来看，ABB 式颜色词的后缀具有量性评价和情感评价的功能，前者表现为对词根所表颜色的高量度评价，后者体现在该类词常带有说话人的主观情态，如"白皑皑、粉嘟嘟、红彤彤、黄灿灿"等词常带有说话人积极的情感态度，"黑乎乎、白呲呲"有时带有说话人消极的情感态度。句法功能方面，ABB 式颜色词常作定语，"ABB 的"结构可作谓语和补语。

在考察对象的数量、来源、使用范围方面，我们共收集了广告语体中的新型颜色词 1 300 个，其中写实型颜色词 772 个，写意型颜色词 528 个。所收集的新型颜色词一部分来源于文献中的商业广告语体中的颜色词（徐薇，2011；聂智楠，2011；黄凯，2016），共计 946 个；另一部分来源于我们用电商平台及网络搜索引擎收集到的颜色词，共计 328 个。所有词语均附于本章文末。新型颜色词的主要使用范围包括"交通工具、家用电器、装修材料、服装鞋帽、化妆及装饰用品、数码 IT 类商品及相关耗材"等六大类百余种商品，多为消费者介入程度较高的商品，即挑选时花费时间和精力较多的商品。

（二）　研究思路和方法

本章的研究思路如图 1 所示：

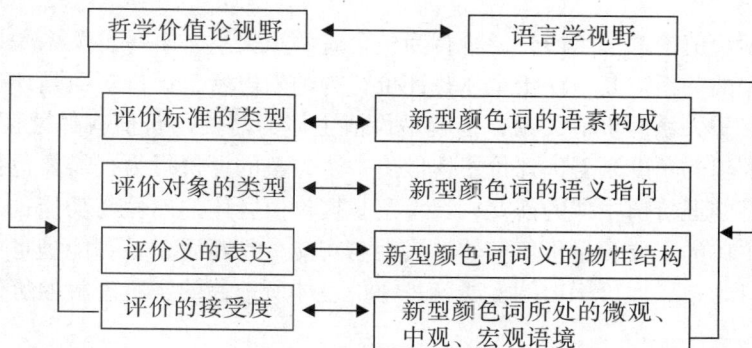

图 1　评价视角下新型颜色词研究思路

由图 1 可见，本章研究内容及方法主要包括：①运用哲学价值论中评价研究的相关内容，分析商业广告语体中评价标准的类型和评价图式的特点。②基于哲学价值论与语言学的相关理论方法，考察四对评价要素和新型颜色词构成要素之间的关系，即：A. 评价标准的类型与新型颜色词的语素构成之间的关系；B. 评价对象的类型与新型颜色词的语义指向之间的关系；C. 评价义的表达与新型颜色词词义的物性结构之间的关系；D. 评价的接受度与新型颜色词所处的微观、中观及宏观语境之间的关系。

四、哲学价值论中的评价①

（一）评价与价值

19 世纪末 20 世纪初，价值论成为继本体论、认识论之后，哲学研究的又一热点，评价作为认识论和价值论共同关注的对象，开始纳入哲学研究的视野。何谓"价值"？价值的实质是主体与客体之间的一种特殊关系，即客体满足主体需要的关系。何谓"评价"？评价就是评价主体以一定的标准衡量客体意义的活动，即评价主体衡量客体是否具有价值，具有何种价值的活动。

评价与价值论有着密不可分的关系。评价是把握价值本质的必要条件，也是创造价值、实现价值的重要途径。具体而言，评价与认识世界"是什么"的认知活动不同，它并不关注世界是什么，而是关注世界对人有什么价值和意义。因此评价在人类活动序列中的定位是"一种较之认知更接近于实践活动的认识活动"。评价作为观念性和实践性兼具的活动，既有主观性也有客观性，其在认识世界的基础上，以人的需要为尺度，衡量、创造、实现价值。人的主观因素如情感、态度、好恶等是评价的核心。

（二）评价中的两重关系

在哲学价值论的视野中，评价行为包含着两重关系，第一重关系是评价主体与评价对象的关系。其中评价主体是评价行为的发出者，评价对象是评价行为要揭示的第二重关系即价值关系，也就是价值主体的需要与价值客体之间的关系。因此，从逻辑的角度来看，评价主体做出一个完整的评价行为，需要包括以下步骤：①考察掌握价值主体的需要；②考察掌握价值客体的属性与功能；③评价主体以价值主体的需要衡量价值客体的属性与功能，判断后者是否能满足前者。因此在评价行为中，评价标准的实质就是评价主体所把握的、所理解的价值主体的

---

① 本部分关于哲学领域评价研究的主要观点引自冯平《评价论》（北京：东方出版社，1995 年）。

需要。

在广告语体中，评价主体是广告设计者，价值主体的需求就是消费者的需求，价值客体是各类商品。为了使广告取得良好的效果，作为评价主体的广告设计者需要从消费者立场出发，把握其作为价值主体的需求，包装和宣传价值客体的优点，方能达到促销的效果。

（三）评价的功能与类型

评价有四大基本功能，即价值判断、价值预测、价值选择和价值导向功能，其中最重要的、处于核心地位的是价值导向功能。评价的这四种功能在广告语中得到了充分的体现。在广告语中，侧重于体现价值判断功能的例子如"雀巢咖啡，味道好极了"；侧重于体现价值预测功能的如"人头马一开，好事自然来"；侧重于体现选择功能的如"抽油烟机还是选方太"；侧重于体现价值导向功能的如"要想皮肤好，早晚用大宝"。而实际上广告语中所体现的评价的前三种功能，即价值判断、价值预测、价值选择的功能，常常是交织在一起的，最终指向的都是价值导向功能即导购功能。

从价值要素的类型来看，评价可以分为三类：功利评价、审美评价、道德评价。由前文评价的定义可见，评价的核心是价值判断，而价值的基本要素包括：美、丑，得、失，善、恶（牧口常三郎，1989）。其中"得、失""美、丑""善、恶"分别属于功利、审美、道德评价的范畴。其中，功利评价是人类评价活动中最基本、最常见的，其涉及的范围比审美评价和道德评价都广泛得多。功利评价直指人的行为，甚至可以支配人的行为，而道德评价和审美评价与人的行为之间尚有很大距离，有时甚至完全背离。人们之所以要进行功利评价，主要是由于有限的社会资源和无限的人类欲求之间的矛盾，人们都希望以小付出实现大欲求，而以最小耗费取得最优效果正是功利评价的基本原则，因此人们希望以功利评价指导自己的行动，从而实现事半功倍的目标。

从评价目的来看，功利评价大致可分为五小类，分别为"自夸式""逢迎式""畏惧式""友好式""支配式"。"自夸式"评价的表达目的是树立自己的形象，赢得他人的好感。"逢迎式"评价的表达目的是讨好他人，获取利益。"畏惧式"评价的表达目的是评价主体为了避免被打击报复，做出违心的评价。"友好式"评价的表达目的是评价主体为了保持或得到良好的人际关系而做出的评价。"支配式"评价的表达目的是以评价为导向，支配他人的行为，并从中获利。

广告语设计本质上是一种评价活动，而且是典型的功利评价。广告设计者在把握消费者需求的基础上，对产品进行宣传，从而实现商品价值，获取利润。广告语的功利评价包括"自夸式""逢迎式""友好式""支配式"等类型。"自夸式"广告语如"新飞广告做得好，不如新飞冰箱好"，"逢迎式"广告语如"你本来就很美"，"友好式"广告语如"温暖亲情，金龙鱼的大家庭"，"支配式"广告语如"巴黎欧莱雅，你值得拥有"。由此可见，广告语设计是基于评价主体即设计者的心理认知图式进行的，为了迎合消费者的喜好和需求，设计者努力了解消费者的心理认知特点，及其所处社会文化的特点，并将这些特点转化为内在的心理认知图式和评价标准，并运用于广告语设计，力求达到宣传及销售的目的。

（四） 评价情境及相关影响因素

1. 评价情境

评价情境是指评价主体做出评价行为时所处的场合、语境等具体环境，是可以被评价者直接感知的。概而言之，评价情境对于评价的功能主要在于，一方面使评价主体与评价对象的关系具体化，另一方面激发调动评价主体的心智因素，使评价由可能变成现实。

具体来看，评价情境的功能主要表现在：评价情境可以根据评价目的等因素，凸显评价主客体的优势需要，即主客体最亟待满足的需要。在实施路径上，评价主体可以根据评价情境采用与之相符的心理认知图式，营造出特定的情态氛围，使评价对象进行推理或产生联想，从而理解和接受评价。此外评价情境还能使评价标准具体化、外显化，能在一定程度上限制评价的时空范围、评价的比较范围、评价对象及相关信息的获取范围等。使得评价主体和对象将注意力集中在某一特定价值关系上，从而淡化对其他价值关系的关注。

广告语作为一种典型的评价话语，其所营造的评价情境我们可以称之为"广告评价语境"。广告评价语境极大地影响着广告语的价值取向、遣词造句，使其带有明显的商业语体色彩，以及劝服购买的目的和功能。在广告评价语境的影响下，作为评价主体的广告设计者考察作为评价对象的消费者对商品的购买需求，获取商品的属性、功能等相关信息，并对商品做出积极性的评价，让消费者知晓广告中的商品能够满足其相关需求。而广告评价语境对广告语的影响路径主要包括评价主体的评价标准选取和心理认知图式建构两个方面。

2. 广告语境与评价标准类型

评价标准，也称为评判标准、评价尺度等，指的是人们在评价活动中应用于评价对象的价值尺度，评价标准是进行评价的关键性依据，是人们认识价值的反映，它表明人们重视什么、忽视什么，具有反映评价主体的观念和引导评价对象行为的作用。

在广告语体中，广告设计者常有意识地了解并贴近消费者的观念意识，基于消费者立场进行价值判断，制定评价标准，设计出满足消费者购买心理或需求的广告语。如当下流行的"分众广告"，就是在细化消费群体、产品类型、广告投放环境等要素特征的基础上，制定多样化的评价标准，设计不同的广告方案，吸引不同群体的消费者购买。

从评价标准的存在形态来看，评价大致可分为以感觉为标准的评价、以意象为标准的评价、以观念为标准的评价三大类。我们将在简要介绍三类标准的基础上，考察分析广告设计者所采用的评价标准及评价特点。

第一类是以感觉为标准的评价。该类评价是人类评价活动中的一种基本的、普遍的评价形式。在以感觉为标准的评价中，评价主体与价值主体是重合的，评价者所作的判断就是价值客体对自身价值的判断。此类评价的基本原则是：当价值客体使评价主体感到高兴，或厌恶，或无感觉时，评价者认为价值客体具有正价值，或负价值，或无价值。此类评价以个体感觉作为评价标准，因而具有明显的个体差异性、情感体验性、直接性、易变性等特点。这类评价的功能在于使作为个体的社会成员在真情实感的作用下感知自我。

第二类是以意象为标准的评价。在以意象为标准的评价中，评价主体与价值主体是分离的。意象是一种形象，包括记忆意象、创见意象等类型，这些意象不是现实具体形象的直观反映，而是融合了人们的主观情态、观念想法等因素的形象。意象比现实存在更理想化，比感觉更深刻持久，比观念更形象。而且意象作为一种具有抽象性、概括性、相对独立性的评价标准，需要有一个由语言向意象转换的过程，这个过程受到个体生活经验或想象力的制约，也受到语言描述的制约。因而此类评价的主要特点是间接性、个体性、差异性、情感体验性。

在广告语体中，以意象为标准的评价见于广义的新型颜色词中，其部分写实型颜色词的修饰语素表达的是创见意象，体现了广告设计者褒扬性的审美情态，以及自夸性评价的意味，具有一定的价值导向功能。如"柔沙金、星灿银、莹雪白、枫丹红、芳草绿、瀚海蓝、烟霞粉、烟雨灰"等，其修饰语素"柔沙、星灿、莹雪、枫丹、芳草、瀚海、烟霞、烟雨"等均为自然界中的景色和事物，经过广告设计者富于文学文化色彩的诗意的创作加工，被塑造成给人带来美感的创见意象，其形象佳、颜色美，以之作为广告语，能够激发消费者美好的联想和想象，从而对包括颜色在内的产品的外观特征做出积极性评价，进而产生购买的欲望。

第三类是以观念为标准的评价，其属于影响力较大的社会性评价。在此类评价中，评价主体与价值主体也是分离的。观念是指在教育背景、生活环境、经验经历等因素的影响下，人们所形成的对社会事物的见解和看法。如"世界观、人生观、价值观、道德观、审美观、历史观、文化观、文学观"等，概括性地体现了人们对世界、人生、价值等方面的主观看法。观念利用概念、判断、推理等方式，具有较强的抽象性和逻辑性，以及较好的解释力和传播力。

从思维模式来看，前述的以感觉为尺度的评价主要依靠直觉思维，以意象为尺度的评价主要依靠形象思维，而以观念为尺度的评价主要依靠逻辑思维。以观念为尺度的评价的基本原则是：符合观念的对象具有正向价值；与观念相悖的对象具有负向价值。与前两类评价相比，以观念为尺度的评价具有间接性、传播性、社会群体性、相对稳定性等主要特点，其把握价值主体的需要更加理性、全面、深刻，可以将价值主体的各个层次的各种需要进行有序化整理，形成一种既源于现实又超越现实的对价值主体需要的理性化把握。

广告语就是一类典型的以观念为尺度的评价话语。作为评价主体的广告设计者运用观念性的评价标准，对评价对象即商品进行价值判断，提升商品的知晓度和美誉度，进而劝导价值主体即消费者购买商品。

在新型三音节颜色词的修饰语素中，以观念为标准的评价义语素的数量较多。以审美观念为标准的评价语素如"艳丽、典雅、清纯、闪靓、佳人、倩影"等，以价值观念为标准的评价语素如"尊贵、精英、成功、胜利"等，以为人处世观念为标准的评价语素如"豁达、潇洒、逍遥、自由、休闲"等，以情感态度观念为标准的评价语素如"纯情、浪漫、喜悦、得意、快乐、率真"等。这些语素不仅表达了广告设计者对商品色彩、外观、性能、质量等要素的自夸式积极评价，也从外貌、涵养、阶层、性格等视角出发，对潜在消费者做出了逢迎式的褒扬评价。作为评价主体的广告设计者希望利用新型颜色词激发消费者正向的联想和想象，使其产生愉悦感和满足感，并进一步对产品和自身形成积极性的评价，而消费者联想和想象的过程也涉及评价的心理认知图式。

（五） 广告语境与评价图式

1. 评价图式的特点和构成要素

评价情境与评价主体的评价图式之间存在着互动关系。此处所谓的"评价图式"由评价主体的心理背景系统的若干要素组成，这些要素经过抽象化、逻辑化形成的相对稳定的结构或框架就是评价图式。心理背景系统的构成要素主要包括五个相辅相成的子系统，即评价主体的生理基础、个性心理特征、知识系统、社会规范意识、价值观念体系。其中前两个要素即"生理基础、个性心理特征"构成评价过程中的情感表达，后三个要素即"知识系统、社会规范意识、价值观念体系"构成评价图式。评价过程中的情感表达与评价图式是相辅相成的，前者具有主观性、易变性，后者具有逻辑性、程式性、稳定性，评价结论的做出既取决于评价图式，也取决于特定评价情境中的情感表达。

在广告语体中，评价图式的构成要素"价值观念体系、社会规范意识、知识系统"各司其职，发挥着不同的作用。以新型颜色词为例，在该类词的造词过程中，评价主体的价值观念体系发挥的作用最大。价值观念体系，是指评价主体对客体世界如人生、社会、自我等所蕴含的价值的根本观点。其表层为诸多具体的评价标准；中层为价值规范和准则，如：仁义礼智信等道德准则，文化也是典型的中层价值规范；深层是评价主体关于客观世界意义的基本信念。以各类价值观念为评价标准的新型颜色词很多，如反映评价主体的审美观念、人生观念、文化观念、处世观念等，具体例词前文已经提及，这些词语所体现的多为表层及中层的价值观念。此外，评价主体的社会规范意识也发挥着一定的作用。评价主体的社会规范意识主要包括角色意识、文化习俗等内容，反映角色意识的新型颜色词修饰语素如"贵族、淑女、勇士"等，彰显了消费者的尊贵地位，反映文化习俗的新型颜色词修饰语素如"吉祥、如意、富贵"等。而评价主体的知识系统的作用主要是用于介绍商品的性能外观等特点，在新型颜色词修饰语素中也有出现，如"科技、数码、灵动、炫彩、风驰"等。

评价图式作为一种形式化的结构，具有整体性、转换性和自身调整性的特征（皮亚杰、英海尔德，1980）。评价图式的主要功能是作为评价活动中选择、整理、解释信息的工具。具体而言，评价图式会随评价对象类型的变化而呈现出相应的特点。如科学领域的评价图式的整体特点是理性、客观、严谨，日常生活领域的评价图式的整体特点是感性、主观、易变。评价主体和价值主体重合的自我评价图式多是宽容的、褒扬的，对他人的评价图式则可能是严苛的、贬抑的。这些评价图式在日常生活中的不同领域各司其职，和谐共处。

就商业广告语而言，其评价图式的整体特点可以概括为功利性、褒扬性、劝导性、情理兼具性。商业广告语作为一种典型的评价性话语，常使用新颖易记的宣传语，以达到"吸引注意，引起兴趣，确立信度，激发欲望，促成购买"的目的和效果（鲁旭，2011）。其情感表达多从消费者的角度出发，利用共情（empathy）手段引起消费者的情感共鸣。

评价图式在评价过程的各个环节中都有所体现。一个完整的评价过程通常包括"明确评价情境及目的，确立评价参照体系，获取评价对象等信息，形成价值判断"。在广告语体中，评价情境带有浓厚的商业色彩，这种情境对评价图式有较强的功利性折射。其评价目的是衡量并确立产品的价值，力求促成销售，从而实现产品的价值。其评价参照体系是消费者的价值判断和对商品的需求。评价主体在了解消费者需求和商品信息的基础上，将自身的评价图式与消费者的价值判断相结合，通过共情、换位思考等方式，对商品进行积极评价，激发消费者的购买欲，劝说并促成其购买行为的实现。

2. 评价图式的机制

评价图式的机制包括评价图式的作用机制和传播机制两部分。评价图式的作用机制是指作为评价主体的设计者如何将评价图式运用于评价过程的各个环节，图式的特点和构成要素在评价过程和结果中如何体现，对此前文已结合广告语体的新型颜色词加以分析。

评价图式的传播机制指的是受众如何理解并接受评价结果。在广告语体中，作为评价主体的设计者主要是通过激发作为价值主体的消费者的联想和想象，传播评价图式，实现预设的评价效果，达到劝服消费者购买的目的。如冯平（1995）所言，广告影响人们的一种重要的手段就是借助人们的联想与想象。广告中经常展现各类理想化的人物及状态，如化妆品广告中漂亮迷人的女性，儿童食品广告中天真可爱的孩子，男士用品广告中潇洒成功的男性等，都是希望通过消费者的联想与想象，使其在潜移默化中将自己欣赏和追求的理想状态与商品连为一体，把对理想状态的向往转化为对产品的喜爱。

我们仍以新型颜色词为例来考察广告语体中评价图式的传播机制。写实型颜色词的修饰语素所表达的意象可分为"记忆意象"和"创见意象"两小类。两类意象的取材均源于自然景物、动植物、水果、宝石、纺织品等，不同之处在于"记忆意象"用平实的语言客观描绘价值客体即商品的颜色，如"暗夜黑、天山白、草原绿、太阳红、贝壳银、枇杷黄、海鸥灰、芒果橙、海浪蓝、水晶紫、丝绸金"等；"创见意象"多用带有文学色彩的语言，或运用具有特定文化内涵的事物生动描绘商品的颜色，如"水墨黑、织锦白、湖光绿、枫雅红、皎月银、苍穹灰、腾龙黄、霞光橙、晨曦蓝、幽兰紫、旭日金"等，也体现了广告设计者从审美视角对商品颜色所表达的褒扬态度。无论是客观描绘或是生动表达，这些意象在不同程度上契合了人类热爱生活、热爱大自然的心理，使潜在消费者在了解商品信息的同时，也借由接近联想、类似联想等简单联想将富有生机美感的事物与商品的颜色外观联系起来，这有助于消费者对商品留下深刻而美好的印象，产生购买的欲望。

在写意型颜色词中，修饰语素多为表抽象性质的词语，如"纯净白、时尚黑、睿智蓝、优等红、富贵绿、成功银、浪漫金、炫酷灰、温馨黄、优雅紫、可爱粉、魔幻棕、陶然褐"等，表达的是作为评价主体的广告设计者，针对作为价值主体的消费者和作为价值客体的商品所做出的带有功利性的"自夸式"及"逢迎式"评价，评价主体的目的是使消费者通过因果联想、作用与效应关系联想等复杂联想，将购买商品与实现自我价值和追求联系起来，从而对商品产生好感，萌发购买的意愿。

由此可见，在广告语体中，设计者的评价图式的传播机制主要是靠激发消费者的联想与想象。联想与想象既能使人们对评价对象形成美好的印象，也能使其产生偏见和刻板印象。如由人的容貌而推及人的智力，由人的肤色而推及人的品德，由人的声音而推及人的性格等（冯平，1995），这些都可能产生不公正的评价结果。因此，联想与想象是一把双刃剑，它可能让评价更合理，也可能让评价更荒谬。

评价的合理性指的是评价的合事实性、合逻辑性、合规范性、合目的性。首先，评价的合事实性是评价合理性的第一层次，即"真"的尺度，指的是评价所包含的关于评价对象的信息必须是符合实际的。其次，评价的合逻辑性是评价合理性的第二层次，即"美"的尺度，指的是评价必须具有自洽性、和谐性，最重要的是评价必须具有逻辑的自洽性。最后，评价的合规范性、合目的性是评价合理性的第三层次，即"善"的尺度，指的是该评价所引导的行为必须是合目的的，其最高境界是能够顺应人类发展和社会进步的潮流，对人类发展起着积极作用。

商业广告语本质上是一种典型的评价性言语行为，新型三音节颜色词也带有明显的评价义，如前文所言，其评价图式的产生和传播具有功利性、褒扬性、劝导性、情理兼具性的特征。以上述判断评价合理性的标准来看，新型三音节颜色词在"真、善、美"三个尺度上所表现出来的合理性都不够充分。

首先来看"真"的尺度，由于商业广告语是一种功利性评价语言，带有劝服消费者购买的目的，因此其评价图式具有功利性、褒扬性、劝导性，对商品及消费者的评价带有刻意美化的色彩，与实际情况并不完全一致，有时甚至出入很大，因此消费者投诉广告虚假宣传的事件屡见不鲜。

其次来看"美"的尺度，新型颜色词所表达的评价逻辑自洽性较弱，虽然其在词义表达上力求情理兼具，但尚未达到"以情动人，以理服人"的理想效果。广告设计者将同一个评价性修饰语素和多种颜色词语素搭配，并希望消费者通过作用和效应的联想关系将二者联系起来，而实际上修饰语素和颜色语素之间的搭配是随机的、任意的，消费者如果经过理性的逻辑推理，会觉得此类联想荒谬、缺乏合理性。如前文所言，有学者指出此类新型三音节颜色词存在造词随意性大、表义模糊、生造痕迹重等弊端（刘慧，2008；邱莉芹，2009；杨先顺、邓琳琳，2016）。

最后来看"善"的尺度，新型颜色词创设和传播的目的都带有功利性而非道德性。广告可能会因为不实宣传使消费者上当受骗，消费者也可能因此冲动消费，从而使自身利益受损。

由上述分析可见，在商业广告中，设计者关注的是评价的功用性而非评价的合理性。尽管新型颜色词所表达的评价不够合理，但其符合广告语境对评价图式的两大功能需求——功利性和劝导性，因此该类颜色词受到了广告设计者的青睐。但其传播和接受效果如何，既取决于词义的表达，也受制于消费者类型、消费心态等因素，后文我们将详细分析。

五、新型颜色词的评价特点

（一） 写实型颜色词与间接评价

在我们收集到的 1 300 个新型颜色词中，写实型颜色词共 772 个，占 59.4%，其修饰性语素绝大多数是名词。根据修饰性语素的语义功能，写实型颜色词可分为四小类：

（1）"意象＋颜色"类。该小类词数量较多，共 599 个，分别占新型颜色词和写实型颜色词总数的 46.1% 与 77.6%。从词义来看，该类词的修饰语素所指意象的颜色正是中心语素所表颜色。如"墨砚黑"的词义是"像墨砚一样的黑色"，"咖啡棕"的词义是"像咖啡一样的棕色"，"晴空蓝"的词义是"像晴空一样的蓝色"，属于李红印（2003）所言的"指色词"。如果将修饰语素和中心语素的位置互换，则可以得到一个含有颜色要素的表意象类名词，如"水晶白→白水晶，薄荷青→青薄荷，朱砂红→红朱砂，铃兰紫→紫铃兰"等。

（2）"属性＋颜色"类。此小类词共 125 个，分别占新型颜色词和写实型颜色词总数的 9.6% 和 16.2%。该类词的修饰语素表达的是中心语素所指颜色的属性特征，如明暗度、质感等。如"丝光棕、流光银、柔光紫、星光粉、珠光红、冷光灰、高光黑"中的"丝光、流光、柔光、星光、珠光、冷光、高光"本义是指各种漆，如丝光漆、流光漆、星光漆、珠光漆等，这些漆涂于商品表面，可以使商品外观颜色具有某种特定的明暗度和质感。当其作为颜色词的修饰语素，所指的正是该颜色所具备的明暗度和质感等属性。此外，"透明白、深影蓝"中的"透明、深影"所指的是颜色的明暗程度。"电镀紫、金属黑、拉丝银、磨砂金"中的"电镀、金属、拉丝、磨砂"所指的是颜色附着于商品表面所呈现出的质感。

（3）双色类。此小类词共 43 个，分别占新型颜色词和写实型颜色词总数的 3.3% 与 5.6%。该类词的修饰性语素表示的是一种颜色，中心语素表示的是另一种颜色，两者加和表示同一种商品外观具有两种色彩，这些色彩可能是分开呈现，也可能是混合而成。如某款"银韵黑"手机，其外观颜色由"银色"和"黑色"组成，而"玫瑰金"手机，其外观颜色为"粉红"与"金色"混合而成，所以"玫瑰金"又称"粉色金"或"红色金"。

（4）"品牌＋颜色"类。我们收集到的此类颜色词数量很少，仅有 5 个。其中"摩天白、摩天橙、摩天银"是三星摩天系列手机的颜色。"皓影白、皓影黑"是本田皓影系列汽车的颜色。这类词的修饰语素与颜色语素的关联度很低，语义透明度也很低，但可以起到一定的品牌宣传作用，故在广告语体中偶可见到。

综上可见，"意象＋颜色"类在写实型颜色词中占比达 77.6%。该类颜色词修饰语素经过设计者的挑选和加工，大部分表达的是形象真实、颜色可感、给人带来美感的意象。其中的意象如前文所言，可分为记忆意象和创见意象两类。

记忆意象描述自然现象和事物，客观性强，如"橄榄绿、月光银、滇池蓝、石头白、海鸥灰、玛瑙红、琥珀黄"等。创见意象将主观和客观相结合，如"翰墨黑、薄暮灰、霜叶红、幽兰紫、碧水绿、绸缎黄"等。以之作为广告语的有机组成部分，既能够使中心语素所表达的颜色具体化、形象化，也可利用受众热爱自然美好事物的情感态度，以及其所具备的文学文化素养，激发其正面的联想和想象，如由"橄榄绿"中的"橄榄"意象联想到和平安宁，由"月光银、滇池蓝、石头白、海鸥灰"意象联想到自然的缤纷美丽，由"玛瑙、琥珀"等意象联想到宝石的珍贵等，由"翰墨、薄暮、霜叶、幽兰、碧水"等意象联想到"挥洒翰墨、薄暮冥冥、霜叶红于二月花、气若幽兰、碧水东流"等与中华传统文化有关的词句。

由此可见，"意象＋颜色"类写实型颜色词反映了广告语体的特点，这些意象虽未直接对商品和消费者进行积极评价，但设计者力求运用修饰语素为商品颜色及外观营造美感，给受众带来美好的情感体验和联想想象，进而对产品的外观尤其是颜色做出积极的价值判断。

我们在广告语中未发现"鸭屎绿、骷髅白、血浆红、烟牙黄、鬼影黑"等颜色词。其原因在于此类词违背了广告的评价目的和功能，可能会引起受众消极的情绪或感官体验，进而对颜色所依存的事物产生消极评价甚至排斥此类事物，因此这类词在广告语中极为少见。

（二）　写意型颜色词与直接评价

本次共收集到写意型颜色词 528 个，在 1 300 个新型颜色词中占比为40.6%。从修饰性语素的性质来看，主要可以分为名语素、形语素、动语素三类，此外还有少量的其他结构的语素①。其数量和在写意型颜色词中的占比依次为：形语素（301 个，57.0%）＞名语素（166 个，31.4%）＞动语素（61 个，11.6%）。聂智楠（2011）从 4 000 个手机广告文本共计约 400 万字的语料中提取了 418 个颜色词，其中新型手机颜色词的修饰性语素按所占比例从高到低依次为"形容词性语素（48.17%）＞名词性语素（36.62%）＞其他类型语素（8.45%）＞动词性语素（5.35%）"，这一统计结果与我们收集分类所得的结果基本一致。

整体来看，写意型颜色词的修饰语素大多表达的是积极评价，且半数以上的修饰语素可以搭配多个颜色语素（见本章附录），之所以会出现这种修饰语素与颜色语素之间看似任意搭配的现象，是由于广告创意者在设计写意性颜色词，尤其是在设计其修饰语素时，关注的重点不是描述颜色特征，而是希望通过自夸式评价或逢迎式评价，凸显商品优势，迎合消费者需求。因此，写意型颜色词的修饰语素的评价对象并非其后的颜色语素，而是宣传的商品及潜在的消费者群体。

---

① 如"星灿／星幻＋表颜色语素"，其中修饰性语素"星灿"和"星幻"为主谓结构。

1. 评价标准类型与词的语素构成

写意型颜色词作为只在广告语体中出现的特色语体词，为了吸引消费者注意，实现广告语体的功能，在评价结果表达方面，呈现出多角度评价标准下的多元化评价结果；在评价对象的表达方面，尽可能兼顾对消费者和商品的评价；在评价的价值取向方面，体现为褒扬性为主的评价结果。

写意型颜色词的修饰性语素所表达的评价义多以观念为评价标准，具体而言可分为感性观念和理性观念两种。感性观念指的是广告设计者在视觉、触觉带来的感官体验的基础上，结合其评价图式中的知识系统及社会经验，对商品或消费者的外部特征所做出的评价，其评价结果多为积极的、正面的。以感性观念为评价标准，对商品外观进行积极评价的修饰语素如"炫彩、璀璨、莹润"等，对消费者外貌加以褒扬的修饰语素如"俏丽、娇媚、帅气"等，同时对商品和消费者外观进行积极评价的修饰语素如"时尚、绚丽、飘逸"等。

"理性观念"指的是广告设计者在抽象分析和理性判断的基础上，以其所在社会的物质观、人生观、价值观、世界观等为评价标准，对商品的款式、品质，受众的性格、气质、处世状态、阶层地位、能力品质等特征所做出的褒扬性评价。对商品的款式和品质加以评价的语素如"经典、数码、科技、舞动、风驰"等；对受众的性格和气质进行评价的语素如"沉稳、洒脱、豁达、温柔、活泼、狂野、率性、纯真、高雅、性感"等；对受众的处世状态进行评价的语素如"自由、幸福、智慧、自信、健康、活力、快乐"等；对受众的阶层地位进行评价的语素如"尊贵、至尊、王者、贵族、精英"等；对受众的能力品质进行评价的语素如"成就、胆识、精湛、智者"等。

在我们收集到的写意型颜色词中，以理性观念为评价标准的数量多于以感性观念为评价标准的数量。这可能是因为以理性观念为评价标准的词语传播力更强，其语义内涵具有抽象、群体概括性明显等特点。而以感性观念为评价标准的词语，其语义内涵相对而言更为具体、个体性更强。这也体现出广告语是以理性观念为主要评价标准的话语体系。

2. 评价对象的类型与词的语义指向

在写意型颜色词中，广告设计者采用了移就的修辞手法，将看似修饰颜色的语素移用于评价商品和消费者。从评价对象的类型来看，写意型颜色词的修饰语素所指向的评价对象可分为三种情况：①指向价值主体即消费者；②指向价值客体即商品；③同时指向商品和消费者。具体情况如下所示：

（1）修饰语素义指向消费者。

从语义指向来看，部分新型颜色词的修饰语素指向消费者，如以下七组例子所示：

①帅气、俊俏、娇艳、俏丽、佳人；

②率性、豁达、洒脱、温柔、沉稳；
③性感、优雅、高贵、气质、风度；
④睿智、渊博、博智、精湛、精英；
⑤胜利、凯旋、成功、丰收、荣耀；
⑥逍遥、自由、自在、开心、乐活；
⑦骑士、智者、天使、贵族、公爵、霸王、皇家。

上述第①～⑦组中的词依次表达的是对人的外貌、性格、气质、能力、成就、处世状态、身份地位的褒扬性评价。当其作为广告语体中写意型颜色词的修饰语素指向消费者，语义功能是正面、积极地评价消费者所具有的特点，或是广告设计者认为消费者希望得到的或彰显的特点。如"率性绿、纯真白、时尚银"是手机广告中的颜色词，这三款手机针对的目标消费者是年轻人，所以选用了能够反映年轻人个性与追求的"率性、纯真、时尚"以吸引他们的注意。"凯旋金、胜利红、成功蓝"是汽车广告中的颜色词，"凯旋、胜利、成功"凸显了购车一族所具有的或希望彰显的特点。"少女粉、魅力紫、典雅棕"是彩妆广告中的颜色词，"少女、魅力、典雅"体现了各年龄段女性所追求的不同的美感或气质。

（2）修饰语素义指向商品。

除了指向消费者之外，部分新型颜色词的修饰语素义也指向商品，如下组例子所示：

①极品、精品、优等、特级、恒久、经典；
②开运、怡情、数码、光电、科幻、摇滚、蓝调。

第①组中的修饰语素义所涉范围较广，但其语义所指对象均为商品。具体来看其语义可以分为两类：第一类是自夸式评价商品上乘的质量或设计，如"极品、精品、优等、特级、恒久、经典"；第二类是使用新颖度高或带有积极评价的词语，描述商品的类别、技术特征、功用、风格等。指明商品类别及技术特征的如"数码、光电"，宣传商品功用的如"开运、怡情"，描述商品风格特征的如"科幻、摇滚、蓝调"，"科幻"常用作小说、电影的一个类别名称，"摇滚、蓝调"指的是音乐风格。广告设计者在此运用了隐喻的手法，以一个义域的概念来指称另一个义域的概念，即以文艺和音乐领域的概念来隐喻商品所具有的特点："科幻"隐喻商品的科技含量高，"摇滚"隐喻商品外观设计富有动感，"蓝调"隐喻商品外观设计具有独特鲜明的风格特征。

（3）修饰语素义同时指向商品和消费者。

部分新型颜色词的修饰语素义同时指向商品及消费者，如下组例子所示：

①耀眼、璀璨、炫目、炫丽、灿烂、闪亮、艳丽；
②尊贵、卓越、清新、可爱、浪漫、高贵、神秘、古典、时尚、休闲、简

约、优雅、高雅、典雅、魅力、风采、流行、活力、个性、风驰、动感、炫酷、吉祥、劲爽、梦幻。

上述①~②组中，词的语义所指的对象也就是其评价对象，可以同时包括商品和消费者，表达对消费者和商品的积极评价。如第①组的语素不仅可以视为对商品外观的积极评价，也可视为对消费者使用商品后外貌状态的褒扬。第②组的语素既可视为对商品的外观设计风格、档次、品质特征等的积极评价，也可以视为对消费者使用该商品后所体现出的地位、风格、状态等特点的赞美。

由此可见，广告设计者为了使商品具备独特性，吸引消费者注意，会选取一些常用来描述人的形容词或名词，如"艳丽、尊贵、卓越、清新、浪漫、高雅、魅力、风采"等，既逢迎式评价消费者，也自夸式评价商品的外观品质等特点，提升广告语境中商品的生命度。

整体而言，上述三类新型颜色词的修饰语素具有两个主要特点：一是修饰语素的语义内涵丰富，类别复杂。其语义并非指向中心语素即颜色，而是从多个维度指向商品和消费者，对其特点进行自夸式或逢迎式评价。而这些评价如前文分析所言，在"真、善、美"三个尺度上所表现出来的合理性不够充分。二是尽管修饰语素的选取背后反映了广告设计者对消费者心理的揣摩和迎合，但其在语义表达方面具有较强的主观性，与中心色彩语素的搭配也具有较大的任意性，这种"随机造词"的特点（刘慧，2008）也使得消费者在接受度方面的表现不太令人满意。后文我们将详细分析。

上述三类语素在我们所收集的新型颜色词中所占的比例从高到低依次为"同时指向商品及消费者（39.9%）＞单独指向商品（36.7%）＞单独指向消费者（23.4%）"，同时对商品和消费者进行褒扬评价的修饰语素占比最高，其中原因可以从造词和语体两方面分析，从造词的角度来看，广告设计者采用了移就的修辞手法，把对消费者和商品的积极评价同时嵌入新型颜色词的修饰语素中，使得词义在有限词长内得到最大程度的利用。从语体功能的角度看，广告设计者将美化商品、劝导消费者购物视为首要任务，在广告颜色词中融入对商品和消费者的积极评价，可以在宣传商品的同时，使消费者感受到自身特点及需求受到重视，从而产生购买商品的意愿。

（三）　颜色词词义与评价表达

本部分主要关注新型颜色词尤其是写意型颜色词在评价表达方面的特点。此问题在已有的研究成果中较少论及。在我们收集到的商业广告语体语料中，三音节颜色词共 1 350 个，四音节及以上的颜色词共 239 个。其中"2＋1"式颜色词共 1 300 个，占三音节颜色词总数的 96.3%；"1＋2"式颜色词共 50 个，占三音节颜色词总数的 3.7%。

　　为什么设计者会选择三音节词作为广告语体的新型颜色词？刘楚群（2012）指出，近五年来新词语在音节方面所表现出来的重要特点之一就是三音节词语数量迅速增加，占所有新词语的 46% 左右，且呈逐年递增的趋势。刘文分析了三音节新词大量出现的原因，从外显形式来看，是因为三音节词语大量模因（meme）即模仿复制传播，形成了诸多造词能力很强的词语模，从深层原因分析则是新时期概念复杂化与汉语结构简约化相互作用的结果。

　　在新型颜色词中，作为中心语素的颜色词数量有限，可视为词语模的模标。而双音节的修饰语素数量很多，且仍在不断增加、修饰语素的词义与广告设计者对商品的自夸式评价及对消费者的逢迎式评价密切相关，可视为词语模的模槽①。模标与模槽共同构成了"××红""××绿""××白""××黑"等词语模，词语模作为一种语言模因（何自然，2005），使广告中的新型颜色词具备了较高的能产性和较广的传播度。

　　由前文分析可见，新型颜色词中的修饰语素的词义内涵复杂，指向商品和消费者诸多方面的特征，这种言简义丰的表达形式顺应了 21 世纪"词媒体"时代的需求。本部分我们将采用生成词库理论中的物性结构与概念整合视角，分析该类颜色词的词义构成与评价义表达。

　　1. 生成词库理论②与物性结构

　　生成词库理论的核心思想是，词的意义是相对稳定的，但词与词在组合中，可能会通过一些语义生成机制（组合机制）获得延伸意义，可以通过丰富词项的词汇语义表达和语义生成机制来解释词的不同用法以及在上下文中的创新性用法（宋作艳，2013）。该理论主要有两大特色：①首次把生成的方法引入词汇语义的研究中，提出了语义生成（组合）的机制。②与传统的以动词为中心的理论模型不同，该理论强调了名词在语义组合中的重要性，对名词的语义进行了详尽的分析，尤其是物性结构（qualia structure）的引入，把词汇、语法、语义和百科知识结合在了一起（宋作艳、黄居仁，2018）。

　　生成词库的理论框架主要包括两大部分，一是词项的词汇语义表达，二是句法层面的语义生成机制。其中生成词库的词汇语义表达分为论元结构、事件结构、物性结构、词汇类型结构四个部分。最有特色的部分是物性结构，它描写词项所指对象（object）由什么构成、指向什么、如何产生、有何用途或功能。它最早源于亚里士多德的"四因说"（Aristotle's four causes）：质料因、形式因、目

---

　　① 有关"模标、模槽、词语模"等概念的内涵及外延，可参见李宇明《词语模》（1999）。

　　② 生成词库（Generative Lexicon, GL）理论基于计算和认知的自然语言意义模型，关注词义的形式化和计算，是当前较新的一种语义学理论。其主要目标是研究语言中的多义、意义模糊和意义变化等现象。该理论由美国布兰代斯大学 Pustejovsky 教授于 1991 年提出，Pustejovsky 于 1995 年出版《生成词库》（*The Generative Lexicon*）一书标志着理论框架已基本形成，并在之后 10 年间不断改进完善（宋作艳、黄居仁，2018）。

的因、动力因。以"小说"为例，它的构成角色为"故事"，形式角色为"书"，功用角色为"读"或"看"，施成角色为"写"。这四个角色中，尤其是施成角色和功用角色在处理句法语义问题方面是非常有作用的。物性结构的提出是对传统的以动词为中心的描写体系的补充和修正。名词在该结构处于主导地位，动词充当名词的语义角色。尤其是该结构中功用角色的引入，直接影响了整个语义类型体系的构建（宋作艳，2011；袁毓林，2014）。

2. 概念整合理论

概念整合理论产生于20世纪末的认知语言学领域，由美国学者 Fauconnier Gilles 和 Mark Turner 提出。概念整合理论试图整合不同层级的认知概念，兼容各类认知理论，共同运用于语言意义结构的研究。该理论中一个重要的部分就是概念整合网络，它是由说话人背景知识为框架搭建而成的心理空间网络。该理论认为一个完整的概念整合网络包括了四个概念空间：输入空间Ⅰ（Input Space Ⅰ）、输入空间Ⅱ（Input Space Ⅱ）、类属空间（Generic Space）、合成空间（Blending Space）（Fauconnier Gilles，1994，2002）。

近年来综合运用概念整合和物性结构的研究成果包括对名词隐喻现象（李强，2014）及对形名复合词的语义建构（张辉、范瑞萍，2008；张念歆、宋作艳，2015）的研究等。概念整合之所以能够与生成词库中的物性结构相结合，是由于概念整合具有动态性，四个空间通过映现或投射连接成概念整合网络。物性结构相对静态，它重视名词与动词、形容词等的搭配组合和语义表达特点。二者动静结合，相辅相成。物性结构可为名词的输入空间提供具体详细的词项信息，从而使概念整合理论和物性结构更具有操作性。

3. 传统颜色词及含颜色语素的词语

我们将生成词库理论的物性结构与概念整合理论相结合，以传统颜色词及含颜色语素的词语作为参照对象，考察广告语体新型颜色词的词性、词义特征及评价义表达，分析语体环境对颜色词内部结构的塑造和词义表达的影响。具体的词语对比分析情况如表1所示。

表1　各类颜色词及含有颜色语素的词语的对比分析

例词	①蓝天、白云	②枣红、大红	③红彤彤、白皑皑	④玛瑙黑、霜叶红	⑤卓越蓝、时尚白	⑥精品红、魅力银	⑦流行橙、风驰黑
词语类型	含有颜色语素的双音节指物名词	双音节指色词	附加式描色词	名名式写实型指色词	形名式写意型评色词	名名式写意型评色词	动名式写意型评色词
词性	名词	区别词	状态形容词	区别词	名词	名词	名词

（续上表）

语义信息（物性角色）	形式角色	形式角色	形式角色为主，功用角色为辅		功用角色	功用角色	功用角色
语体信息	通用语体	通用语体	通用语体、文学语体、非正式口语语体等	广告语体、文学语体等	广告语体	广告语体	广告语体

由表1可见，第①组例词"蓝天、白云"属于形名结构的双音节名词，其中"蓝"和"白"描述了"天"和"云"的颜色，在生成词库理论的物性修饰关系中，颜色充当的是事物的形式角色。修饰语素与中心语素之间具有形式修饰关系。

第②组例词的"枣红、大红"为偏正式的区别词，属于现代汉语颜色词系统中的指色词，是对"红、黄、蓝、白、黑、绿、灰、紫、棕、褐、橙"等11种上位辨色词的细分和指称（李红印，2003）。语素"枣"指的是"像枣子表皮颜色一样的红色"，语素"大"指的是"饱和度很高、亮度也较高的一种红色"，"枣"和"红"分别对辨色词"红色"下位小类的外显形态和抽象属性进行了细分和描述，属于物性结构中的形式角色。修饰语素与中心语素之间亦为形式修饰关系。

第③组例词的"红彤彤、白皑皑"为附加式的状态形容词，属于现代汉语颜色系统中的描色词。《现汉》对"红彤彤"的释义是"形容很红"。对"白皑皑"的释义是"形容霜、雪等洁白"。后缀"彤彤"和"皑皑"充当的是中心颜色语素"红"和"白"的形式角色，分别对辨色词"红"和"白"加以生动描写，描述了红色和白色的高亮度、高饱和度的属性状态。此外，后缀"彤彤"和"皑皑"还可以表达说写者的喜爱、愉悦之情，在一定程度上体现了说写者描摹颜色的目的。因此在附加式的状态形容词的物性结构中，"彤彤、皑皑"等后缀的作用是以形式角色为主，并体现出一定的功用角色的色彩。

上述例词的词义特点表明，形式修饰关系是形名结构复合词中最常见的物性修饰关系。张念歆、宋作艳（2015）以 HowNet 词典（2000 版）中的 1 174 个形名复合词为研究对象，标注了每个词条的物性修饰关系，并在此基础上进行了统计分析。研究结果显示，形名复合词的物性修饰关系有五种：形式修饰关系、构成修饰关系、施成修饰关系、功用修饰关系、规约化修饰关系。分别指形语素修饰名语素的形式角色、构成角色、施成角色、功用角色、规约化属性。从数量比例分布来看，五种修饰关系所占比例从高到低依次为形式修饰关系（43%）＞功用修饰关系（30%）＞施成修饰关系（16%）＞构成修饰关系（9%）＞规约化修饰关系（2%）。周韧（2016）也指出，在大多数不带"的"的形名复合词中，形容词定语大多充当中心名词的形式角色。

细考可见，表1例词所出现的语体环境不同，词语内部的物性修饰关系也不完全相同。第①~③组例词常见于通用语体，修饰语素与中心语素之间是形式修饰关系。第③组 ABB 式的状态形容词常见于通用语体、文学语体、非正式口语语体中，第④组名名结构指色词常见于文学语体、广告语体中，这两组词语的修饰语素与中心语素之间是形式修饰关系为主，功用修饰关系为辅。第⑤~⑦组例词常见于广告语体，修饰语素与中心语素之间是功用修饰关系。后文我们将详细分析。

4. 广告语体的写实型颜色词

表1中第④组例词在广告语体和文学语体中均有出现。当其在广告语体中出现时，属于写实型颜色词。我们以红、橙、黄、绿、黑、白、灰、金、银为例，列举出部分含有这些颜色的写实型三音节颜色词，如表2所示：

表2　部分写实型三音节颜色词

词语结构	例词
××红	紫荆红、旭日红、霞辉红、霜叶红、玛瑙红、丝绒红、烈火红
××橙	芒果橙、琥珀橙、火焰橙、艳阳橙、霞光橙、果冻橙、冰果橙
××黄	小麦黄、柠檬黄、香槟黄、琥珀黄、水晶黄、星光黄、玫瑰黄
××绿	草原绿、酸橙绿、薄荷绿、芳草绿、早春绿、湖光绿、田园绿
××黑	乌木黑、珍珠黑、水貂黑、水墨黑、暗夜黑、墨菊黑、钢琴黑
××白	梨花白、珍珠白、水晶白、陶瓷白、莹雪白、富士白、莹贝白
××灰	大地灰、岩石灰、薄暮灰、海鸥灰、玄铁灰、烟雨灰、闪电灰
××金	琥珀金、香槟金、沙漠金、沙滩金、旭日金、琉璃金、丝绸金
××银	珍珠银、水晶银、天山银、镜面银、瀑布银、皎月银、雪肌银

表1和表2所示的写实型颜色词中之所以会出现各种各样的意象，主要是受广告语体风格及功能的影响。写实型颜色词中所包含的意象是立体多维的，广告设计者从哪个视角出发，提取意象哪方面的特点，取决于其希望凸显商品外观哪方面的特征。因此，当这些意象作为颜色词修饰性语素时，它们转喻的主要是意象的外观色彩，如"钢琴黑"中的"钢琴"所指并非作为整体的乐器，而是转喻钢琴外壳的颜色，"霜叶红"中的"霜叶"所指也并非枫树的叶子，而是转喻叶面的红色。"钢琴"和"霜叶"作为形式角色，修饰的是中心语素"黑"和"红"的外观色相。

由此可见，写实型颜色词中的"写实"是相对写实而非绝对写实，修饰语素表达的意象服务于商业广告的宣传功能和营销目的，因此从物性结构视角来看，这些意象不仅是颜色语素的形式角色，在语体环境的影响下，也带有功用角色的色彩。如"霞辉红"和"霜叶红"这两个词，"霞辉"和"霜叶"的转喻义都是红色，前者的本义是光芒，后者出自唐代诗人杜牧《山行》中的诗句"霜叶红于二月花"，当"霞辉"和"霜叶"修饰"红"语素时，"红"不仅是一种客观存在的色相，也是一种给人带来愉悦和美感的色彩。因此"霞辉"和"霜叶"不仅作为形式角色，也使人联想到一道道光芒四射的美丽的霞光，抑或是一幅色彩浓烈而艳丽的山林秋色图，因此这两个修饰语素可视其为"红"的功用角色，因为它们给人带来了积极美好的感官和情感体验。

由表 2 还可以看到，广告设计者采用求新求异的造词策略，选取多样化的意象搭配同一种颜色，吸引消费者的注意，希望借由新奇各异的颜色词刺激消费者产生相关联想，将颜色词所包含的意象和美感与商品外观及颜色联系起来，使其对商品产生好感和购买欲。

5. 广告语体的写意型颜色词

前文表 1 第⑤～⑦组例词对应的是广告语体中的特色词即写意型颜色词，与表 1 中其他组例词相比，其在词性、词义等方面的特点如何，我们将在本部分详细分析。

首先，从词性、句法功能和词义特点来看，表 1 的第②组例词"枣红、大红"是区别词，其主要语法功能是在名词前作定语修饰语，一般不能单独作谓语。其词义特点主要是分辨、指称色彩的颜色词或颜色名称，属于现代汉语颜色系统中的"指色词"（李红印，2003）。

第③组例词"红彤彤、白皑皑"是状态形容词或曰"状态词"，其主要语法功能是作定语，后加"的"时可作谓语、补语，不能作主语，不能受程度副词修饰。其词义特点是描绘色彩状态而不是指称色彩范围。其属于现代汉语颜色系统中的"描色词"（李红印，2003）。

写意型颜色词具有明显的名词性特征。从语法功能来看，写意型颜色词常作主语、宾语，可受定语修饰，可与数词及量词构成数量名短语。有时可作定语，不能受程度副词修饰，如下例句所示：

（1）魅影黑常给人以个性十足、富有视觉冲击力的印象，而高级灰往往散发出另一种稳重、和谐的魅力。（"魅影黑"作主语）

（2）做工也非常不错，个人喜欢典雅白，显气质。（"典雅白"作宾语）

（3）就这个宝马 X4 的炭黑和神秘灰来说，我觉得还是这个神秘灰比较好看吧，各人审美观不一样啦。（"神秘灰"作为定中短语的中心语，并与"这个"搭配构成量名短语）

（4）一抹动感红，这耳机太潮！（"一抹"与"动感红"构成数量名短语）

（5）高雅红＋贵族蓝，撩拨感官的个性配色，高段位演绎真正的奢侈。（"高雅红＋贵族蓝"作为小句，可作为其后小句的主语）

董秀芳（2014）指出，"2＋1"式复合词在整体上表现出很强的名词属性，进入其中心语位置的成分即使原本不是名词，也表现出名词性。相关统计显示，在偏正结构的"2＋1"式复合词中，中心语位置上出现的成分95%以上为名词，其余5%的成分为谓词性成分，但构成的三音节词在整体上看仍是名词（何文秀，2011）。由上五例可见，写意型颜色词常独立充当句子的主语和宾语，也常与量词搭配构成量名短语，属于商业广告语体中的"2＋1"式复合名词。由于其修饰语素不具备区分和指称颜色的作用，因此不属于区别词。

写意型颜色词带有明显的广告语体特征，很难纳入现代汉语颜色系统"辨色词、指色词、描色词"中的任何一类。我们称其为"评色词"，"评色"是指广告设计者对颜色的功用效果进行评价，这种评价常常是积极的，以达到宣传及促销商品的目的。

在词义表达的物性结构及概念整合模式方面，写意型颜色词的修饰语素充当的是颜色语素的功用角色。表1中前四组例词——带有颜色语素的指物名词、指色词、描色词、写实型颜色词，其修饰语素充当的都是中心语素的形式角色。其词义中的概念整合模式各有特点，我们用图2～5表示如下。而后三组例词即写意型颜色词我们用图6表示：

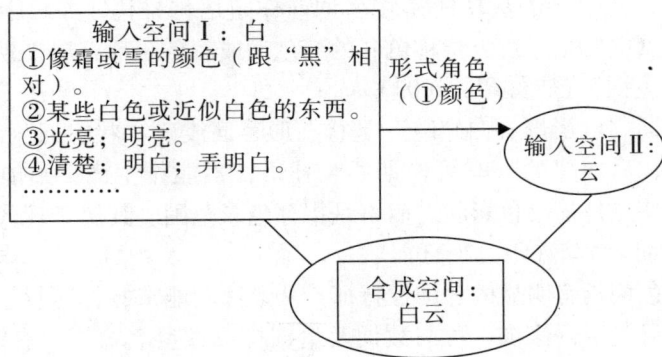

图2　词语"白云"的物性结构及概念整合图

输入空间Ⅰ：大
①在体积、面积、数量、力量、强度等方面超过一般或超过所比较的对象（跟"小"相对）。
②程度深。
③用于"不"后，合起来表示程度浅或次数少。
④排行第一的。
…………

形式角色
（②程度深）

输入空间Ⅱ：红

合成空间：
大红

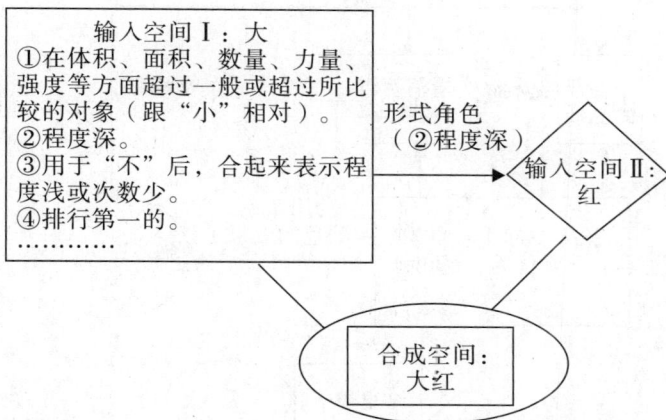

图3　词语"大红"的物性结构及概念整合图

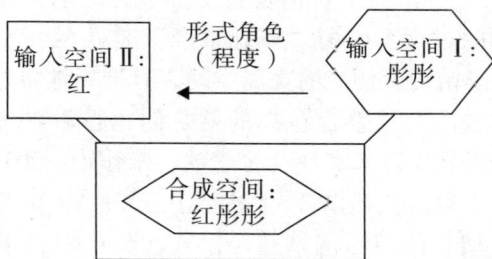

形式角色
（程度）

输入空间Ⅱ：红

输入空间Ⅰ：
彤彤

合成空间：
红彤彤

图4　词语"红彤彤"的物性结构及概念整合图

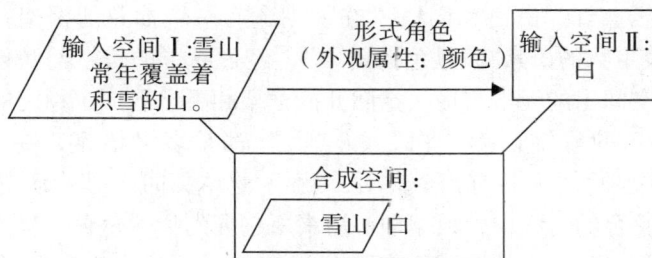

输入空间Ⅰ:雪山
常年覆盖着积雪的山。

形式角色
（外观属性：颜色）

输入空间Ⅱ：白

合成空间：
雪山/白

图5　词语"雪山白"的物性结构及概念整合图

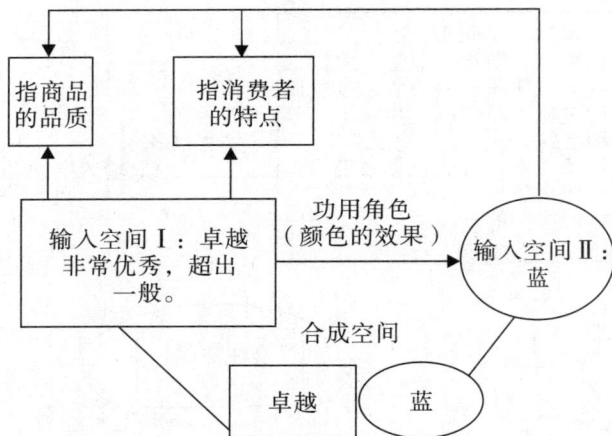

图6　词语"卓越蓝"的物性结构及概念整合图

由图2~6可见，上述形名复合词及各类颜色词的语义建构体现了物性结构和概念整合共同作用的过程。所谓"概念整合"是匹配两个输入空间，并利用这两个输入空间的共享结构所构成的类属空间，有选择地将这两个输入空间的内容投射到合成空间中去。而"整合"指的就是创建心理空间之间的连接网络的过程，它通过心理映现或投射来实现（张念歆、宋作艳，2015）。

从概念整合模式来看，上述图2~5中"白云""大红""红彤彤""雪山白"的概念整合模式属于简单型网络整合模式。图6中"卓越蓝"的概念整合模式属于复杂型网络整合模式。

我们首先来看图2~5中的简单型网络整合模式。其输入空间I中的修饰语素"白、大、雪山"和词缀"彤彤"是用来填充框架的元素，而输入空间II中的中心语素"云、红、白"和词根"红"则含有一个抽象的框架，这个框架是"形式角色＋表事物的语素/表颜色的语素"，经过简单的跨空间映射所形成的类属空间，输入空间I的元素与输入空间II的框架相融，形成了稳定的合成空间。

图2和图3的修饰语素"白"和"大"都是多义语素，在《现汉》中，"白"有11个义项，"大"有8个义项，"彤"是单义词，词义为"红色"。在具体词义的概念整合的过程中，根据中心语素所选择的物性角色，修饰语素的意义得以确定，其投射所产生的合成空间也得以建构。在"白云"和"大红"这两个词语中，修饰语素"白、大、雪山"，以及词缀"彤彤"激活的是"云、红、白"物性结构中的形式角色，因此输入空间I中的"白"意为"颜色白"，"大"意为"程度深"，"彤"作为叠音后缀，可以理解为"颜色很红"。

再来看图6中的复杂型网络整合模式。在广告语体环境中，输入空间I中的修饰语素"卓越"所含的抽象语义框架为"对商品的品质及消费者的特点进行积极评价"，输入空间II中的中心语素"蓝"所含的抽象语义框架为"功用角

色 + 表颜色的语素", 经过复杂联想实现跨空间映射并进一步发展成为类属空间, 输入空间Ⅰ的元素与输入空间Ⅱ的框架相接, 形成了临时性的合成空间。

相比可见, 图2~5中的四个词"白云、大红、红彤彤、雪山白", 在其概念整合过程中, 两个输入空间的语义框架的关联度很高, 语素之间的物性结构关系清晰稳定, 词义透明度高, 人们只需通过简单的相关联想或相似联想, 就能将分属不同领域的抽象性质或具体事物相互匹配。而图6中的写意型颜色词"卓越蓝", 其输入空间Ⅰ即修饰语素激活的是颜色语素的功能和效果, 其语义框架所涉及的商品及消费者特征存在于词语之外。可见输入空间Ⅰ和输入空间Ⅱ的语义框架之间本无甚关联, 语素间的物性结构关系模糊主观, 对语体和语境的依赖性强, 广告设计者为了宣传促销商品将其临时搭配。因此, 此类颜色词的词义透明度低, 理解难度较高。消费者需要运用复杂的工具与功用联想才能理解词义。

我们再来分析一下写意型颜色词内部的物性结构关系。从修饰性语素的性质来看, 写意型颜色词可以分为"形名结构""名名结构""动名结构"三小类, 如表3所示:

表3 写意型三音节颜色词的内部结构

内部结构	例词
①形名结构 形语素 + 颜色语素 （301 个, 57.0%）	卓越银、高雅蓝、神秘黑、坚毅黑、尊贵红、俏丽红、浪漫红、时尚红、沉稳灰、古典灰、睿智灰、炫酷灰、优雅白、莹润白、清新白、纯真白、乐天白、璀璨金、梦幻金、富贵金、浪漫绿、健康绿、清新绿、魔幻绿、高贵紫、可人紫、璀璨紫、罗曼紫、时尚紫
②名名结构 名语素 + 颜色语素 （166 个, 31.4%）	风采银、风度银、皇家蓝、科技蓝、王者黑、精英黑、胆识黑、佳人红、热情红、个性红、魅力红、气质灰、贵族灰、骑士灰、爵士白、风情白、风尚白、帝王金、爵士金、新贵金、天使绿、尊爵绿、数码绿、风尚绿、雅韵绿、风情紫、新贵紫
③动名结构 动语素 + 颜色语素 （61 个, 11.6%）	跃动银、运动蓝、激扬黑、风驰黑、迷醉红、仰慕红、开运灰、抒情灰、轻舞白、映射白、丰收金、乐活绿、狩猎绿、幻想绿、梦想绿、摇滚紫、诱惑紫

先来看"形名结构"小类, 该小类在所收集的写意型颜色词中占比最高, 达57.0%。从语义内涵来看, 这些形语素多表达对商品外观、性能等特点的自夸式评价, 以及对消费者外貌、品德、能力等特征的逢迎式评价。出现频率较高的形语素如:

① ~雅 (典雅白/银/粉/灰/蓝/黑/绿, 优雅白/红/紫/粉/银/蓝, 高雅蓝/银, 淡雅粉/黄, 文雅灰/蓝, 纯雅白, 风雅黑, 博雅黑, 绅雅黑/灰);

②~贵（尊贵金/银/白/红/紫/绿/蓝/黄/棕/灰/褐，富贵黄/褐/蓝/金/棕/红/绿，高贵金/银/紫/蓝）；

③~丽（炫丽蓝/红/粉，俏丽红/粉，绚丽红/橙，艳丽红）；

④炫~（炫彩蓝/红/橙，炫目黑/银/蓝/红，炫亮银，炫幻蓝）；

⑤~酷/酷~（炫酷黑/灰/紫，骏酷黑，酷酷黑，至酷黑，冰酷蓝，酷辣红，酷炫黑，酷心蓝）；

⑥~情（纯情白/蓝，热情红/橙，深情棕）；

⑦精~（精锐蓝/黑，精湛蓝，精致蓝）；

⑧睿~（睿智黑/灰/蓝/银）；

⑨~典（经典红/黄/绿/黑/白）；

⑩~逸（飘逸银/橙，雅逸黑，迅逸白，纯逸白）；

⑪~幻（魔幻黑/白/灰/红/黄/蓝/绿/金/银/粉/紫/褐/棕/橙，梦幻黑/蓝/红/黄/绿/青/棕/金/银/粉/紫，迷幻金/银/红）。

除上述例词外，还有如"沉静蓝、沉稳灰、纯真白、纯洁白、率真绿、率性灰"等，详见本章附录。在形语素的价值取向方面，表积极评价的最多，如第①~⑩小类，还有一些是表中性评价的，如第⑪小类。尚未发现表消极评价的形语素。如前文分析所言，上述例词的形语素的语义或指向商品，或同时指向商品及消费者。

从词义的物性结构来看，这些形语素充当的是颜色语素的功用角色。如"优雅白"中的"优雅"并非修饰"白"，而是指"白色使商品及消费者产生优雅之感"，"炫酷黑"中的"炫酷"也并非修饰"黑"，而是指"黑色使商品及消费者产生炫酷的感觉"。可见其语义中隐含着表功用的谓词性构式，即"××颜色使商品或/及消费者产生××的感觉"。

再来看"名语素+颜色语素"类写意型颜色词，这类词占所收集的写意型三音节颜色词总数的31.4%。其名词性修饰语素主要为表人名词和表抽象性质的名词，此外还包括少量表物名词。从语义内涵来看，这些名语素与形语素类似，主要表达了对商品的自夸式评价，以及对消费者的逢迎式评价。

以"××黑"为例，"表人名词+黑"的例词有"王者黑、帝王黑、皇室黑、尊爵黑、伯爵黑、爵士黑、骑士黑、雅士黑、忍者黑、将军黑、精英黑、霸王黑、绅士黑、天使黑"，"表抽象性质名词+黑"的例词有"格调黑、魅力黑、风度黑、个性黑、胆识黑、魔力黑、动感黑"，"表物名词+黑"的例词有"科技黑、魅影黑、极品黑"。

"名语素+颜色语素"类颜色词中，名语素并不是直接评价颜色语素，而是评价颜色的功用，因此我们在进行语义解读时需要补充表功用的谓词。如"王者黑、格调黑、科技黑"三个词中，"王者、格调、科技"和"黑"之间隐含着一个谓词性表达构式，即"使商品（有时也包括消费者）具有××的感觉"，如

"王者黑"的语义内涵是"黑色的外观使商品及消费者有王者之感","格调"的语义内涵是"黑色的外观使商品和消费者有格调","科技"的语义内涵是"黑色的外观使商品具有科技感"。"王者、格调、科技"用转喻的方式,从积极评价的视角表达了颜色语素"黑"的目的和用途,就是通过商品外观色彩塑造商品风格,凸显消费者的气质。

最后来看"动语素 + 颜色语素"类,这类词在所收集的写意型三音节颜色词中占比约为11.6%。从语义内涵及指向来看,动语素主要可分为两小类:①表消费者心理状态的动词,这里的"心理状态"大多是愉悦的、美好的,如"狂想、幻想、梦想、深思、抒情、炫耀、陶醉、仰慕、迷醉、相思、悦心"等。②表消费者动作或商品特征的动词。词中所表达的消费者的动作多具有轻松愉悦的特点,部分动作与商品特征相关,如"轻舞、舞动、炫舞、摇摆、乐活、享乐、诱惑、复古、流行、炫动、跃动、风驰、电驰、飞渡、奔腾、越野"等。以"动语素 + 红"为例,例词有"凯旋红、炫耀红、运动红、陶醉红、仰慕红、嫣舞红、迷醉红"等;以"动语素 + 灰"为例,例词有"深思灰、抒情灰、越野灰、开运灰"等。这些动语素用隐喻的方式,从积极评价的视角描述了商品的功用及消费者的状态或感受。

从"动语素 + 颜色语素"小类颜色词的物性结构来看,其动语素并非直接修饰颜色语素,而是带有使动的色彩,充当颜色词的功用角色,表达颜色词使消费者产生某种心理感受,或使商品具备某种动态特征。其语义中也隐含着表功用的谓词性构式,即"使商品或消费者产生或具有某种感觉"。如"陶醉红"中的"陶醉"并非修饰"红",而是转喻消费者的心理感受,其语义内涵是"红色(的外观)使消费者产生陶醉之感";"风驰黑"中的"风驰"转喻商品的功能,语义是"黑色(的外观)使商品给人以风驰电掣之感"。

为什么传统颜色词系统中指色词、描色词以及广告语体中的写实型颜色词,其物性修饰关系为形式修饰关系(如图2～5所示),而写意型颜色词的物性修饰关系为功用修饰关系?为什么在写意型颜色词中,"形语素 + 颜色语素"结构的词所占比例最高,超过了"名语素 + 颜色语素"和"动语素 + 颜色语素"结构的词?

先来看第一个问题,写意型颜色词的物性修饰关系之所以体现为功用修饰关系,主要是受到语体环境因素的影响。广告设计者利用写意型颜色词的功用修饰关系,凸显颜色作为商品外观要素的功用价值,从而达到宣传推销商品、吸引消费者、劝导购物的目的。

再来看第二个问题,"形语素 + 颜色语素"结构的词之所以在写意型颜色词中所占比例最高,也是由于"2 + 1"式形名复合词在语素构成及词义表达方面的特点满足了广告语体的需求。

以往研究的结果显示,"2 + 1"式形名复合词的能产性不强,其在各类定中式形名组合中的比例最低，不超过2%（张国宪，2006；祁峰、端木三，2015），我们收集到的广告语体中的写意型颜色词共有507例，占新型颜色词的39%，所占比例虽低于写实型颜色词，但接近四成。且写意型颜色词并非封闭的词类，能产性较强，近年来新的写意型颜色词仍在不断出现。

究其原因，首先，从内部词义特点来看，"2 + 1"式形名复合词中的双音形容词语素继承了单音形容词的"性质—使动"两栖性，与其后的单音节名词语素构成使动结构的可能性更大（王洪君，2001）。而在使动结构的表义框架中，写意型颜色词中的形语素可以解读为颜色语素的功用角色，即颜色语素使商品或消费者具有了形语素表达的良好的、积极的特征，这种使动结构既反映了广告设计者的主观期待，也符合广告语体的功能特征。

除了广告语体中的写意型颜色词之外，还有部分"2 + 1"式形名复合词中的形语素也表达了人们期盼的某种性状（孟凯，2018）。如"太平 + N"系列三音节词"太平斧、太平门、太平梯、太平鼓、太平间"，其中的名词性中心语素"斧、门、梯、鼓、间"与形容词性修饰语素"太平"没有直接的语义关联，不是为"太平"而造、而设的，只是与"太平"这种人们期盼的性状有关（孟凯，2018）。而且细察可见，"太平斧、太平门、太平梯"属于消防用品，其中的"太平"指的是"希望确保大家的人身安全"；"太平鼓"指的是一种乐器，其中的"太平"指"祈求世间和平无战乱"；"太平间"是医院停放尸体的房间，其中的"太平"指"希望逝者安息"。

我们认为，"太平 + N"系列三音节词如"太平斧、太平门、太平梯、太平鼓、太平间"等，其修饰语素与中心语素之间也体现了功用型的修饰关系，"太平"在语义方面表达的是人们期盼的某种性状，在语法方面则是运用了使动的用法，形语素"太平"就是利用"斧、门、梯、鼓、间"等名语素的功能，使得人们达到所期待的"太平"的状态。这里的"太平"内涵较广，具体而言包括：使人们获得人身安全、使人们平安、使逝者安息等。孟凯（2018）指出，这些词中的形双显现的是本来与名单无关的某一属性，二者的结合表明它们的语义关联不是主流的、凸显的，但二者能够构成三音词，一方面与三音节的中心语为名词性成分而更易成词有关，另一方面也说明形双与名单发生了深度语义融合，成分义之间的透明度不高，词的特异性增强。

实际上，广告语体中写意型颜色词也是如此，形名结构新型颜色词中的形语素所表达的是广告设计者所期盼的一种理想状态，此种理想状态针对的对象包括商品和消费者，体现的是广告设计者视角下的消费者对商品以及对自身的期待，形语素所表达的这种理想状态具有强主观性和强预期性的特点，形语素与颜色语素之间的语义联系是非规约的，因而词义的透明度不高，词的特异性较强。因为在商业广告语体中，颜色词承担着美化商品和消费者的功能，也就是说，形语素表达的是颜色词的宣传促销功能，这种功能是临时的，是广告语体需要的，并由广告语体赋予的。离开了广告语体，这些词的可理解度、可接受度和使用频率都很低。正是由于形名语素之间的功用型物性结构关系需要依靠人们的复杂联想，其所蕴含的概念整合网络也体现了复杂网络的特征，因而适用范围较为狭窄，仅见于特定语体中的部分词语。而在通用语体的形名结构的复合词中，其物性修饰关系多表现为形式型的修饰关系。

既然在"形语素＋颜色语素"结构写意型颜色词中，形语素具有使动用法的特点，可以表达功用型的物性修饰关系，那"名语素＋颜色语素"和"动语素＋颜色语素"结构的写意型颜色词是否也可以表达功用型的物性修饰关系呢？这可以用"谓词隐含"（袁毓林,1995）和"名动包含"的观点（沈家煊，2016）来解释。

"谓词隐含"指的是名名复合词可以看成一种将陈述性的事件指称化后再简化的构造，其中常常隐含了一个谓词性成分（袁毓林，1995）。如果我们要正确理解这些复合词的含义，就必须利用其中的两个名词，挖掘它们之间潜在的联系，从而激活和还原隐含的谓词。

在大多数"2＋1"式名名复合词的例子中，定语名词和中心名词之间存在隐含动词，而这个隐含动词为中心名词的功用角色，因此大部分"2＋1"式名名复合词可通过物性结构中的功用角色进行解读。且隐含动词的数量有时不止一个，可能是两个（周韧，2016）。

由前文分析可见，在广告语体中，"名语素＋颜色语素"小类的写意型颜色词的词义中隐含着一个表功用的使动型谓词结构，即"颜色语素使商品（有时也包括消费者）具有名语素所表达的特点或感觉"，如"精英黑"一词表达的是"黑色的外观使消费者具有精英的感觉"，"魅力红"一词表达的是"红色的外观使商品及消费者有魅力"。在"动语素＋颜色语素"小类的写意型颜色词中，动语素也具有使动用法，其语义中蕴含着表功用的谓词性构式，如"乐活白"表达的是"白色的外观使消费者产生乐活的体验"，"跃动蓝"表达的是"蓝色的外观使商品或消费者具有灵活动感的特点"。当然无论是名语素"精英、魅力"，还是动语素"乐活、跃动"，都是广告设计者期待商品或消费者所具有的理想状态，并不一定是现实。

在写意型颜色词中，作为修饰语素的形语素、名语素和动语素之所以都蕴含使动用法，和汉语词类系统的特点有关。首先，汉语的形容词可以视为动词的一个次类（赵元任，1979），是不及物动词，此外形容词还有"使成"用法，如"雨肥梅"的"肥"，又如"疏钟清月殿，幽梵静花台"中的"清"和"静"。在唐诗的对偶中，形容词跟动词是归为一类的（沈家煊，2016）。

其次，汉语中的名词也可以像动词、形容词一样直接作谓语，谓语"指称性和述谓性兼备"的二象性也决定了名词可以兼具使动用法即述谓性和指称用法。沈家煊（2016）指出，在汉语里名词和动词的关系是名词包含动词的"名动包含"关系，名词是"大名词"，包含动词在内，动词也是一种名词，是"动态名词"。"名语素+颜色语素"类的写意型颜色词中，"名语素"为静态名词，但由于其在具有指称商品或消费者的指称性特点的同时，也承担了颜色语素的功用角色，使其带上了使动色彩即述谓性特点，如"精英黑"中的"精英"既指称消费者，也作为"黑"的功用角色，表达了"黑色"的商品使消费者具有精英般的干练之感的述谓功能。

由此可见，从物性修饰关系和谓词结构的视角来看，无论是"形语素+颜色语素"的写意型颜色词，还是"名语素+颜色语素"和"动语素+颜色语素"的写意型颜色词，其词语中都蕴含着表功用的使动型谓词结构，表达了广告设计者期待商品或消费者能够具备的某种理想状态，而这些被期待的理想状态也体现了广告设计者对商品自夸式评价或对消费者的逢迎式评价。因此，在写意型颜色词的内部结构中，广告语体评价图式所具有的功利性、褒扬性、劝导性等特征也体现得较为明显。

（四） 语境因素与评价的接受度

理解语义离不开语境，语义对语境具有依赖性。20 世纪以来，随着语义学、语用学、语篇分析等学科的发展，越来越多的学者对语义与语境的关系给予关注（胡壮麟，2002）。目前学界对语境分类的共识度较高，按照"微观—中观—宏观"的视角，语境可分为"语言语境、情景语境、文化语境"三类。微观的"语言语境"指词语句子内部或上下文语境，中观的"情景语境"指语篇及相关的情景语境，宏观的"文化语境"指世界百科知识以及社会文化语境。我们将从微观、中观、宏观三类语境出发，分析广告语中新型颜色词所处的语境特征，及其对评价义表达所起的作用。

1. 微观语境与词汇的浴缸效应

此处的"微观语境"是指新型颜色词的词汇内部语境，包括词语的音步结构、性质、意义。新型颜色词的音步结构为"2＋1"式，这体现了三音节复合词与自然音步相符的韵律特征，只有遵从自然音步，复合词才能具备语感自然、能产性强的特点（冯胜利，1998）。三音节词"修理厂、茶叶店"之所以不说成"修工厂、茶商店"，主要是因为汉语自然音步的实现方向是由左向右即"右向音步"，"2＋1"式三音节复合词的右向音步结构正是自然音步的体现。而"1＋2"式的非自然音步结构在短语层面才较常出现，如"打电话、大品牌、在公司"等。

新型颜色词"2＋1"式的右向音步结构与"浴缸效应"共同作用，使评价义在微观语境中得以凸显。"浴缸效应（Bath-tub effect）"是指人们记单词时，单词的开头和结尾，特别是开头要比中间部分更容易被记住（陆丙甫、曹琳琳，2017）。王晶、王理嘉（1993）的相关研究成果表明，"2＋1"式三音节复合名词的音节的相对时长依次为"第一音节（0.695 秒）＞第三音节（0.655 秒）＞第二音节（0.575 秒）"，这一成果与浴缸效应均体现了"音步首重"原则和"信息—重音"原则，即越重要的信息，越可能被读长读重。在新型颜色词中，表评价义的双音节修饰性语素位于第一音节和第二音节，其音节数量、相对时长的加和优于表颜色的中心语素，更容易引起受众的注意。这有利于凸显新型颜色词尤其是写意型颜色词的积极评价义，实现广告语的宣传目的。

2. 中观语境与广告的多模态呈现

此处的"中观语境"指的是广告语所在的语体语境，这是广告设计者所营造的、面向消费者群体的、以商品营销为目的的情景语境，同时也受到特定时间、地点、环境、场合、载体等因素的制约和影响。

刘慧（2008）指出了广告语体中写意型颜色词的随机造词现象，这种随机造词现象的实质是表积极评价的修饰语素与表颜色的中心语素的任意搭配，削弱了颜色与其所代表的特定民族或社会文化价值内涵之间的内在联系。如在中国传统文化中，红色和紫色代表富贵，黄色代表高贵，黑色代表庄重等。而在写意型颜色词中，"富贵"几乎可以修饰所有颜色词如"黑、红、蓝、白、紫、金"，这种随意搭配很可能降低该类词的词义的透明度和受众的接受度。

为了弥补这方面的不足，在中观广告语境中，广告设计者运用多模态的呈现方式，将新型颜色词置于商品图片的旁边，图文并茂，有利于激发受众的相关联想和再造想象，将修饰语素的评价内涵及其所转喻或隐喻的商品、消费者等联系起来，以达到广告的目的。

模态的本义是指听觉、视觉、触觉等感官模态。社会符号学将"模态"定义为"在社会文化中形成的创造意义的符号资源"。任何模态（如图像、手势、音乐）都是完整的表意系统，跟语言一样具有形式层（expression plane）、词汇语法层（lexicogrammar）和语篇语义层（discourse semantics）（Kress，2010）。而多模态话语指运用听觉、视觉、触觉等多种感觉，通过语言、图像、声音、动作等多种手段和符号资源进行交际的现象（张德禄，2009）。

广告就是一种典型的多模态话语，平面广告包含了图画和文字两种符号系统。以商品的外观作为主诉求点即前景信息，以商品的颜色作为支撑点即背景信息，通过展示商品外观图片，使受众关注、理解并接受新型颜色词，由新型颜色词对商品的正面评价，引发读者对品牌的积极联想，提升其对商品的好感度。

具体来看，新型颜色词的词义，尤其是写意型颜色词中的积极评价义的凸显，主要通过广告中的取景框、信息值、显著性三个维度得以实现。

从取景框来看，广告图像均为概念性图像，表达的是在颜色分类视角下，商品外观所呈现的特征。从信息值来看，广告设计以纵向为主，呈上下结构。位于上部的文字大标题表明了该图片的主要功能是介绍商品的颜色信息。从显著性来看，广告中的图像及文字处于互补关系。广告中的文字符号系统作为背景信息，凸显了作为前景化信息的商品外观和颜色，强化了受众对新型颜色词的理解度和接受度。与此同时，新型颜色词提供的文字信息，也加深了受众对广告的印象，并将商品图像与颜色词的内涵联系起来。

由跑鞋广告中的"颜色 & 尺码选择"①，手机广告中的"二色可选"②，手表广告中的"多种颜色，腕上个性"③，以及汽车广告中的"车身外观"④ 等均可看出，产品颜色是广告图片宣传的内容之一。如在跑鞋广告中，既有"突破红、稳健灰、领跑绿、跳跃灰、奇迹粉"的文字，也有与之相对应的产品的图片。当消费者看到跑鞋的图片时，更易于理解"突破、稳健、领跑、跳跃、奇迹"分别转喻"突破纪录、步伐稳健、快速奔跑、灵活跳跃、创造奇迹"，并在此基础上隐喻跑鞋的优良品质和跑者良好的运动状态。

在广告效果方面，首先，多模态广告体现了广告的重复记忆策略，能够同时利用图像和文字帮助消费者识记广告中的信息。其次，多模态广告画中有文，文中有画，图文并茂，给人以视觉美感，使人产生正面联想，有助于满足消费者的审美心理需求。

如果广告中只有文字单模态，受众很可能会因新型颜色词随机造词所带来的弱理据性而降低对其的理解度和接受度。图像模态的存在刚好弥补了这一不足，图像传递信息的速度比文字快，视觉冲击力强，更能吸引读者目光，有助于读者对商品形成感性印象，记住产品信息。图文模态相辅相成的互动模式，使得新型颜色词在描述商品颜色信息的基础上，进一步凸显广告主题，拓宽读者想象空间，共同完成广告的意义表达和情感传递。而新型颜色词的评价义也在多模态的广告语境中得以凸显。

3. 宏观语境与社会成员的消费文化心理

此处的宏观语境是指以商品经济为主导的当代消费型社会。宏观语境的构成要素影响着新型颜色词中评价义的表达和凸显。只有在充分掌握宏观语境中商品、消费者、社会环境等因素特性的基础上，方能设计出彰显消费者个性、引起情感共鸣的广告语言。

从宏观语境来看，新型颜色词多出现在高介入度的商品广告中，目标群体以

---

① 广告图片详见百度百科对"咕咚智能跑鞋"的介绍，网址为：https：//baike. baidu. com/item/%E5%92%95% E5% 92% 9A% E6% 99% BA% E8% 83% BD% E8% B7% 91% E9% 9E% 8B/22479686? fr = aladdin。

② 广告图片详见淘宝网对"飞利浦 E256S 手机"的介绍，网址为：https：//m. tb. cn/h. fKehGD4? tk =2Aoo2hQ4KC3。

③ 广告图片详见淘宝网对"佳明运动手表"的介绍，网址为：https：//m. tb. cn/h. fI4e17u? tk = bENy2hQraAn。

④ 广告图片详见"汽车之家·产品库"网站对汽车外观的介绍，网址为：https：//car. autohome. com. cn/pic/series – t –364 –879. html。

年轻时尚的消费者为主。而新型颜色词的运用是否契合此类人群的消费观，是否能凸显其自我意识及建构消费身份认同，是本部分考察的内容。如果契合度高，则新型颜色词的词义接受度高，能产性强。如果契合度低，那么新型颜色词很可能在未来的广告语设计版图中萎缩甚至消失。

在当代消费型社会中，消费者的购买行为是由较多环节组成的复杂过程，我们可以通过这一过程了解广告语中的新型颜色词究竟在哪些环节发挥作用。如图7所示：

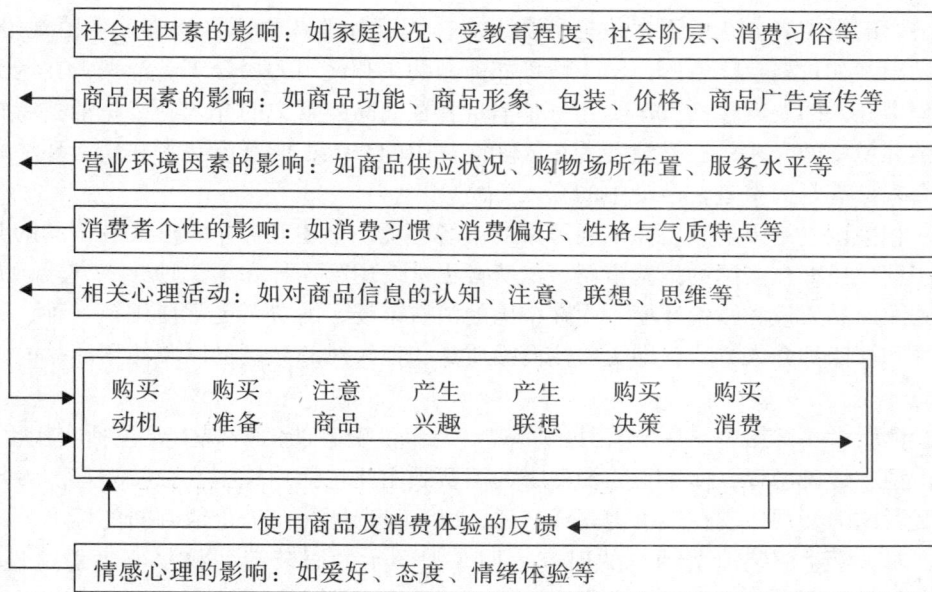

图7　消费者购买行为的产生过程及相关影响因素（罗子明，2002）

由图7可见，宏观语境中的社会性因素、商品因素、营业环境因素等均会影响消费者的个性及相关心理活动，进而影响消费者的购买行为。新型颜色词是商品形象、包装等要素的有机组成部分，广告设计者希望借助新型颜色词影响消费者的心理活动，使消费者产生积极的情绪体验，如提升对商品的关注度和兴趣度、引发消费者对商品的正面联想和想象等，从而引导消费者产生购买决策和行为。为此广告设计者需考察待售商品的类型特征，细分消费群体的年龄分布，掌握不同群体的消费观和消费心理，在此基础上设计出能够凸显其兴趣爱好、性格气质、情感态度的新型颜色词，方能打动消费者。

在商品与消费者的关联程度方面，美国的消费行为专家提出了"消费者介入（involvement）"的概念，此概念是指消费者在搜索、处理商品相关信息所花的时间，以及消费者有意识地处理商品相关信息和广告所花的精力，它影响着消费者对信息类别的遴选和做出购买决策的过程。

根据消费者投入的时间、精力程度，商品可以分为"高介入度商品"和"低介入度商品"两大类，其商品特性决定了广告传播方式和效果上的差异。"高介入度商品"是指需要消费者对商品的性能、质量、价格、消费环境、使用技能等方面投入较高的关注度，购买决策过程比较复杂的商品，如家用电器、汽车、数码产品、教育及保险服务等。"低介入度商品"是指消费者一般不需要花费太多的时间与精力去了解功能、构造、消费环境等因素的商品，因此购买决策过程相对比较简单，如日用品、食品等。

影响消费者介入的因素包括消费者个体因素如购买需求、兴趣、价值观等，商品因素如价格、广告等，购买情境如商品购买和使用的场合等。消费者在购买过程中介入的要素包括五小类：一是消费者在商品因素中的介入；二是消费者在营销环境中的介入；三是消费者在人际交往中的介入；四是消费者在生活环境中的介入；五是消费者在活动中的介入。

相关调查结果显示，在不同国家的市场环境，上述五类介入形式有不同的介入深度。比如在美国的消费市场，消费者更常使用第一种和第二种介入方式，即更关注商品质量和营销环境。而在中国的消费市场，消费者更常使用第一种、第三种和第四种介入方式，即更关注商品质量、他人对商品评价以及使用商品时的体验。

消费者年龄层差异影响着其消费观。老年消费者的消费观主要包括实用型、节俭型、传统型等，而中青年消费者的消费观主要包括炫耀型、独特型等。青年消费者的消费观体现在追求美观或炫酷，以彰显个性等作为价值判断的标准。一项针对大学生服装消费动机的研究表明，大学生的服装消费将"心理舒适性"摆在首位，穿衣打扮尽量追求漂亮、时髦，强调自我的肯定度和满意度，并通过服装行为来表达个性。而老年消费者以节俭、实用型的消费观为主，追求商品特性的经济实惠，消费习惯固定，对于特定品牌有较高的依赖性和忠诚度（罗子明，2002）。

在消费行为方面，青年消费者的特点主要体现在四个方面：①青年消费者对新商品有很高的兴趣度和关注度。②青年消费者具有明显的消费个性和消费时尚。③青年消费者购买决策过程中体现出较强的情感冲动性，容易受社会、环境、权威人物等因素的影响。④大部分青年消费者由于结婚育儿等人生大事，需要经历几个消费高峰。

从性别维度来看，女性作为商品消费的主力军，在消费心理和行为方面也具有较为明显的特征：①女性是家庭消费的主要购买者。②女性认知细腻，决策带有较强的情绪性，富有创意的广告画面、美观的商品包装、独特的展示橱窗等都能激发其购买欲。③现代女性自我意识较强，联想丰富，其在购买决策中常对商品进行拟人化联想，预测商品的使用效果。④女性对商品的颜色、外观、功能等观察较为细致，对商品价格敏感。

由此可见，青年消费者希望借由所购买的商品来彰显个性，凸显自我意识，塑造独特的个体形象。其中女性作为消费群体的主力军，更加注重商品宣传和购买过程中的情感体验。因此广告设计者十分重视分析消费者的自我意识，确立商品的情感定位。

在分析消费心理学中的自我意识方面，主要有美国心理学家詹姆斯所提出的"三分说"① 和美国心理学家沃特提出的"四分说"② （罗子明，2002）。"三分说"指的是人们对于自我的认识分为"物质自我、社会自我、精神自我"三个层面。"四分说"认为人的自我概念可以分为"真实自我、理想自我、自我形象、镜中自我"四个层面。"四分说"较之"三分说"而言，对消费者心理的剖析更为细致深入。

如前文所言，新型颜色词分布的广告商品类型主要包括：汽车，家用电器如冰箱、空调、扫地机器人、按摩器等，数码产品如手机、音乐播放器、手表，此外还有服装鞋帽、美妆产品等。这些商品多为消费者高介入度商品，在购买时需要投入较高关注度，购买决策过程较为复杂。而且这些商品的目标消费者群体以中青年为主，其中服装鞋帽、美妆产品等商品的消费者多为女性，汽车、家电、数码产品的消费者则男女兼而有之。中青年消费者希望借由这些商品彰显个性，追求时尚，使得社会自我更受欢迎，精神自我更加充实，自我形象更加完美。因此，这些商品除应具备通信、交通、美容等基本功能之外，还需契合消费者的个性特征，如感官体验、情感态度、性格气质等，部分年轻消费者对后者的重视程度甚至超过了前者。

在新型颜色词中，写意型颜色词的修饰语素所描绘的记忆意象和创见意象给消费者带来了富有美感或诗意的体验，使其精神自我更加愉悦满足。而写意型颜

---

① "三分说"将人们对于自我的认识分为"物质自我、社会自我、精神自我"三个层面。精神自我高于社会自我，社会自我又高于物质自我。物质自我的核心部分是身体，包括对个体的外貌衣着等方面的认识和评价。社会自我指个体"从同伴那得到的承认"，即个体在他人心目中的形象，包括对个体的阶层地位、社会声望、财富积累等方面的认识和评价。精神自我属于个体内心的或主观的存在。具体地说，指他的心理能力或性情，包括对自我的智慧能力、道德水平、宗教信仰等方面的认识和评价，由此产生优越感或自卑感。

② "四分说"将人的自我概念分为"真实自我、理想自我、自我形象、镜中自我"四个层面。真实自我是个体完全客观的、真实的自我本质。理想自我与个体所崇拜信仰的对象有关，与所追求的目标也有很大的关系。在消费行为中，消费者为了实现理想自我，常购买一些高档商品，如高档服装、名牌手机等，来满足自己对于理想自我的需要。自我形象是消费者个体对于自己的看法、认识和评价，这种形象是理想自我与真实自我的结合物。沃特认为，人们表达自我形象的重要方式就是消费，购买商品的目的是使自己的形象变得更加完美。在塑造完美自我形象的目标影响下，消费者会倾向于购买那些能改善或提升自我形象、符合所在社会审美观等价值观念的商品，并避免购买那些可能破坏自我形象、不符合所在社会价值观念标准的商品。镜中自我是消费者从他人对自己的看法和评价中认识的自我，由于他人的看法因人而异，他人的学识、年龄、社会地位不同，对于自我的看法和评价也会不同，所以镜中自我与他人看法之间是一种互动的关系。

色词的修饰语素或对商品的款式品质进行自夸式评价，或对消费者的性格气质、价值观念、阶层地位、能力品质等特点进行逢迎式评价，通过塑造消费者完美的镜中自我形象，使其达到实现理想自我的愿望。由此可见，广告设计者将消费者的审美追求、情感诉求、塑造镜中自我、实现理想自我等理念融入新型颜色词中，从而使消费者对商品产生亲切感和信赖感。

新型颜色词的设计者不仅在词义内容上迎合消费者的需求，在表达方式上也力求做到契合消费者的心理。设计者在广告语中所表达的对消费者形象的逢迎式评价属于"镜中自我"，即他人眼中消费者的完美形象，而消费者对自身形象的期望属于"理想自我"，即消费者自我心目中的理想状态。一般而言，消费者对理想自我的信任度和重视度高于镜中自我，因此广告语所描述的消费者的镜中自我形象应与其自身心目中的理想自我形象有较高的契合度，方能取得良好的广告效果。如果广告语在表达方式上未考虑消费者的感受，只是一味地吹捧消费者或美化商品，可能会引起消费者的怀疑甚至反感，使其产生防备心理，广告的劝导和营销功能就会难以实现。

在表达方式方面，新型颜色词具有创意性、针对性、软文性的特点。从创意性来看，新型颜色词不同于以往 ABB 式的三音节颜色词，其不仅描述了商品的颜色信息，也表达了对商品外观性能等特点的自夸式评价，以及对消费者的外貌性格、能力地位等特征的逢迎式评价，这些褒扬性评价在一定程度上契合了以青年为主体的目标消费者群体的理想自我和镜中自我的形象建构，满足了其追求新潮、彰显个性的心理需求。

从针对性来看，新型颜色词的表达方式体现了目前广告设计界流行的"分众营销"的理念。所谓"分众营销"，指的是经由市场调研，锁定特定的目标消费群体，根据该群体的特征，推出其最需要的细分商品，并采取有效的广告促销方式进行商品销售的精确营销手段。从分众营销的实施步骤来看，首先是将消费者群体加以细分，细分的标准包括其年龄、性别、收入、职业、学历等；其次是通过调研，锁定最有可能购买商品的特定消费群体，了解群体的消费习惯、行为和心理，以其为目标进行靶向营销。正如在中国较早提出分众营销理论的品牌营销专家左亮所言，分众营销所能做的就是在最恰当的地点，用最精确、最经济的方式把产品卖给最需要的目标消费者，最大限度降低成本和杜绝费用的浪费，将营销的效力发挥到极致。

新型颜色词尤其是写意型颜色词在针对不同年龄、性别、收入、职业、学历的消费者时，其修饰语素的选用也体现了分众营销的理念。例如，手机、运动鞋营销所针对的消费者群体以年轻人为主，因此手机和运动鞋广告在新型颜色词的设计方面，其修饰语素多围绕年轻消费者的喜好，进行自夸或逢迎式评价，如"率性、恣意、炫酷、时尚、动感、跃动、自我、活力、可爱、呆萌、活泼、纯真、清新、浪漫、俊俏、帅气、娇艳、狂想、突破"等。这些词体现了青年群体消费行为和心理的特点，如前文所言的关注自我形象、展现独特个性、追求时尚潮流等。

又如轿车销售所针对的消费者群体以 30～40 岁的中年群体为主，该群体大多在事业上有所成就，受过良好教育，可支配收入高，社会地位及阶层较高，重视内在气质和涵养，因此汽车广告中的写意型颜色词修饰语素的设计也体现了这些特点。针对男性消费者的逢迎式修饰语素如"风度、大气、至尊、王者、凯旋、胜利"等，针对女性消费者的逢迎式修饰语素如"气质、高雅、魅力、温柔、甜蜜"等，男女消费者通用的如"皇家、贵族、智者、至尊、高贵、沉稳、渊博、睿智"等。另外针对不同商品外观性能等特点，还有"恒久、流行、经典、简约、吉祥"等自夸式修饰语素与之相对应。这些新型颜色词的选用，既迎合了消费者趋吉、趋新、趋雅的消费心理（宗廷虎，1994），也有利于不同群体的消费者通过购买商品塑造理想自我和镜中自我的良好形象，获得其他社会群体成员的认可。

从软文性来看，新型颜色词体现了软文广告[①]创意新颖化、内容生动化、表达文学化的特点。广告设计者一方面将具有艺术性的意象融入写实型颜色词的修饰语素，引发受众良好的审美体验；另一方面将具有创意性、趣味性、褒扬性的评价融入写意型颜色词的修饰语素，将主观情感表达与客观描述相结合，赋予颜色词以自夸商品或逢迎消费者的积极评价功能，使消费者在了解商品颜色的客观信息时，也通过建构自我形象塑造理想自我。

在商业广告中，传统辨色词、指色词、描色词的词义承载信息量相对较低，除了颜色信息之外，其他能够吸引消费者关注的新信息很少。而新型颜色词所承载的信息量丰富，体现出审美性、艺术性、评价性、趣味性、创意性等特征，并以此吸引消费者关注。新型颜色词将营销商品的意图深藏在富有文学性或褒扬性的修饰语素当中，以它独特的表达方式努力迎合消费者获得审美愉悦、满足情感需求、塑造理想自我、展示自我形象等全方位多元化的需要，这体现了新型颜色词利用软文的表达方式，借由消费者心理感知渗透影响并影响其购买态度的心理作用机制。

由于新型颜色词在表达方式上具有上述创意性、针对性、软文性的特点，因此在消费者高介入度商品的广告中的出现频率较高，能产性也较强，成为具有广告语体特色的一类颜色词。但正如前文所言，新型颜色词在词义理解方面对消费

---

① 软文广告是以文字见长，为促进企业产品或服务销售的一种宣传性、阐释性的文字广告，体裁包括新闻报道、散文、议论文、案例分析等。"软文"中的"软"是相对于以往常见的"硬广告"而言的。硬广告的内容集中于商品宣传，带有强迫说教的色彩。而软文广告与硬广告最大的区别在于，软文努力使受众理解并接受广告信息而不是强硬灌输。从传播学的角度来看，广告是一个说服受众的传播过程，而软文广告是在关注、把握消费者心理的基础上，以一种更为巧妙、隐蔽的方式传达信息，实现有效传播。它从消费者内心的情感出发，激发其对商品或事物的兴趣，使消费者在不知不觉中接受软文广告所传达的内容，进而诱导其产生购买行为（代夏，2012）。

者的复杂联想力和想象力的要求较高，而且新型颜色词中所表评价的合理性也不太充分，因此部分消费者尤其是中老年消费者对这类新型颜色词的接受度较低。杨文全、李媛媛（2013）的调查结果也显示，44%的受访者认为"部分新兴颜色词有些难以理解，但总体上能理解和接受"，这表明其对新型颜色词的接受度不算太高。

六、结语

以往对广告语体"2＋1"式新型颜色词的考察多集中在词义构成、流行原因、消费者接受度等领域，本章从评价视角出发，综合运用哲学及语言学领域的相关理论及方法，考察了广告语体中新型颜色词的评价特点，以及语境对词语评价表达的影响。

从哲学价值论来看，商业广告语本质上是一种典型的评价言语行为，新型颜色词的评价图式的产生和传播具有功利性、褒扬性、劝导性、情理兼具性的特征。尽管新型颜色词所表达的评价在"真、善、美"三个尺度所展现的合理性都不太充分，但其符合广告语体对评价功能的需求即功利性和劝导性，因此该类颜色词受到了广告设计者和部分消费者的青睐。

新型颜色词根据修饰性语素的语义指向可分为"写实型"和"写意型"两类。基于评价视角，其主要具有以下五方面的特点：

评价方式方面，写实型颜色词的评价方式为间接评价，未直接对商品和消费者进行评价，但可以给受众带来美好的情感体验和联想想象，使其对产品的外观尤其是颜色做出积极评价。写实型颜色词的评价方式为直接评价，通过自夸式或逢迎式评价，凸显商品优势，迎合消费者需求。

评价标准方面，写意型颜色词可分为感性观念和理性观念两种。前者为广告设计者基于感官体验对商品外观的积极评价。后者是基于理性判断，以受众的价值观念等为评价标准，对商品的款式、品质，以及消费者的性格、气质、阶层、能力等做出积极评价。

评价对象方面，写实型颜色词的修饰语素所指向的评价对象多为商品的颜色。写意型颜色词的评价对象既有消费者也有商品，广告设计者通过颜色词中的褒义语素表达对商品和消费者的积极评价，达到宣传商品和劝服消费者购买的目的。

评价表达方面，在词义表达的物性结构上，写实型颜色词的修饰语素与中心语素的关系为形式修饰关系。写意型颜色词的修饰语素与中心语素的关系为功用修饰关系，广告设计者利用功用修饰关系，凸显颜色作为商品外观要素的功用价值，以达到宣传促销的目的。在词义的概念整合模式上，写实型颜色词的概念整合模式属于简单型网络。而写意型颜色词属于复杂型网络，其语素间的物性结构关系模糊主观，对语体和语境的依赖性强，修饰语素与中心语素临时搭配，使得词义透明度较低，理解难度较高。消费者需要运用复杂的工具联想与功用联想，才能理解词义。

评价的语境方面，按照"微观—中观—宏观"的视角，三音节新型颜色词的微观语境即词长及内部结构易于引起受众注意，凸显积极评价义。中观语境采用多模态的呈现方式，新型颜色词配合图文并茂的语境，有助于消费者理解内涵，激发联想，产生购买行为。宏观语境即商品经济为主导的当代消费型社会。广告设计者将消费者的审美追求、情感诉求、塑造镜中自我、实现理想自我等理念融入新型颜色词中，使得新型颜色词在表达方式上体现出创意性、针对性、软文性等特点，从而使消费者对商品产生亲切感和信赖感。

综上所述，新型颜色词在评价方式、评价标准、评价对象、评价表达等方面均体现出较强的广告语体特征，满足了广告的功能需求，但也因评价合理性等问题受到质疑。相关调查显示，新型颜色词受青年及女性消费者的青睐，在广告中的使用频率较高，能产性较强。然而由于其在真善美等维度上的合理性不足，使得部分消费者如中老年和男性消费者对其接受度不高。可见评价的作用机制是评价主体和受众双向互动的过程，评价主体的表达要满足语体功能的需求，具备评价所需的语言要素，但最终的评价效果除了受评价语言表达的影响之外，也取决于受众的心理认知机制和需求。

附 录

写实型三音节颜色词（772 个）

1. "意象 + 颜色"类：599 个

（1）黑色：71 个。

星夜黑、天幕黑、星空黑、星际黑、暗月黑、太空黑、宇宙黑、遂空黑、繁星黑、暮光黑、午夜黑、火焰黑、峻峰黑、曜岩黑、熔岩黑、魔砚黑、珍珠黑、钻石黑、亮漆黑、甘草黑、玛瑙黑、墨砚黑、汉墨黑、木炭黑、石墨黑、乌木黑、檀木黑、樱桃黑、夜鹰黑、水貂黑、深鹤黑、醋栗黑、墨菊黑、墨竹黑、森林黑、极地黑、碳晶黑、陨石黑、晶石黑、曜石黑、墨石黑、矿石黑、松石黑、炭晶黑、墨晶黑、青铜黑、碧玉黑、乌玉黑、墨玉黑、紫钻黑、香槟黑、翰墨黑、徽墨黑、玄墨黑、水墨黑、钢琴黑、琴键黑、电鼓黑、魔蝎黑、夜色黑、紫金黑、暗夜黑、舞夜黑、子夜黑、金刚黑、玄武黑、墨影黑、骏马黑、乌云黑、碧玺黑、天鹅黑。

（2）白色：57个。

雪山白、雪地白、天山白、珠峰白、圣雪白、冰雪白、沐晶白、银雪白、皑雪白、冬雪白、莹雪白、皓月白、月牙白、雪月白、新月白、月光白、星光白、银河白、天际白、浮云白、宇宙白、富士白、极地白、雪域白、北极白、南极白、风雪白、珍珠白、亮纸白、象牙白、石灰白、羊脂白、朱鹭白、灵狐白、幽兰白、汉玉白、石英白、石头白、雪岭白、梨花白、鱼肚白、莹贝白、素贝白、胡椒白、糖果白、钻石白、水晶白、铂金白、丝缎白、织锦白、云釉白、极光白、钢琴白、瓷器白、陶瓷白、月影白、都市白

（3）绿色：46个。

田园绿、高原绿、草原绿、河谷绿、原野绿、酸橙绿、柠檬绿、松石绿、苹果绿、青草绿、壁虎绿、芭蕉绿、杉林绿、芳草绿、芦苇绿、松木绿、云杉绿、春藤绿、墨椒绿、柳木绿、碧波绿、墨塘绿、翠湖绿、湖光绿、碧水绿、鲜果绿、枣花绿、青水绿、杨柳绿、雪松绿、月桂绿、薄荷绿、橄榄绿、藕荷绿、碧玺绿、翡翠绿、玛瑙绿、珍珠绿、琥珀绿、水彩绿、丹青绿、国防绿、行军绿、早春绿、琳琅绿、迷彩绿

（4）青色：12个。

薛荔青、橄榄青、菊花青、蟹壳青、鸭蛋青、绿豆青、孔雀翠、宝石青、陶瓷青、新草青、薄荷青、丝竹青

（5）红色：56个。

火山红、紫禁红、故宫红、朝阳红、艳阳红、骄阳红、旭日红、夏日红、太阳红、朝霞红、霞辉红、玫瑰红、蔷薇红、檀木红、山茶红、烈焰红、海棠红、榴花红、荔枝红、高粱红、樱桃红、甜橙红、辣椒红、暗樱红、番茄红、炫枫红、霜叶红、枫丹红、枫叶红、秋枫红、紫荆红、沉香红、朱砂红、帝石红、玛瑙红、珍珠红、珊瑚红、赤铜红、赭石红、鸡血红、宝石红、火焰红、夜火红、亮光红、光焰红、明焰红、烈火红、冰果红、丝绒红、丝绸红、丝缎红、霓裳红、胭脂红、枫情红、枫雅红、黄昏红

（6）银色：82个。

北极银、极地银、天山银、雪野银、星空银、时空银、星河银、天河银、星云银、星月银、新月银、太空银、繁星银、星辰银、流星银、满月银、月亮银、秋月银、皎月银、古月银、天际银、月光银、星光银、锋锐银、镜面银、玄狐银、矿石银、皓沙银、亮钢银、合金银、冰铝银、钛石银、星石银、冰铅银、石英银、流沙银、北海银、冰河银、冰川银、水波银、瀑布银、湖光银、秋水银、波光银、镭射银、水珠银、雪肌银、贝壳银、古堡银、丝缎银、丝绸银、深缎

银、卫星银、香槟银、水晶银、钻石银、冰钻银、翡翠银、珍珠银、极钻银、琥珀银、铂金银、极光银、暴风银、风暴银、雪花银、云层银、冰雪银、闪电银、冰晶银、映雪银、冷霜银、飘雪银、雪幕银、剑光银、渔网银、钛白银、钛金银、白露银、黎明银、勋章银、火花银

（7）灰色：66个。

闪电灰、银河灰、雷电灰、天云灰、流星灰、太空灰、宇宙灰、星云灰、星空灰、星河灰、高山灰、沙漠灰、冰山灰、岩石灰、火山灰、皓月灰、苍穹灰、月光灰、星光灰、烟雨灰、雪狼灰、雄鹰灰、牡蛎灰、海豚灰、骏马灰、海鸥灰、羽翼灰、银鳖灰、可可灰、橄榄灰、葡萄灰、北极灰、大地灰、风暴灰、铂金灰、乌金灰、钛晶灰、钛金灰、玄铁灰、西铁灰、熔岩灰、燧石灰、矿石灰、镀铬灰、铅银灰、海底灰、宇航灰、宝石灰、玛瑙灰、白银灰、钻石灰、珊瑚灰、珍珠灰、古堡灰、狼堡灰、丝缎灰、深空灰、水泥灰、薄雾灰、枪管灰、午夜灰、薄暮灰、雷讯灰、翡翠灰、城市灰、都市灰

（8）黄色：35个。

春蕾黄、芥末黄、柠檬黄、小麦黄、沙米黄、香槟黄、甘草黄、橄榄黄、玫瑰黄、枇杷黄、菠萝黄、杏子黄、金杏黄、雏菊黄、腾龙黄、金鱼黄、金星黄、月亮黄、星光黄、金沙黄、沙金黄、沙漠黄、沙滩黄、卡其黄、松花黄、稻糠黄、鸭嘴黄、象牙黄、蟹壳黄、萤火黄、水晶黄、珍珠黄、琥珀黄、纱丽黄、绸缎黄

（9）橙色（橘色）：12个。

太阳橙、艳阳橙、霞光橙、阳光橙、琥珀橙、芒果橙、火焰橙、荧光橙、果冻橙、冰果橙、火焰橘、落日橘

（10）蓝色：88个。

宇宙蓝、碧天蓝、谧月蓝、月面蓝、天际蓝、星空蓝、碧空蓝、银河蓝、夜幕蓝、夜空蓝、天空蓝、苍穹蓝、极地蓝、星际蓝、星夜蓝、冷月蓝、天河蓝、朗天蓝、墨宇蓝、晴空蓝、海浪蓝、极海蓝、海洋蓝、滇池蓝、晶海蓝、冰海蓝、冰湖蓝、河海蓝、博海蓝、海水蓝、冰河蓝、瀑布蓝、冰川蓝、波浪蓝、镜泊蓝、青海蓝、湖光蓝、湖水蓝、琴海蓝、深海蓝、瀚海蓝、远空蓝、星辉蓝、月光蓝、珍珠蓝、冰钻蓝、玛瑙蓝、琥珀蓝、釉彩蓝、宝石蓝、水晶蓝、黄晶蓝、碧石蓝、萤石蓝、钻制蓝、碧海蓝、海军蓝、海星蓝、牛仔蓝、水手蓝、公安蓝、学生蓝、孔雀蓝、雏菊蓝、海棠蓝、鸢尾蓝、青石蓝、火焰蓝、冰水蓝、清水蓝、海潮蓝、猫眼蓝、冰果蓝、激光蓝、镭射蓝、古堡蓝、极光蓝、极夜蓝、午夜蓝、秋夜蓝、晨曦蓝、天青蓝、靛青蓝、正午蓝、仲夏蓝、魔宇蓝、水韵蓝、海魂蓝

（11）紫色：20 个。

丁香紫、冰晶紫、幽兰紫、甘草紫、芋头紫、铃兰紫、葡萄紫、青莲紫、玫瑰紫、茄花紫、霓裳紫、薄纱紫、水晶紫、萤钻紫、晨曦紫、露霞紫、霞飞紫、阳光紫、午夜紫、珊瑚紫

（12）金色：24 个。

旭日金、皓日金、阳光金、日光金、晨光金、彩霞金、香槟金、闪沙金、狮子金、沙石金、炫沙金、柔沙金、沙漠金、流沙金、沙滩金、奶黄金、咖啡金、琉璃金、丝绸金、琥珀金、碧玺金、翡翠金、珠光金、钻石金

（13）棕色（咖色）：6 个。

橄榄棕、咖啡棕、摩卡棕、海洋棕、铁锈棕、摩卡咖

（14）褐色：8 个。

棕桐褐、小麦褐、草原褐、岩石褐、古铜褐、咖啡褐、琥珀褐、天蝎褐

（15）粉色：11 个。

珍珠粉、蔷薇粉、樱花粉、樱桃粉、蜜桃粉、玫瑰粉、水晶粉、桃花粉、荷花粉、珊瑚粉、烟霞粉

（16）米色：5 个。

小麦米、满月米、月光米、陶土米、珍珠米

2. "属性 + 颜色" 类：125 个

金属铝、金属银、金属黑、金属铬、金属粉、金属灰、金属红、金属蓝、金属橙、金属白、金属灰、金属金、金属棕、丝光银、丝光金、丝光灰、丝光棕、镁光绿、电光蓝、明锐黑、珠光灰、珠光白、珠光紫、珠光褐、珠光黑、珠光红、珠光绿、珠光蓝、光电蓝、光亮黑、光辉银、光辉蓝、光辉红、光亮白、星光粉、星光紫、星辰紫、星锐蓝、星燦银、星幻紫、镭射灰、镭射红、星灿灰、星灿粉、星灿银、星灿白、星灿蓝、星灿绿、星灿紫、星灿黑、晶灿橙、流光黑、流光白、流光银、锐光蓝、柔光褐、柔光银、柔光紫、荧光绿、炫光银、高光黑、夜光蓝、闪光银、乐光银、皓光银、冷光灰、冰晶红、冰晶紫、冰晶蓝、冰光蓝、雪银红、电光红、电镀紫、电镀黑、电镀银、电镀金、磨砂银、磨砂金、磨砂黑、银砂黑、海沙蓝、银沙蓝、银沙粉、沙银粉、炫晶橙、闪晶灰、闪晶银、闪光金、流金黑、流金褐、流金橙、拉丝银、镜面灰、镜面黑、影子蓝、雪影蓝、深影蓝、光影棕、影像蓝、棱镜紫、棱镜蓝、钢琴红、钢琴蓝、阳极白、阳极灰、阳极红、透明红、透明白、太空绿、银珠黑、钢质黑、水分褐、霜刃绿、锋翼灰、反射银、水纹银、碳金银、青闪银、冰沁蓝、珠莹灰、银亮白、

纳米银、镀铬灰、鲜明橙、明锐橙

3. 双色类：43 个

镀金粉、镀金绿、玫瑰金、玫瑰铜、暗红铜、玫瑰棕、红莓白、紫胭红、流金白、金棕褐、暗红铜、紫铜橙、灰铁橙、秋叶银、香草白、银锭蓝、酷银黑、浅灰紫、双色棕、金粉银、浅粉银、莹粉蓝、钛紫灰、钛银灰、峻蓝灰、亮黑蓝、秋碧蓝、炭黑蓝、炫青蓝、靓银蓝、锦绣蓝、锦绣银、锦绣灰、蓝影灰、银钻灰、雅黛蓝、银炫红、银炫蓝、银炫紫、银韵灰、紫晶灰、银韵蓝、银韵黑

4. "品牌＋颜色"类：5 个

摩天白、摩天橙、摩天银、皓影白、皓影黑

写意型三音节颜色词（528 个）

1. 形语素＋颜色语素：301 个

明锐黑、雅致黑、深邃黑、迅捷黑、骏酷黑、梦幻黑、魔幻黑、锐利黑、璀璨黑、苍劲黑、冷冽黑、闪亮黑、光亮黑、经典黑、星灿黑、智尚黑、睿雅黑、稳重黑、睿智黑、渊博黑、嬉皮黑、坚毅黑、绅雅黑、精锐黑、博雅黑、酷炫黑、炫酷黑、典雅黑、卓越黑、神秘黑、时尚黑、尊雅黑、智尊黑、至酷黑、雅逸黑、风雅黑、酷酷黑、炫目黑、逸静黑、灵动黑

晶莹白、闪亮白、莹润白、纯净白、魔幻白、冰莹白、星灿白、优悠白、纯情白、乐天白、纯真白、冷艳白、性感白、纯洁白、智尚白、清新白、时尚白、迅逸白、尊贵白、典雅白、优雅白、素雅白、幽雅白、灵动白、纯逸白、卓越白、温馨白、纯雅白、冰清白、经典白

透彻蓝、湛清蓝、急速蓝、流畅蓝、永恒蓝、恒久蓝、魔幻蓝、梦幻蓝、静谧蓝、溢彩蓝、炫彩蓝、冰幻蓝、莹彩蓝、炫幻蓝、精湛蓝、星灿蓝、星锐蓝、纯情蓝、活跃蓝、睿智蓝、博智蓝、文雅蓝、俊雅蓝、摩登蓝、时尚蓝、奔放蓝、自由蓝、自在蓝、尊贵蓝、高贵蓝、富贵蓝、优雅蓝、高雅蓝、卓越蓝、沉静蓝、深邃蓝、炫目蓝、炫丽蓝、生动蓝、典雅蓝、冰酷蓝、精锐蓝、雅致蓝、神秘蓝、灵动蓝、精致蓝、搞怪蓝、沉稳蓝、深沉蓝

优等红、莹润红、炫莹红、炫彩红、迷幻红、魔幻红、梦幻红、经典红、活泼红、柔媚红、热情红、狂野红、魅惑红、醇魅红、温雅红、尊贵红、至尊红、富贵红、冷艳红、优雅红、俏丽红、自我红、炫目红、闪亮红、艳丽红、酷辣红、闪靓红、绚丽红、炫丽红、古典红、浪漫红、时尚红、性感红、幸运红

经典绿、魔幻绿、梦幻绿、梦幻青、玲珑青、健康绿、狂野绿、率性绿、欢快绿、浪漫绿、尊贵绿、富贵绿、典雅绿、超凡青、清新绿、呆萌绿

特级银、闪亮银、柔滑银、灿烂银、璀璨银、锐利银、梦幻银、迷幻银、魔幻银、圆润银、极速银、星灿银、星燦银、闪晶银、炫亮银、俊俏银、幸运银、心悦银、率真银、俊朗银、睿智银、时尚银、稳健银、至尊银、高贵银、尊贵银、自由银、卓越银、优雅银、高雅银、炫目银、飘逸银、典雅银、雅致银、成功银

迷幻金、梦幻金、魔幻金、闪亮金、幻彩金、火热金、璀璨金、浪漫金、高贵金、荣耀金、时尚金、尊贵金、富贵金、深邃金、灵动金

柔滑灰、铿锵灰、魔幻灰、珠莹灰、绅雅灰、睿智灰、娇媚灰、文雅灰、沉静灰、率性灰、沉稳灰、稳健灰、尊贵灰、雅致灰、浪漫灰、炫酷灰、典雅灰、神秘灰、古典灰

炫彩橙、溢彩橙、梦幻黄、魔幻黄、柔和黄、芳香橙、莹彩黄、经典黄、开心橙、快乐橙、热情橙、魔幻橙、绚丽橙、飘逸橙、时尚橙

自在黄、尊贵黄、富贵黄、温馨黄、时尚黄、淡雅黄、鬼马橙

梦幻紫、魔幻紫、幻彩紫、璀璨紫、清心紫、时尚紫、优雅紫、可人紫、罗曼紫、炫酷紫、神秘紫、高贵紫、尊贵紫

梦幻粉、魔幻粉、星灿粉、可爱粉、时尚粉、绚悦粉、俏丽粉、浪漫粉、炫丽粉、悦秀粉、淡雅粉、甜蜜粉、清新粉、雅致粉、优雅粉、典雅粉、傲娇粉

魔幻棕、梦幻棕、深情棕、深邃棕、时尚棕、富贵棕、尊贵棕

魔幻褐、陶然褐、富贵褐、尊贵褐

2. 名语素 + 颜色语素：166 个

极品黑、科技黑、幻影黑、未来黑、摩登黑、流韵黑、旋风黑、霹雳黑、风度黑、胆识黑、天使黑、王者黑、忍者黑、帝王黑、尊爵黑、爵士黑、骑士黑、雅士黑、伯爵黑、将军黑、精英黑、霸王黑、绅士黑、皇室黑、格调黑、魅力黑、个性黑、魔力黑、魅影黑、动感黑、商务黑

科技白、极品白、贵族白、爵士白、精灵白、风尚白、柔情白、风情白、雅意白

科幻蓝、科技蓝、幽灵蓝、彩妆蓝、动力蓝、拉力蓝、淑女蓝、雷霆蓝、幻影蓝、闪电蓝、风暴蓝、名士蓝、绅士蓝、爵士蓝、贵族蓝、皇室蓝、皇家蓝、热望蓝、精灵蓝、成就蓝、风尚蓝、风格蓝、魅影蓝、倩影蓝、靓点蓝、亮点蓝、活力蓝、激情蓝、动感蓝、酷心蓝

尚品红、极品红、精品红、魔影红、沸点红、探戈红、飓风红、旋风红、贵族红、佳人红、爵士红、骑士红、迷情红、魅力红、个性红、激情红、浓情红、动感红、精灵红、忍者红

数码绿、魔法绿、天使绿、将军绿、贵族绿、尊爵绿、雅韵绿、风尚绿

科幻银、超感银、雅泽银、精华银、数码银、科技银、网络银、动力银、绅

士银、爵士银、公爵银、骑士银、雅士银、气质银、风采银、风韵银、风度银、天使银、活力银、魅力银、涵质银、印象银、风尚银、雅趣银

　　幻影金、旋风金、贵族金、皇爵金、爵士金、帝王金、新贵金、土豪金、活力金、动感金

　　商务灰、科技灰、数码灰、磁力灰、幻影灰、科幻灰、魔法灰、风暴灰、贵族灰、公爵灰、君主灰、雅士灰、智者灰、骑士灰、气质灰、格调灰、魅力灰、灵韵灰、雅趣灰、典藏灰、深空灰

　　热浪橘、动感橙、俊士橙、魅力橙、热力橙、活力橙

　　沸点黄、激情黄、活力黄

　　佳人粉、奇迹粉

　　新贵紫、风情紫

3. 动语素 + 颜色语素：61 个

　　闪旋黑、享乐黑、狂想黑、风驰黑、激扬黑

　　渐变红、迷醉红、陶醉红、凯旋红、仰慕红、炫耀红、运动红、嫣舞红、突破红

　　放射银、变幻银、跃动银、飞渡银、反转银、摇滚银、发射银、相思银、冒险银、耀目银、电驰银、幻想银、舞动银

　　映射白、狂想白、乐活白、轻舞白

　　梦想蓝、跃动蓝、运动蓝、摇摆蓝、幻想蓝、怡情蓝、悦心蓝

　　开运灰、深思灰、抒情灰、越野灰、跳跃灰

　　狩猎绿、乐活绿、梦想绿、炫动绿、诱惑绿、幻想绿、领跑绿

　　奔腾黄、炫动黄、炫舞橙、流行橙

　　诱惑紫、摇滚紫

　　夜航金、丰收金

　　复古褐、恋恋桃、恋恋粉

第十一章　新闻语体中的论证型构式评价句

一、引言

评价言语行为是多元的。有的出现于非正式口语语体中，强调言者的主观情态。有的出现于正式书面语体中，强调理性表达评价结论和言者立场。以往研究成果主要集中于非正式口语语体中的规约度高的评价构式。新闻语体中的硬新闻①属于正式度和典雅度较高的书面语体，评价句是其重要组成部分。本章以广义硬新闻中的一类论证型构式评价句——"可想而知"构式评价句为研究对象，考察构式的浮现过程，分析言者立场表达等特点。

二、相关研究回顾

21 世纪伊始，国外系统功能语言学和中国语法学界对于"语言如何表达评价"的关注度逐渐升温。我们在 CNKI 知网的检索显示，2001 年至今，以功能语言学"评价系统理论"为关键词的论文逾千篇，博硕士学位论文近千篇。汉语语法学界研究评价语言如评价构式、带评价性的话语标记、评价性言语行为等的论文也有两百余篇。其代表性成果及主要观点如下所示。

（一）　系统功能语言学领域的评价系统理论

在系统功能语言学领域，研究评价语言影响力较大的理论是 20 世纪 90 年代澳洲系统功能语言学家 J. R. Martin 所提出的评价系统理论。该理论创立的初衷是建立一个评价语言资源体系，并将这些资源运用于语篇分析。具体的研究路径主

---

① 对"硬新闻"的界定有广义和狭义两种。广义的"硬新闻"是以政治经济等时政领域为主的新闻报道，强调客观性、公正性、时效性，是传播较广、影响力较大的新闻类型。狭义的"硬新闻"指的是与"突发暴力、命运颠倒与严重违犯社会道德秩序"有关的报道，分事件新闻（event stories）和问题报道（issue reports）两种。事件新闻是指对灾难、政治暴力、犯罪、经济衰败等事件的新闻报道。问题报道指来自权威机构或个人，如政治家、社区领导、说客、专家或科学研究者等的批评、指责、警告等（White，2002）。

要是通过评价词汇（evaluative lexis）分析语言使用者的意识形态。评价系统理论提出了一个可以用于分析各类语体语篇评价资源特点的评价系统框架，如图1所示。这一框架在英语及其他语言的评价研究领域得到了较为广泛的应用。

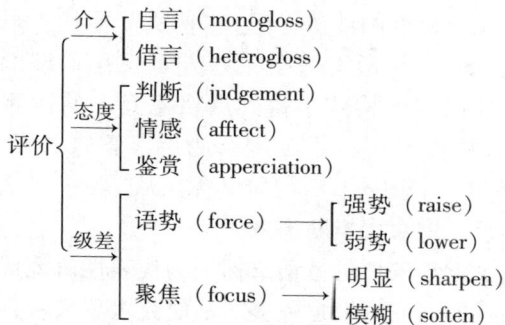

图1　Martin 的评价系统框架（王振华，2001）

　　由图1可见，Martin 的评价系统理论主要包括"介入系统、态度系统、级差系统"三个子系统，每个子系统下面又分为若干小类。该系统的创新之处在于，之前以韩礼德为首的系统功能语言学家对语言人际意义的研究主要是考察小句的语法特点，而 Martin 开始从词汇资源入手，研究语言的评价功能，重点考察文本或话语中词汇语义所体现出的态度、介入、级差等评价资源。

　　由于 Martin 的评价系统框架具有覆盖面和适用性广、概括性和解释力强的特点，从21世纪初到现在，已被广泛应用于新闻、广告语篇、外交话语、文学作品、影视剧本、翻译文本、学术论文、外语教学等领域，取得了大量研究成果。研究者从评价系统的态度、介入、级差等各个子系统及其小类入手，探讨评价资源在各类语体语篇、话语文本尤其是词汇项中的分布，考察语言的人际意义。

　　当然，该系统也存在着不足之处，主要体现在：首先，该系统对评价资源的考察主要集中在词汇层面，而事实上语体、语篇、语段等环境都会对评价资源的分布和表达产生影响（王振华，2001）。其次，由于评价系统的子系统的区分主要依赖语境和语义，缺乏语言形式上的标记，子系统之间、同一子系统的各小类之间的界限不明显，因此运用评价系统框架对具体文本进行考察时，常常会遇到评价词语归类模棱两可的情况，某个词语似乎既可以归入裁决子系统也可以归入鉴赏子系统（王振华、马玉蕾，2007）。最后，该系统框架的建构是基于跨学科的理念，情感子系统运用的是心理学理论，判断子系统运用的是伦理学理论，鉴赏子系统运用的是美学理论，这也使得该框架在分析具体文本时由于理论多元而略显散乱。

（二）　汉语语法学界的评价构式研究

近年来，汉语语法学界对评价语言的研究成果不断涌现，其研究对象包括评价构式，以及具有主观评价性的话语标记。"构式"指的是当且仅当 C 是一个形式与意义的配对〈Fi, Si〉，且形式 Fi 的某些方面或意义 Si 的某些方面，不能从 C 的构成成分或从其他已有的构式中得到严格意义上的预测，C 便是一个构式（Goldberg，1995）。以评价构式"还 X 呢"为例，假如"X"是"大学生"，那么"还大学生呢"作为一个构式，其评价义无法从"还""大学生""呢"三个成分及其组合的字面意思中直接推断出来。

第二章表 1 列出了近年来评价性话语标记的代表性研究成果。除了话语标记之外，近年来评价构式的研究成果也较多。从研究对象来看，目前学界主要研究的是非正式口语语体中规约化程度较高的评价构式。部分研究成果如评价构式"NP 一副 X 的样子"（储泽祥，2003），"（X）整个一（个）Y"（刘长征，2007），"好你个 X""（X）真是（的）""这/那个 + 人名"（李小军，2014，2011），"还 X 呢"（宗守云，2016），"NP 一个"（胡清国，2017）；程度评价构式"X 没说的""X 没的说""X 就不用说了"（王晓辉，2018，2017，2014），"'V 都 V 了'与'V 就 V 吧'"的比较"（周莉、曹玉瑶，2018）；负面评价表达的规约化（方梅，2017）；让步类同语式评价立场的表达（乐耀，2016），等等。无论是评价性话语标记还是评价构式，都以表达负面评价为主。

参考方梅（2017）归纳的负面评价构式的结构特点，我们按照句类及成分特点，将评价构式及评价性话语标记大致分类概括如下：

（1）含有感官行为类动词的祈使句、陈述句等。感官行为类动词如"说、告诉、看、瞧"等，这些感官行为类动词表明评价主体和对象处于非正式的、面对面的交际场合中。祈使句如"你看你、你说说你、别说、别看"等。陈述句如"X 就不用说了；我告诉你"等。

（2）含有感叹语气和反问语气的评价构式。构式中常出现评价性副词、人称代词"你"、语气词等。带有感叹语气的如"好你个 X！还 X 呢！得了吧！"，其中"X"是"引述语"（方梅，2017）。带有反问语气的句子如"何必呢？"。

（3）含有疑问语气的评价构式。如"疑问代词 + 啊/呀/呢"结构，"什么呀、哪儿啊/呀、怎么说呢"等。感叹、反问、疑问语气，体现出说话人较强的主观情感态度。

总体来看，如果将评价构式或话语标记的构成成分比作"谜面"，其所表达的评价意义比作"谜底"，那么研究者关注的是人们如何由"谜面"推知"谜底"，"谜底"又是如何通过"谜面"浮现的。围绕形式的"面"与意义的"底"，研究者进行了多视角的研究。

（三）　评价系统理论与汉语评价构式研究的比较

汉语语法的评价研究和西方评价系统理论研究的相异之处主要体现在以下三个方面。

1. 研究对象的差异

汉语语法学界的研究侧重于隐性的评价资源，即非正式口语语体中的评价构式或话语标记，其中不一定含有显性的褒贬义词汇，但是可以较为独立而明确地表达言者的主观情态和立场[①]，即前文所提及的"谜面"与"谜底"之间的对应关系。

评价系统理论的研究涵盖显性和隐性的评价资源。如在各类语体中，语篇的评价性词汇如何直接或间接地投射出言者的态度、情感、价值判断，投射的强弱程度如何等。如评价系统中的态度子系统是对人品或物值的评价，其中情感系统和裁决系统是评价人品的资源，情感系统和鉴赏系统是评价物值的资源。情感表达、人品裁决、物值鉴赏三者都有正面与负面、显性与隐性之分（王振华、马玉蕾，2007）。

2. 研究思路的差异

汉语语法学界重视"以点带面"，共时与历时相结合。或选取某个评价构式或话语标记作个案研究，或将几个形式意义相近的构式或话语标记进行对比分析。研究者将共时与历时相结合，分析评价构式和话语标记共时层面的语法、语义、语用特点，并从历时角度探究这些特点形成的动因。

评价系统理论研究重视"由面及点"，其考察主要基于共时层面。研究者常选取特定语体的一个或数个语篇，分析语体环境、言者评价意图与语篇评价资源的分布，考察评价性词汇、语篇评价意义和功能之间的互动关系。

3. 理论运用的差异

汉语语法学界研究评价构式及话语标记时常用的理论包括：基于互动语言学、认知语言学、构式语法、浮现语法等相关理论视角，考察分析评价构式或话语标记的句式与语义的演化，并运用词汇化、语法化、礼貌原则、语境频率效应等来解释其表达评价意义的动因（王晓辉，2018；方梅，2017；李小军，2011；郑娟曼，2009）。

评价系统理论研究综合运用了社会学、心理学、伦理学、美学、阐释学等学

---

①　据我们的考察，汉语语法学界的相关研究成果多未明确界定"评价"的定义。从具体研究情况来看，其将"评价"视为一种言语行为，侧重于研究评价所表达的言者主观情态及立场。

科的相关理论，从研究视角、内容及目的来看，其已经不是纯粹的语言学研究，而是语言学与其他学科交叉的、应用性较强的研究。如英汉商务语篇中的评价资源对比（徐珺、夏蓉，2013）、评价系统理论与外语阅读教学（廖传风，2008）、警察讯问语言中的评价介入系统（袁传有，2008）等。而 Martin 创立评价系统理论的初衷也是为了提升英语母语者的写作能力。

（四） 其他相关研究

评价作为一种言语行为，反映了言者的立场和态度。国外研究言者立场表达成果中较有代表性的如 Ochs（1996）、Conrad & Biber（2000）、Berman et al.（2002）等。其中 Conrad & Biber（2000）明确提出了立场的三个次范畴：认识立场（epistemic stance）、态度立场（attitudinal stance）、风格立场（style stance）。认识立场包括言者或作者对所言或所写信息的确信度，以及信息的来源等。态度立场包括对所言或所写的信息内容的情感倾向和评价表达。风格立场涉及说话人或作者是以何种方式来表达信息。

Conrad & Biber（2000）通过大规模的语料库考察了认识立场、态度立场、风格立场在不同语体语料中的使用差异，发现日常会话语料中的立场状语是书面语料库中的两倍。该研究表明不同语体和语域对言者立场标记分布具有重要的影响。作者还指出，将印欧语系与其他语系进行跨语言的对比分析，可以从类型学视野下考察言者立场在不同语言中的表达特征。

三、研究对象及内容

（一） 研究对象

本章的研究对象是硬新闻中的一类论证型构式评价句即"可想而知"构式评价句。例句如下所示：

（1）【8 万吨重的沉管靠 192 个顶推千斤顶、384 个无源支撑，平稳地、小偏差地向前移动】，困难程度可想而知。（《中交四航局港珠澳大桥岛隧工程项目部：伶仃洋上铸丰碑》，《经济日报》，2018 年 5 月 7 日）

（2）【据了解，近年来，我国餐饮业高速发展，随之而来的是堆积如山的餐厨垃圾。前瞻产业研究院数据显示，2016 年全国餐厨垃圾产生量约在 9 700 万吨左右】。这类垃圾如果不得到及时处理，对环境造成的压力可想而知。（《生活垃圾分类实施 1 年　多数人扔垃圾不分类》，中国新闻网，2018 年 4 月 8 日）

（3）【国内通信市场的爆发增长期为上世纪九十年代和本世纪前十年，这 20

年间，三大运营商借助先天优势吸纳了数亿用户，基本上奠定了三分天下的格局。在这种背景下，虚拟运营商再进入这一市场，且还要依赖三家基础运营商】，其经营难度之大可想而知。(《错过通信网络扩张最好时机　虚拟运营商如何扭转困境?》，《工人日报》，2018 年 5 月 30 日)

　　例（1）~（3）中黑方括号内的小句是新闻事实构成的评价前提，在"可想而知"所在的小句（下文简称"可想而知"小句），即"NP + 可想而知"小句中，NP 表达的是评价结论，"可想而知"是对评价结论及其所含高程度量的确认，凸显了言者的认识立场和情态立场。可见"可想而知"小句语义已不是"NP"和"可想而知"语义的简单加和，而是体现了评价的主观性和言者的认识及态度立场。

　　从语体分布和出现频率来看，"可想而知"构式评价句高频出现于新闻文体，尤其是硬新闻的消息和评论。CCL 语料库中包括了小说戏剧、报刊新闻、翻译作品、电影剧本、百科全书等语料，语体语料数量分布较为均衡。我们从 CCL 语料库中共检索到"可想而知"语料 1 841 条，其中分布于新闻语体中的"可想而知"语料共 1 638 条，占总数的 89.7%。我们还利用人民网新闻搜索引擎进行了检索，共收集到含有"可想而知"的新闻语料 7 093 条，主要分布于硬新闻的消息和时评中。

　　我们可以从句子形义关系的透明度和句法成分的配位方式来判断"可想而知"小句的构式特征（施春宏，2013）。首先，从句子的形义关系的透明度来看，"NP + 可想而知"构式的表层结构是一价的，但是底层动词"可想而知"既可以是一价的，也可以是二价的。构式和组构成分在配价上的对应关系不一致，使得构式从形式上看透明度较低。

　　其次，从句法成分的配位方式来看，"可想而知"小句的主语"NP"在语义结构中是受事，却在句法结构的配位过程中被安置到主语位置，使得整个句子以主动形式呈现出来。因此该构式从配位方式来看也不够透明。

　　此外，如果单独看前文例（1）~（3）中的"可想而知"小句——"困难程度可想而知""对环境造成的压力可想而知""其经营难度之大可想而知"，我们无法准确得知其语义，因为"可想而知"小句所表达的对评价结论及其所含高程度量的确认，以及言者的认识立场和情态立场均未在小句的形式结构中直接呈现出来，需结合语境加以推断。这既反映出"可想而知"小句是具有规约化特征的构式句，也体现了该小句对上下文语境具有依赖性，其规约化程度低于"V什么 V!""还 NP 呢"等口语构式评价句。

　　最后，从使用频率来看，"可想而知"小句表达消极评价的频率远高于其表达积极性和中性评价的频率。第九章运用语料库语言学的语义韵研究方法，穷尽性考察了 CCL 语料库中的"可想而知"句。结果显示，在"左搭配词 + 可想而知"句中（笔者注：即本章所说的"NP + 可想而知"），82.76% 的左搭配词带有消极语义内涵。在"可想而知"左搭配词中频率最高的 10 个词，第 1～9 位即"难度、艰辛、后果、处境、艰难、压力、艰巨、痛苦、困难"的词义都带有消极性内涵。其原因我们将在后文详细分析。

此外，目前学界尚未准确区分"消极评价"和"负面评价"，实际上二者的语义内涵并不完全相同。我们之所以用"消极评价"而不用"负面评价"，是因为"消极"在《现汉》的释义中有"否定的；反面的；阻碍发展的"之义，而"负面"多指人不良的主观情态。在"可想而知"构式句中，NP 中高频出现的词语"难度、艰辛、后果、处境、艰难、压力、艰巨、痛苦、困难"等都含有消极的语义内涵，但不一定带有言者明显的负面情态，因此我们用"消极评价"来指称"可想而知"小句的主要评价倾向。

（二） 研究内容

本章以"可想而知"构式评价句为研究对象，重点关注以下问题：①以新闻语体中的硬新闻为例，分析书面语体中论证型构式评价句的评价模式、构成要素、构式特征。②考察作为层级性体系的"构式化语境"，尤其是语体语境和上下文语境对构式评价句的句法、语义特点的影响。③考察正式书面语体的构式评价句如何体现言者立场，以及言者立场的类型和特点。④对比不同语体中的构式评价句，探讨语体与构式浮现、评价表达、言者立场之间的互动关系。

四、论证型评价模式及评价句

新闻、法律等作为典型正式书面语体的重要组成部分，其话语表达具有较明显的非形式逻辑的特征（熊明辉，2006）。为了解决传统形式逻辑论证中"语用空缺"的问题①，非形式逻辑学界学者 Johnson Ralph H. & Blair Anthony J. （1994）提出了论证评价的 RSA 三角标准，该标准在非形式逻辑界具有较大影响力。该标准认为，一个可信度高的评价结论要经过好的论证，而好的论证必须符合三条标准：①前提必须是可接受的；②前提必须与结论相关；③前提必须为结论提供充分的支持。违背了其中的任何一条标准，论证就是谬误的（熊明辉，2006）。

在此基础上，金立、汪曼（2015）应用非形式逻辑的图尔敏论证模型，分析新闻评论中的论证结构、动态过程、语用策略等内容，检验新闻评论中论证的合

---

① 以往经典的形式逻辑关注的是论证的语义和语形维度，忽略了语用维度，而现实生活和日常思维中的许多评价的论证过程不具备经典形式逻辑所关注的三段论、命题演算、谓词演算等理想化的论证结构（梁庆寅、赵利，2003），故以自然语言论证为研究对象的非形式逻辑、语用论辩术等研究逐渐引起人们的重视。

理性和有效性。张玫瑰（2009）考察法律文本的论证评价模式后指出，作为非形式逻辑的法律论证，其评价模式应为形式有效、实质有效、修辞有效的论证评价标准的结合。只有语形、语义和语用分析方法相结合，才能使科学共同体的论辩成为可能。

在参考非形式逻辑界关于论证评价的理论及研究方法的基础上，我们将新闻语体中的"论证型评价"界定为：评价主体即新闻写作者列举客观充分的评价前提，通过理性的推断，或归纳或类推，得出理据性强、可信度高的评价结论①。

胡范铸（2007）指出，内容客观是新闻的一个构成性规则。评价作为新闻内容的重要组成部分，同样需要做到客观。新闻如何使用带有言者主观态度立场的语言，表达客观的评价，其重要手段之一就是使用论证型评价句，为读者呈现结构完整、传信度高的评价模式。

由前文例（1）~（3）可见，"可想而知"句的评价前提表达了与评价结论相关的、翔实充分的新闻事实，符合非形式论证 RSA 三角标准中"前提"的三个标准即真实性、相关性、充分性。评价的推断过程合理，评价结论客观。因此，从评价模式的视角出发，借鉴非形式逻辑中关于论证的 RSA 三角标准，新闻语篇中的"可想而知"可归为论证型评价句。

五、论证型评价句的构成要素及特征

"可想而知"构式评价句的评价模式为论证型评价，因此其包含着论证型评价的三大构成要素——评价前提、推断过程、评价结论。由前文可知，可信度高的评价结论要经过好的论证，好的论证需符合 RSA 三角标准。"可想而知"构式评价句所含的论证如何达到 RSA 三角标准，如何得出可信度高的评价结论是本小节重点关注的内容。我们将通过分析"可想而知"构式评价句的词汇、句法特点，考察论证型评价的构成要素在句中的呈现效果，以及新闻语境对评价构成要素表达的影响。

---

① 本章的"论证型评价"与非形式逻辑学领域的"论证评价"不完全相同。本章的"论证型评价"是一种含有论证过程的、有理有据的、正式度及可信度高的评价。非形式逻辑学领域的"论证评价"指的是"对论证过程的评价"。其基本特征包括动态性、目的性、多主体性、语境敏感性、对话式等，主张将（形式）逻辑标准、论辩标准和修辞标准结合在一起，对论证过程的合理性和有效性进行科学的评价（熊明辉，2006，2007）。

（一） 言之有据——评价前提的高传信度

1. 评价前提中的传信语

在"可想而知"构式评价句中，评价前提通常由数个篇章小句①（下文简称"小句"）组成，内容以新闻事实为主，多用传信词语来标记信源。如下四例所示：

（4）【举报人卞某称，爆炸事件发生于 8 月 14 日晚，当时她的手机处于充电状态，凌晨 3 时手机突然发生爆炸。手机被严重烧毁变形】，爆炸时的威力可想而知。（《刚上市的 S7 就炸了？三星又被消费者举报了!》，《环球日报》，2017 年 8 月 31 日）

（5）【据国家卫计委 2016 年发布的数据显示，全国仅有儿童医院 99 所，而设置儿科的医疗机构则达 35 950 个。多数省份只有两三家儿童专科医院，一些省份甚至仅有一家】，就诊压力可想而知。（《孩子病了，除了儿童专科医院还能去哪儿?》，《光明日报》，2018 年 2 月 13 日）

（6）【测评结果显示，容易注销的仅有微信一款，淘宝网、航旅纵横、新浪微博等 3 款 APP 注销难度中等，ofo、高德地图等 12 款 APP 注销困难，快手、抖音等 4 款注销则暂时不可能。这里列举的是一些知名 APP】，放眼整个市场，问题之严重可想而知。（《"一键注销"应成互联网基本配备》，《北京青年报》，2018 年 4 月 17 日）

（7）【今日头条据称拥有超过 2 亿活跃用户，这意味着该平台发布的每一条虚假广告，都可能有百万、千万甚至更多用户看到】，对用户造成的误导和损害之大、造成社会影响之恶劣可想而知。（《违法广告屡上"头条"拷问企业价值观》，《北京青年报》，2018 年 3 月 31 日）

在上述四例中，黑方括号中的小句都是评价前提，由数个小句组成，位于评价结论之前，句法位置固定。评价前提常包括专职传信语和兼职传信语。

汉语的传信范畴属于语义范畴，通过词汇、短语、句式等表达传信内容，如指明信息的来源，表达说写者对信息的态度等。吕叔湘（1942）较早对汉语传信范畴展开研究，《中国文法要略》一书中论述"传信"和"传疑"范畴时，将语义与语法形式相互印证，一方面从语气词和疑问句类型的角度出发，考察汉语传信和传疑范畴的具体表达方式；另一方面也从"语意"角度出发，指出"正反"

---

① 本章所言的"篇章小句"的划分标准主要采用的是徐赳赳（2003）和屈承熹（2006）的界定，即篇章小句以主谓结构（包括主语为零形式）为划分的主要标准，以停顿和功能为划分篇章小句的次要标准。如："雨，越下越大了。"主语和谓语之间虽有停顿，但只有一个主谓结构，是一个篇章小句。而"四川人不怕辣，贵州人怕不辣，湖南人辣不怕"有三个主谓结构，是三个篇章小句。

和"虚实"这两对语意范畴具有传信与传疑的功能。乐耀（2011）对此有详细论述，此不赘述。

"信息的来源"和"信息的可靠度"是考察传信范畴的两个重要维度。"信息的来源"涉及信息的发布者或相关机构，以及信息的获取方式。信息的获取方式是指言者如何从信息来源处获取所需信息，并使之成为自己认识的一部分，它涉及信息传递或接受的方式。"信息的可靠度"是言者对所言信息的态度，它应从传信范畴在言语交际中的表现来考量，它和信息来源、获取方式以及对信息的态度都有着密切而非必然的联系（方梅、乐耀，2017）。

"可想而知"构式评价句的评价前提中包含着较多的传信类句法成分。这些传信类句法成分从句法类型来看可以分为专职传信语和兼职传信语。"专职传信语"是指以传信作为核心语义功能，在新闻中常用于表达信息来源和获取方式的短语，其语法化程度相对较高。

从位置来看，专职传信语常出现在评价前提的首个小句，引领后面的具体新闻事实信息。从其所表达的信息来源渠道及获取方式看，包括引用权威机构发布的数据信息，如例（5）中的"据国家卫计委2016年发布的数据显示"；或引用当事人提供的信息，如例（4）的"举报人卞某称"；或引用相关机构的测评结果，如例（6）的"测评结果显示"，或引用其他渠道的相关信息，如例（7）的"今日头条据称"等。此外新闻中的传信语还有如"据X报道（笔者注：其中的'X'多指新闻机构，如中新社、美联社等），……援引X的消息（笔者注：'X'多指新闻机构、新闻发言人等）"等。专职传信语的出现，明确了评价前提的信息来源和获取方式，弱化了报道者的主观介入，增加了评价前提的客观性和可信度。

"兼职传信语"是指不具备语法化的形态标记，借助其他语言范畴或方式手段来表达传信意义的传信语，如引语、认识情态词，以及一些类型复句的使用等。从位置来看，评价前提中的"兼职传信语"常出现在专职传信语之后。从内容来看，"兼职传信语"以间接引语为主，多由各类新闻事实构成。也包括少量断言，这些断言基于新闻事实，具有较高的可信度。

2. 评价前提中的新闻事实

新闻事实是指包含着新闻价值的客观事实（苏宏元，1999）。新闻事实可分为"完整事件信息"和"具体细节信息"两类，其中"完整事件信息"指所报道的完整度高、突发性及时间性强的事件性新闻事实。"具体细节信息"包括报道者收集或引用的较权威的数据，或刚出现的社会现象中某方面的具体情况等，是完整度弱、细节性强的新闻事实。从出现频率来看，"具体细节信息"类新闻事实在评价前提中的出现频率高于"完整事件信息"类新闻事实。

在上述四例中，例（4）中的评价前提小句简要地叙述了举报人卞某手机爆炸的过程，属于"完整事件信息"类新闻事实；例（5）和例（6）的评价前提小句属于"具体细节信息"类新闻事实。例（7）中的第1小句表达的是"具体细节信息"类新闻事实，第2、3小句则是报道者根据事实，站在民众立场所做的或然性断言。这些专职和兼职传信语所表达的完整事件信息类和具体细节信息类新闻事实，体现了新闻言语行为中最重要的构成性规则——"内容客观"规则。从听话者对新闻客观性的接受心理来看，其也契合了新闻语言"细节即客观、数据即客观、说法即客观"的特点（胡范铸，2007）。

除了传信语之外，评价前提中还有一些表达新闻报道者主观态度的副词、形容词，如例（4）中的"突然、严重"，例（5）中的"仅、只有、甚至"，例（6）中的"仅"，例（7）中的"可能"。这些主观情态词语的主要功能是强调新闻事实，引发读者关注，凸显评价前提和结论之间的逻辑关联，而非表达报道者的个体情感或自言性立场。这也体现了新闻语体语境对构式评价句的影响，在正式度和庄典度高的新闻语体语境中，评价句具有传信度高、充分利用新闻事实进行客观表达的特点。

（二） 析之有道——评价过程的强推理性

评价过程指的是由评价前提推导出评价结论的过程。根据评价过程推导方式的特点，我们将"可想而知"构式评价句分为归纳式和类推式两种。

1. 归纳式

归纳式评价句指的是在归纳概括评价前提所述新闻事实的基础上，推导出与该事实直接相关的评价结论。其主要句法特征是，评价结论小句的主语常含有回指性成分，其回指对象存在于评价前提所述新闻事实之中。例句如下所示：

（8）唐珊和队员们第一天进入病房，病区有45名病人，给每个人抽了8～10管血，工作负荷之大可想而知。（《元宵前夜，让我们守护万家灯火》，《光明日报》，2020年2月8日）

（9）在2012和2013年，王向和向芯各做了一年的全职工作人员，他们不但要组织活动，还要制定青草的战略思路和发展方向，同时还得想方设法"找钱"给自己发工资，这对于两个没有任何社会资源和经验的大学生而言，重重困难可想而知。（《两个十八岁女生创立草根公益团队　帮助外来工子女教育和成长》，金羊网，2018年5月21日）

例（8）和例（9）的评价前提由具体细节信息类新闻事实构成。从评价前提和评价结论的衔接情况来看，两例中的"可想而知"小句主语均包含着对评价前提的回指成分，我们将两例中的回指对象补充在括号内，分别为："（唐珊和队员们）工作负荷之大可想而知"，"（创办公益组织时遇到的）重重困难可想而知"。括号中的回指成分为评价前提中新闻事实的相关施事主体或其行为，评价结论即"可想而知"小句就是针对这些回指成分所包含的人或事而得出的。

2. 类推式

类推式评价句指的是根据评价前提所述的新闻事实，类推至评价前提以外的其他评价对象，并得出评价结论。具体的类推方式包括由此及彼、推己及人、由现实推及未来等。例句如下所示：

（10）某中资石油企业在与哈萨克斯坦的石油交易中，由于使用了币值极不稳定的坚戈结算，本币贬值造成的直接汇兑损失折合人民币达 20 多亿元，最终核算的外汇净收益仅为 0.52 亿元人民币，可谓损失惨重。大型国企尚且如此，中小企业在汇率波动中的风雨飘摇更是可想而知。（《中小企业掘金"一带一路"跨境清算市场蔚然成形》，中国经济网，2016 年 4 月 12 日）

（11）虽然记者戴着口罩，戴着头盔穿着防弹背心，但是眼睛和喉咙还是很难受，感觉露在外面的每一寸皮肤都被火烧了似的，那么被催泪瓦斯直接击中的巴勒斯坦人，其难受程度就可想而知了。（《记者手记：加沙边境"无法跨越"的铁丝网》，新华网，2018 年 6 月 11 日）

上述例（10）的评价前提为完整事件信息类新闻事实，例（11）的评价前提为具体细节信息类新闻事实。例（10）和例（11）的类推方式分别为"由此及彼"式和"推己及人"式。类推式构式评价句中的常见句式为"A（尚且如此），B……就/更是可想而知（了）"。其中 A 出现于评价前提中，指的是新闻事实中的人或事，报道者根据 A 的特征，类推出评价对象 B，虽然 B 未出现在评价前提中，但 A 与 B 之间具有很高的相关性或相似性。

从类推过程的规律性来看，从 A 到 B 的类推过程符合沈家煊（1999）所提出的"全量的肯定否定规律"，即"在无标记词序情况下，肯定一个极大量等于肯定全量，否定一个极小量等于否定全量"。例（10）评价前提所述"某大型中资石油企业因外币贬值而损失惨重"，属于肯定极大量，由此类推出"中小型企业（损失可能更惨重）"的评价结论，体现了"肯定一个极大量等于肯定全量"。例（11）评价前提所述"记者做好防护靠近催泪瓦斯时，已经觉得不舒服（难受）"属于否定极小量，当其类推出"无防护的巴勒斯坦人被催泪瓦斯直接击中时，会更加不舒服（难受）"的评价结论，体现的是"否定一个极小量等于否定全量"。

还有一类"可想而知"构式评价句的类推方式为由已知类推至未知，是报道者根据评价前提中的新闻事实，类推至相关假设情况，并以假设情况作为评价对象，得出相应的评价结论。此类评价句的前提小句中常含有假设性连词"若、如果、假如"等，根据评价前提和语篇中的其他信息，这种假设的情况极有可能会发生，或者很有可能已经发生，但报道者尚未掌握充分的证据，因此使用了假设连词。如下例所示：

（12）作为号称"全球用户总量突破 9 亿"的应用程序，如果不能很好地维护用户的信息安全，甚至沦为泄密黑洞，其带来的破坏程度可想而知。（《别让"WiFi 钥匙"沦为泄密黑洞》，《北京青年报》，2018 年 4 月 4 日）

（13）现阶段影视剧的投资成本越来越高，单集制作成本最高可达 800 余万元，总投资达上亿元的剧集已不是个例，若无法顺利发行播出，相关公司承受的损失可想而知。（《每年 1/3 影视剧难见天日 影视剧公司求解滞播难题》，《北京商报》，2018 年 11 月 23 日）

例（12）中的"如果（'WiFi 钥匙'程序）不能很好地维护用户的信息安全，甚至沦为泄密黑洞"，是一种假设的情况。根据新闻前文中援引的信息可知，"WiFi 钥匙"的相关功能实际上已经涉嫌非法获取他人信息和非法向他人提供个人信息，但"涉嫌"之义是已有嫌疑但未完全确定，因此报道者使用了假设连词，并做出了"其带来的破坏程度可想而知"的消极评价结论。由此也可见新闻语体中论证型评价的严谨客观。

例（13）的评价前提介绍了目前影视剧制作成本很高的情况，属于细节信息类新闻事实。从新闻标题《每年 1/3 影视剧难见天日 影视剧公司求解滞播难题》可以看出，"若（影视剧）无法顺利发行播出"是一种发生概率极大的情况，而"相关公司承受的损失可想而知"就是针对影视剧滞播这一极有可能发生的情况所得出的评价结论。

由此可见，在类推式评价句中，评价对象未出现在评价前提中，也不一定是已发生的事实，但因其与评价前提所述事实具有较高的相关度或相似度，类推过程符合逻辑性，故所得评价结论的真实性强、可信度高。

（三）系之有序——评价要素的关联性

从评价要素的关联性来看，在"可想而知"构式评价句中，评价结论大多包含着回指成分，回指的是评价前提中的相关内容。我们从前文随机选取了五个例句，列出其评价结论与评价前提的回指关系，如表 1 所示：

表 1 "可想而知"构式评价句的评价结论与评价前提的回指关系

	评价结论对评价前提的回指类型及回指对象
例2	对环境造成的压力可想而知。 零形回指，回指的是评价前提中的"餐厨垃圾堆积如山"。
例4	爆炸时的威力可想而知。 零形回指，回指的是评价前提中的"手机"。

（续上表）

	评价结论对评价前提的回指类型及回指对象
例6	问题之严重可想而知。 问题：名词回指，回指的是评价前提中的"APP注销难"。
例11	其难受程度就可想而知了。 其：代词回指，回指的是前一小句即"被催泪瓦斯直接击中的巴勒斯坦人"。
例12	其带来的破坏程度可想而知。 其：代词回指，回指的是评价前提中的"'WiFi钥匙'程序"。

如表 1 的五例所示，其评价结论小句都包含着回指成分，回指方式包括零形回指、名词回指和代词回指。回指的对象出现在评价前提小句中，从语义内涵上看，包括人［例（11）］、事物［例（4）、（12）］、事件［（例2）、（例6）］。

由此可见，"可想而知"构式评价句的评价前提和评价结论呈线性排列，成分的回指既保证了评价前提和评价结论之间句法和语义的关联，也强化了语篇的连贯性，体现了新闻语篇的"主位推进模式"（翁玉莲，2011），便于读者理解。

（四）　论之有理——评价结论的强客观性

在"可想而知"构式评价句中，"可想而知"一词出现在评价结论即"可想而知"小句中，是整个论证式评价构式句的核心部分。

"可想而知"小句具有句法规约性强、语义传信度高、语体风格客观正式等特点。前文已经谈到，"可想而知"小句具有明显的构式特征，那么其受到哪些构式化语境因素的制约，构式义如何浮现，言者立场如何表达，其高频表达消极评价的动因与其他语体中消极评价句的异同等问题，将是后文关注的重点。考虑到这一节讨论的问题较多，论述的篇幅较长，故将该小节列为第六部分，详加分析。

六、评价句的构式义浮现及言者立场表达

由前文例句可见，"可想而知"小句主语以 NP 为主，谓语是以"可想而知"为核心的 VP 结构。本部分我们将在考察"可想而知"小句主语和谓语部分的语法语义特征的基础上，分析其构式义的浮现及言者立场的表达。

（一） "可想而知" 小句主语的结构类型及词义特征

"可想而知" 小句主语以 NP 为主，NP 内部还可分为数个小类。除 NP 之外，"可想而知" 小句主语还由极少量的形容词、动词等其他类型的词语充当。这些词和短语需满足一定的句法及语义特征才能进入小句。不同语义及句法类型的主语会影响小句的构式义以及言者立场的表达。

我们在 CCL 语料库中检索到 "可想而知" 语料共 1 841 条，其中分布于新闻语体中的 "可想而知" 语料共 1 638 条，占语料总数的 89%。我们利用人民网新闻搜索引擎检索到的 "可想而知" 语料共 7 093 条，其中有效语料 5 000 条。两者相加，共收集到新闻语体中的 "可想而知" 有效语料总计 6 638 条。

我们对这 6 638 条语料中的 "可想而知" 小句主语的词语类型及其在语料中所占的比例进行了统计分析，如表 2 所示：

表2　"可想而知" 小句主语的词语类型、例句及比例

词语类型	例句	语料中的占比
①以名词为中心的 NP	（1）……这些垃圾在狭窄的包裹内捂了三天，其味道可想而知。 （2）……在这样的城市下面修建地铁，施工难度可想而知。	51.54%
②以形容词为中心的 NP	（1）……亚运会期间，大量运动员、观众、游客蜂拥而入，交通压力之大可想而知。 （2）……这是她费尽千辛万苦从学习与生活了 15 年的新西兰联系到的物资，其中的艰辛可想而知。	26.25%
③名词	（1）……一旦发生纠纷会陷入签证欺诈，后果可想而知。 （2）……这样拿到的 "园长证"，质量可想而知。	15.95%
④以动词为中心的 NP	……内容却击破了许多成年人的心理底线，对孩子行为和认知方面的误导可想而知。	4.72%
⑤其他类型的词语（如形容词、NP＋代词、代词等）	（1）……有的甚至是冲锋枪，加上手榴弹，危险可想而知。 （2）……施工期 12 月份至来年 2 月份日平均气温零下 30℃，最低零下 41℃。在这种严酷环境中作业，艰难困苦可想而知。 （3）……充电时遇到无限膨胀，那么到一定程度就会自爆了，爆炸的后果我们可想而知。 （4）……宝宝患鱼鳞病大多属于遗传引起的，鱼鳞病家长常常会由于各种原因造成了下一代也遭受同样的悲剧。对于鱼鳞病对患者造成的身心伤害，我们可想而知。	1.54%

　　由表2可见，在"可想而知"小句中，充当主语的词语类型包括：各类 NP
及名词（第①～④小类）；其他类型词语，如形容词、NP＋代词、代词（第⑤小
类）等。从所占比例来看，充当主语的词语中，各类 NP 占比 82.51%，其中以
名词为中心的 NP 占比最高，达 51.54%。以形容词为中心的 NP 和名词所占比例
也较高，分别为 26.25% 和 15.95%。以动词为中心的 NP 和其他类型的词语所占
比例较少，分别为 4.72% 和 1.54%。

　　从各类主语的语义特征来看，占比最高的以名词为中心的 NP 大致可分为三
类：第一类为"中性修饰语＋表消极义的抽象名词"，如"财务压力、他们的艰
难处境、其所带来的后果、监管难度"等；第二类为"表消极义的修饰语＋中
性抽象名词"，如"困难情况、所承受的痛苦心情"等；第三类为"中性修饰
语＋中性抽象名词"，如"复杂程度、蒜农的劳动强度"等。其中前两类在语料
中所占比例较高。

　　占比第二高的以形容词为中心的 NP 大致也可分为三类：第一类为"中性修
饰语＋表消极义的性质形容词"，如"其背后的艰辛、主人的愤怒、问题之严
重、环境之差"等；第二类为"表消极义的修饰语＋中性性质形容词"，如"其
中的漏洞之多、难度之大、风险之高"等；第三类为"中性修饰语＋中性性质
名词"，如"当时创业成功率之低、要求之高"等。其中前两类在语料中的占比
较高。

　　占比第三高的名词大致可分为两类：第一类是表消极义的抽象名词，如"难
度、后果、处境、压力"等；第二类为中性抽象名词，如"情况、影响、作用、
效果、质量、结果、原因"等。其中第一类的占比高于第二类。

　　通过对 6 638 条语料的考察，我们将"可想而知"小句主语的语义特征概括
为两点：

　　第一，"可想而知"小句主语的语义中多隐含着程度量。由表2统计分析的
数据可见，占比较高的主语主要包括抽象名词和性质形容词两类。抽象名词的性
质义较强，事物义较弱（谭景春，1998），抽象名词的性质义中隐含着程度量。
而性质形容词的词义焦点是属性义，程度值是其蕴含的背景义（张国宪，2006）。
因此，当抽象名词和性质形容词搭配组合构成主语时，其所蕴含的程度量可以通
过"抽象名词＋之（的）＋性质形容词"等句法手段实现外显激活，如"难度之
大（可想而知）、情况的复杂（可想而知）"等。当抽象名词或性质形容词单独
作主语时，其所隐含的程度量可借由谓语核心成分"可想而知"得以强化凸显，
这一点后文将详细分析。

　　第二，主语大多包含消极语义成分，这些成分分布在主语的修饰语或中心语
中。我们对所收集语料的统计分析显示，在"可想而知"小句中，81.2% 的主语
具有消极语义。第九章也考察了 CCL 语料库的"左搭配词＋可想而知"小句，
其中带消极语义的左搭配词占 82.76%，与本章的统计结果接近。

（二） 认证义动词 "可想而知" 的词义及句法特征

《现汉》对"可想而知"一词的释义是"能够经过推想而知道；可以想见"，其中的语素"可"有"能够，可以"之义，"想"和"知"有认识事物并加以思考评断之义。由此可见，现代汉语中"可想而知"的词义是指人们在理性推断的基础上表达感受或看法，这也奠定了其作为认证义动词的语义基础。

从所处的句法位置和功能来看，"可想而知"在近代汉语向现代汉语的发展过程中，经历了一个由"小句→句子成分→小句"的"分—合—分"的过程，如下例句所示：

（14） 内务府之职，如衙门之有庶务，即俗所谓账房也。账房有折扣有花账，已处处有弊，而内务府更有百倍于此者。尝闻宣宗极崇俭德，平常穿湖绉，裤腿膝上穿破一块，不肯再做，命内务府补之，开账三千两。宣宗怒其贵，严诘之。渠对曰："皇上所穿裤腿，系属有花湖绉。翦过几百疋，鲜有花头恰合者，是以如是其贵。"后来不知如何结束。推之他事，可想而知。（清·何刚德《春明梦录》）

（15） 全球可以生产 NAND Flash 芯片的供应商还有 5~6 家，但全球有能力生产 DRAM 的供应商却只剩下三星电子（Samsung Electronics）、SK 海力士（SK Hynix）、美光（Micron）三家，可想而知这三家大厂会将 DRAM 技术列入保护的最高等级。（《福建晋华的技术开发方叫停 DRAM 计划，美三大设备供应商全面撤出》，福建晋华官网，2018 年 11 月 1 日）

（16） 太原是产煤大城，居民燃煤取暖的生活习惯由来已久，加上迎泽区是太原市中心城区，属于太原市推进冬季清洁取暖重要区域，当地的环保压力可想而知。（《治理大气污染也要对群众取暖负责》，人民网，2018 年 11 月 20 日）

（17） 杭州市消保委一位维权专家表示：苹果公司的投诉比较多，沟通态度有问题，消保委跟苹果公司联系，"他也只是派一个客服过来"！面对消保委尚且如此怠慢，可想而知，普通消费者该是多么无助。（《抗水还是防水，莫拿文字游戏玩弄消费者》，《钱江晚报》，2018 年 10 月 16 日）

（18） 泰达队这几年一直在走下坡路，再加上备战期两位数以上的球员离队，让本来家底就不厚实的泰达队更是"雪上加霜"。可想而知，联赛下半程又遭遇罕见的伤病、停赛等"天灾"，泰达能够保级已实属不易。（《年年惊险保级！天津泰达急需补强本土球员》，《天津日报》，2018 年 11 月 16 日）

由上五例可见，"可想而知"所经历的"小句→句子成分→小句"的"分—合—分"的过程并非简单的循环，而是一个不断虚化、主观性逐渐增强的过程。在此过程中，"可想而知"由"陈述事件＋言者认识"的追补性小句［例（14）］，先虚化为表言者理性推断的认证义动词，充当带宾谓语［例（15）］，然后虚化为表言者认识立场及评价立场的不带宾动词，充当构式句的不带宾谓语［例（16）］，再虚化为具有语篇衔接功能的小句［例（17）］，最后虚化为表强调类的互动式元话语［例（18）］。随着"可想而知"的虚化，其主观性逐渐增强，经历了词义的衰减和功能的衍生，言者的认识立场和态度立场也不断凸显。

从出现频率来看，"NP＋可想而知"构式占 CCL 语料库及人民网新闻搜索引擎中"可想而知"语料总数的 82.51%，且主要分布于新闻语体中。作为语篇衔接及话语标记的"可想而知"占 9.53%。这部分我们将重点分析新闻语体中"可想而知"构式的浮现过程。在此基础上，对"可想而知"虚化为语篇衔接小句及传信话语标记的情况进行考察。

（三）　"可想而知" 小句构式义的产生

沈家煊（2003）针对复句所表达的语义关系，提出了"行、知、言"三个概念域，"行"指行为、行状，"知"指知识、认识，"言"指言语、言说。沈家煊（2003）以"能"字为例，指出"小王能说法语""我能骗你吗""能把笔记借我一阅"三句中的"能"分别属于行域、知域、言域。下面我们将从复句三域的视角出发，描写分析"可想而知"小句的构式浮现及凸显过程。

目前在汉语评价构式及立场表达的研究领域，对词或构式个案研究较多，且重在分析词汇化的过程。然而通过个案研究，对立场表达形成的机制和立场解读的话语条件揭示得不够（方梅、乐耀，2017）。因此我们的研究试图弥补上述不足，一方面关注评价构式的浮现，另一方面从构式化语境出发，探究言者做出评价时的立场表达的形成机制，以及解读立场的话语条件。

1. 构式原型：由行域向知域过渡的"可想而知"小句

此类用例很少，我们在 CCL 语料库中找到了数例，均为近代汉语用例。如下所示：

（19）且说章秋谷和楚芳兰邂逅相逢，良缘偶会，这一夜的恩情美满，鱼水和谐，海誓山盟，缠绵缱绻，也就可想而知的了。（清·张春帆《九尾龟》）

（20）有折并南还，则兄实不知，当到家之际，门几如市，诸务繁剧，吾弟可想而知……（清·曾国藩《曾国藩家书》）

除了例（19）和例（20），前文中的例（14）也属于由行域向知域过渡的"可想而知"小句。我们将一并加以考察分析。例（14）叙述的是宣宗（笔者注：即清代道光皇帝）责怪属下浪费之事。该句"可想而知"的施事主语在文中省略了，"可想而知"可作为谓语小句，移至宾语小句"推之他事"之前，变换为："后来不知如何结束。可想而知，推之他事。"当皇帝怪罪属下时，接下来发生的事情结果自然就是属下为了免责，找其他理由作为借口，为自己开脱。

　　例（19）叙述的是两个相爱的人章秋谷和楚芳兰邂逅相逢之事。作为谓语小句的"可想而知"小句可前移，放在宾语小句之前，表达的是当两个相爱的人见面之后，结果自然就是二人恩爱缠绵。

　　例（20）是曾国藩讲述其回家之后发生的事。"当到家之际"陈述的是事情的具体情状，即当曾国藩回到家时。"吾弟"作为"可想而知"的施事主语出现在句中，"可想而知"小句可以前移，宾语小句"门几如市，诸务繁剧"表达的是曾国藩的弟弟可以想见的、自然会发生的结果，即当曾国藩到家之后，家里自然就是非常热闹，事务繁多。

　　这三例"可想而知"前的宾语小句都是按照时间发展的顺序，叙述一件事从经过到结果的自然发展过程。从语义指向的特点来看，"可想而知"小句中的"想"指向的是事件发展的经过，"知"指向的是该事件的结果。因"可想而知"小句一方面参与陈述事实发展过程，另一方面表达了言者对所陈述事实的认识，指出这种过程体现了事理上的顺承关系，事理是行为的标准（沈家煊，2003），也是行域的构成要素。"可想而知"在此表达了事件从发生到结果都是合乎情理的，是人们可以想见并接受的。

　　由此可见，在表义功能上"可想而知"小句具有陈述事实和表达言者认识的双重功能，这种双重功能是其虚化的基本条件。此时"可想而知"小句处于由行域向知域过渡的阶段。

　　该阶段的"可想而知"具有认证义动词的特征。认证义动词（epistemic and evidential verbs）是用来表达言者的认识和见证的一类动词，具有去动词范畴化（decategorization）的句法特征，如时体特征受限制，句法的线性位置可以前后移动，韵律上与宾语小句之间缺少强制性联系等（方梅，2005）。"可想而知"也具有此类句法特征，具体分析如下：

　　从时体标记来看，近代汉语中的"可想而知"后偶现完成体标记"了"，如例（19）所示。此外还有"……，也/便可想而知了""……，也就可想而知了""……，自然可想而知了"等。其他时体标记如"着、过"尚未见到，可见"可想而知"的时体特征表达是不完备的、受限的。

　　从搭配的副词来看，近代汉语中"可想而知"小句中仅见"也、就、便、自然"等极少数的几个副词，现代汉语的"可想而知"语料也是如此。且"可想而知"不与情态动词、程度副词、否定副词等搭配使用。

　　从线性位置来看，由行域向知域过渡的"可想而知"小句都位于数个宾语小句之后，如果将"可想而知"向前移位至宾语小句之前，多数例句仍然成立，句义也不变。如例（20）和例（14）可变换为："吾弟可想而知，门几如市，诸务繁剧。""可想而知，推之他事。"例（19）若变换为"也就可想而知，这一夜的恩情美满，鱼水和谐，海誓山盟，缠绵缱绻了"，也可成立且句义不变。可见"可想而知"与其前宾语小句之间的句法关系较为松散，动宾关系的特征已不太明显。方梅（2005）指出，动词附带的动态特征越多，位置就越固定，居中或者居后的认证义动词倾向不带任何动态成分，也不是核心句法成分。由此可见，居后的"可想而知"小句作为追补性成分，已非句子核心要素，还将继续虚化。

从控制度来看，尽管"可想而知"位于小句宾语之后，并非核心的句法成分。但是"可想而知"与其前的宾语小句表述的是同一事件，二者之间的事件关系较为紧密，可见此时的"可想而知"对宾语小句仍具有一定的控制度。

从韵律分布来看，一般而言，动词和宾语之间没有停顿，动宾结构在韵律上属于同一个语调单位（intonation unit）之中。但在例（14）、（19）、（20）中，宾语小句和"可想而知"小句中间有自然的停顿。韵律的独立反映了句法的独立，这也从一个侧面反映出，由行域向知域过渡的"可想而知"小句仍具有较强的独立性。但由于其位于宾语小句之后，偏离了带宾动词谓语的典型句法位置，已不是核心句法成分，还将在知域和言域进一步语法化。

由此可见，由行域向知域过渡的"可想而知"小句不具备典型的带宾谓语动词的特点，而是体现出认证义动词的特征，是具有"陈述事实＋言者认识"双重表义功能的认证义动词。

在语体分布方面，此类"可想而知"小句出现在近代汉语的小说、散文、随笔等语体之中。这些语体常用来陈述日常生活中的人物及其行为，具有"陈述事实＋言者认识"双重表义功能的"可想而知"刚好契合了语体表达的需求。从构式发展阶段来看，此时的"可想而知"小句的构式义尚处于萌芽阶段。

2. 构式浮现：知域中的"可想而知"小句

知域中的"可想而知"例句如下所示：

（21）自与令尊别后。十余年来，如处荆棘，心事可想而知。（清·李汝珍《镜花缘》）

（22）那时宋朝南渡，军需浩繁，所以征收租税，极为繁苛，单是人丁税一项，每人也拿到三千五百，旁的捐税，也可想而知了。（民国·许慕羲《宋代宫闱史》）

（23）井女士是西城区德胜社区居民，去年9月突然尿血，赶紧到北大医院，想挂泌尿外科医师梁丽莉的专家号，结果可想而知：一号难求。（《大医院看病　基层转诊优先》，《北京日报》，2018年7月5日）

（24）岳西本是一个贫寒之地，一直是安徽有名的贫困县，王步文出生在这里的一户农民家庭，家底可想而知，能供他完成学业就已经不容易了。（《初心不负映日月　丹心碧血铸忠魂——品悟革命烈士王步文写给妻子的绝笔信》，《光明日报》，2018年12月6日）

（25）农民在这块地耕作多年，已经是"熟土"了，而现在新补充的耕地，还没有种植，属于"生土"，产量如何可想而知。（《如果无地可补　占补怎样平

衡？——陕南山区耕地占补平衡面临严峻挑战》，《陕西日报》，2011 年 8 月 31 日）

（26）即如果你要定制一辆汽车，车上有 3 万多个零件，传统供应商对此的做法是——不管定制的还是通用的，都从 0 开始设计、建模、制造，周期可想而知有多长。（《企业如何加速飞上"云端"》，《经济日报》，2018 年 10 月 3 日）

（27）张女士告诉记者，快递公司揽件到送到自己手中，期间经过了三天。这些垃圾在狭窄的包裹内捂了三天，其味道可想而知。（《打开"双十一"快递 除了货还有一袋垃圾》，《北京晚报》，2018 年 11 月 25 日）

此类"可想而知"小句在近代汉语已有出现，如例（21）和例（22）所示。我们在 CCL 古代（含近代）语料库中共检索到 44 例，占"可想而知"近代汉语语料总数的 29.93%，其中"可想而知"与其前主语或小句间有逗号停顿的 3 例。现代汉语的例子如例（23）～（27）所示。

从句法结构来看，不论是近代汉语还是现代汉语，知域中的"可想而知"小句的结构多为"体词性宾语 + 可想而知"，如例（21）、（23）、（24）、（27）所示。体词性宾语和"可想而知"之间可以有逗号停顿，如例（22）所示。此外，还有少量结构类型是"谓词性宾语 + 可想而知"的小句，如例（25）、（26）所示。

实际上，例（21）、（22）、（23）、（24）、（27）中"可想而知"小句的体词性宾语可以扩展为谓词性宾语，而例（25）、（26）小句中的谓词性宾语也可以缩略为体词性宾语。句子仍然成立，且句义不变。如下所示：

例（21）：心事可想而知。→ 心事如何可想而知。

例（22）：旁的捐税，也可想而知了。→ 旁的捐税有多少，也可想而知了。

例（23）：结果可想而知：一号难求。→ 结果如何可想而知：一号难求。

例（24）：家底可想而知，能供他完成学业就已经不容易了。→ 家底如何可想而知，能供他完成学业就已经不容易了。

例（25）：产量如何可想而知。→ 产量可想而知。

例（26）：周期可想而知有多长。→ 周期可想而知。

例（27）：其味道可想而知。→ 其味道如何可想而知。

由上述例子可见，现代汉语语料中的体词性宾语均为中性名词，如例（21）的"心事"，例（23）的"结果"和例（24）的"家底"，这些词客观表述了事实性较强的结论，可以变换为谓词性宾语，近代汉语中的名词性小句如例（22）中的"旁的捐税"，在现代汉语中较为少见。

时体特征方面，除了完成时体标记"了"之外［例（22）所示］，"可想而知"不受其他时体标记词修饰。句法位置方面，其在句中的位置不固定，以居后为主，即位于前置的体词性宾语或谓词性宾语之后，偶见居中插入［例（26）所示］。韵律分布方面，"可想而知"和其前的体词性宾语或谓词性宾语没有强制性联系，中间可以有停顿。

在"行域向知域过渡"过程中，"可想而知"作为认证义动词，具有"陈述事实＋言者认识"双重表义功能，而知域中"可想而知"的动态性弱，去范畴化程度较高，句法位置可变，属于表达言者推断性认识的认证义动词，其虚化程度更高。

细考可见，例（23）～（27）即现代汉语"可想而知"用例并非都能前置为带宾谓语，如下所示：

例（23）：结果可想而知：一号难求。→ 可想而知结果：一号难求。

例（24）：家底可想而知，能供他完成学业就已经不容易了。→ 可想而知家底，能供他完成学业就已经不容易了。

例（25）：产量如何可想而知。→ 可想而知产量如何。

例（26）：周期可想而知有多长。→可想而知周期有多长。

例（27）：其味道可想而知。→ ＊可想而知其味道。

从句法特征来看，例（23）和例（24）相同之处有两点，第一点是"可想而知"均可前置于带宾谓语的位置，第二点是结论小句之后就是解说小句。其不同之处在于，例（23）的结论小句对解说小句的依赖度高于例（24）。

从语义特征来看，例（23）的结论小句可变换为："可想而知结果：一号难求。"其结论小句和解说结论的小句"一号难求"用冒号连接，这符合冒号的典型用法，即用来表示下文是解说。例（24）结论小句也可变换为"可想而知家底，……"其结论小句后也有解说小句"能供他完成学业就已经不容易了"。在例（24）中，前提小句中已经出现了"贫寒之地、贫困县"等词语，这些词语为读者理解结论小句"家底可想而知"中的"家底"一词提供了较为明确的背景信息。如果将结论后用于解说的小句"能供他完成学业就已经不容易了"去掉，读者也能大概了解到"家底可想而知"指的是"家底较薄"之义。相对而言，例（24）结论和其后的解说小句用逗号而不是冒号连接，其相互依赖的紧密程度不如例（23）中的结论及解说小句，这也从侧面反映出，例（24）结论小句的语义及句法的独立性比例（23）结论小句更强。

例（25）～（27）句的共同之处在于，表结论的"可想而知"小句之后均没有解说小句，言者希望读者从前提小句所蕴含的强事实性信息中推断出"可想而知"在微观语境中的语义内涵。三例的不同之处在于，例（25）、（26）"可想而知"搭配的均为谓词性宾语，"可想而知"可以置于宾语之前，即"可想而知产量如何""可想而知周期有多长"。例（27）"可想而知"搭配的是体词性宾语，"可想而知"只能置于其后，不能变换为"可想而知其味道"。

方梅（2005）指出，当陈述事态的时候，不能将认证义动词后置，当表述知识或认识的时候，认证义动词才可以后置。由此可见，当认证义动词处于动词的典型位置，即作为带宾谓语时，其既可以陈述事实，也可以表述言者的知识或认识。但如果认证义动词只能置于宾语之后，那么其只能表达言者视角，包括言者的推断、认识、评价等内容。由此可见，从例（23）~（27），作为认证义动词的"可想而知"的主观化程度或曰虚化程度是越来越高的。

此外，由于虚化程度较高的成分在信息量上总是要大于虚化程度低于它的成分（方梅，2005），因此从"可想而知"所蕴含的信息量大小也可以看出其在不同例句中的虚化程度高低。在例（23）和例（24）中，"可想而知"表达的是言者对"结果"和"家底"推断情况的确认，至于"结果如何"和"家底如何"，例（23）和例（24）的解说小句都进行了详细的解释说明，无须"可想而知"来推断。

在例（25）~（27）中，无论是谓宾成分"产量如何""周期有多长"，还是体宾成分"其味道"，所包含的信息量均少于例（23）和例（24），因为文中并没有明确指出"产量如何""周期有多长""其味道如何"，需要读者结合上下文语境自行补充，因此知域"可想而知"的信息量包含着两个部分，首先是推断谓宾成分和体宾成分的具体信息，其次是对推断的信息进行确认。

相较于例（25）和例（26）的谓宾成分而言，例（27）体宾成分已开始具有话题的倾向，所包含的信息相对谓宾成分而言更少、更模糊，因此例（27）"可想而知"所蕴含的信息量比例（25）和例（26）更大。可见在例（23）~（27）的五个例句中，例（27）"可想而知"的言者视角最明显，去范畴化和虚化程度最高，信息量也最大。这也符合构式的特征，即构式义不是来源于句法成分义的简单加和，而是在成分组配之间产生了新的语义内涵。

从出现频率来看，根据表2的统计，人民网新闻搜索引擎所收集到的新闻语料中"可想而知"小句主语为名词的比例是15.95%。CCL现代汉语语料库中"可想而知"小句主语为名词的出现频率是15.93%，由此可以推知，知域中的"中性抽象名词+可想而知"小句在新闻语体的出现频率较低。

从小句之间的语义关系及言者参与度来看，行域向知域过渡过程中的"可想而知"与其前后小句之间是较为紧密的事件关系，"可想而知"陈述的是事物由经过到结果的发展过程，事理性强，说话人的主观参与性较弱；而"知域"中的"可想而知"小句与其前后分句之间的关系反映了言者由前提推断出结论的主观认识。说话人的主观参与性增强。

知域的"可想而知"小句的语义及句法的独立性强于由行域向知域过渡的"可想而知"小句，其构式义正逐渐显露。但整体来看，小句主语多为中性抽象名词，小句内部语义自足性弱，语境依赖性强，仍处于构式义的浮现阶段。

3. 构式凸显：言域中的"可想而知"小句

言域中的"可想而知"小句很多，在新闻语体的出现频率也很高。其小句的呈现形式大多数为"NP可想而知"，少数为"NP，可想而知"，即"NP"之后大多紧跟"可想而知"，二者之间有逗号停顿的例子很少，如例（28）所示。

参照前文表 2 可见，从词语的类型来看，"可想而知"小句主语中 82.51% 为各类 NP，其中以名词为中心的 NP 比例最高，占 51.54%，位居第二的是以形容词为中心的 NP，占 26.25%，因此以名词和形容词为中心的 NP 将作为我们主要的考察对象。

我们从人民网新闻搜索引擎中选取了一组例句，按照出现频率由低到高的顺序，列举如下：

（28）历下区甸柳第一社区始建于 1984 年，是山东济南市的城市拆迁集中安置区，0.4 平方公里的面积，却住着 3 000 户、1 万余人，其中离退休、下岗失业和困难群众占到 30% 左右。工作难度多大，可想而知。（《陈叶翠：不好惹的"轴"大妈》，《人民日报》，2014 年 7 月 29 日）

（29）有时，为了要赶上去一个比赛的专车，谢尔德斯甚至需要在早晨 6 点钟就到体育馆，这对一个十几岁的女孩子来说，困难之大可想而知。（《揭秘美国拳击"百万美元宝贝"：童年在贫困中度过》，《中国体育报》，2012 年 10 月 16 日）

（30）隧道的小间距爆破最窄处仅为 2 米。站台层设计为三个洞室，每拱之间最小间距仅为两米。精准爆破难度之大可想而知。（《京张高铁八达岭隧道贯通　全长 12.01 千米》，《北京日报》，2018 年 12 月 14 日）

（31）在渤海入海口建造一座如此之大的无轴摩天轮，地基软、风力大、海水腐蚀性高，建设困难可想而知。（《一家老国企的大国桥梁梦》，《经济参考报》，2018 年 12 月 3 日）

（32）作为典型的"喀斯特"地貌山地城市，贵阳地形起伏大，溶丘、洼地、槽谷等多样地貌构成全市地理的显著特征。在这样的城市下面修建地铁，施工难度可想而知。（《穿越暗河溶洞　贵阳"喀斯特"地铁即将开通》，《科技日报》，2018 年 11 月 23 日）

例（28）中的"工作难度多大"小句似可作为"可想而知"的谓词性宾语，但"可想而知"对其的控制力很弱，后文将详述。由例（29）~（32）可见，在言域的"NP + 可想而知"小句中，作为主语的 NP 具有很强的话题性，且 NP 多为消极性或带有消极性倾向的词语，如"困难之大""精准爆破难度之大""建设困难""施工难度"，表达了言者带有消极性价值取向的评价结论。而作为谓语的"可想而知"的语义更加虚化，其作用是言者对评价结论所蕴含的高程度量的确认和肯定。

与前文构式原型部分即由行域向言域过渡的"可想而知"，以及构式浮现部分即知域中的"可想而知"相比，言域中"可想而知"与其前主语的语义及句法功能均在发生变化，二者的共变关系也使得"可想而知"小句的构式义进一步凸显。具体体现在以下两个方面：

第一，言域中的"可想而知"只居后，不居前，居前用例的使用频率和接受度很低。如下所示：

例（28）：工作难度多大，可想而知。→ ＊可想而知，工作难度多大。

例（29）：困难之大可想而知。→ ＊可想而知困难之大。

例（30）：精准爆破难度之大可想而知。→ ＊可想而知精准爆破难度之大。

例（31）：建设困难可想而知。→ ＊可想而知建设困难。

例（32）：施工难度可想而知。→ ＊可想而知施工难度。

由上述五个例句可以看出，作为主语的小句或 NP 已不再是前置的"可想而知"的宾语，而是处在主语位置、话题化的评价结论。

第二，随着主语 NP 结构的变化，出现频率的递增，"可想而知"也在不断地发生着语用的规约化（方梅、乐耀，2017）。体现为"可想而知"对 NP 的控制力减弱，与 NP 的整合度增强，所包含的信息量进一步增大。我们用其他词语，对例（28）～（32）的五个小句中的"可想而知"进行了近似等义的替换。如下所示：

例（28）：工作难度多大，可想而知。≈（陈叶翠的）工作难度的确很大。

例（29）：困难之大可想而知。≈（女孩子面临的）困难的确非常大。

例（30）：精准爆破难度之大可想而知。≈（中铁五局施工人员）精准爆破（隧道的）难度的确非常大。

［例（28）～（30）的"可想而知"：言者对评价结论所蕴含的高程度量的确认。］

例（31）建设困难可想而知。≈（中建六局）建设（摩天轮的）困难的确非常大。

例（32）施工难度可想而知。≈（贵阳城市轨道交通有限公司的地铁）施工难度的确非常大。

［例（31）及例（32）的"可想而知"：言者对评价结论的性质的判断，及对性质的高程度量的确认。］

从例（28）～（32）的"可想而知"小句可见，"可想而知"不与时体助词（包括"了"）搭配，动态性微弱。从控制程度来看，在言域的"X ＋可想而知"小句中，"X"的动作主体和受控对象为新闻事实中的人或事物，其在句中多以零形式或代词的形式出现，我们在例子中以括号的形式加以补充。而"可想而知"的主体为言者，三者并不同指。由此可见，"可想而知"对"X"的控制度已十分微弱。

从出现频率来看，我们利用人民网新闻搜索引擎，分别以"可想而知，困难/难度（有）多大""困难/难度（有）多大，可想而知""困难之大＋可想而知""……难度之大＋可想而知""……困难＋可想而知""……难度＋可想而知"作为关键词语进行检索，检索结果是："可想而知，困难/难度（有）多大"语料共 0 条，"困难/难度（有）多大，可想而知"语料共 1 条，"……困难之大 + 可想而知"语料共 12 条，"……难度之大 + 可想而知"语料共 306 条，"……困难 + 可想而知"语料共 529 条，"……难度 + 可想而知"语料共 3 322 条。其中省略号"……"是与前文信息相关的修饰性词语，如例（30）中的"精准爆破"，例（31）的"建设"，例（32）的"施工"。

由此可见，例（28）~（32）中"X"的出现频率由低到高依次为"……难度多大，可想而知 < ……困难之大 < ……难度之大 < ……困难 < ……难度"，结合前文表 2 所列"可想而知"前主语的类型和出现频率，可以看出主语的名词化程度越高，其出现频率也越高，而名词化程度越高的主语，所包含的信息量越少，言者介入的程度也越低，相应地，其后的"可想而知"所包含的信息量就越大。上文例（28）~（30）中的"可想而知"表达的都是"言者对评价结论所蕴含的高程度量的确认"，语义内涵大致相当于"的确非常"，包含着言者对评价结论表示肯定确认的认识立场。而例（31）~（32）中的"可想而知"表达了言者对评价结论的性质的判断，以及对性质的高程度量的确认。语义内涵大致相当于"的确非常大"，不仅包含着言者的认识立场，也包含着言者的评价即情态立场。

"可想而知"对主语的控制度减弱的同时，与主语的语义整合度逐步提升，构式义不断凸显，体现出了"语用现象的规约化（conventionalization）"。语用现象的规约化指的是在言语交际过程中，有许多言语的意义不能从语言信息的字面含义即语表意义去理解，而需要从认知上对言语信息进行判断、预测、推理，通过它的语用含义即"隐含义"来理解。

语用现象的规约化不仅发生在历时层面，也发生在共时层面。在历时过程中，言语意义的推理可以反复进行并且扩散开来，从而不需要靠语境和逐步的推理就可以直接得出相关的"隐含义"，这种"隐含义"再进一步固化，最终就被言者自觉规约成比较固定的语言意义（方梅、乐耀，2017）。而"可想而知"构式义的形成则体现了共时平面语用现象的规约化，主要存在于现代汉语，是共时平面书面语用法发展的产物，由于形成的时间较短，目前对语体和语境的依赖性较强。因此我们称之为语用现象的规约化，用"规约化"这个表达来概括立场意义表达在语言实际运用中的浮现，比使用"语法化"一词更契合其所在的构式特点和发展状态。

结合前文的分析，以及 Conrad & Biber（2000）将言者立场三分为认识立场、态度立场和风格立场的观点，可以看出，在从行域向知域过渡的过程中，"可想而知"是具有陈述事实和表达言者认识立场双重功能的认证义动词。知域中的认证义动词"可想而知"进一步虚化，表达言者所进行的事实推断和认识立场。而言域的"可想而知"包含着言者进行评价的情态立场，以及言者对评价结论加以确认的认识立场，参与实施评价言语行为，规约化程度进一步增强，此外，还体现出言者含蓄而正式的风格立场。

4. 构式义产生的语境动因

Traugott & Trousdale（2013）提出"构式化语境"的概念，指对构式的形成产生影响的多方面语言环境，意在强调构式的产生不仅仅是依靠句法环境的作用，更为重要的影响因素是构式化语境，包括上下文语境、情景语境、语体语境、社会语境等方面。

方梅（2017）对构式化语境的具体内容进行了介绍。上下文语境即一个话段或篇章的语境，是由词或结构在上下文里实际表达的意义。情景语境即一个篇章或话段的全部非语境背景，包括直接使用于其中的情景，也包括言者和听者已经知道的百科知识和任何相关的外部信念或预设。语体和文体语境，语体即指体现在口语文体和书面语文体，这两种文体都会对语言结构的使用产生影响。社会语境即指一个语言单位在社会语境中传递的某种用法信息，如社会诙谐语用，宗教场合，说话人的年龄、性别、地域或阶级等因素。

为了更加清晰地展示构式化语境的类别和层级性，我们将 Traugott & Trousdale（2013）提出的构式化语境分为"语言学语境"和"社会语境"两大类。其中"语言学语境"包含微观、中观、宏观三个层级，微观语言学语境（下文简称"微观语境"）包括句内语境和语段语境，中观语言学语境（下文简称"中观语境"）包括语篇语境和情景语境，宏观语言学语境（下文简称"宏观语境"）为语体语境。社会语境的范围很广，变量较多，需要运用跨学科的理论和方法加以研究。

我们先来回顾口语评价构式与相关构式化语境的研究。以往关于非正式口语语体中的评价构式的研究成果较多，方梅（2017）提及多个口语负面评价句式，此外还有一些个案研究。

这些研究关注的内容主要包括：构式的句法结构、构式的评价功能、构式形成的动因。

以往对口语评价构式重点考察的是微观语境视野下，构式的句法结构及其前后小句的句法及语义特点。如郑娟曼（2012）将语境分为内外两类。内语境为构式的组构成分，外语境为上下文。文章以贬抑性习语构式"真是（的）"与"整个一个 X"为例，考察了句内语境和上下文语境对构式的形成及意义接受的影响，指出贬抑性习语构式的意义是非合成的，听话者之所以能够理解，是由于语境意义的频繁刺激。

此外还有较多研究成果结合微观语境，从历时视角考察了构式的萌芽和形成过程。如刘静敏（2013）考察口语构式"放着 + NP + 不 + VP"，指出最早的文献记录可以追溯到明清时期的小说。伴随"放着"词义动作性的减弱和构式义的虚化，一个具有明显处置意味的动词出现在句式中，构式得以形成，如《醒世姻缘传》中的"我放着年小力壮的不打，我打你这死不残的！"等。李小军（2014）在探讨构式"好你个 +X"的来源及形成时追溯到近代汉语中的"你（这）个 +X"，指出"好你个 +X"是由"好"与"你（这）个 +X"组合而成。而表负面评价的"你（这）个 +X"出现于宋元时期。孙鹏飞（2017）从清代文献开始追溯"X 还来不及呢"的构式化过程。李金凤（2017）指出构式"X 不像话"起源于宋代"是/不是话头"的用法，而明代开始"是/不是话"构式渐渐盛行。

结合中观语境如语篇语境、情景语境等考察评价构式的成果近年来逐渐增多。方梅（2017）对口语负面评价构式及其所处会话语篇语境进行了考察，指出构式解读的产生不仅与句法环境密切相关，也与构式所处的会话语境密不可分。因为构式意义的产生不仅有特定句法环境中的语境吸收，也有对其会话环境的语用意义的吸收。故将会话序列纳入构式化语境的视野，该文从会话序列角度出发，将负面评价构式分为"言谈开启型"和"言谈承接型"两类，并指出评价解读对语境的依赖程度在一定程度上体现了其规约化程度的差异。孙鹏飞（2017）考察了"X 还来不及呢"构式的使用过程中言者和听者所处的情景语境和会话语境，将该构式的话语功能概括为反预期功能、申辩功能和主观高量评价功能。

吉益民（2013）考察极性评价构式"X（的）Y"指出，其极性评价义的生成是构式赋义、极性传导、语境帮衬共同作用的结果。其中的"语境"指的是情景语境，如要理解"当代毕昇""美国活雷锋""东方小巴黎"等"X（的）Y"极性评价构式，需要听者结合地理、历史、文化等背景知识，这些都属于情景语境。

结合宏观语境即语体语境考察评价构式的成果相对较少。陈景元（2011）结合广告语体语境的特点考察了"不/没 + VP₁ + 等于 + 没/没有 + VP₂"构式，指出该构式是伴随着我国旅游业的发展而流行开来的，其构式意义是主观推介和隐性评价的复合；在语用上具有焦点凸显、广告宣传、施为导向等语用功能。

由此可见，结合微观语境研究口语评价构式的成果最多，结合中观及宏观语境研究的成果也在不断增加。就我们目前收集到的文献来看，大多尚未涉及社会语境对评价构式的影响研究。这与口语评价构式自身的特点及研究视角都有关。

从"可想而知"所处的微观语境来看，其包括"句内语境"和"上下文语境"。句内语境是指"可想而知"与其所搭配的句法成分。上下文语境是指"可想而知"小句所处的语段语境和语篇语境，本小节主要关注句内语境和语段语境，语篇语境和语体语境动因将在本章第七部分加以考察。

由前文分析可以看出，构式并非固有，而是在频繁使用的过程中一步步浮现和凸显出来的。王晓辉（2018）以习语构式"X 没说的"为考察对象，指出习语构式不是静态固有的，而是动态浮现产生的，它们一般以原型用法为基础，在日常的频繁使用中逐渐浮现出构式用法并进一步规约化成型，其所在结构的两重性是习语构式浮现产生的重要参照。所谓"结构的两重性"指的是原型结构和构式结构，原型结构符合一般的语法规则，意义也可直接根据字面推知，构式结构的规约性较强，句法和意义无法直接推知。

新闻语体中的"可想而知"小句构式也具有结构的两重性。在语段语境和句内语境因素的影响下，"可想而知"及其临近的句法成分逐渐发生语义变异，"可想而知"的功能也不断延展。如图 2 所示：

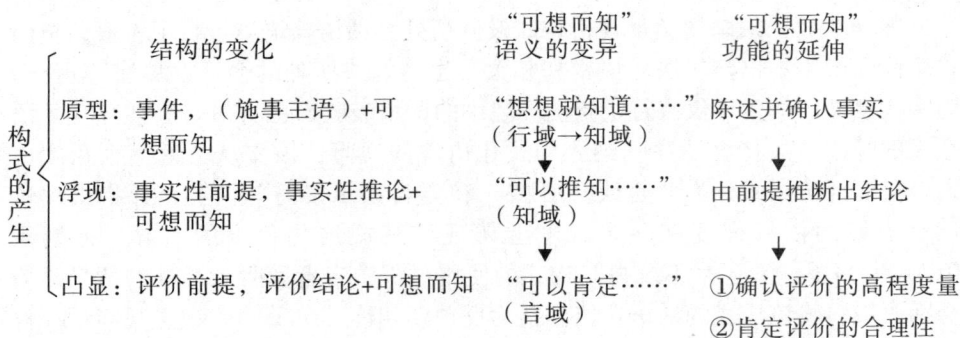

	结构的变化	"可想而知"语义的变异	"可想而知"功能的延伸
原型	事件，（施事主语）+可想而知	"想想就知道……"（行域→知域）	陈述并确认事实
浮现	事实性前提，事实性推论+可想而知	"可以推知……"（知域）	由前提推断出结论
凸显	评价前提，评价结论+可想而知	"可以肯定……"（言域）	①确认评价的高程度量 ②肯定评价的合理性

图 2 "可想而知"构式用法的产生过程

由图 2 及前文例句可见，在构式产生的过程中，"可想而知"前的语段语境由"陈述事件的小句［如例（14）］→事实性前提［如例（23）］→评价前提［如例（29）］"，语段语境的转变也影响了句内语境，"可想而知"由独立小句变为小句谓语，其小句主语由"施事主语/零主语→事实性推论→评价结论"。在语段语境和句内语境的共同作用下，"可想而知"从弱施事性动词转变为认证义动词，语义由"想想就知道（事件结果）→可以推知（结论）→可以肯定（评价结论）"逐渐虚化；功能不断扩展，由"陈述并确认事实→由前提推断出结论→确认评价的高程度量并肯定评价的合理性"，使用频率也不断提高。在"可想而知"语义虚化、功能延伸、高频使用的过程中，小句的构式义也逐渐凸显，对语段语境的依赖性逐渐减弱，小句的整合度逐步增强。

"可想而知"语义的连贯性也确保了构式义的产生。在"构式原型"阶段，"可想而知"是言者在陈述事件的基础上，对事件必然产生某种结果的确认；在"构式浮现"阶段，"可想而知"表达了言者由事实性前提必然推断出某种结论的肯定；在"构式凸显"阶段，"可想而知"表达了言者由评价前提必然推断出评价结论的肯定。由此可见，"可想而知"始终包含着言者肯定和确认的认识立场，而当言者肯定和确认的对象由客观具体的事实转变为主观抽象的评价结论时，构式所表达的认识立场和评价立场更加明确。

5. 作为元话语的"可想而知"

关于"元话语"（meta-discourse）的定义，学界的看法并不一致。比较有代表性的定义如 Vande Kopple（1985）所提出的，元话语是关于基本命题信息内容以外的话语，是用于引导读者组织、分类、解释、评价语篇，从而反映篇章所传达的信息的一套机制。Hyland（1998）指出，元话语是用于体现语篇各类特征的一套机制，如组织话语、表达作者的看法、预测读者态度等。Ken H. & Polly T.（2004）进一步区分了广义和狭义的元话语，指出狭义的元话语强调的是其组织语篇的功能；而广义的元话语包括作者在语篇中运用语言和修辞的方法，以及将话语组织和话语含义结合起来的方法。徐赳赳（2006）总结指出，学者们对元话语的定义虽各有侧重，但大家共同认可并接受的观点是，元话语具有组织语篇话语、表达作者观点、关涉读者反应、体现语篇与作者和读者互动的特点。

我们借鉴学界共同认可的元话语的观点，参考沈家煊（2009）的"元语"概念，将元话语界定为：元话语是表达基本命题信息内容以外的话语，主要用来表达言者立场，体现言者与读者互动的话语成分。

由前文分析可以看出，"可想而知"经历了从"行域"向"知域"过渡，再从"知域"发展到"言域"的过程，这也是"可想而知"词义虚化、用法规约化、所在小句构式化的过程，"可想而知"从具有一定实义性的认证义动词，虚化为表言者认识和评价立场的认证义动词，并且还在进一步虚化为元话语，如下例句所示：

（33）一个具有很大规模的国际性专业会议，在我国图书馆界还是第一次，可想而知，任务是十分繁重而艰巨的。（CCL 语料库中的新闻语料）

（34）面临力量薄弱而又缺乏反避税斗争经验的队伍，可想而知，要想胜利地开展反避税斗争何其难！（CCL 语料库中的新闻语料）

（35）目前来说，防盗报警产品的误报问题仍然是一个让用户头疼的问题，有品牌的产品尚且遭遇这样的问题，可想而知，一旦遭遇劣质产品的轰炸，我们该情何以堪。（CCL 语料库中的新闻语料）

（36）由于微电影的主要播放平台在网络，其开放性使网络大环境缺乏监管。一些商业微电影为了追求高点击量，利用暴力、血腥、色情等低俗内容吸引人们的眼球，忽略对微电影内容质量的要求。可想而知，这类微电影往往只能在极短的时间内迅速吸引受众的注意力，获得短期的某些经济利益，但长远来看，不仅无法提升品牌形象，甚至会导致受众对品牌的反感与排斥。（赵俊丽：《浅谈商业微电影的品牌植入策略》，《今传媒》2018 年第 26 卷第 8 期）

由例（33）~（36）可以看出，"可想而知"在句中进一步虚化，去掉之后并不影响句子命题意义的表达，其主要作用是充当句中的元话语，衔接语篇，确认命题内容，凸显言者立场。

具体而言，例（33）~（36）中元话语"可想而知"所衔接的前后文小句组成了一个完整的评价语段，语义结构为"评价前提＋可想而知＋评价结论"，其中评价前提包括新闻事实，以及言者根据新闻事实做出的断言，如例（33）~（36）中的下划直线小句所示。笔者根据新闻事实和断言，做出了相应的评价结论，如例句中的下划波浪线小句所示。

从功能上看，元话语"可想而知"作为独立小句，其连接着评价前提和结论，起到了衔接语篇的作用。此外，其表达了言者对评价过程的肯定，以及对评价结论的确认，起到了凸显言者认识立场和评价立场的作用。

"可想而知"的句法功能影响着其所属的元话语类型，而借由"可想而知"的元话语类型，我们也可以推断其在新闻语体中出现频率很低的原因。

学界对"元话语"的分类标准不一，因而所分出的类型也不一致。徐赳赳（2006）从宏观视角出发，将元话语分为三大类：词语元话语、标点元话语和视觉元话语，并强调指出这三类元话语都是书面语。学界对"词语类元话语"的分类问题关注度最高。目前来看，主要有三种分法：①篇章元话语和人际元话语；②引导式元话语和互动式元话语；③内部篇章元话语和外部篇章元话语。

在上述分类中，第②类把元话语分为引导式和互动式两类较能反映元话语的本质特征（Ken H. & Polly T., 2004）。本章也采用元话语"引导式"和"互动式"的分类标准，其中"互动式"元话语体现了作者和读者的互动关系，表达了言者立场，显示了读者的参与度，反映了言者与读者之间的亲疏关系。具体来看，"互动式"元话语可以细分为：表模棱两可的词语（hedges）、表强调的词语（boosters）、表态度的词语、表关系建立的词语、提及作者自己的词语五小类（Ken H. & Polly T., 2004）。

由前文分析可以看出，作为元话语的"可想而知"的正式度很高，常见于书面语体，体现出言者与读者之间的疏远度较高，社会距离较远。在衔接语篇的同时，主要表达了言者对评价过程的肯定，对评价结论的确认，凸显的是言者的认识立场和评价立场。由此可见，"可想而知"属于表强调类的互动式元话语，该类元话语主要是用来增加、强调言者对话语信息的确信度，例如英语中的 definitely，it is clear that 等。

我们对人民网新闻搜索引擎和 CCL 语料库语料的统计显示，无论是作为认证义动词的"可想而知"，还是作为互动式元话语的"可想而知"，其高频搭配的都是消极评价结论，约占语料总数的82.93%。但在"可想而知"搭配消极评价资源的语料中，作为认证义动词的"可想而知"约占91.38%，而作为表强调类的互动式元话语的"可想而知"仅占8.62%。为什么作为元话语的"可想而知"在消极评价资源中的出现频率很低？其动因与元话语"可想而知"所搭配的评价成分特点、元话语的类型，以及元话语对消极评价的赋值等因素密切相关。

我们从前文选取了一条"言域"中"评价结论+可想而知"的例句（32），将其与作为元话语的"可想而知"的例句（34）加以比较分析。如下所示：

例（32）：作为典型的"喀斯特"地貌山地城市，贵阳地形起伏大，溶丘、洼地、槽谷等多样地貌构成全市地理的显著特征。在这样的城市下面修建地铁，施工难度可想而知。

例（34）：面临力量薄弱而又缺乏反避税斗争经验的队伍，可想而知，要想胜利地开展反避税斗争何其难！

例（32）和例（34）中的"可想而知"小句都属于言域，表达的是言者消极性的评价结论。在例（32）中，评价结论"施工难度"以名词性短语的形式出现在句首的主语位置，具有较强的话题化倾向。"可想而知"作为认证义动词，既表达了言者对评价结论所包含的高程度量级的肯定，也表达了对评价结论的确认。

例（34）中的"可想而知"进一步虚化为元话语，其后的评价结论句为"要想胜利地开展反避税斗争何其难！"是一个带有消极评价色彩的感叹句，元话语"可想而知"对评价结论的信度予以了确认。相对于例（32）中的评价结论即名词性短语"施工难度"而言，例（34）的评价结论完整度更高，其实不仅是例（34）如此，元话语"可想而知"后的评价结论小句的完整度都很高。而且元话语"可想而知"对评价结论的确认性赋值，使得评价结论的消极性更加凸显。而消极评价结论的凸显违背了语用学中的礼貌原则，也在一定程度上对人际关系的和谐造成了损害。

语言是一种社会符号，体现社会交往活动。为了和谐交往，身处社会中的人们会尽量减少人际损害（Halliday，1978）。而"语体"是实现人们在直接交际中具有元始属性的、用语言来表达或确定彼此之间关系和距离的一种语言机制（冯胜利、施春宏，2018）。因此，书面语体中的言者和读者也处于社会性的交际活动之中。在实施消极评价时，作为评价主体的言者的权威性可能会受到读者的质疑，言者需要有效引导读者（甚至包括评价对象）认可并接受这种消极评价，以达到权势的平衡，从而增加语篇的协商性，增进与读者之间的亲和力。

因此，言者利用元话语对积极性评价资源及消极评价资源进行赋值时，所选取的元话语类型是不同的。辛志英、黄国文（2010）的研究印证了这一点。该文指出元话语是一种分析书面语篇的重要方法。其通过建立小型语料库，考察了学术书评中元话语的分布及其与正值和负值语言资源之间的配置特征。文章得出的结论是，元话语具有评价赋值的功能。其中互动型元话语搭配评价性语言资源的出现频率较高，而且互动型元话语与正值评价和负值评价的配置存在明显差异。该文统计显示，学术书评中正值评价和负值评价（笔者注：即本章中所言的积极评价和消极评价）与增强语和模棱语的资源配置呈反比态势。互动型元话语中的增强语在正值评价和负值评价中的分布比例分别为75%和25%；而互动型元话语中的模棱语在两者中的分布比例分别为33%及67%。

综上可见，根据礼貌原则和维护人际关系和谐的理念，"可想而知"作为表强调类的互动式元话语，即辛志英、黄国文（2010）所言的互动型元话语中的"增强语"，本应该高频搭配积极性评价语言，而互动型元话语中的"模棱语"，才应与消极评价性语言搭配，从而对具有消极评价的语言资源进行调控和赋值。新闻语体中的元话语"可想而知"的搭配行为恰巧与之背道而驰，这很可能是其在人民网新闻搜索引擎、CCL语料库、现代汉语平衡语料库中出现频率都很低的重要原因之一。

七、构式评价句表消极评价的语体动因

"可想而知"构式评价句之所以高频出现在新闻语体中，如前文所言，是因为"可想而知"所在的评价句具有很高的传信度，在词汇方面有专职传信语和兼职传信语；在句式方面表现为论证型评价句，具有言之有据、析之有道、论之有理、系之有序的特点；在立场表达方面，"可想而知"主要凸显了言者的认识立场，表达了言者对作为评价前提的事实信息及评价结论的确认。此外，"可想而知"构式也包含了言者表达消极评价的情态立场，以及正式书面语体的风格立场。前文我们从"行域过渡到知域""知域""言域"考察了"可想而知"构式形成的机制和动因，结果显示新闻语体对"可想而知"构式的评价功能有较大的影响。

硬新闻作为正式度高、客观性强的书面语体，有其特定的评价话语表达模式。无论是积极评价还是消极评价，既要事实准确，论据充分，时效性强，也要结构合理，分析深刻，论证有力。尤其是对于消极评价而言，由于其在语义上背离了语用学的礼貌原则，评价主体的权势可能受到评价对象和读者的质疑，因此，评价主体一方面要重视评价前提的充分客观表达，评价结论的理性陈述，另一方面也要平衡与评价对象、读者之间的权势地位，维系语篇的人际关系。

本小节我们将进一步分析在新闻语体的环境之下，"可想而知"构式的评价功能及表达特点。重点关注以下问题：①为什么"可想而知"构式具有很强的消极评价功能？②"可想而知"构式在表达消极评价方面具有哪些句法和语义的特征？③包括新闻语体在内的正式书面语体等构式化语境因素对于"可想而知"构式的凸显和消极评价立场的表达，有哪些影响和制约？④正式书面语体与非正式口语语体中的消极评价构式相比，在句法语义特征、评价要素构成、言者立场表达等方面有何异同。

概而言之，为了适应新闻语体环境的需求，"可想而知"构式句在表达消极评价时，在句法语义方面体现出四个主要特点：①构式句呈现中性语态，评价主体隐于句外。②构式句的评价结论以名词短语的形式出现，隐藏了消极评价的主

观程度量的表达。③评价结论出现于构式句句首的话题位置，增强了消极评价结论的可及度，契合了新闻的主位推进模式。④"可想而知"作为消极评价结论的追补性成分，表达了言者的认识立场，对评价过程和评价结论的高程度量级加以确认。由于前文已对第四个特点加以考察，因此本节将重点分析前三个特点。

（一）　评价前提中言者的多声介入与认识立场

从言者立场和介入方式来看，作为消极评价的依据体现了言者的认识立场。前文已经指出，认识立场包含言者对所言或所写信息的确信度，以及信息的来源等。我们用 Martin（2005）评价系统理论中的"介入（engagement）"概念来分析评价前提中包含的言者的认识立场。"介入"是评价者参与话语的方式和程度，用来衡量言者与语篇中各种命题和主张的关系。从功能来看，介入能够使评价主体、评价对象、读者之间相互参照并协调彼此的关系。从类型来看，介入包括单声介入（monogloss）和多声介入（heterogloss）。单声介入的主观性很强，以言者的评价为主，通过言者个人的声音实现，排除与读者和评价对象对话的可能性。多声介入强调多主体的参与协商，包含言者、信息来源方、读者、评价对象等多方的声音，通过"投射（project）"实现评价。投射有三种基本方式：引证、转述和自由间接引用（郑群、翟霞，2010）。

由前文例句中评价前提可以看出，由于硬新闻注重客观性和公正性，因此言者在介入类型上采用多声介入为主，单声介入为辅的方式。在多声介入的投射方式方面，言者依据消极评价的需要，选择适当的话语来源作为评价前提，再根据话语来源的途径，采用引证、转述、自由间接引语等方式进行表达。

引证是"可想而知"论证型构式评价句中常用且重要的言者介入手段，其明示话语来源，凸显话语的真实性，避免言者观点的介入，因而所体现出的言者立场的客观性和公正性都很强。引证式投射在形式上的标记多使用专职的传信语，且信源多为权威性和公正性强的机构或个体，如例（5）的"据国家卫计委2016年发布的数据显示"，例（17）的"杭州市消保委一位维权专家表示"等。

转述也是"可想而知"论证式评价句的评价前提中常用的言者介入手段，其允许转述者介入他人的话语，往往表现为言者和话语源等数种声音并存。如前文例（7）的评价前提中，话语来源小句为"今日头条据称拥有超过 2 亿活跃用户"，言者断言小句为"这意味着该平台发布的每一条虚假广告，都可能有百万、千万甚至更多用户看到"，话语来源小句和言者断言小句共同构成评价前提，可信度也较高。自由间接引语介于引证和转述之间，新闻话语中的使用频率较低。

由此可见，在硬新闻的"可想而知"论证型构式评价句的评价前提中，言者介入的类型为多声介入，具体方式包括引证和转述。言者与所引话语信息保持一定的疏远度，避免主观介入；低频使用评价性副词，淡化言者的主观情态立场；挑选传信度高、权威性和公正性强的话语源，增强评价前提的可信度。几方面共同作用，凸显出言者客观、理性的认识立场，为消极评价的施受奠定良好的评价前提基础。

（二） 评价结论句的 OV 语序与中性语态

语体语法的研究反映了语言交际互动的实质，冯胜利（2010，2012，2018）、陶红印（2007，2010）、方梅（2007，2017）、张伯江（2007，2012）等学者在语体语法研究领域进行了既有理论价值又有实践意义的前瞻性研究。陶红印（2007）指出，语体从实质上来说是交际目的和语法结构以及语言手段的结合体。语法因交际目的而存在，而语体（即特殊交际需要）可以为达到自身的目的而创造或调节语法，尽管这种创造并不是撇开已有的语法系统或系统的历史。人们的语言实践（亦所谓语用）无非是在不同语体或语境下的实践，语言的语法系统也不过是围绕着不同的语体而建立的。抽象的语法研究固然可以让我们发现一定的现象，但紧紧围绕语体和具体的交际目的来研究语法则有可能使我们更深入、更直接地揭示语法的面貌和实质。

在硬新闻中，言者采用多声介入的方式列举评价前提，而评价结论句的 OV 语序，及呈现出的"中性语态（middle voice）"，也起到了客观理性表达消极评价的效果。

在分析评价结论句的 OV 语序和准"中性语态"之前，我们先来看一下相关的概念及符号。普通语言学常用 A、O、S 来代表常见的论元类型，其中"A"是及物动词的语法主语，常作为施事；"O"是及物动词的语法宾语，常作为受事；"S"是不及物动词的语法主语，可称作系事（Comrie，1978；Dixon，1979）。

据陶红印（2007）的考察，OV 语序句高频出现于现代汉语操作语体中。陶文以现代汉语书面语语料库（LCMC）中的操作指南语篇作为研究对象，发现操作语体的基本论元结构有三个主要特征：①以单论元即"X + V"为主；②抑制及物动词的施事"A"；③ 突出及物动词的受事"O"。其中单论元结构"X + V"中的"OV"语序即"宾语 + 及物动词"占语料总数的 31%，如果更宽泛地把由受事转化成系事的 $NP_{系事} + V_{不及物}$ 结构也看作"OV"的一个类型的话，"OV"的比例则达 44%。

OV 语序句高频出现于操作语体，其根本动因来自交际因素。操作语体的本质特征是以目的、行为为中心，不以动作主体为中心。其重点不在于描述谁去做，而是描述做什么，而且假定任何人都可以按照其描述的过程来实施操作（Longacre，1983）。

从前文的分析可以看出，"可想而知"句大部分也是以 OV 的论元语序呈现的，如从行域向知域过渡阶段的例句"推之他事，可想而知"，知域阶段的例句"结果可想而知：一号难求"，言域阶段的例句"困难程度可想而知"等。

OV 语序句高频出现于硬新闻的消极评价结论小句的动因与其高频出现于操作语体的动因有一定的相似性，都是出于语体的交际功能定位。硬新闻中消极评价的重点在于表达评价前提是什么，评价结论是什么，如何让读者和评价对象接受和信服。作为评价主体的言者不是受关注的对象，为了让读者和评价对象认为消极评价并非言者一己之见，言者甚至常常不出现在句中。因此句子中仅出现表评价结论的 O 和认证义动词 V 即"OV"语序。而 OV 语序所具有的淡化评价主体、凸显评价结论的特点，与其前言者的多声介入的评价前提相互配合，共同服务于硬新闻公正、客观、理性进行新闻报道及评论的交际功能。

硬新闻中的评价结论句以 OV 语序为主，具有中性语态的特征。所谓的"中性语态"是赵元任（1968）所提出的，形式句法称为"无人称被动句"（impersonal passive）或"逆受事现象（unaccusative）"（Perlmutter，1978；Levin & Rappaport，1995）。我们从前文分析中看到，在"行域→知域→言域"的过程中，"可想而知"从施事性较强的及物动词到表推断或评价的认证义动词，其对前置宾语 O 的控制力不断减弱，与前置宾语的整合度逐渐增加。在此过程中，前置宾语 O 的名词化和话题化倾向越来越明显，"NP + 可想而知"也因此而呈现"中性语态"的特征。尤其是在硬新闻的消极评价句中，评价结论加以凸显，评价主体受到抑制，原本是受事宾语的评价结论成为小句乃至语篇的话题，并有中性化或施事化的倾向。

由硬新闻的消极评价句的 OV 语序及中性语态可见，其仅包含单个动词论元，该论元具有受事特征，施事论元未出现在句中。这一特征支持了 Bois（1987）所提出的论元优化理论（the preferred argument structure）①，该理论所针对的语料是口语叙事语体，那为什么现代汉语操作语体语料（陶红印，2007）和硬新闻中的消极评价句中的结论小句，也符合论元优化理论的观点？其中的部分原因可以用"施事取决于语用"的原则（张伯江，2002；Van Valin & Wilkins，1996）来解释，该原则是指施事不完全由语义和语法决定，如果是出于语言实践即语用的需求，受事也可以被提升至近乎典型施事的地位。具体来说，硬新闻的消极评价句的核心任务是客观理性地表达评价结论，因此评价结论这一"说话人的移情焦点"优先占据了句首位置，评价结论也因此而具备了"弱施事"的特点，并与其后的谓语动词"可想而知"共同完成了消极评价的言语行为。而从

---

① 论元优化理论由四部分组成。其中"单一词汇论元成分（the one lexical argument constraint）"指的是口语中动词的论元以零论元或一个论元占多数，动词有两个或两个以上的论元的情况非常少见。而"施事非词汇化（the non-lexical a constraint）"是指在口语里限制词汇论元数量的趋势，即在口语里施事 A 经常不出现。当一个说话者想说某句话时，他在选择词汇表达的时候，倾向于选择系事 S 或者受事 O 类的词语，而施事 A 类的词语很少被言者使用。此外还有两部分是"施事为已知成分（the given a constraint）"，以及"小句中一般只允许出现一个新论元，避免出现两个或两个以上的新论元（one new argument constraint）"，由于硬新闻的消极评价句中施事常常不出现，且也没有新论元出现，因此我们暂不讨论。

根源来看，不同的语体会根据说写者和听读者对交际内容、场合、对象、态度等的需求，选用符合条件的句式和语篇结构。句式的语义语法特征受到语体环境的制约，满足了语体交际的需求。因此消极评价句之所以采用 OV 语序及中性语态，也是为了满足硬新闻理性、客观、公正表达言者立场观点的需求，在这一需求的指引下，其与论元优化理论的相关论述相符，体现了"施事取决于语用"的原则。

（三）评价结论句中主语 NP 的正式度和客观性

为了观察评价结论的语法结构与其所表达的评价义及主观程度量之间的对应关系，我们以前文例（32）为原型，按照句义基本不变，语体正式度和客观性程度递增的顺序，对以下五个小句做了如下编排：

例（32）a：施工非常困难。

例（32）b：施工难度非常大。

例（32）c：施工之难可想而知。

例（32）d：施工难度之大可想而知。

例（32）：施工难度可想而知。

上述五个小句的意思相似，随着句中表评价结果成分（加点部分所示）的结构和位置的变化，语体的正式度和客观性依次递增。从结构和位置来看，例(32)a 句的"非常困难"和例（32)b 句的"难度非常大"作为具体评价结果，都处于谓语部分，是言者想要凸显的焦点信息。程度副词"非常"表达了"施工困难/难度"的主观高程度量。言者的主观情态立场凸显。由此可见，例(32)a 句和例（32)b 句表达的都是强量性和强质性兼备的消极评价。

相比而言，例（32)a 句的评价结论"非常困难"属"副＋形"的谓词性短语，具有动态性和具体描绘的特点。例（32)b 句评价结论中的"难度"一词属于正式度较高的书面语词汇，具有静态性及抽象概括的特点，而"非常大"则表达了言者对"难度"一词的主观高程度量的界定。整体而言，例（32)b 句表达了言者更为正式和书面语化的风格立场。

例（32)c、例（32)d 和例（32）句是"可想而知"构式句的三个变体。作为主语的评价结论"施工之难""施工难度之大""施工难度"均为 NP，处于句子话题的位置，而作为谓语的认证义动词"可想而知"作为追补性成分，对评价结论及其所包含的高程度量加以确认，表达了言者正式客观的认识立场及评价立场。

比较而言，例（32)c 句的主语"施工之难"的中心词"难"和例（32)d句的主语"施工难度之大"的中心词"大"均为性质形容词，性质形容词词义的焦点是属性义，程度值是其蕴含的背景义（张国宪，2006），故例(32)c 和例

（32）d 表达的是一种强质性、弱量性的评价。

例（32）d 句的表评价结果的名词短语"施工难度之大"处于主语位置，作为句子的话题成分出现，抽象性质义较强，主观程度量较弱，因而例（32）d 句的客观性强于例（32）a 句和例（32）b 句。此外，例（32）d 句的"施工难度之大"中文言词"之"的出现，既提升了短语的正式度和庄典度，也增加了"NP 之 VP"结构短语的指别度，进而提升中心语的可及度（沈家煊、完权，2009），有助于降低读者对复杂结构 NP 的理解难度，如部分新闻语料中出现的复杂 NP "对用户造成的误导和损害之大、造成社会影响之恶劣（可想而知）"等。

例（32）句的主语"施工难度"的主语中心词"难度"为抽象名词，性质义较强，事物义较弱（谭景春，1998），表达的是一种质性评价。由此可见，从例（32）c、例（32）d 句再到例（32）句，其评价结论的主观程度量逐渐减弱，客观性逐步增强，评价结论所需的高程度量语义已由其后谓语"可想而知"表达，与此同时，"可想而知"的语义内涵进一步丰富，与主语的整合度也在加强，构式义得以凸显。

比较例（32）a ~（32）b 句和例（32）c ~（32）句可以看出，例（32）a ~（32）b 句常见于口语及通用语体。例（32）c ~（32）句常见于正式书面语体，其主语 NP 都采用了语法隐喻的方式，将口语及通用语体中常见的述谓形式的评价结论概念化为 NP，使其容纳了较为复杂的语法关系，以及较丰富的语义信息。如前文例（2）的"对环境造成的压力可想而知"，例（7）的"对用户造成的误导和损害之大、造成社会影响之恶劣可想而知"，例（9）的"重重困难可想而知"，例（12）的"其带来的破坏程度可想而知"等皆是如此。

语法隐喻的方式使得 NP 的长度增加，词汇密度扩大，在一定程度上降低了评价结论小句的句法复杂度，使其更加简洁，也使评价前提和结论之间的话题衔接更紧密。胡壮麟（1996）曾指出，名词化在成人语篇，尤其是科技文体中大量存在。因为这种结构既可减少句子或分句的出现，又能包容大量的信息，并反映出科技活动的严肃性和客观性。新闻语体与科技语体一样具有严肃性、客观性，因此 NP 作主语表达评价结论，也是"可想而知"句在新闻语体中高频出现并表达消极评价的重要原因之一。

由此可见，语体是通过语法及词汇表现出来的，语体的独立性不仅体现在其交际属性也体现在其语法属性（冯胜利，2010）。例（32）a 句和例（32）b 句是常用于口语及通用语体的评价句，主观性较强，正式度较低。例（32）c 句、例（32）d 句和例（32）句作为"可想而知"句的评价结论，常用于新闻语体等正式书面语体。二者在词语结构及句法位置上的"拉距变形"，使得"可想而知"句的语体正式度和文体客观性更为凸显。

本章表 2 的统计数据也显示，如例（32）所示的"以抽象名词为中心的 NP + 可想而知"的小句搭配，约占语料总数的 51.54%，如例（32）c 和例（32）d 句所示的以形容词为中心的 NP 约占 26.25%，且从例（32）c 句到例（32）d 句再到例（32）句，其在新闻语体中的出现频率呈现上升趋势，我们利用人民网新闻搜索引擎搜索的结果显示，"……之难可想而知"共 63 例，"……难度之大可想而知"共 301 例，"……难度可想而知"共 3 337 例。可见表消极评价结论时，正式性和客观性越高的 NP，其在新闻语体中出现的频率也越高。这样既保证了消极评价结论的传信度，也符合硬新闻理性客观的语体特征。

（四） 评价结论句中主语 NP 的回指性与衔接性

"可想而知"小句主语 NP 在新闻语篇的上下文语境中，分别与评价前提和新闻标题存在着回指关系。在语段语境中，NP 前的修饰语成分的回指形式包括零形回指、代词回指、名词回指等，回指对象通常为评价前提中的内容，包括前提所述的人、事物及其所发生的事件等，回指对象的句法形态包括词语、短语、小句。在语篇语境中，NP 与表宏观断言的新闻标题间也常存在回指关系。

我们的统计显示，NP 前的修饰语成分回指形式最多的是零形回指和代词回指，也包括一些名词回指，以及数种回指搭配使用的情况。零形回指如例（1）中的"困难程度可想而知"中的回指对象为表评价前提的篇章小句"8 万吨重的沉管靠 192 个顶推千斤顶、384 个无源支撑，平稳地、小偏差地向前移动"。例（4）中"爆炸时的威力可想而知"中的回指对象为评价前提小句中的名词"手机"。例（7）中"对用户造成的误导和损害之大、造成社会影响之恶劣可想而知"的回指对象为评价前提小句中的名词短语"虚假广告"。此外例（5）~（6）、（29）~（32）中的 NP 均包含零形回指。

代词回指如例（11）中"其难受程度就可想而知了"的"其"回指对象为"被催泪瓦斯直接击中的巴勒斯坦人"，例（12）中的"其带来的破坏程度可想而知"中的"其"回指对象为评价前提中的名词短语"'WiFi 钥匙'程序"。

名词回指如例（6）中的"问题之严重可想而知"中的"问题"为名词回指，回指对象为前提小句中所谈及的 APP 注销难现象。例（10）"中小企业在汇率波动中的风雨飘摇更是可想而知"中的"中小企业"作为名词短语回指，回指对象为语篇语境及标题中出现的话题"中小企业"。例（13）"相关公司承受的损失可想而知"中的"相关公司"作为名词短语回指，回指对象为语篇语境及标题中出现的话题"影视剧（制作）公司"。

评价结论句中的主语 NP 之所以采用以零形回指和代词回指为主的回指方式，首先是 NP 受到其所处的话语结构及其所回指对象特征的影响，其次也与新闻语体的特征密切相关。相较于其他语体，新闻语体更加重视主题在语篇中的组织性和贯穿性。

陈平（1987）指出，零形回指的对象在话语中要具有很强的连续性，当零形回指处于主语时，其回指对象的承前性最强。从认知的角度来看，这是由于人的短期记忆对回指对象及其所指对象的距离起了一定的限制作用，对于语境依赖性较强的零形回指和代词回指而言，两者指称距离越近，人们就越容易引起联想，更易于判别（徐赳赳，2003）。如果回指对象和它的所指对象距离太远，则只能用实词性成分如名词等进行回指。

NP 作为"可想而知"句的主语，其在进行零形回指及代词回指时具有很强的承前性，保持了回指话题的延续性、延展性、关联性。且回指对象和所指对象的距离很近，有助于读者识别和理解。我们从人民网新闻搜索引擎中随机抽取了50 篇含有"可想而知"评价句的新闻进行考察后发现，NP 以零形回指和代词回指为主的方式，其所回指的对象多与新闻主题相关，这些回指对象不仅在上下文语境如评价前提中出现，还常出现于范围更大的语段语境和语篇语境甚至标题中，形成了贯穿语篇的语义衔接链，而语篇内部各个层次的衔接是形成语篇连贯的必要条件。此外，零形回指和代词回指的方式也体现出新闻语体简洁明快，交际效率优先的衔接原则（张德禄、刘汝山，2003）。

标题作为新闻纲要性的概述，是新闻中最重要的宏观命题，该命题的主题等信息是由微观命题逐步推导出来的。也就是说，新闻中的各类主题并非简单的堆砌，而是形成了层级递进的结构（迪克，2003）。"可想而知"句的主语 NP 回指的对象或表达的评价结果作为微观命题的组成部分，对于宏观命题的标题起到主题推进、论证等作用。而新闻标题对微观命题的主题及相关信息的凸显，也使得微观命题中的低层次主题及相关信息通过标题化而实现了语义升级（楚军、周军，2006），从而保持和增强了相关主题在语篇中的组织性和贯穿性。

因此，NP 回指的对象也高频出现在新闻的标题，与新闻标题形成词或短语的回指。在前文"NP + 可想而知"例句中，NP 回指对象与标题内容直接相关的有 16 例，即例（2）~（13）、（27）、（29）、（30）、（32）。NP 回指对象与标题内容间接相关的有 4 例，即例（1）、（16）、（25）、（31）。如例（3）中评价结论小句"其经营难度之大可想而知"与新闻标题的"虚拟运营商如何扭转困境？"相照应，"其"指代的"虚拟运营商"为标题的主语，"经营难度之大"证实了标题中的"困境"一词。例（4）中评价结论小句即"爆炸时的威力可想而知"与新闻标题中的"刚上市的 S7 就炸了？"相照应，"可想而知"小句零形回指"S7 手机"在标题中作主语，而"爆炸"一词回指标题中的"炸了"。

由此可见，评价结论句中主语 NP 的回指性与衔接性，一方面增强了评价前提与评价结论的关联性，进一步提升了消极评价结论的可信度；另一方面，将消极评价句融入语篇之中，使评价句服务于主题的推进和内容的展开，从而更好地展示硬新闻的内容特点及语体特征。

（五） 评价结论句中 "可想而知" 的立场表达与交互主观性

"可想而知" 评价句之所以在新闻语体中高频表达消极评价，除了主语 NP 的上述特征之外，与谓语动词 "可想而知" 所表现出的言者立场和交互主观性特点也有着紧密的联系。

我们通过前文对言域中 "可想而知" 小句的考察可以看出，主语 NP 与谓语 "可想而知" 之间存在着共变关系，出现频率越高的 NP，其话题化程度越高，其后的 "可想而知" 的虚化程度越高，所包含的信息量越丰富，NP 与 "可想而知" 之间的整合度越高，"可想而知" 小句的构式义也越凸显。言域中 "可想而知" 的言者立场由三部分组成：表达评价的情态立场；确认评价结论的认识立场；体现正式书面语体色彩的风格立场。这些言者立场通过虚化程度较高的认证义动词 "可想而知" 加以表达，弱化了消极评价的主观性，增强了其正式度和可信度。

除了言者立场之外，我们在前文作为元话语的 "可想而知" 中也提及了它的交互主观性，实际上，在言域中的 "可想而知" 也已初步显示了其 "交互主观性"（李宗江，2009）的特点。新闻话语不仅是一种文本，还是报道者和阅读者的一种互动的形式（迪克，2003）。为了增强消极评价的客观性、传信度和可接受度，言者希望读者参与完成 "可想而知" 中的 "想" 和 "知" 的行为，根据评价前提，确认评价结论的真实性和合理性。此时评价言语行为的主体由单主体的言者变为双主体的言者和读者，由言者单方表达转为言者和读者双方互动，"可想而知" 评价句的 "交互主观性" 得以显现。

综上可见，从评价表达来看，"可想而知" 构式句中不含有诸如 "很、非常、太" 等表主观程度量的程度副词，评价主观性和层级性的特点并不明显。但因为其具备多声介入、客观充分的评价前提，符合逻辑的推论过程，句子的 OV 语序、中性语态及 NP 主语亦凸显了评价结论的正式度和客观性，谓语 "可想而知" 在表达言者的情态立场、认识立场和风格立场的同时，也体现了言者与读者的交互主观性，这些特点使 "可想而知" 构式句具备了客观、正式、严谨的评价功能，使得消极评价具备较高的传信度和可接受度。

八、不同语体中消极评价句的对比分析

评价作为一种言语行为，在交际功能各异的语体中，呈现出不同的句法形式，言者立场也各有侧重。本小节我们将首先从句式及言者立场的角度出发，考察带负面评价标记的口语句式与 "可想而知" 构式句的异同，然后从不同语体评价要素的分布出发，考察口语及通用语体的常规消极评价句与 "可想而知"

论证型构式评价句的异同。

（一）　带负面评价标记的口语句式与 "可想而知" 构式句的对比

方梅（2017）详尽地列举和分析了口语中典型的带有负面评价标记的句子，我们从中选取了部分例句，将其与"可想而知"构式句进行对比。如下文例（37）~（39）所示。

（37）a 跟奶奶住在一起之后，动不动我就被奶奶拉去陪她跳广场舞。

b 跟奶奶住在一起之后，我就常常被奶奶拉去陪她跳广场舞，心中的不情愿可想而知。

（38）a 横是我一个人照顾了老的还得照顾小的，你要累死我啊！

b 我一个人照顾了老的还得照顾小的，劳累程度可想而知。

（39）a 说什么为朋友两肋插刀。真遇见事了你试试，全跑得比兔子都快！

b 真遇见事了，全跑得比兔子都快，友情的虚伪可想而知。

上例中 a 句均选自方梅（2017），b 句是我们根据 a 句改写而成的"可想而知"构式句，b 句和 a 句的句义基本相同，不同之处在于：a 句出现在非正式的口语语体中，属于典型的口语评价句，b 句为出现在正式书面语体的评价句。

从句法语义特点来看，例（37）a 中的"动不动"表达了言者的不情愿，例（38）a 中的"横是"表达了言者的抱怨，例（39）a 中的"说什么"是言者对"为朋友两肋插刀"这一说法的否定。它们均为表达言者主观态度的元语（metadiscourse）。例（37）a 中的"动不动"和例（38）a 中的"横是"去掉之后句子仍然成立，但言者的主观情态也因此而消失。例（39）a 中的"说什么"去掉之后，句义由否定变为肯定，因此要保持基本句义不变，需要加上表否定的词语，如"很难、是不可能的"等，将句子变为"为朋友两肋插刀很难"或"为朋友两肋插刀是不可能的"，但言者的主观情态也会因此大为减弱。

从言者立场来看，例（37）a、（38）a、（39）a 的口语非正式语体的风格立场明晰，言者的态度立场通过元语明确表达出来，但言者的理性认识立场较为模糊，评价结论隐含于元语和其他评价要素之中，未在句中明确表达出来。因此 a 句的立场表达可以概括为 [＋口语风格立场，＋主观情态立场，－理性认识立场]。

而在 b 句即"可想而知"构式句中，正式书面语体的风格立场鲜明，评价前提和评价结论之间的关系也如前文分析所示，是客观可信、符合逻辑的。句中并没有表达言者主观情态立场的元语或其他话语标记，言者的理性认识立场通过"NP＋可想而知"小句表达，作为谓语的认证义动词"可想而知"，对话题即表达评价结论的名词性短语所隐含的高程度量加以确认和肯定，凸显了言者的理性认识立场，使得 b 句具有更强的客观性和更高的可信度。因此 b 句的立场表达可以概括为 [＋书面语风格立场，－主观情态立场，＋理性认识立场]。

我们还可以通过评价句式的语义韵特征来观察言者的主观性强弱。Martin（2005）考察了词汇语义在文本及话语中的态度、介入和级差资源，并将语篇中评价句的语义韵模型归纳为三种：渗透型语义韵（saturating prosody）、渐强型语义韵（intensifying prosody）和统辖型语义韵（dominating prosody）（王振华、马玉蕾，2007）。在带负面评价标记的口语句式中，表言者主观情态的元语和话语标记常出现于句首，定下了整个句子的评价基调，其后小句中也常出现评价性词汇，因此带负面评价标记的口语句式的语义韵模型属于以统辖型语义韵为主，兼及渗透型语义韵。而在正式书面语体的"可想而知"构式句中，评价前提部分很少出现言者的态度立场，评价结论小句主语 NP 也保持中立和客观，直到谓语"可想而知"才凸显了言者的理性认识立场和主观情态立场，因此"可想而知"构式句的语义韵模型是以渐强型语义韵为主的。相对而言，在言者的主观立场表达方面，带负面评价标记的口语句式强于正式书面语体的"可想而知"构式句。

不同语体中消极评价句的差异实际上体现了语用动因的驱动。面对面的交际更需要遵从语用学中的礼貌原则，维护双方的人际关系和面子，因此口语非正式语体常用规约性强的消极性话语标记表达说话人的主观情态。而在书面语正式语体的消极评价句中，作者与读者之间的时空距离很远，人际关系也较为疏远。而且对于新闻尤其是硬新闻而言，传信即传达真实可信的事实和观点是其首要的任务。因此作者注重表达理性认识立场。

（二） 常规消极评价句与 "可想而知" 评价句的对比

此处的"常规消极评价句"指的是在日常生活中出现频率较高的、以常态句式为主的消极评价句。在通用语体及口语非正式语体的常规消极评价句中，评价前提多为交际双方已知的信息，常常省略，或以身势语等非话语的形态呈现。评价结论和言者的主观情态是必现成分，也是言者重点表达的内容，表主观情态的元语和话语标记常与评价结论同现。如下所示：

（40）我那时真是聪明过分，总觉他说话不大漂亮，非自己插嘴不可。（朱自清《背影》）

（41）我眼睛一闭，跳了下去。但结果非常糟糕。（赵丽宏《童年笨事》）

（42）"你慢着。看你，你这个傻——瓜——瓜！"（张贤亮《绿化树》）

（43）她咽了口气："不是我说你，你的胆子可也太大了！"（老舍《新时代的旧悲剧》）

（44）我看我们家马锐才没准儿呢，整个一个马大哈，二百五，让人当枪使。（王朔《我是你爸爸》）

上述五例中，例（40）和例（41）为通用语体的常规消极评价句，例（42）~（44）为口语非正式语体的常规消极评价句。五例中下加着重号的部分为评价结论，在句中作谓语，是全句的焦点。表主观程度量的词语与带褒贬义的词语搭配是通用语体中常规评价句常用的表评价结论的结构，如例（40）的"聪明过分""不大漂亮"，例（41）中的"非常糟糕"。例（42）~（44）中表评价结论的句子："你这个傻——瓜——瓜！""你的胆子可也太大了！""才没准儿呢，整个一个马大哈，二百五，让人当枪使。"这些均为带有言者强烈主观情感的句子，其前的话语标记"看你""不是我说你""我看"，也凸显了句子的消极评价性和言者不满的主观情态立场。

我们以例（44）作为详细考察的对象，从言者立场的视角对比非正式口语评价句与正式书面语评价在言者立场表达方面的异同。首先从认识立场来看，"我看"具有话语标记的作用，也表达了言者的认识立场，体现出评价主体的自言性。虽然言者对所言信息具有较高的确信度，但言者并未对其真实性进行论证，因而传信度不高。

再从风格立场来看，"才没准儿呢"和"整个一个马大哈，二百五，让人当枪使"都是言者轻松随意的口语表达，体现了非正式语体的风格立场。最后从态度立场来看，"没准儿"是评价主体对评价对象（即文中所提及的"马锐"）处世言行态度的负面评价，"才……呢"用评价副词和语气词传达出了言者强烈的主观情态，体现了言者对"没准儿"这一负面评价加以确认的认识立场。评价结论小句中"整个一个 X"是表负面评价的口语句式，带有说话人强烈的消极性情态。小句中"马大哈、二百五"是带有消极语义的贬义词，"整个一个"增强了"马大哈、二百五"所含消极评价的程度量级，"让人当枪使"运用了以物喻人的隐评方式，其中"当枪使"隐喻的是马锐被人利用，且自身利益可能因此受损，体现出言者对评价对象的行为所持的负面态度。

我们将前文所举通用语体［例（40）和例（41）］和口语非正式语体［例（42）~（44）］中的常规评价句与"可想而知"论证型构式评价句加以比较，考察不同语体环境对句子评价结构、要素及言者立场表达的影响。结果如表 3 所示：

表 3　口语及通用语体的常规评价句与"可想而知"论证型构式评价句的对比

评价要素	书面语正式语体中的论证型构式评价句（以"可想而知"句为例）	口语及通用语体的常规评价句［以例（40）~（44）中评价句为例］
1. 评价主体	不出现在句中	非必现成分。可出现在句中，如例（40）、（42）、（44）；也可隐去，如例（41）、（43）

（续上表）

评价要素	书面语正式语体中的论证型构式评价句（以"可想而知"句为例）	口语及通用语体的常规评价句［以例（40）～（44）中评价句为例］
2. 评价对象	通常包含在表达评价前提的若干小句中，表现为不同类型的新闻事实	通常位于评价句的主语位置，如例（40）～（44）。有时也可作为交际双方共知的背景信息隐去，直接表达评价结论，如"太贵了！""干得漂亮！"
3. 评价前提	必现成分。由若干小句构成，位于"可想而知"小句之前，不能隐去； 传信度高。多包含权威观点、数据等可信度高的信息	非必现成分。可在句中出现，也可作为交际双方共知的背景信息，隐于句外
4. 评价过程	多由评价前提归纳或类推出评价结论。评价过程清晰、有理据	评价过程常简略表达或省略，可直接表达评价结论
5. 评价标准	通常以权威观点、数据或大家认可的常理作为评价标准	可以是大家都认可的常理，也可以是评价主体的主观评价标准
6. 评价结论	通常为复杂结构的 NP，出现在"可想而知"小句的主语位置	常出现在谓语的位置。常见的结构如："主语＋程度副词＋评价性的谓语"［例（40）、（41）］、"主语＋评价性的谓语"［例（42）、（44）］、"主语＋评价性的谓语＋程度补语"［例（40）、（43）］等
7. 言者立场	主要体现为［＋书面语风格立场，－主观情态立场，＋理性认识立场］； 正式度高，客观性强，讲究理据，几乎看不到言者个体化的主观情态	主要体现为［＋口语或通用语体的风格立场，＋主观情态立场，－理性认识立场］； 非正式口语语体的常规评价句：不要求列举客观的评价前提，常见各类话语标记，并带有言者感叹和反问语气。体现出言者强烈的主观情态； 通用语体的常规评价句：正式度及主观情态性介于书面语正式语体和口语非正式语体之间。根据语体交际需求，灵活选用各类评价性词汇、句式、话语标记等

从表 3 以及前文分析可以看出，在通用语体及口语非正式语体的常规评价句中，既包含了评价主体的自言性认识立场、非正式语体的风格立场，也表达了言

者主观情态，这些都凸显了言者个体性的态度立场。可见这些评价句的重点不在于论证评价结论的真伪，而是表达言者即评价主体带有个性化的主观情态立场。

而新闻语体中"可想而知"评价句的重点在客观表达评价前提，并论证评价结论的合理性。因此评价前提与评价结论均为句子的必现成分，评价前提以借言为主，由专职和兼职传信语所传达的各类新闻事实构成，内容和表达方式与评价主体的疏离度较高。表达评价者主观情态词语的功能主要是论证和强化新闻事实的客观性，如殷俊（2005）所言，与其说新闻评论是强调观点的描述方式，不如说其是论证观点的描述方式。

从语体特征来看，新闻语体属于正式度较高的书面语体，善于驾驭事实，分析事实，材料和观点有机结合，有较强的说服力（李良荣，2002），"可想而知"论证型构式评价句的上述特点也体现了新闻语体对其句法和句义的影响与塑造。对于新闻报道尤其是新闻评论来说，在向受众传递新信息的同时，报道者也要论证和表达观点，引导公众舆论。因此，"可想而知"论证型构式评价句作为新闻语体中典型的评价句，体现了正式书面语体中评价表达的特点，评价结构完整有逻辑性、评价结论客观正式，言者立场理性中立。而口语及通用语体的常规评价句淡化了评价前提，也不关注评价结论的传信度，凸显的是言者的主观情态立场。可见不同语体的交际需求对评价句的句法、词汇和评价功能的表达具有较强的塑造作用。

九、结语

（一） 评价的主观性和客观性

我们将前文八小节的内容列入图 3，如下所示：

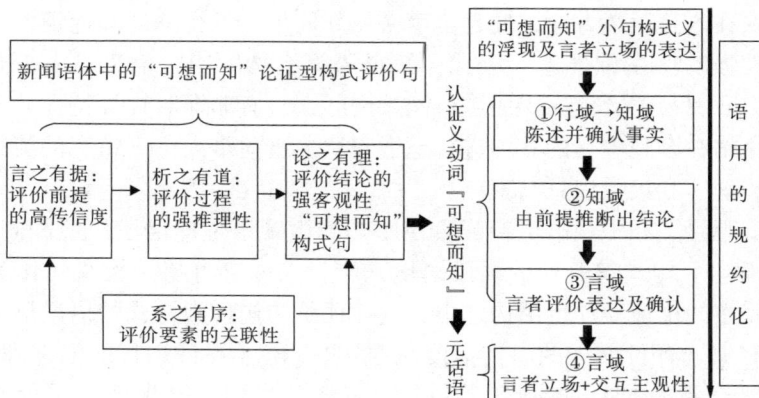

图 3 "可想而知"论证型评价句的构式义浮现及言者立场表达

由图 3 可见，在典型的正式书面语体——硬新闻中，"可想而知"评价句有结构完整、依据充实、结论客观、传信度高的特点。也就是说，硬新闻中的"可想而知"论证型评价句是一种客观理性的评价句。

我们在第一章提到评价最显著的特征是主观性。但需要注意的是，我们在日常生活中所言的"某个评价很主观"与语言学范畴中的"评价的主观性"是两个不同的概念。当人们在日常生活中说"某个评价很主观"时，这里的"主观"指的是没有依据实际情况，也没有采用大众普遍接受的价值评判标准，而是凭借带有个体偏见的价值标准所作的评价。

而语言学说"评价的主观性"中的"主观性"，是"语言的主观性（subjectivity）"，指的是说话人在说出一段话的同时表明自己对这段话的立场、态度和感情，从而在话语中留下自我的印记（Lyons，1977）。可见在语言学中评价的"主观性"是哲学层面的概念，是指与"物质"相对的，表现人的意识与精神的语言成分。

因此，当我们说用"主观的评价语言"来表达"客观的评价"，它指的是言者采用可信度高的评价前提，以大众认可的价值评判体系作为评价标准，表达可接受度高的评价结论。在这一过程中，言者的立场，包括言者的主观认识、情感态度，语体的风格，都是为了使评价更加公正、理性、客观。

（二） 语境与评价构式

由前文考察可见，构式化的语言学语境的影响力和作用范围具有递归性。宏观语境的影响力最大，它影响和制约着中观语境和微观语境中语言单位的分布及其句法语义特征，而"可想而知"论证型构式评价句的句法语义特点也反映了构式化语境因素的影响。

具体而言，硬新闻的语体语境具有"客观公正、主题鲜明、简洁时效"的特征，反映在语篇语境方面，便是语篇常用新闻事实进行陈述和论证，采用回指性和衔接性强的"主位推进"模式，使得语篇结构紧凑，信息量大。而在情景语境方面，言者与读者依靠媒体进行间接交际，具有非即时性等特征。言者所秉持的理念是站在客观中立的立场进行理性表达，避免个人主观情态的流露，并希望读者能够理解和接受信息与观点。

上述宏观语境和中观语境特征直接影响着微观语境即语段语境和句内语境。从"可想而知"构式句所处的语段语境来看，"可想而知"构式句作为评价结论，处于完整的论证型评价结构之中，这一评价结构作为构式的语段语境，体现出"言之有据（评价前提的高传信度）、析之有道（评价过程的强推理性）、系之有序（评价要素的关联性）"等特征，如图 3 所示，既保证了评价的理性客观，也符合硬新闻的语体语境特征。此外"可想而知"构式句主语 NP 在语篇语境及语段语境中，分别与新闻标题和评价前提存在着以零形回指与代词回指为主的衔接关系，这也使得新闻语篇更加紧凑简洁。

从构式所处的句内语境来看，典型的"可想而知"构式句呈现 OV 语序和中性语态，评价主体隐于句外，起到了客观理性表达消极评价的效果。其主语以 NP 形式表达评价结论，淡化了主观程度量的表达，而 NP 化也是正式书面语体常用的表达形式，这使得评价结论具有较强的正式度和客观性。评价结论 NP 出现于构式句首的话题位置，增强了可及度，契合了新闻语篇的主位推进模式。与此同时，"可想而知"与主语 NP 的整合度也在加强，所体现的言者立场更为明显，言者立场由理性中立的情态立场、确认评价结论的认识立场、体现正式书面语体色彩的风格立场三部分组成。这些言者立场通过虚化程度较高的认证义动词"可想而知"加以表达，弱化了消极评价的主观性，增强了评价的可信度。

由此可见，在硬新闻中，构式化语言学语境的各层级要素之间是相互影响的，宏观的语体语境为中观和微观语境以及身处其中的构式化评价句定下了客观、正式、理性的基调，在这一基调的影响下，"可想而知"论证型构式评价句所体现出的句法及语义特征，带有强烈的硬新闻语体的特征。正如施春宏（2013）所言，如果再进一步考虑到句式的语篇功能、语体特征这些入境性特征（in-context feature）的话，构式的浮现性特征就更加显著了。

（三）　语体语法与评价构式句

评价构式句的研究目前主要集中在非正式的口语语体，以往对口语评价构式的考察显示，构式产生的内部动因包括语义变异、功能扩展、语法演化，外部动因包括类推仿用、高频使用、语境催化等。内外动因是相互影响、相辅相成的。

本章以正式书面语体中的硬新闻为考察范围，选取了"可想而知"论证型构式评价句这个具体而微的研究对象，将语体语法、系统功能语法、评价构式、言者立场表达等研究视角相结合，分析了该类评价句的句法和语义特征，评价结论小句的构式浮现和言者立场表达，展现了特定语体语境下评价表达的复杂特性和形成动因。通过对比非正式口语语体和正式书面语体中的评价句，可以看到其在评价要素隐现、句法位置分布、言者立场表达等方面都存在着较大的差异。这是因为说写者和听读者的交际距离、地位、态度、场合、内容等因素，都会影响说写者对评价性词汇的选取和句式的使用。

我们的考察结果显示，对于正式书面语体而言，交际双方之间的距离远，言者的态度理性，内容正式，希望读者理解和接受，因此在表达评价言语行为时，言者立场力求客观严谨，使评价具有高传信度。而在非正式口语语体中，交际双方之间的距离较近，言者的态度较随意，内容也多为日常生活琐事，言者进行评价言语行为的目的不一定是为了传信，而可能是处理人际关系，抒发和交流情感，因而评价句中的言者个体化主观情态立场较为明显。由此可见，语法反映着交际，受制于交际，也调节着交际。

第十二章　网络语体的购物评价语言

一、引言

21世纪以来，随着互联网技术的发展，网络购物已经走进了寻常百姓的生活。以淘宝购物网络为例，2005年，淘宝网年成交额破80亿元，超越美国的易趣网（eBay）和日本的雅虎网，成为亚洲最大的网络购物平台。截至2014年底，淘宝网拥有注册会员近5亿，日活跃用户超1.2亿，在线商品数量达到10亿，在C2C（笔者注：即个人与个人之间的电子商务，Customer to Customer）市场，淘宝网占95.1%的市场份额。淘宝网创造的直接就业机会达467.7万。

网络购物行业能够迅速发展，风靡全球，除了硬件及技术的支持，其省时、省力、省钱的优势也是重要原因，具体而言包括以下三方面：第一，网店的商品种类极大丰富，全球各个产地，从偏僻乡村的土特产到高大上的世界名牌产品，几乎都可以在网店里找到，产品支持价格比较，购买的商品由快递送货上门，大大降低了消费者的时间成本、交通成本和购买成本。第二，网络商家无须租用实体店铺和雇佣营销人员，商品价格更加低廉，性价比更高。第三，网店支持全天候自助下单，购物不受时间限制。

随着网络购物的迅猛发展，一些问题也开始显露出来。首当其冲的就是商品质量的问题。网络的虚拟性使得消费者无法在购物时真实体验到商品的外观及质感，仅凭商家的描述和图片进行选购，因此消费者与其说是在选购商品，不如说是在选择商品的信息，信息的精准表述及消费者的理解都会影响其选购（李晶，2014）。其次是网络商家的服务态度问题，如有的商家在售前咨询、售后跟进等过程中，没有及时与消费者沟通，或者服务态度存在不够专业、耐心等问题。此外，还包括商品的物流配送不及时、消费者收到残损商品等问题。

根据经济学理论，网络虚拟环境下，买方和卖方的信息不对称，会导致卖方有较大的欺骗动机。为了解决因买卖双方信息不对称导致买方利益受损并影响电商发展等问题，大部分电子商务平台都已实施信用评价体系，消费者通过电子商务平台所发表的评价语言也是信用评价体系重要的组成部分。

二、相关研究回顾

目前对网络购物评价的研究主要集中在管理学、经济学、统计学等领域，聚焦的对象就是电子商务平台的信用评价体系（下文简称"电商信用评价体系"），其中对中国最大的电商淘宝网的研究较多，且较有代表性。电商信用评价体系是电子商务中用于产生和传播信用信息的一种工具与机制，其宗旨是利用以往交易的信息，来判断卖方所提供产品的质量、服务品质以及买方支付货款的情况。其目的是降低交易中的信用风险（邵兵家、李睿，2006）。

我们以淘宝网为例，分析电商信用评价体系的运行机制及特点。在运行机制方面，当消费者即买家每完成一次网上交易之后，可以针对该交易进行一次评价。评价的等级分为三等，即好评、中评、差评。买家可以对交易进行评论，详细描述整个交易过程，说明自己对产品质量及使用的感受，对评价结果进行解释等。被评价方即卖家可针对买家的评论做出回应性说明，但卖家的回应无法影响买家的评价结果。这些信息反馈将会形成买卖双方的信用。从所有交易中得到的信用信息反馈按一定规则集结为买卖双方尤其是卖家的综合信用分，用以反映卖家的信用情况，并供其他买家作交易决策时参考（田双领，2008）。该信用评价模型的优点是实用操作性强，易被接受理解，一方面为潜在买家购买同类商品提供了参考依据，另一方面也促使卖家严把质量关，努力为客户提供更为优质的服务。

尽管淘宝的信用评价体系是买方和卖方双方的互评，但买方评价显然处于主导地位，因为买方评价会对潜在买家决定是否在此商铺购买商品产生显著影响。这种信用评价体系利用了一种古老的信用机制——众口相传（word-of-mouth），即口碑。也就是让先来客户的评价对后来客户产生影响。因为网络自身的特点，使得口碑等信用信息可以在很短的时间内，以低廉的成本广泛传播，被更多的人知悉和接受，因此卖家一旦有良好的信用积累，就能得到更多的销售机会，以低成本获得信用带来的收益。作为买家，也可以在很短的时间内找到信用良好的商家，降低被欺诈的风险（穆泓，2006）。

当然，目前管理学和经济学界也指出，淘宝信用评价模型存在着诸多问题，如信用度相关因素单一、评价级别太少、评价双方关系不平等、评价率不透明等。我们认为，之所以会产生上述问题，其中重要原因之一就是，只看评价的等级和分数，没有关注具体的评价语言。实际上很多买家都在评价中详细介绍了购买的感受和体验的服务，这些信息对于其他买家具有借鉴及参考价值，也有助于卖家提升商品质量，改进服务。

三、研究对象及内容

本章我们将从现代汉语评价系统的视角出发，以淘宝、京东、亚马逊等大型电商平台为调研范围，考察电商信用评价体系中买家评价文本的语言特点。重点关注以下问题：

（1）从现代汉语评价系统的视角来看，差评文本、中评文本、好评文本的评价活动要素及评价特征的呈现有何特点？形成这些特点的动因是什么？

（2）从语体特征来看，网络购物的买家评价文本具有哪些特点？这些特点的形成动因是什么？

在语料选取方面，淘宝是中国国内买家最多、影响力最大的电商平台，此外亚马逊、京东等也是影响力很大的电商平台，这三大电商平台在交易信用展示中有海量的买家评价文本。依照三大电商平台所提供的行业分类，我们从每一大类中各抽取了 1 000 条买家评价文本，其中好评、中评、差评各约占抽取样本量的三分之一。

现代汉语评价系统中的活动要素包括"评价主体、评价对象、评价视角、评价标准、评价视域、评价结果"等。我们将考察这些评价活动要素在各类评价文本中的呈现情况及特点。

如前文所言，在电商信用评价体系中，起关键性作用的是买家评价。买家评价反映了购买的整体情况，也影响着卖家的信誉感和信用度，而卖家评价大多是对买家评价的回应，因此本章关注的是以买家为评价主体的评价文本。

在评价对象和视角方面，由于电商平台销售的特殊性，为了保障买家的权益，提升卖家的信用，评价对象通常包括商品、物流、服务三个类。每一大类评价对象还包括多元化评价视角，买家从各个不同的视角出发，对商品、物流、服务进行了较为详细真实的评价。我们将从好评、中评、差评文本中选取具有代表性的样本，考察其中所包含的评价活动要素。

四、差评文本的评价特点

（一） 差评文本中评价活动要素的构成

我们从各类产品评价中随机抽取了 1 000 条差评文本。总体来看，差评文本的主体是评价依据，大部分评价依据中包含着作为依据的判断标准，即评价标准。然后就是买家在评价依据的基础上所得出的消极评价结论。这种结论常常带有买家个体情绪较为强烈的主观感情色彩。

从评价活动要素的构成及呈现顺序来看，较为常见的差评文本类型为"评价依据＋评价结论"型。在基本类型的基础之上，还可以衍生出"评价结论₁＋评价依据（包含多视角的评价标准和对卖家的评价）＋评价结论₂""评价视域＋评价依据（包含评价标准）＋评价结论""评价结论＋评价依据"等类型。我们将分别举例予以描述分析，例子后面的括号中列出了差评文本的来源及所评价的商品类型。

1. "评价依据＋评价结论"类差评文本

从数量来看，"评价依据＋评价结论"类所占比重较大，约占差评文本总量的1/3。买家先给出证据，再得出结论，使得评价文本更具有理据性和说服力，更符合人们的认知特点。此类文本的具体例子如下所示：

（1）根本就不是实木的，就是树脂的，很轻，而且也有多处掉漆，就是太远没办法退，以后这种东西坚决不能在网上买，太坑人了，一千多块钱就扔了！（家具）①

（2）收到的宝贝居然没有生产许可标志。××（笔者注：国内某知名电商平台名称）也会有赝品？（化妆品）

（3）布料太薄了，缝线质量也差，真对不起那几十块，货到了也没通知，差评！（服装）

上述例（1）中，买家先陈述了给差评的依据"根本就不是实木的，就是树脂的，很轻，而且也有多处掉漆"，依据中的评价视角包括商品的材质和外观，隐含的评价参照体即评价标准是卖家宣称材质是实木的，但是买家收到货后发现商品与描述的不一样。因此评价结论表现为消极性的个人主观情态，一种收到商品之后货不对板的愤慨和无奈之情。买家使用了表达强烈情感的否定副词"根本就不是（实木的）"、形容词"坚决"和情态动词"不能"，以及表消极评价的感叹句即"太坑人了，一千多块钱就扔了！"，表达了对收到的家具同卖家描述的不一致的愤慨之情，以及"太远没办法退"的无奈。

例（2）给差评的依据是"收到的宝贝居然没有生产许可标志"。这里的"宝贝"指的是进口化妆品，买家用一个反问句"××也会有赝品？"表达了消极性的评价结论，反问句中蕴含的预设即评价标准是"按照常理推测，××作为只销售名牌正品的高信誉度电商平台，不应该有假货"，但评价依据反映的事实否定了这个预设，因此买家用反问句意在表明，××跟其他电商一样，也可能卖假货，表达了对化妆品是否为原装正品的怀疑，以及对××的信誉度的消极评价。

例（3）给差评的依据是"布料太薄了，缝线质量也差，真对不起那几十

---

① 本章评价文本语料后面括号内标注的是买家所购商品的类型，如"（家具）"表明所购商品为家具，评价文本是买家对所购家具的评价。

块，货到了也没通知"，买家的评价视角包括服装的布料、缝线质量、快递服务等，并连续用了一些消极评价的词语和结构"太薄了、差、真对不起"等表评价结果。最后得出了一个总的评价结论就是"差评!"

2. "评价结论₁ + 评价依据（包含多视角的评价标准和对卖家的评价） + 评价结论₂"类差评文本

这类差评文本的数量在样本中所占的比例也较大，接近 1/3。此类文本的具体例子如下所示：

（4）确认收货是为了给差评!我买了两套 52 码的衣服，结果发的一套 52，一套 66，而且尺码不对，裤腰特别小，我发信息给客服，结果客服看了一声不吭!不给我换衣服，起码你发错号码，总该跟我说声抱歉吧!没人理我，差评差评差评!!!!!（服装）

（5）VIP 生涯中的第一个差评：因为太不值!×× （笔者注：国内某知名电商平台名称）一直好评率百分之百，有个差不多哪怕不是很满意的也是默认好评，也知道做生意不容易，可是你考虑别人，谁考虑顾客的心理呢？开始穿了磨脚也没计较，想着可能过阵子就好了，可是这个皮质，让人感叹!上面那双小白也是两百多，穿了三年，去过西藏、泰国，走南闯北，鞋头磨损也是在爬黄山时磕磕碰碰才那样。下方店家的小白，穿的第二天，只是因为不小心轻轻碰了一下台阶!店家说属于人为原因，那么我想说，谁都不会拿着鞋头去磨，你买个牛皮包撞了下墙面会破吗？质量好的牛皮鞋哪怕往台阶上踢一下会破皮吗？最多碰点灰!从下方摩擦处看那所谓的真皮是有多薄啊!我还在想，是不是自己较劲了，于是查看追加评论里：一看这掉皮的大有人在，还是自然脱落的。可能别人一个星期三个月才出现，我这才两天。是啊，店家说让我自己出寄去邮费，给我喷喷漆，可是它就不会再掉漆了吗？店家强调真皮，也许是皮，但是不是好皮，值不值二百多，总之，这是我目前唯一一次特别失败的经历!（白色运动鞋）

例（4）文本的首句为感叹句，即"确认收货是为了给差评!"，给整个文本定下了评价结论和基调，表达了买家强烈的不满情绪。然后买家从商品尺寸（"……尺码不对，裤腰特别小"）、卖家态度（"……结果客服看了一声不吭!……总该跟我说声抱歉吧!没人理我"）等视角出发，陈述了评价依据。可见无论是所购商品还是购买过程，都无法满足买家的合理需求。因此最后买家用重复三次的"差评"和五个感叹号，即"差评差评差评!!!!!"，再次表达了强烈的不满。

例（5）所针对的对象是买家刚刚购买的一双白色运动鞋，即评价文本中所说的"小白"。买家首先说的是第一个评价结论，强调这是自己在某购物平台多年以来的第一个差评，且实属无奈之举。这也从侧面体现出评价的真实性，买家并非习惯于做出差评的人，即所谓的职业的"恶意差评师"。文本的主体是买家做出差评的依据。买家为了证实评价依据的真实性，上传了鞋子的照片，使得评价文本具有多模态的特性。评价依据中包含了两个评价参照体即评价标准。第一个评价参照体是自己之前买过的同等价位的白色运动鞋（附照片），质量较好，不易磨损，但刚买来的新鞋碰一下台阶就掉皮了。于是买家与卖家交涉，卖家的理由是"（鞋子皮磨破）属于人为原因"，买家不认可并进行了反驳，即"……质量好的牛皮鞋哪怕往台阶上踢一下会破皮吗？最多碰点灰！"

买家为了证实其反驳的合理性，找到了第二个评价参照体，即其他买家的追加评价[①]，而其他买家的追加评价也反映了此鞋容易掉皮，非个别现象。这再次证实该款运动鞋并非如卖家所描述的是好的真皮做的。最后，买家做出了第二个评价结论，用一个带有强烈主观情态的消极评价感叹句进行了总结式评论，即："这是我目前唯一一次特别失败的经历！"用"经历"一词，表明了买家认为不仅是商品有质量问题，卖家在解释和沟通方面的服务也是不好的，两者造成并构成了这次失败的购物经历。

3. "评价视域＋评价依据（包含评价标准）＋评价结论"类差评文本

此类差评文本的数量占我们考察的差评样本总量的1/5左右。具体例子如下所示：

（6）观察几天才评价；这款狗粮买到家后，牛牛吃了两顿，结果肚子发胀，放屁呕吐，粪便呈颗粒状，后来就没敢再喂食。换了另外一种狗粮，狗子恢复正常，后来寻思这一大袋子狗粮浪费挺可惜，又掺了一点喂狗子，结果又出现以前症状，再也不敢喂了。我家牛牛目前为止换过四五个品牌狗粮，就这款吃出毛病了，哎，真是便宜没好货！（狗粮）

例（6）的差评文本所针对的对象是买家刚刚购买的一款狗粮。在评价文本中，买家详细叙述了评价视域、依据、标准、结果等评价活动要素。首先，买家为了强调评价的可靠性，首句就指出评价的时间范围，即评价的时间域。买家不是只让狗吃了一次狗粮就马上评价，而是让狗吃了几次，即"观察几天才评价"。

其次，买家详细叙述了产品的使用情况，并参照了使用其他品牌同类产品的情况作为评价标准，二者共同构成了评价依据。具体而言，"这款狗粮买到家后，牛牛吃了两顿，结果肚子发胀，放屁呕吐，粪便呈颗粒状"。而"换了另外一种狗粮，狗子恢复正常"，且"牛牛目前为止换过四五个品牌狗粮，就这款吃出毛病了"。最后，买家做出了带有强烈主观情态的消极评价结论，即叹词"哎"加上感叹句"真是便宜没好货！"

4. "评价结论＋评价依据"类差评文本

此类差评文本占差评样本总量的1/5左右。具体例子如下所示：

---

① "追加评价"是买家使用某商品一段时间以后再来评价，以便其他买家更好地了解产品的质量和性能。

（7）太坑爹了！这锅我都不敢用了，做了个测试，用它烧了一锅水，等水开了，发现水都是铁青色的，掉色掉得很严重！（电饭锅）

例（7）先给出了一个带有个人强烈主观消极情态的感叹句即"太坑爹了！"表达评价结论。然后再叙述了评价的依据，评价视角是电饭锅胆的掉色问题，买家"做了个测试，用它烧了一锅水，等水开了，发现水都是铁青色的，掉色掉得很严重！"，据此买家认为，电饭锅对食品安全和身体健康都可能产生消极性影响，因而给出了差评。

除了上述四类差评文本之外，还有"评价依据"类差评文本，如"买的花全发霉了，里面还生了虫子，全扔了""手机壳有裂缝，是个残次品""钢化膜坏的，贴不上！！"等。我们收集到的此类文本的数量很少，原因可能是只列举评价依据，不表达评价结论，无法表达买家心中的不满甚至愤怒之情。此外，直接表达评价结论的差评文本数量也很少，原因在于不列举证据，直接做出消极评价的结论，很难取信于人，因此买家较少使用。

（二）差评文本的各层级评价项的特点

在买家评价文本中，评价活动要素（如评价结论、依据等）通过各级各类评价项得以呈现和表达。我们从淘宝、亚马逊、京东等大型电商平台中选取了一些买家差评文本，考察词汇层、话语标记层、句子层评价项的分布情况。具体例子如下所示：

（8）这个服务态度实在太让人无语了！换一件衬衣联系客服联系了3天才有人回复！回复了也不见人处理，光问个单号就问了三四次！到最后问她能不能发货，她倒好，要我去联系他们发货的人！这样的网店就是个坑！如果担心不合适可能会换到货的朋友们最好谨慎选择！也可以说是我那么多年以来最失败的一次网购！（服装）

（9）这是我买过最差的电子书了。速度响应慢就算了，还老是充不上电，重新启动还会卡死，××①这种双系统没有优化简直辣鸡死了，我不知道×××
×②到底要怎么发展××××③这个品牌，前面的××④客户也是体验差，看样子，××××⑤对产品的理解已经开始走下坡路了。再也不回来了。88，×××
×⑥，还有才一个多月就坏掉，我也是醉了。但是30天不能退货了。哎！这真的

---

① 电子阅读器的系统。
② 国内某知名电商平台名称。
③ 电子阅读器品牌名称。
④ 电子阅读器品牌名称。
⑤ 国内某知名电商平台名称。
⑥ 国内某知名电商平台名称。

是心塞！（电子阅读器）

（10）奶粉真差呀！感觉<u>不像正品</u>。如果是正品，那这奶粉<u>够差</u>的了，全是奶块，<u>根本冲不开</u>，<u>无论</u>什么水温，<u>无论</u>哪种方法冲调，<u>全</u>是奶块，一大块一大块的，如果真是正品，那太<u>对不起</u>×××①这个牌子了，一个字，<u>差</u>！（奶粉）

（11）<u>超级差</u>！这是沉香吗？拿火烧了一颗，刺鼻子，<u>还</u>保真？第二天就掉渣了，<u>可笑的是</u>戴了一段时间还掉色，都不如烂木头，<u>我也是醉了</u>！（沉香）

从评价活动要素的分布来看，上述例（8）~（11）文本均为"评价结论$_1$＋评价依据＋评价结论$_2$"的构成模式。"评价结论$_1$"和"评价结论$_2$"是买家从产品质量、用户感受等视角出发所做出的结论。在评价结论中，评价性形容词常与高量级程度副词搭配，如例（8）中的"实在太让人无语了！"和"最失败的一次网购！"；例（9）中的"最差的电子书"和"简直辣鸡②死了"；例（10）中的"真差呀！"和"够差的了"；例（11）中的"超级差！"等。此外，评价结论中还有一些直接表达买家消极情态的叹词，如例（6）和例（9）中表买家无奈的叹词"哎"。这些词汇层评价项组成消极评价句，共同表达买家不满、生气等消极情态。在评价结论的句式特点方面，以感叹句居多，也包括反问句、陈述句等。

在评价依据中，形容词多用来描述商品质量、卖家态度、快递服务等与具体购买行为有关的内容，如例（1）中的"（家具）很轻"，例（4）中的"（裤腰）特别小"，例9中的"（速度响应）慢"等。在买家叙述评价依据的过程中，副词常用来表达当其发现产品质量有问题，且与卖家沟通不畅时，买家所表现出的较为强烈的消极性主观情态，如例（8）~（11）中的加下划线的副词"也、光……就……、倒、简直、根本、到底、无论……全……、还"等。有时文本中会出现消极评价话语标记，用于小句之间的衔接，如例（11）中的"可笑的是"。而当买家在评价依据中提及相关参照体即评价标准时，较少使用主观评价词汇，这使得评价过程呈现客观理性的特点，如例（6）中的"牛牛吃了两顿，结果肚子发胀，放屁呕吐，粪便呈颗粒状，后来就没敢再喂食。换了另外一种狗粮，狗子恢复正常"。又如例（8）~（11）未画线部分多为客观描述，这也保证了评价结论的真实可信。

（三）差评文本中评价特征的体现

从前文所述各类评价活动要素的呈现，以及各层级评价项的特点来看，在差评文本中，评价的表述性主要体现为带有消极情态的从物评价，即对所购商品的

---

① 奶粉品牌名称。
② "辣鸡"为网络词语，即"垃圾"的谐音。

消极评价。评价的主观性、层级性、价值负载性在评价结论部分得到了充分体现，诸如"我也是醉了！"［例（11）］，"太坑爹了！"［例（7）］，"哎，这真的是心塞！"［例（9）］等，都是具有强烈主观情绪化色彩的评价结论。而在评价依据的表达方面，买家借助各类参照体作为评价标准［例（5）和例（6）所示］，一方面体现了评价依据的比较性和相对性，另一方面也使评价结论具有可信度和说服力。

五、中评文本的评价特点

首先，从电商平台"中评"的内涵来看，其意思并不是不好不坏，而是买家对商品质量、卖家服务态度、快递等方面的评价好坏不一，即对购买经历中的某些方面满意，对某些方面不满意。因此"中评"低于好评，高于差评，属于较差的评价。如下两例所示：

（12）量少得可怜，味道一般，不值这个价。（饼干）

（13）东西的质量不错，就是物流速度不敢恭维！心里给不了好评！（服装）

例（12）中买家基于产品重量和味道的评价视角，叙述了评价依据，并得出了"（商品）不值这个价"的评价结论。由评价依据可见，该例作为"中评"，实际上是对商品的较差的评价。例（13）中买家对商品质量和快递物流分别给予了积极评价和消极评价，因此买家总的评价结论是达不到好评，只能给中评。

（一） 中评文本中评价活动要素的构成

从文本长度来看，中评文本的字数普遍少于差评文本。从文本中评价活动要素的构成来看，中评文本高频出现的类型为"评价依据"类、"评价依据＋评价结论"类。具体分析如下：

1. "评价依据"类

"评价依据"类文本约占我们所采集的中评语料总量的1/3。如下三例所示：

（14）拉链粗糙，有地方掉色。胶味很重。（手提包）

（15）纸张太软了，一不小心就会倒。（日历）

（16）没有电话通知就直接放在代收点！（服装）

上述三例都是买家所陈述的做出中评的依据。如例（14）和例（15）的评价视角分别是手提包和日历的质量，例（16）的评价视角是快递物流服务。

为什么买家做出中评时，常常只是陈述评价依据？这可能与买家做出中评时的消极情感态度的程度量有关。尽管对于商品质量、卖家服务、物流快递中的某一项或某几项而言，做出中评的买家并不太满意，但相较于差评买家的极其不满甚至愤怒而言，中评买家的不满并没有那么强烈，因此其宣泄负面情态的动机也没有差评买家那么强烈。因此在做出中评时，买家通常的做法是以陈述评价依据为主，较少通过评价结论表达强烈的负面情态。

2. "评价依据 + 评价结论" 类或 "评价结论 + 评价依据" 类

"评价依据 + 评价结论" 类与 "评价结论 + 评价依据" 类文本加起来，约占我们收集到的中评语料总量的 1/3。如下四例所示：

（17）掉色，洗水后，水都是黑色的。在××买了很多衣服，这个是最不满意的。（服装）

（18）第一次遇到左右长度不一样的裤子，右边比左边长。有点失望！（裤子）

（19）不好穿。脚面总是黏在鞋上，鞋底很薄。（拖鞋）

（20）一般般吧。长球了，也不算特别厚实。（服装）

上述例（17）~（18）属于 "评价依据 + 评价结论" 类。例（17）和例（18）的评价依据中的评价视角均为商品质量，如例（17）的 "掉色，洗水后，水都是黑色的"，例（18）的 "第一次遇到左右长度不一样的裤子，右边比左边长"。评价依据之后是评价结论，如例（17）的 "在××买了很多衣服，这个是最不满意的" 和例（18）的 "有点失望"，其中例（17）的小句 "在××买了很多衣服" 表明了评价对象的范围即评价视域。

例（19）~（20）属于 "评价结论 + 评价依据" 类，例（19）的 "不好穿" 和例（20）的 "一般般吧" 是总体的评价结论，可以看出买家对商品不太满意。其后的分句 "脚面总是黏在鞋上，鞋底很薄" 和 "长球了，也不算特别厚实"，从商品质量的视角描述了评价依据。

除此之外，还有少量 "评价结论" 类、"评价结论$_1$ + 评价依据 + 评价结论$_2$" 类的中评文本。如下所示：

（21）稍贵，东西不值这个价。（食品）

（22）我感觉质量很一般。切割的时候有的没彻底切开，连在一起，差点没拽坏了。不开心的一次购物！（磁力片玩具）

上述中评文本中，例（21）的两个分句从性价比的视角表达了评价结论。例（22）为 "评价结论$_1$ + 评价依据 + 评价结论$_2$" 类，首分句为针对产品质量的具体评价结论，末分句为总结性的评价结论，中间分句从商品质量的视角出发，叙述了评价依据。

（二）　中评文本的各层级评价项的特点

在中评文本的评价依据中，表消极情态的高量级副词、话语标记等的使用频率低于差评文本。评价结论中形容词"一般"的出现频率较高。虽然中评文本的评价依据不如差评文本那样细致复杂，但描述较为客观平实，也体现出较强的描述性和较高的可信度。我们将结合上文及下文的例（23）~（26）加以分析。

（23）机身发烫，声音大。（电冰箱）

（24）衣服布料不是很柔和，还有点透，绣花的地方不是很平整。（衣服）

（25）还可以吧，有的直辖市没有单独划分出来。而且有点小贵。还行吧。（地图拼图）

（26）非常一般的书，图画还行，文字真的很差劲！如果翻过实物，不会买。（图书）

从评价依据来看，相较于差评文本而言，中评文本的评价依据中很少出现评价参照体，在消极评价的程度量表达方面也低于差评文本，如例（14）~（25）所示。差评文本较为常见的评价句结构是"名词＋高量级副词＋形容词"，如例（3）的"布料太薄了"和例（4）的"裤腰特别小"等。而在中评文本的评价依据中，除了"名词＋高量级副词＋形容词"结构之外，较为常见的评价句结构还有"名词＋中低量级副词＋形容词"和"名词＋形容词"。"名词＋中低量级副词＋形容词"结构如例（24）的"不是很柔和/平整""有点透"和例（25）的"有点小贵"，此外常用的"中低量级程度副词"还有"比较、有点、稍（微）、偏"等。"名词＋形容词"结构如例（14）的"拉链粗糙"和例（23）的"声音大"等。

中评文本评价结论中，形容词"一般"较为常见，如例（20）的"一般般吧"，例（26）的"非常一般的书"，此外还有"很一般、太一般了、相当一般"等，表达了买家对商品购买中的某个（些）环节不太满意。可见中评文本中的"一般"并非"普通"之义，不是中性评价形容词，而是带有消极评价义的形容词。此外，中评文本的评价结论中常见的评价句如例（21）的"稍贵，东西不值这个价"，例（25）的"还行吧""还可以吧"，此外还有如"凑合吧""还好""不咋地"等。高频出现的语气词"吧"、副词"还"等，体现出买家对商品和服务质量的肯定度和满意度不高。相对于差评文本而言，中评文本的评价结论并没有凸显买家强烈的不满甚至愤怒的情绪，因而表达强烈主观情态的感叹句和反问句的出现频率较低。

（三）　中评文本中评价特征的体现

从评价特征来看，中评文本主要体现了评价的表述性、层级性、价值负载性。具体而言，中评文本的表述性体现为对所购商品的消极评价，这种消极评价的量级低于差评，因而在评价的"层级性"和"价值负载性"方面，中评文本属于中等量级的消极评价，常用"有点儿、比较、稍微、偏、不是（算）很"

等词语来表达。由于中评文本中很少对评价参照体与评价对象进行比较，因此评价的"比较性"和"相对性"的特征在文本中的体现不太明显。

六、好评文本的评价特点

从撰写评价文本的动机来看，好评文本与中评文本和差评文本存在着显著的差异。如前文所言，电商平台实施信用评价体系的目的是解决因买卖双方信息不对称导致买方利益受损的问题，其目的是保护买家的权益。因此当买家未收到满意的商品或未享受到好的服务时，其撰写评价文本的动机非常强烈，希望借此向卖方施压，从而达到维权的目的。因此差评和中评是买家自愿实施的维权行为。

而好评是在买方未受损甚至受益的情况下做出的。按照常理来说，品质好、服务佳是商品交易的必要前提，无须买家强调，卖家也必须保证。因此当买家收到价廉物美、令人满意的商品时，其进行好评的动机并不强烈①。而买家的好评通常是在卖家恳求下做出的，卖家的目的是宣传商品，吸引其他买家购买。为鼓励买家做出好评，卖家会给予一些奖励给买家，尽管这种行为是被电商平台的管理方所禁止的，但私下的交易如"好评返现"仍时有发生。

由此可见，买家进行好评的主观意愿不强烈，动机性较弱。体现在好评文本方面，使得文本具有如下特征：①文本长度较短。②评价活动要素以评价结论为主，构成单一。③评价项以积极评价形容词为主。④评价特征中的价值负载性、表述性、层级性较为明显，相对性、比较性不太明显。下面我们将分项予以描述分析。

（一）好评文本中评价活动要素的构成

从评价活动要素的构成来看，"评价结论"类占好评文本的九成以上。评价结论既有对商品、服务等的多视角的细节性评价，也有对购买行为的整体性概括式评价。相对于差评文本和中评文本而言，好评文本中很少出现以客观描述和分析为主的评价依据。

从文本长度来看，约有 1/3 的好评文本的字数非常少。如下所示：

1. 二字格的"评价结论"类好评文本

（27）赞！　（28）好评。　（29）不错。　（30）可爱。　（31）喜欢。
（32）满意。（33）挺好。　（34）合适。　（35）实惠。　（36）秒到。

---

① 我们在收集好评文本语料时发现，部分买家未写出好评，好评栏中显示的是"评价方未及时做出评价，系统默认好评"。从 2017 年开始，某些电商平台已将"系统默认好评"改为"此用户没有填写评价"。

2. 三字格至六字格的"评价结论"类好评文本

（37）666。　　　（38）很满意。　　（39）质量很好。　（40）超级喜欢。

（41）真心不错。　（42）物美价廉！　（43）发货神速！　（44）挺划算的！

（45）超好的宝贝。（46）衣服棒棒哒！（47）面料很苏胡。

（48）好好好好好。（49）一如既往的好。

3. 由数个小句组成的"评价结论"类好评文本

（50）正版货！赞一个！不错！（电动牙刷）

（51）好看，喜欢，没毛病。（太阳镜）

（52）真的巨巨巨巨巨巨可爱巨舒服！快买！（女装）

（53）穿起来刚刚好，很帅气，布料也很好，非常棒棒棒棒棒棒！（男装）

（54）超赞的，跟化妆台很配。（家具）

（55）跟实体店一模一样，活动买得很划算。（首饰）

（56）又快又便宜。赞！（游戏点卡）

（57）煮饭很快，价格也很实惠。（电饭锅）

（58）卖相不错，确认过眼神，是我想要的。（帽子）

（59）买 nnn 次了，特别喜欢，哈哈哈哈哈哈哈哈哈哈哈哈哈哈哈哈。（食品）

从评价活动要素的构成来看，上述三组好评文本都是由评价结论构成的，部分文本还包含着评价对象即所购买的商品名称。从内容来看，评价结论大致可以分为：①对商品的好评。单一视角如对商品外观的好评"可爱"，对商品价格的好评"实惠""挺划算的"，对商品材质的好评"面料很苏胡①"，对使用商品体验的好评"合适"，对发货速度的好评"秒到""发货神速"等。多元视角如"煮饭很快，价格也很实惠"是买家对电饭锅功能及价格的综合评价，又如"一如既往的好""挺好""超好的宝贝""衣服棒棒哒"是对所购商品的整体评价。②表达买家情感态度的好评。如表达买家主观情态的"喜欢""满意""超级喜欢""很满意"等。③综合类好评，包括对商品的好评，也包括买家的主观情态等。如"好看，喜欢，没毛病""正版货！赞一个！不错！"等。

此外，也有部分好评的文本长度较长，其中有相当一部分属于"好评模板"，当买家网购商品并需要写好评时，就将此文本复制粘贴到评价栏。如下两例所示：

（60）这是一个好评模板，不要看了下面都是废话。因为本仙女很懒，不想每个宝贝都写好评，所以才模仿网友的好评模板。但是这个宝贝不管是质量，还

---

① "苏胡"，网络词语，"舒服"的谐音词。

是款式，都是本仙女喜欢的。如果不喜欢，本仙女收到会很生气，然后这个模板就会变成各种喋喋不休的吐槽，自然不会撒下这个好评，给各位淘友一个参考。本宝贝还是极好的，来自一位想省事的只爱购物不爱写评论的仙女。

（61）网购几年才知道原来评论 85 个字才会有积分。所以从今天到以后，这段话走到哪里就会复制到哪里。首先要保证质量啊，东西不赖啊。不然就用别的话来评论了。不知道这样子够不够 85 字。谢谢老板的认真检查。东西特别好，我不是刷评论的，我是觉得东西好我才买的，你会发现我每一条好评都是这么写的，因为复制一下就好了。

由例（60）的"这是一个好评模板"和例（61）的"每一条好评都是这么写的"可见，这两段好评看似很长，实质是"好评模板"。如前文所述，买家进行好评的主观意愿不强烈，动机性较弱，但出于卖家恳求及奖励等原因，买家使用了好评模板。前文考察的篇幅较长的差评文本为了让卖家和其他买家相信并接受，客观有理据地详细陈述差评的依据，并在此基础上做出差评结论，可信度高，个体差异性强。而好评模板则是泛泛地表达买家对商品的满意度，难以体现出买家真实具体的购物感受。

（二）好评文本的各层级评价项的特点

从词汇层评价项来看，好评文本中包含大量积极评价的形容词和短语，如前文中的"不错、可爱、满意、喜欢、合适、实惠"等。从短语层和句子层评价项来看，有大量的"高量级副词＋积极评价形容词"结构，如"很棒！""非常不错！""超级酷！""特喜欢！""帅极了！"等，有些买家还通过语气词表达赞叹、满意、喜悦的积极情态，如"好棒呀！""萌萌哒！""嘻嘻！""喜欢哟！""哈哈，质量很不错！"中的"呀""哒""嘻嘻""哟""哈哈"等。

在上述结构中，买家还通过多次重复高量级副词、积极评价形容词、语气词等的方式，表达对商品极高的好评和满意度，如"真的巨巨巨巨巨巨可爱巨舒服！""非常棒棒棒棒棒棒！""特别喜欢，哈哈哈哈哈哈哈哈哈哈哈哈哈哈哈哈"等。这些词汇层、短语层、句子层的评价项共同作用，凸显出了买家对商品、服务、快递等高量级的积极评价。

好评文本中也有不少表积极评价的网络流行语和句子，从侧面反映出此类买家为青年，他们在语言上求新求异、追求时尚的特点。如好评文本中高频出现的"颜值杠杠滴""确认过眼神，是我想要的""没毛病""666""简直不要太可爱""少女心泛滥/炸裂/爆棚"等，这也使评价文本体现出网络语体和非正式文体的特征。这一点后文还将进行分析。

（三） 好评文本中评价特征的体现

从前文分析可以看出，好评文本以"评价结论"类文本为主体，对商品、服务、快递等进行高量级积极评价，体现出明显的表述性、层级性和价值负载性特征。由于好评文本中较少出现评价依据，以及评价参照体即评价标准，因此在评价的相对性、比较性的特征呈现方面不太明显。

综上可见，差评文本、中评文本、好评文本在评价内容的表达方面不尽相同，具体体现在文本中评价活动要素的构成类型及在所选语料中的占比、文本所含各层级评价项及特点、文本所体现的整体性评价特征等方面，如表1所示。

表1　差评、中评、好评文本的评价表达特点

文本类型	评价特点		
	文本中评价活动要素的构成类型及在所选语料中的占比	文本所含各层级评价项及特点	文本所体现的整体性评价特征
差评文本	①"评价依据＋评价结论"类（约1/3） ②"评价结论$_1$＋评价依据＋评价结论$_2$"类（近1/3） ③"评价视域＋评价依据＋评价结论"类（约1/5） ④"评价结论＋评价依据"类（约1/5）	①词汇层包含表消极评价的形容词、叹词，以及表高量级的副词 ②句子层以感叹句居多，也包括反问句、陈述句等。较为常见的评价句结构是"名词＋高量级副词＋形容词"	①评价依据的表达体现了比较性和相对性 ②结论的表达体现了评价的表述性、层级性、价值负载性
中评文本	①"评价依据"类（约1/3） ②"评价依据＋评价结论"或"评价结论＋评价依据"类（约1/3） ③"评价结论"类、"评价结论$_1$＋评价依据＋评价结论$_2$"（近1/3）	①除了"名词＋高量级副词＋形容词"结构之外，较为常见的评价句结构还有"名词＋中低量级副词＋形容词"和"名词＋形容词" ②感叹句和反问句的出现频率较低	①主要体现了评价的表述性、层级性、价值负载性 ②评价的"比较性"和"相对性"的特征在文本中体现得不太明显
好评文本	"评价结论"类（九成以上）	①从词汇层评价项来看，好评文本中包含大量积极评价的形容词和短语 ②从短语层和句子层评价项来看，有大量的"高量级副词＋积极评价形容词"结构。	①体现出明显的表述性、层级性和价值负载性特征 ②评价的相对性、比较性的特征呈现得不太明显

七、评价文本的语体特点

（一） 语体与语体语法

围绕语体、文体、风格等概念的理论探讨和实践研究很多。例如中国古代文学领域非常重视对"语体"和"文体"的研究。该领域的"体"字所涵盖的范围较广，整体来看主要包括体裁（不只是诗文体裁，还包括经、子、史，特别是史书的体裁）、体格（即风格）、体类（即《文选序》所说的按体裁、题材和时序分类）（曾枣庄，2012）。

从中国当代语言学的视野来看，"语体"在汉语里作为语用学的一个范畴，是在 20 世纪 50 年代中期，受当时苏联语言学界"стиль（文体）大讨论"（1953—1955）的直接影响和西方 stylistics 理论的引入，从汉语传统的"文体"与"风格"两个概念中衍生出来。它突出和强调了传统"文体"论中的功能原则，又从"风格"内涵里提炼出标示语用态势的言语体系，并加入口语语类形成的（丁金国，2008）。但此时的"语体"主要是修辞学、文体学所关注的对象。如陈望道（1982）所探讨的书面文体格式以及特殊语言要求。

近年来，语法学界关注语体与语法研究之间的互动，张伯江（2007）、冯胜利（2010，2012，2018）、方梅（2007，2008，2012，2013）、陶红印（1999，2007，2010）等均考察过语体与语法之间的互动关系，指出特定语篇中语法特点的不同实际上反映了句法特征具有语体分布差异，句法限制具有语体相对性，句法形式的语义解读具有语体依赖性（方梅，2013）。冯胜利（2011）指出，语体是人们在直接交际中具有元始属性的、用语言来表达或确定彼此之间关系和距离的一种语言机制，具有推远或拉近、提高或拉平交际距离的功能。不同的语体（［±正式］和［±典雅］）有不同的语法（亦即语音、词汇、句法等不同法则），不同的语法反映了不同语体（不同对象、场合、内容等）的需要。语体语法着眼于进入语法系统的具有别体功能的语法形式相互间在合法与非法上的对立，以及其背后的机制和动因。陶红印（1999，2007，2010）在一系列基于特定语体视野下的句法个案考察的基础上，指出语法研究必须以具体的语体为中心，以语体为核心的语法描写应该是我们今后语言研究最基本的出发点。

（二） 网络语体与评价文本的句法特征

相对于正式语体而言，非正式语体语言较为模糊、随意，对语境的依赖性较强，语言的时间性和空间性更为具体化。交际对象的人际关系较近，交际方式和态度较为轻松，准备程度较低，内容以日常生活中的家长里短为主。网络语体属于非正式语体，是一种正式程度低、与俗常体口语有较多相似之处的语体。关于网络语体语言的特点，李军、刘峰（2005），祁伟（2002），郑远汉（2002）等均从不同视角做出了阐述。李军、刘峰（2005）指出，在词语运用方面，网络语体的词语表现手段极为丰富，外语、方言、拼音、符号、图形等手段兼具。此外，网络语体中大量运用网络用语如字母缩略类、谐音转写类、比喻联想类、符号象形类词语等。网络及计算机专业术语、语气词、叹词、拟声词的出现频率也很高。在句法特征方面，网络语体中长句较少，口语句大量出现，如简洁明了的简单句、非主谓句、省略句等，其中人物对话式语言占绝大部分，独词句比例较大，疑问句、感叹句、倒装句的频率也比日常口语和书面语高。在修辞方面，网络语体运用了仿拟、比喻、押韵、形貌修辞等手段。

网络语体中的买家评价文本作为具有特定目的和功能的言语行为的集合体，除了受到网络语体这样一个宏观的言语行为和言语活动框架的影响之外，还会受到来自评价这一具体的言语行为和活动的制约。买家评价言语行为内部呈现出有规律性的"有序异质"的语体变异特征。陶红印（1999）也指出，依靠单一的标准把语体（以及文体）作穷尽的分类是不现实的，分类的方法和角度应该在很大程度上取决于分类的目的和语料的实际情况。因此，这一部分，我们关注的主要问题包括：

（1）宏观语境下，买家评价文本反映出的网络语言的非正式语体的特征，比如网络语体和日常口语语体的非正式性、通俗性特征等。

（2）中观语境下，评价特征与文本长度、句式类型之间的对应关系。

（3）微观语境下，不同类型评价文本所包含的句法成分及其语体特点。比如买家评价文本中的哪些词语和句子分别属于网络语体的专用成分、各类语体的通用成分、特定语体的跨界成分（袁晖，2005），它们表达的是什么类型的评价性活动要素，体现出网络语境下评价言语行为的哪些特点。

（三） 评价文本的长度与评价类型

首先，从文本长度来看，三类文本的平均字数从多到少依次为"差评文本 > 中评文本 > 好评文本"。其中差评文本的篇幅较长，我们收集的语料中，差评文本从十几个字到三百多字不等，平均字数在 80 字左右。在差评文本包含的评价活动要素中，评价依据的叙述最为翔实，包含评价对象及其参照体、评价视域等；评价结论体现出买家强烈的主观消极情态。中评文本的平均字数在 50 字左右，评价依据是中评文本中必现的主体部分。评价结论虽非必现成分，但也经常出现，中评结论所表达的主观消极程度低于差评文本。好评文本在三类文本中的平均字数最少，平均字数在 10 字左右，从寥寥数语的"赞！""真棒！""超级好！"到几十字的文本不等。好评文本中，评价结论是必现成分，体现出买家强烈的主观积极情态。评价依据是非必现成分，虽出现频率较高，但通常较为简略。

由此可见，差评文本、中评文本篇幅较长，且评价依据属于必现成分，而好评文本篇幅很短，且以评价结论为主。其差异的原因可以从外因即买家做出评价的动机和内因即评价的价值负载性两方面进行分析。

买家做出评价的动机从强到弱依次为"差评动机 > 中评动机 > 好评动机"。这是因为当买家得到质量很差或较差的商品或服务时，为了维护自身权益，需要撰写差评及中评文本，文本常引入各种参照体作为评价的标尺，尽可能详细地描述购买商品的过程中遇到的问题，以保证评价真实可信，达到维权的目的。

与新闻中客观性较强的论证式评价不同，差评文本作为体验式评价的一种，在维权的同时还兼有表达买家不满情绪的作用。当买家遇到不好的商品和服务时，如果只列举评价依据，难以宣泄心中的不满甚至愤怒之情。因此消极评价结论是差评文本的必现成分。相较于差评买家的极其不满甚至愤怒而言，中评买家的负面情绪和宣泄动机并没有那么强烈，故中评文本通常是以陈述评价依据为主，较少通过评价结论宣泄不满。好评是在买家利益未受损或受益的情况下做出的，因此买家撰写好评的动机较弱，常以寥寥数语夸赞商品。

由此可见，评价的价值负载性即差评、中评、好评会对其文本长度产生影响。卖家即评价对象都希望得到好评，避免差评。如果是好评会吸引更多卖家，因此不管是寥寥数语还是千言万语，有时甚至与事实有出入，都较容易被评价对象所接受。如果是差评或中评则会损害评价对象的利益，因此评价主体需提供客观翔实的证据，证明产品和服务确实存在问题，评价对象才有可能接受并补偿买家的损失。

（四） 零句与整句在评价文本中的分布

赵元任（1968）是较早从语篇视角考察汉语句式的学者。他将汉语的句子划分为整句和零句两类：整句包括主语谓语，零句不一定包含这两种句子成分。他同时也谈到了这两种类型的句子在篇章和句子的功能类型中的分布情况：在对话、伴随动作的言语活动以及祈使句、呼语句和答句中，零句常见。而在连续的篇章以及陈述句中，整句占主导地位，由于整句在连续的篇章中很常见，所以在这个意义上，赵元任将其视为汉语中受偏爱的句子格式（the favorite sentence type in Chinese）。

陶红印（1999）指出，赵元任所言整句是汉语偏爱句式的说法值得商榷。不能笼统地说汉语只有一个受偏爱的句式。在对话语体中，如果说有受偏爱的格式，那也应该是零句而非整句。陈建民（1984）也指出，在谈话语体中，提醒、呼语、追询、评断等句式常用零句，有时根本不能用整句。

我们关注的是，整句和零句在网络买家评价文本中的出现频率和分布情况如何，反映了网络评价语体的哪些特点。通过考察我们发现，在网络买家评价的文本中，主谓齐全的整句和部分成分空缺的零句均较为常见[①]，二者出现频率大致相当。其原因一方面是受到网络语体的语言特点的影响。如前文所述，网络语言具有较为明显的非正式语体的特征，口语句如简单句、非主谓句、省略句等在网络语言中都十分常见，因此买家评价文本中也出现了大量的零句。

另一方面，买家评价文本中句子的完整度、句法结构和句义表达都与评价言语行为的特点有关。在评价言语行为中，评价依据、评价标准等要素的作用是客观全面地陈述做出评价结论的理由，在表述上，整句和零句兼而有之。评价结论是评价行为的实施者和参与者最为关注的内容，其作为被凸显的前景信息，常处于句子的焦点部分即谓语部分；而评价对象常出现在主语部分，作为大家所共知的信息，即使在句中省略，形成了只有谓语的零句，也不影响评价意义的理解和表达。

八、评价文本的语体变异

本小节主要考察不同类型的买家评价文本所包含的语体成分及其出现频率，在此基础上归纳评级文本的语体变异特点。在语体成分的分类标准方面，我们借鉴袁晖（2005）的观点，将语体成分分为"通用成分、专用成分、跨体成分"[②]。考察上述语体成分在买家评价文本中出现频率的高低，由此归纳不同类型评价文本所体现出的语体特征的有序异质性。具体分析结果如表 2 所示。

---

① 整句详见前文例（13）~（26）、（60）、（61）。零句在差评、中评、好评文本的评价依据、评价结论中均有出现。如差评文本中的"太薄，别说几百块，几十块也不值，太失望了，从此不再买这家店的东西了""感觉很亏，一点都不值这个价。才穿一条就全身起球，就算50元也不是这样呀，更别说170元了。双十一购买的，说是过了双十一补差价，可是一直也没有补""太差了！今天第一次拿出来穿，还只是上午，就起球了，衣服口袋破了。价格实在是不便宜，这种质量，太吓人了！"；中评文本中的"款式不错，掉毛厉害，轻微褪色""一般，还没穿上面的毛毛就很多，爱起球，也没图片好看""不知道哪来这么多好评。毛衣上的彩色居然都是线头状的，一揪就都掉了。穿上和孕妇装似的，根本不修身"；好评文本中的"不错！""满意！""超级棒！"，等等。

② 袁晖（2005）指出，语体成分是我们对所有言语成品进行语体切分的结果，既包括词汇，也包括句式。一般说来，以语体色彩为标准，语体成分可分为通用成分和专用成分两部分。通用成分是在大部分语体中通用的成分。通用成分在人们的语言运用中，出现的频率较高。专用成分是只用于或常用于某一种语体的成分。与通用成分比较，它占的比例要少得多，但它是最能代表语体个性的成分，最能体现语体的本质属性，因而在语体中是最有活力的成分。不管是词语还是句子，通常都有一个相对稳定的使用语域。跨体成分指的是当语域发生了变化，这个语词或句子的固定色彩也就有可能起变化，于是就产生了跨体成分。跨体成分可分为两种类型：一种是引用型的，一种是修辞型的。

表2　不同类型评价文本的句子成分的语体特征及出现频率

买家评价文本	网络语体的常用成分	日常口语及网络语体的通用成分	日常口语语体及正式书面语体的通用成分	正式书面语体的常用成分
差评文本	出现频率较低 主要分布在： 评价结论中反映买家消极性情态的"程度副词＋评价性形容词"、语气词等 如"太坑爹了！""严重差评！""严重不推荐购买！""简直辣鸡死了！""这真的是心塞了！""我也是醉了！/真是醉了！""无语了！""呵呵！"等	出现频率很高 主要分布在： ①评价依据中表达买家主观态度的评价性副词和连词，表消极评价的话语标记等 如例（1）～（11）中的副词和连词"居然、根本、坚决、实在、倒、简直、才、就、再也不"，话语标记"可笑的是""最不能忍受的是"等 ②评价结论中反映买家对商品整体评价的"程度副词＋评价性形容词"，以及买家主观情态的形容词、语气词等 如"超级/巨/太（差）""哎，唉""（花钱买教训）吧""心拔凉拔凉的"等	出现频率很高 主要分布在： ①评价依据中反映商品、服务、物流等存在问题的"程度副词＋形容词" 如"（物流）很慢""（麦克风声音）非常小""（衣服掉色）很严重"等 ②评价结论中反映买家消极性情态的"程度副词＋形容词" 如"非常失望""最失败（的一次购物）""很后悔""太郁闷了"等	出现频率较低 主要分布在： 评价依据中反映商品、服务、物流等存在问题的词句及话语标记 如"粪便呈颗粒状""出现疑似内胆掉色的现象""柜子多处掉漆""锅炒完菜上面留有黄色印迹""平心而论，本来是不想给差评的""我不否认，……还可以"等
中评文本	出现频率极低	出现频率很高 主要分布在： ①评价依据中反映商品、服务、物流等存在问题的"程度副词＋评价性形容词" 如"（码数）偏小""（衣服）有点透""（纸张）太软了""不好（穿）""（不算）特别厚实"等 ②评价结论中反映买家对商品整体评价以及买家主观情态的"（程度副词）＋评价性形容词" 如"一般般吧""相当一般""太一般了""有点失望""有点小贵""凑合吧""还可以吧""还好""不咋地"等	出现频率很高 主要分布在： ①评价依据中反映商品、服务、物流等存在问题的"（程度副词）＋形容词" 如"（衣服）不是很平整""（胶味）很重""（拉链）粗糙"等。 ②评价结论中反映买家对商品整体评价以及买家中低量级消极性情态的"程度副词＋形容词" 如"稍贵""比较差"等。	出现频率很低 主要分布在： 评价结论中 如"物流速度不敢恭维！"等

（续上表）

买家评价文本	网络语体的常用成分	日常口语及网络语体的通用成分	日常口语语体及正式书面语体的通用成分	正式书面语体的常用成分
好评文本	出现频率很高 主要分布在： 评价结论中反映买家积极性情态的谓词性非主谓句 如"赞一个！""质量OK，颜值爆棚！""确认过眼神，是我想要的！""非常棒棒棒棒棒棒！""真的敲级酷呀!!""奶思，稀饭，面料很苏胡！""炒鸡好看!!""木有色差！""穿上超级仙！""萌萌哒！棒棒哒！""粉粉哒！美美哒！""简直不要太可爱！""实在太少女心泛滥了！"等	出现频率很高 主要分布在： 评价结论中反映买家对商品整体评价的"程度副词＋评价性形容词"，以及买家主观情态的形容词、语气词等 如"真棒！""特喜欢""超好的宝贝""挺好看的""实在是太中意了""质量没得说"等	出现频率较高 主要分布在： 评价结论中反映买家对商品整体评价的"程度副词＋形容词"，以及买家主观情态的形容词、语气词等 如"包装很漂亮""皮质柔软，样式简洁大方，朋友很喜欢""非常不错，摸起来很舒服""油脂丰厚，香味淡雅"等	出现频率极低 主要分布在： 评价结论中 如"物美价廉""品质值得信赖"等

由表2可见，网络买家评价文本中的语体成分主要包括"网络语体的常用成分（专用成分）、日常口语及网络语体的通用成分（通用成分）、日常口语及正式书面语体的通用成分（通用成分）、正式书面语体的常用成分（跨体成分）"四类。下面将分类加以分析。

（一）"网络语体的常用成分" 的特点及功能

"网络语体的常用成分"指的是高频出现在网络语体中，能够体现网络语体特性的句法成分。其中最具代表性的就是网络流行语。网络流行语是网络语言的一个子集，网络语言是全体网民在网络语境下完成交谈、贸易、娱乐等交际任务时所使用的语言，是一种面向全体网民的言语行为和言语活动，网络语言的交际对象、场合、任务等均体现出广泛多元的特点。与网络语言相比，网络流行语主要是由青少年网民使用的，在以青少年为主体的网络言语社区中流行的一种"社会方言"，满足了使用者求新求异的心理需求，且更新速度快。

从出现频率来看，网络语体的常用成分在买家评价文本中的出现频率从高到低依次为"好评文本＞差评文本＞中评文本"，其中绝大多数都是网络流行语，且出现在评价文本的评价结论部分。

从句法形式来看，评价文本中的网络流行语以谓词性的非主谓句为主，也包括主谓俱全的整句、语气词等。前者如表2所示的"穿上超级仙！""美美哒！""太坑爹了！"，后者如"我也是醉了！""质量OK，颜值爆棚！""呵呵！"等。

从修辞手法来看，评价文本的网络流行语中包含着大量的谐音词，如奶思（"nice"的谐音）、稀饭（"喜欢"的谐音）、面料很苏胡（"苏胡"为"舒服"的谐音）、炒鸡好看（"炒鸡"为"超级"的谐音）、木有色差（"木有"为"没有"的谐音）、"简直辣鸡死了（"辣鸡"为"垃圾"的谐音）等。

从功能来看，网络流行语具有表达个人意见、休闲娱乐、分享信息等功用，同时也体现出使用者强烈的主观感情色彩。评价文本中的网络流行语出现在评价结论部分，具体表达的内容包括买家购买后的主观感受、对产品的看法、分享使用商品的体验等。

（二）"日常口语及网络语体的通用成分"的特点及功能

日常口语语体及网络语体都属于非正式语体，二者的相似之处包括句式较短，零句较多，具备具体时间和空间信息的句子成分较多，准备性较弱，交际对象的人际距离较近，具有［－正式］［－典雅］的特点等。二者的不同之处在于，口语语体的交际双方通常是面对面的互动，话语标记的使用频率较高。网络语体中的交际双方借助的是电脑等工具，缺乏眼神和表情的交流，存在交际的非同步性。因此网络语体会利用标点符号、表情符号等作为代偿眼神及表情交流的工具，以避免网络非同步交际所带来的歧义和误解。此外网络语体中的谐音词和语码混杂的句子也较多。

从出现频率来看，"日常口语及网络语体的通用成分"在表2所示三类买家评价文本中的出现频率都很高。从句法形式和功用来看，这些非正式语体成分的句法形式主要包括：

（1）差评文本的评价依据中表达买家主观态度的评价性副词和连词，如"居然、根本、坚决、才、就"等，表消极评价的话语标记，如"可笑的是""最不能忍受的是"等。评价结论中反映买家对商品整体评价的"程度副词＋评价性形容词"，如"超级/巨/太（差）"以及买家主观情态的形容词、语气词，如"心拔凉拔凉的""哎，唉""（花钱买教训）吧"等。

（2）在中评文本中，"日常口语及网络语体的通用成分"的句法形式和功用主要体现为：①评价依据中反映商品、服务、物流等存在问题的"程度副词＋评价性形容词"，如"（码数）偏小""（衣服）有点透""（纸张）太软了""不好（穿）""（不算）特别厚实"等。②评价结论中反映买家对商品整体评价以及买家主观情态的"（程度副词）＋评价性形容词"，如"一般般吧""相当一般""太一般了""有点失望""有点小贵""凑合吧""还可以吧""还好""不咋地"等。

（3）在好评文本中，评价结论中反映买家对商品整体评价的"程度副词＋评价性形容词"，以及买家主观情态的形容词、语气词等，如"真棒！""特喜欢""超好的宝贝""挺好看的""实在是太中意了""质量没得说"等。

由此可见，"日常口语及网络语体的通用成分"中常见的句子成分包括"程度副词＋评价性形容词"、评价性副词、评价性话语标记、语气词、连词等。其中评价性副词、评价性形容词、评价性话语标记、语气词都是汉语评价系统中的典型评价项，具有较强的评价功能，体现出评价主体较强的主观情态。这些评价项一方面将评价的主观性、层级性、相对性、价值负载性等特点通过语言发挥出来，另一方面将网络语体中的"体验式评价"与新闻评论等正式语体中的"论证式评价"区分开来，将非正式语体的言者的主观视角与正式语体的客观视角区分开来。以买家评价文本中的评价性副词为例，该类副词具有言者的主观视角，适用于买家和卖家的互动交际模式，一般不出现在基于客观视角的说明类语篇和操作类语篇中。

（三）　"日常口语及正式书面语体的通用成分"　的特点及功能

各类语体的通用成分在大部分语体中均有出现，它不带有某个语体的特定色彩，而且出现频率较高（袁晖，2005）。如词汇层中的基本词汇、句子层中的主谓句、修辞中的比喻等。正是由于通用成分的大量存在，才使得汉语共时平面的语体差异不会出现大相径庭的情况，而是有同有异。

在买家评价的三类文本中，"日常口语及正式书面语体的通用成分"的出现频率都很高。具体情况如下所示：

（1）差评文本的"日常口语及正式书面语体的通用成分"主要分布在：①评价依据中反映商品、服务、物流等存在问题的"程度副词＋形容词"，如"（物流）很慢""（麦克风声音）非常小""（衣服掉色）很严重"等。②评价结论中反映买家消极性情态的"程度副词＋形容词"，如"非常失望""最失败（的一次购物）""很后悔"等。

（2）中评文本的"日常口语及正式书面语体的通用成分"主要分布在：①评价依据中反映商品、服务、物流等存在问题的"（程度副词）＋形容词"，如

"（衣服）不是很平整""（胶味）很重""（拉链）粗糙"等。②评价结论中反映买家对商品整体评价以及买家中低量级消极性情态的"程度副词＋形容词"，如"稍贵""比较差"等。

（3）好评文本的"日常口语及正式书面语体的通用成分"主要分布在：评价结论中反映买家对商品整体评价的"程度副词＋形容词"，以及买家主观情态的形容词、语气词等，如"包装很漂亮""皮质柔软，样式简洁大方，朋友很喜欢""非常不错，摸起来很舒服""油脂丰厚，香味淡雅"等。

对比可见，"日常口语及网络语体的通用成分"和"日常口语及正式书面语体的通用成分"在评价的功能方面有较多共性，如二者的评价活动要素都是评价结论和评价依据，发挥的具体作用都是表达买家的情态，以及对商品和服务特点的消极性或积极性评价。二者的不同之处在于其自身的语体差异，如非正式语体的通用成分主观性更强，时间和空间性更明显，其中包含着较多网络流行语、方言、话语标记等。而非正式语体和正式语体的通用成分则在主观性、时空化程度方面更为中立。

（四）　"正式书面语体的常用成分"的特点及功能

在网络这一非正式语体大环境中，"正式书面语体的常用成分"属于跨体成分，出现频率较低。所谓"跨体成分"是指在具体的言语成品中出现的非本语体的成分，也就是本语体的言语成品中引入了其他语体的专用成分。跨体成分可分为两种类型：一种是引用型的；一种是修辞型的。引用型的跨体成分是因表达内容的需要而引进的别的语体的专用成分。修辞型的跨体成分常常是因表达者要增强语言的表现力和感染力引进别的语体的专用成分，如一些科技语移用到文艺语体、时评语体和公文语体的言语成品中，这种跨体现象已十分常见。

在买家评价文本中，"正式书面语体的常用成分"属于引用型跨体成分，是由于买家想要理性表达评价依据而引进的。其具体的特点及功能如下所示。

（1）在差评文本中，"正式书面语体的常用成分"出现频率较低。主要分布在评价依据中反映商品、服务、物流等存在问题的词句及话语标记中，如"粪便呈颗粒状""出现疑似内胆掉色的现象""柜子多处掉漆""锅炒完菜上面留有黄色印迹""平心而论，本来是不想给差评的""我不否认，……还可以"等。

（2）在中评文本中，"正式书面语体的常用成分"出现频率很低。主要分布在评价结论中，如"物流速度不敢恭维！"等。

（3）在好评文本中，"正式书面语体的常用成分"出现频率极低。主要分布在评价结论中，如"物美价廉""品质值得信赖"等。

尽管"正式书面语体的常用成分"出现频率较低，但是其作用是其他语体成分难以替代的。首先，从语体特点来看，买家评价文本中的"正式书面语体的常用成分"包括文言语汇如"呈""不敢恭维",书面语汇如"颗粒状""疑似""印迹""否认""物美价廉""值得信赖"等。这些词语及句式具有泛时空化的特征,与口语词句有较为显著的差异。使得其所在的语句呈现出严肃、客观、庄典的特点。如王永娜、冯胜利(2015)及王永娜(2016)所言,书面正式语体的根本原则是用语法手段把正式表达和与之相关的口语表达之间的距离拉开,"拉距变形"的基本特征是"泛时空化"。

其次,从其在评价文本中的作用来看,"正式书面语体的常用成分"在文本中常用来表达评价依据,其正式庄典的语体特征使得评价依据更加客观、有说服力,卖家和其他买家更易于相信评价依据,进而接受评价结论。

(五) 三类评价文本所呈现的语体有序异质性

综上可见,买家评价文本中包含着较多的非正式语体的通用成分以及正式和非正式语体的通用成分。其中好评文本所包含的网络语体的专用成分最多,也最为明显。差评文本中还包含着跨体成分即正式书面语体的常用成分。中评文本的语体成分特征介于好评和差评之间,三者呈现出有序异质变异的特征。

好评文本最为显著的特征就是存在着大量的网络语体的专用成分,如用网络流行语、方言、口语词汇句式等作评价结论,如"萌萌/棒棒/粉粉/帅帅/美美哒!""确认过眼神,是我想要的/喜欢的/中意的""质量杠杠滴""巨巨巨喜欢!超超超美味!"等。从使用环境来看,这些词句对网络、口语等语体的依赖性很高,离开了这些语体之后,其使用频率和合法度都会大为降低。从表达效果来看,大量的网络流行语、方言、口语词汇句式作评价结论体现出了买家满意、愉悦的情感态度,语言表达较为主观、模糊。从交际互动来看,买家好评是对卖家产品质量和服务的肯定,因此好评文本也拉近了买卖双方之间的心理距离。从准备程度来看,大多买家只写出了寥寥数语的赞美之词,没有列举做出好评的依据。可见买家事先投入的思考和组织语篇的努力程度较低。

中评文本和差评文本都包含着非正式语体的通用成分以及正式和非正式语体的通用成分,差评文本中还包含着跨体成分即正式书面语体的常用成分。这是因为中评文本和差评文本中都包含着评价依据,评价依据所使用词句的正式度和客观度较高。差评文本在三类评价文本中的长度最长,其评价依据中包含着评价视域、参照体,常用正式语体中的词句表达。这反映出买家在做出差评时,事先投入的思考和组织语篇的努力程度较高。而差评作为对卖家产品和服务的批评与否定表达了买家的不满,并希望借差评疏远自己与卖家之间的人际和心理距离。因此在三类文本中,差评所包含的正式语体成分最多,准备程度最高,所体现的买卖双方的人际及心理距离最为疏远。相比而言,中评文本的语体风格介于好评文本与差评文本之间,其评价依据没有差评文本那么详细客观,评价结论也没有好评文本那么随意俗常。

整体来看，三类评价文本所凸显的非正式语体特征从高到低依次为"好评文本＞中评文本＞差评文本"，这表明在网络语体环境之下，不同类型的评价文本对非正式语体特征的吸纳程度存在差异，体现出有序异质的语体变异特征。

九、结语

本章从评价系统的视角出发，以淘宝、京东、亚马逊等大型电商平台为调研范围，考察其评价体系中买家评价文本的语言特点。考察结果显示，在网络语体及购物语境中，买家评价文本的价值负载性（好评、中评、差评）、评价活动要素的分布、句法成分的语体特征之间存在着密切而复杂的关联。

首先，三类文本的平均长度依次为"差评文本＞中评文本＞好评文本"。文本长度与评价动机密切相关，买家的评价动机从强到弱依次为"差评动机＞中评动机＞好评动机"。这是由于当买家得到质量很差或较差的商品或服务时，为了维护自身权益，需要撰写差评文本及中评文本，差评文本中的"评价依据"部分常引入各种参照体作为评价的标尺，并且会尽可能详细地描述购买商品的过程中遇到的问题，以保证评价真实可信，达到维权的目的。此外差评文本的"评价结论"部分还有宣泄买家不满甚至愤怒情绪的作用。相较而言，在中评文本中，买家的负面情绪和宣泄动机并不强烈，通常是以陈述评价依据为主，较少通过评价结论宣泄强烈的不满。而好评文本是在买家利益未受损或受益的情况下做出的，因此买家撰写好评的动机较弱，常省略评价依据，仅以寥寥数语表达积极性的评价结论。

其次，三类评价文本所凸显的非正式语体特征从高到低依次为"好评文本＞中评文本＞差评文本"。其中好评文本中存在大量的网络语体的专用成分。中评文本和差评文本都包含着非正式语体的通用成分以及正式语体和非正式语体的通用成分，差评文本中还包含着跨体成分即正式书面语体的常用成分。这表明在网络语体及购物语境之下，不同类型的评价文本呈现出有序异质的语体变异特点。

最后，本章的考察分析也具有一定的实践应用价值。在网络购物评价中，卖家会利诱买家发布字数较多的好评，买家为此会使用好评凑字模板以及万用好评模板等，这违背了评价语言的主观性和相对性。另外，由于同行不正当竞争而产生的恶意差评，网络电商平台和买家都希望能够识别并删除。我们通过考察发现，恶意差评存在评价依据不够完整客观，评价依据和评价结论的衔接缺乏逻辑性等语言学特征。如果能够从语言学的评价系统视角出发，较为精准地概括虚假好评和恶意差评的句法及语体特征，解决由于买家评价的匿名性和评价文本的内容等因素所带来的评价可信度参差不齐的问题，将有助于增强语言学本体研究尤其是评价语言研究的应用价值。

参考文献

一、中文

［1］蔡虹．广告英语中的评价性语用指示词研究：基于评估理论的分析［J］．解放军外国语学院学报，2005（2）．

［2］曹秀玲．汉语话语标记多视角研究［M］．北京：中国社会科学出版社，2016．

［3］柴同文．英语存在型强势主位结构的评价功能［J］．天津外国语大学学报，2007（6）．

［4］陈昌来．现代汉语动词的句法语义属性研究［M］．上海：学林出版社，2002．

［5］陈建民．汉语口语［M］．北京：北京出版社，1984．

［6］陈景元，高佳．现代汉语副词的评价视角分析［J］．河北师范大学学报（哲学社会科学版），2012（6）．

［7］陈景元．网络热点事件文本中评价的功能及其实现［J］．武陵学刊，2012（5）．

［8］陈景元．主观推介与隐性评价："不/没 + VP$_1$ + 等于 + 没/没有 + VP$_2$"构式探析［J］．重庆邮电大学学报（社会科学版），2011（2）．

［9］陈明瑶．语类视角下的网络时评修辞潜势研究［M］．北京：国防工业大学出版社，2008．

［10］陈平．汉语零形回指的话语分析［J］．中国语文，1987（5）．

［11］陈望道．修辞学发凡［M］．上海：上海教育出版社，1982．

［12］陈小荷．主观量问题初探：兼谈"就""才""都"［J］．世界汉语教学，1994（4）．

［13］陈新仁．广告用语中的语用预设［J］．修辞学习，1999（1）．

［14］储泽祥．"名 + 数量"语序与注意焦点［J］．中国语文，2001（5）．

［15］储泽祥．述评性的"NP 一副 X 的样子"格式［M］//中国语文杂志社．语法研究和探索：十二．北京：商务印书馆，2003．

［16］楚军，周军．报纸新闻标题的功能研究［J］．四川外语学院学报，

2006（4）.

[17] 崔维霞. 学习型词典语义韵信息标注研究 [J]. 西安外国语大学学报, 2018（1）.

[18] 崔晓玲. 基于汉语网络新闻评论的情感语料库标注研究 [J]. 北京邮电大学学报（社会科学版）, 2013（6）.

[19] 代夏. 浅析软文广告的传播效果 [J]. 新闻爱好者（上半月）, 2012（7）.

[20] 邓英树, 黄谷. 论"不A不B"的否定意义及其制约因素 [J]. 汉语学习, 2002（4）.

[21] 刁晏斌. 当代汉语中的"比N还N"式 [J]. 语文学刊, 2001（3）.

[22] 刁晏斌. 现代汉语量词词义的发展变化 [J]. 忻州师范学院学报, 2005（4）.

[23] 丁金国. 语体风格研究中的核心概念 [J]. 烟台大学学报（哲学社会科学版）, 2008（1）.

[24] 董秀芳. 2＋1式三音节复合词构成中的一些问题 [J]. 汉语学习, 2014（6）.

[25] 董秀芳. 词汇化与话语标记的形成 [J]. 世界汉语教学, 2007（1）.

[26] 董秀芳. 来源于完整小句的话语标记"我告诉你" [J]. 语言科学, 2010, 9（3）.

[27] 杜道流. 现代汉语感叹句研究 [M]. 合肥：安徽大学出版社, 2005.

[28] 迪克. 作为话语的新闻 [M]. 曾庆香, 译. 北京：华夏出版社, 2003.

[29] 方梅, 乐耀. 规约化与立场表达 [M]. 北京：北京大学出版社, 2017.

[30] 方梅. 认证义谓宾动词的虚化：从谓宾动词到语用标记 [J]. 中国语文, 2005（6）.

[31] 方梅. 自然口语中弱化连词的话语标记功能 [J]. 中国语文, 2000（5）.

[32] 方梅. 负面评价表达的规约化 [J]. 中国语文, 2017（2）.

[33] 方梅. 会话结构与连词的浮现义 [J]. 中国语文, 2012（6）.

[34] 方梅. 谈语体特征的句法表现 [J]. 当代修辞学, 2013（2）.

[35] 方梅. 叙事语篇的衔接与视角表达：以"单说、但见"为例 [J]. 语言教学与研究, 2017（5）.

[36] 方梅. 由背景化触发的两种句法结构：主语零形反指和描写性关系从句 [J]. 中国语文, 2008（4）.

[37] 方梅. 语体动因对句法的塑造 [J]. 修辞学习, 2007（6）.

[38] 方清明. 再论"真"与"真的"的语法意义与语用功能 [J]. 汉语学习, 2012（5）.

[39] 索绪尔. 普通语言学教程 [M]. 高名凯, 译. 北京：商务印书馆, 1980.

[40] 冯平. 评价论 [M]. 北京：东方出版社, 1995.

［41］冯胜利，施春宏．论语体语法的基本原理、单位层级和语体系统［J］．世界汉语教学，2018（3）．

［42］冯胜利．论汉语的"自然音步"［J］．中国语文，1998（1）．

［43］冯胜利．论语体的机制及其语法属性［J］．中国语文，2010（5）．

［44］冯胜利．语体语法："形式—功能对应律"的语言探索［J］．当代修辞学，2012（6）．

［45］冯胜利．语体语法及其文学功能［J］．当代修辞学，2011（4）．

［46］符淮青．词义的分析和描写［M］．北京：语文出版社，1996.

［47］高名凯．汉语语法论［M］．北京：商务印书馆，1986.

［48］高群．夸张话语标记"夸张地说"及其否定形式［J］．湖南科技大学学报（社会科学版），2014（6）．

［49］高增霞．自然口语中的话语标记"回头"［J］．中国社会科学院研究生院学报，2004（1）．

［50］桂诗春．从"这个地方很郊区"谈起［J］．语言文字应用，1995（3）．

［51］郭继懋．领主属宾句［J］．中国语文，1990（1）．

［52］郭娟．现代汉语疑问形式的话语引导标记研究［J］．聊城大学学报（社会科学版），2009（1）．

［53］郭锐．现代汉语词类研究［M］．北京：商务印书馆，2004.

［54］郭圣林．"爱 V 不 V"句式的语篇考察［J］．汉语学习，2009（1）．

［55］郭先珍，王玲玲．褒义、贬义词在搭配中的方向性［J］．中国人民大学学报，1991（6）．

［56］郭先珍．现代汉语量词手册［M］．北京：中国和平出版社，1987.

［57］郭先珍．现代汉语量词用法词典［M］．北京：语文出版社，2002.

［58］韩蕾，刘焱．话语标记"别说"［J］．宁夏大学学报（人文社会科学版），2007（4）．

［59］何杰．现代汉语量词研究［M］．北京：民族出版社，2000.

［60］何伟．基于评价系统理论的汉语评价词典构建［J］．江汉学术，2016（6）．

［61］何文秀．2 + 1 式三音节词的构词和语义研究［D］．北京：北京大学，2011.

［62］何自然．语言中的模因［J］．语言科学，2005（6）．

［63］贺阳．"程度副词 + 有 + 名"试析［J］．汉语学习，1994（2）．

［64］贺阳．试论汉语书面语的语气系统［J］．中国人民大学学报，1992（5）．

［65］侯瑞芬．"别说"与"别提"［J］．中国语文，2009（2）．

［66］胡承佼．"倒好"的话语标记倾向及其具体表现［J］．语言教学与研究，2016（1）．

［67］胡乘玲．话语标记"不对"的功能分析［J］．汉语学习，2014（3）．

［68］胡范铸．新闻语言客观性问题的言语行为分析［J］．华东师范大学学报（哲学社会科学版），2007（2）．

［69］胡建峰．试析具有证言功能的话语标记"这不"［J］．世界汉语教学，2010（4）．

［70］胡清国．现代汉语评价构式"NP 一个"［J］．汉语学报，2017（1）．

［71］胡裕树，范晓．动词研究［M］．开封：河南大学出版社，1995．

［72］胡裕树．现代汉语：增订本［M］．上海：上海教育出版社，1981．

［73］胡壮麟．语境研究的多元化［J］．外语教学与研究，2002（3）．

［74］胡壮麟．语法隐喻［J］．外语教学与研究，1996（4）．

［75］黄国文．广告语篇的会话含意分析［J］．外国语，1997（2）．

［76］黄国文．语篇分析的理论与实践：广告语篇研究［M］．上海：上海外语教育出版社，2001．

［77］黄凯．现代汉语新兴颜色词研究［D］．南京：南京师范大学，2016．

［78］吉益民．汉语中的极性评价表达式"X（的）Y"［J］．语言教学与研究，2013（3）．

［79］纪玉华，吴建平．语义韵研究：对象、方法及应用［J］．厦门大学学报（哲学社会科学版），2000（3）．

［80］李芳兰，卫乃兴．语义韵属性再探究：基于汉语语料库的分析［J］．广西民族大学学报（哲学社会科学版），2015（4）．

［81］江洪波．评注类"V 起来"话语标记的功用与成因［J］．新疆大学学报（哲学·人文社会科学版），2020，48（2）．

［82］金立，汪曼．图尔敏论证模型下的新闻评论探究［J］．浙江社会科学，2015（10）．

［83］乐耀．从"不是我说你"类话语标记的形成看会话中主观性范畴与语用原则的互动［J］．世界汉语教学，2011，25（1）．

［84］乐耀．汉语的传信范畴及其与相关语言范畴的互动研究［D］．北京：北京大学，2011．

［85］乐耀．从互动交际的视角看让步类同语式评价立场的表达［J］．中国语文，2016（1）．

［86］李成军．现代汉语感叹句研究［D］．武汉：武汉大学，2005．

［87］李德志．广告类超文本多模态的视觉语法分析［J］．外语学刊，2013（2）．

［88］李红印．颜色词的收词、释义和词性标注［J］．语言文字应用，2003（2）．

［89］李慧敏．影响话语标记功能及其主观性构建的因素研究：以"X 了"类话语标记为例［J］．语言教学与研究，2016（5）．

［90］李金凤．"X 不像话"及其主观性分析［J］．现代语文（语言研究版），2017（5）．

[91] 李劲荣. 汉语里的另一种类指成分：兼论汉语类指成分的语用功能 [J]. 中国语文，2013（3）.

[92] 李晶. 信息质量感知与信息源使用的差异性研究 [J]. 信息资源管理学报，2014（4）.

[93] 李军，刘峰. 网络语体：一种新兴的语体类型探析 [J]. 宁夏大学学报（人文社会科学版），2005（2）.

[94] 李良荣. 当代世界新闻事业 [M]. 北京：中国人民大学出版社，2002.

[95] 李萌. "得了/得了吧" 语用功能及其演变 [J]. 北方论丛，2016（1）.

[96] 李强. 基于物性结构和概念整合的名词隐喻现象分析 [J]. 语言教学与研究，2014（6）.

[97] 李绍群. 试析总括性话语标记 "一句话"[J]. 语言教学与研究，2013（2）.

[98] 李咸菊. 北京话话语标记 "是不是" "是吧" 探析 [J]. 语言教学与研究，2009（2）.

[99] 李向农，陈蓓. 语义韵冲突及语义压制的句法机制考察 [J]. 首都师范大学学报（社会科学版），2011（1）.

[100] 李小军. 表负面评价的语用省略：以构式 "（X）真是（的）" 和 "这/那个＋人名" 为例 [J]. 当代修辞学，2011（4）.

[101] 李小军. 构式 "好你个＋X" 的负面评价功能及成因 [J]. 北方论丛，2014（2）.

[102] 李晓琪. 汉语常用词用法词典 [M]. 北京：北京大学出版社，1997.

[103] 李艳. "对" 类标记词及其叠连用法的话语功能分析 [J]. 暨南学报（哲学社会科学版），2010，32（4）.

[104] 李宇明. 词语模 [M]//邢福义. 汉语语法特点面面观. 北京：北京语言文化出版社，1999.

[105] 李宇明. 数量词语与主观量 [J]. 华中师范大学学报（人文社会科学版），1999（6）.

[106] 李玉红，方清明. 马来西亚华语名词语义韵变异现象考察 [J]. 华文教学与研究，2019（2）.

[107] 李治平. "瞧（看）你说的" 话语标记分析 [J]. 汉语学习，2011（6）.

[108] 李宗江. "看你" 类话语标记分析 [J]. 语言科学，2009（3）.

[109] 李宗江. 表达负面评价的语用标记 "问题是"[J]. 中国语文，2008（5）.

[110] 李宗江. 语法化的逆过程：汉语量词的实义化 [J]. 古汉语研究，2004（4）.

[111] 梁庆寅，赵利. 非形式论证的评价方法 [J]. 哲学动态，2003（4）.

[112] 廖传风. 评价理论与外语阅读教学：解读语篇主题思想的新方法 [J]. 外语教学，2008（4）.

［113］刘丞．由反问句到话语标记：话语标记的一个来源：以"谁说不是"为例［J］．汉语学习，2013（5）．

［114］刘承峰．"爱 V 不 V"结构的语义分析［J］．汉语学习，2004（2）．

［115］刘楚群．近年新词语的三音节倾向及其理据分析［J］．汉语学报，2012（3）．

［116］刘川平．学汉语用例词典［M］．北京：北京语言大学出版社，2005．

［117］刘丹青．汉语量词的宏观分析［J］．汉语学习，1988（4）．

［118］刘峰．主观化、新颖化、形象化：手机颜色命名的特点［J］．修辞学习，2005（2）．

［119］刘慧．广告语体"随机造词"现象及其动因探析：以广告语体中的写意型三音节颜色词为例［J］．江西师范大学学报（哲学社会科学版），2008（4）．

［120］刘慧．现代汉语评价系统研究［D］．广州：暨南大学，2009．

［121］刘缙．谈词的褒贬义与构词语素义之关系［J］．中国人民大学学报，1993（4）．

［122］刘静敏．"放着 + NP + 不 + VP"构式研究［J］．山东师范大学学报（人文社会科学版），2013（5）．

［123］刘兰民．现代汉语极性程度补语初探［J］．北京师范大学学报（社会科学版），2003（6）．

［124］刘丽艳．作为话语标记语的"不是"［J］．语言教学与研究，2005（6）．

［125］刘镰力．汉语 8 000 词词典［M］．北京：北京语言文化大学出版社，2002．

［126］刘宁生．叹词研究［J］．南京师大学报（社会科学版），1987（3）．

［127］刘世铸．评价理论在中国的发展［J］．外语与外语教学，2010（5）．

［128］刘娅琼．试析反问句的附加义［J］．修辞学习，2004（3）．

［129］刘焱，黄丹丹．反预期话语标记"怎么"［J］．语言科学，2015（2）．

［130］刘焱．反预期信息标记"别看"［J］．汉语学习，2009（4）．

［131］刘悦明．现代汉语量词的评价意义分析［J］．外语学刊，2011（2）．

［132］刘长征．"（X）整个一（个）Y"格式试析［J］．汉语学习，2007（1）．

［133］鲁旭．俄汉双关辞格在商业广告语体中的应用、对比与翻译［J］．当代经济，2011（17）．

［134］陆丙甫，曹琳琳．"浴缸效应"与多音节词音节时长［J］．汉语学习，2017（1）．

［135］陆俭明，马真．现代汉语虚词散论［M］．北京：北京大学出版社，1985．

［136］陆俭明．"VA 了"述补结构语义分析［J］．汉语学习，1990（1）．

［137］陆俭明．"句式语法"理论与汉语研究［J］．中国语文，2004（5）．

［138］陆俭明．试论句子意义的组成［M］//《语言研究论丛》编委会．语言研究论丛：第四辑．天津：南开大学出版社，1987.

［139］罗子明．消费者心理学［M］．北京：清华大学出版社，2002.

［140］吕叔湘，饶长溶．试论非谓形容词［J］．中国语文，1981（2）.

［141］吕叔湘．汉语语法分析问题［M］．北京：商务印书馆，1979.

［142］吕叔湘．现代汉语八百词：增订本［M］．北京：商务印书馆，2003.

［143］吕叔湘．中国文法要略［M］．北京：商务印书馆，1990.

［144］吕为光．迟疑功能话语标记"怎么说呢"［J］．汉语学报，2015（3）.

［145］吕为光．责怪义话语标记"我说什么来着"［J］．汉语学报，2011（3）.

［146］马真，陆俭明．形容词作结果补语情况考察（二）［J］．汉语学习，1997（4）.

［147］马真，陆俭明．形容词作结果补语情况考察（一）［J］．汉语学习，1997（1）.

［148］马真．表加强否定语气的副词"并"和"又"：兼谈词语使用的语义背景［J］．世界汉语教学，2001（3）.

［149］孟凯．现代汉语复音动词虚化的语义条件［J］．语文研究，2018（2）.

［150］孟晓亮，侯敏．话语标记的语体特征研究及应用［J］．中文信息学报，2009（4）.

［151］苗兴伟．英语的评价型强势主位结构［J］．山东外语教学，2007（2）.

［152］牧口常三郎．价值哲学［M］．马俊峻，江畅，译．北京：中国人民大学出版社，1989.

［153］穆泓．面向 C2C 的基于多影响因素的电子商务信任模型研究［D］．天津：天津财经大学，2006.

［154］聂智楠．基于语料库的手机颜色词研究［D］．济南：山东大学，2011.

［155］彭利贞．说"很有 NP"［J］．语文研究，1995（2）.

［156］彭利贞．现代汉语情态研究［M］．北京：中国社会科学出版社，2007.

［157］彭小川．论副词"倒"的语篇功能：兼论对外汉语语篇教学［J］．北京大学学报（哲学社会科学版），1999（5）.

［158］皮亚杰，英海尔德．儿童心理学［M］．吴福元，译．北京：商务印书馆，1980.

［159］齐沪扬，丁婵婵．反诘类语气副词的否定功能分析［J］．汉语学习，2006（5）.

［160］齐沪扬．语气词与语气系统［M］．合肥：安徽教育出版社，2002.

［161］祁峰，端木三．定中式形名组合词长搭配的量化研究［J］．语言教

学与研究，2015（5）.

［162］祁伟. 试论社会流行语和网络语言［J］. 语言与翻译，2002（3）.

［163］钱宏. 运用评价理论解释"不忠实"的翻译现象：香水广告翻译个案研究［J］. 外国语，2007（6）.

［164］邱莉芹. 广告中新兴颜色词初探［J］. 术语标准化与信息技术，2009（5）.

［165］屈承熹. 汉语篇章语法［M］. 北京：北京语言大学出版社，2006.

［166］邵兵家，李睿. 拍卖网站信用评价体系研究［J］. 统计与决策，2006（4）.

［167］邵洪亮. 副词"还是"的元语用法［J］. 语言教学与研究，2013（4）.

［168］邵敬敏，刘焱. 比字句强制性语义要求的句法表现［J］. 汉语学习，2002（5）.

［169］邵敬敏，吴立红. "副 + 名"组合与语义指向新品种［J］. 语言教学与研究，2005（6）.

［170］邵敬敏. 动量词的语义分析及其与动词的选择关系［J］. 中国语文，1996（2）.

［171］邵敬敏. 汉语水平考试词典［M］. 上海：华东师范大学出版社，2000.

［172］邵敬敏. 现代汉语疑问句研究［M］. 上海：华东师范大学出版社，1996.

［173］邵长超. 句尾成分"才好"的虚化及其话语功能的改变［J］. 当代修辞学，2016（1）.

［174］沈家煊，完权. 也谈"之字结构"和"之"字的功能［J］. 语言研究，2009（2）.

［175］沈家煊. 不对称和标记论［M］. 南昌：江西教育出版社，1999.

［176］沈家煊. 从唐诗的对偶看汉语的词类和语法［J］. 当代修辞学，2016（3）.

［177］沈家煊. 复句三域"行、知、言"［J］. 中国语文，2003（3）.

［178］沈家煊. 副词和连词的元语用法［J］. 对外汉语研究，2009（1）.

［179］盛继艳. 也谈话语标记"你说"［J］. 汉语学习，2013（3）.

［180］施春宏. 句式分析中的构式观及相关理论问题［J］. 汉语学报，2013（2）.

［181］施春宏. 名词的描述性语义特征与副名组合的可能性［J］. 中国语文，2001（3）.

［182］石定栩，孙嘉铭. 客观副词与主观副词：再论"常常"与"往往"的区别［J］. 现代外语，2017（1）.

［183］史金生，胡晓萍. "就是"的话语标记功能及其语法化［J］. 汉语学习，2013（4）.

［184］史银姈. 现代汉语"差比句"研究［D］. 北京：中国社会科学院大学，2003.

[185] 宋鸿彦，刘军，姚天昉，等．汉语意见型主观性文本标注语料库的构建 [J]．中文信息学报，2009（2）.

[186] 宋伟华．汉英颜色词"白"与"white"之语义韵比较及翻译 [J]．中国科技翻译，2010（3）.

[187] 宋永圭．现代汉语情态动词否定研究 [M]．北京：中国社会科学出版社，2007.

[188] 宋作艳，黄居仁．2018 生成词库理论与汉语研究 [M]．北京：商务印书馆，2018.

[189] 宋作艳．逻辑转喻、事件强迫与名词动用 [J]．语言科学，2013（2）.

[190] 宋作艳．生成词库理论的最新发展 [J]．语言学论丛，2011（1）.

[191] 苏宏元．新闻文体的基本特征 [J]．江苏社会科学，1999（1）.

[192] 苏俊波．"说真的"的话语功能 [J]．汉语学报，2014（1）.

[193] 苏向红．新兴颜色词语的特点及其成因 [J]．当代修辞学，2008（4）.

[194] 苏小妹．面子威胁缓和语"不怕你 + V" [J]．语言教学与研究，2014（6）.

[195] 孙嘉铭，石定栩．事实描述与评价表达："一直"与"总是"的多维分析 [J]．汉语学习，2020（6）.

[196] 孙鹏飞．主观倾向构式"X 还来不及呢" [J]．汉语学习，2017（6）.

[197] 孙仁生，李延瑞，徐吉润．现代汉语新编：下册 [M]．大连：大连理工大学出版社，1996.

[198] 谭景春．名形词类转变的语义基础及相关问题 [J]．中国语文，1998（5）.

[199] 唐锋．广告语言的建构功能：批判性话语分析 [J]．语言文字应用，2005（3）.

[200] 陶红印，刘娅琼．从语体差异到语法差异（上）：以自然会话与影视对白中的把字句、被动结构、光杆动词句、否定反问句为例 [J]．当代修辞学，2010（1）.

[201] 陶红印，刘娅琼．从语体差异到语法差异（下）：以自然会话与影视对白中的把字句、被动结构、光杆动词句、否定反问句为例 [J]．当代修辞学，2010（2）.

[202] 陶红印．操作语体中动词论元结构的实现及语用原则 [J]．中国语文，2007（1）.

[203] 陶红印．试论语体分类的语法学意义 [J]．当代语言学，1999（3）.

[204] 田宏梅．利用汉语语料库研究词语搭配：以"有点"为例 [J]．暨南大学华文学院学报，2006（3）.

[205] 田双领．C2C 电子商务信用评价分析与研究 [D]．西安：西安电子科技大学，2008.

[206] 田婷. 自然会话中"其实"的话语标记功能及言者知识立场 [J]. 汉语学习, 2017 (4).

[207] 童富智, 修刚. 基于语料库的中日对应词语义韵对比研究: 以中央文献日译「坚持（する）」为例 [J]. 日语学习与研究, 2020 (2).

[208] 童庆炳. 艺术创作与审美心理 [M]. 天津: 百花文艺出版社, 1999.

[209] 脱脱, 等. 宋史 [M]. 北京: 中华书局, 1985.

[210] 汪梦翔, 王厚峰. "对不起"话语标记的形成及其功能 [J]. 湖北社会科学, 2013 (8).

[211] 王凤兰, 方清明. 论话语标记"这样一来"的语用功能 [J]. 语言教学与研究, 2015 (2).

[212] 王刚. 汉语话语标记"再怎么说"提醒、明示功能研究 [J]. 河北大学学报（哲学社会科学版）, 2015 (3).

[213] 王红阳. 多模态广告语篇的互动意义的构建 [J]. 四川外语学院学报, 2007 (6).

[214] 王洪君. 音节单双、音域展敛（重音）与语法结构类型和成分次序 [J]. 当代语言学, 2001 (4).

[215] 王洁. 表量级递推的"N 中的 N" [J]. 广西社会科学, 2007 (5).

[216] 王晶, 王理嘉. 普通话多音节词音节时长分布模式 [J]. 中国语文, 1993 (2).

[217] 王均松, 田建国. 基于扩展意义单位模型的量词语义韵研究 [J]. 外语教学, 2016 (4).

[218] 王群力. 略说汉语主观量: 以副词"才""就"为例 [J]. 辽宁大学学报（哲学社会科学版）, 2005 (2).

[219] 王瑞. 中国英语学习者与英语母语者"做"类动词语义韵比较研究 [J]. 外语学刊, 2016 (6).

[220] 王素格. 基于 Web 的评论文本情感分类问题研究 [D]. 上海: 上海大学, 2008.

[221] 王晓辉, 池昌海. 程度评价构式"X 就不用说了"研究 [J]. 世界汉语教学, 2014 (2).

[222] 王晓辉. 程度评价构式"X 没的说"研究 [J]. 语言研究, 2017 (4).

[223] 王晓辉. 习语构式的动态浮现: 由程度评价构式"X 没说的"说开去 [J]. 语言教学与研究, 2018 (4).

[224] 王雅刚, 刘正光, 邓金莲. 语义韵研究的核心问题: 争鸣与考辨 [J]. 外国语, 2014 (6).

[225] 王雅刚, 刘正光. 语义韵研究的理论增长点: 构式语法视角 [J]. 外语教学, 2017 (6).

[226] 王永娜, 冯胜利. 论"当""在"的语体差异：兼谈具时空、泛时空与超时空的语体属性 [J]. 世界汉语教学, 2015, 29 (3).

[227] 王永娜. 汉语书面正式语体语法的泛时空化特征研究 [M]. 北京：中国社会科学出版社, 2016.

[228] 王永娜. 谈判断句的书面正式语体功能 [J]. 河南科技大学学报（社会科学版）, 2015 (6).

[229] 王振华, 马玉蕾. 评价理论：魅力与困惑 [J]. 外语教学, 2007 (6).

[230] 王振华. 评价系统及其运作：系统功能语言学的新发展 [J]. 外国语, 2001 (6).

[231] 维特根斯坦. 文化和价值 [M]. 黄正东, 唐少杰, 译. 北京：清华大学出版社, 1987.

[232] 卫乃兴. 语义韵研究的一般方法 [J]. 外语教学与研究, 2002 (4).

[233] 翁玉莲. 新闻话语篇章主位对比研究 [J]. 新闻界, 2011 (7).

[234] 吴海霞. 基于语料库的汉语量词语义韵考察：以"群""帮""伙"为例 [J]. 湖北科技学院学报, 2018 (2).

[235] 吴为章. 句群研究兴起的原因 [J]. 汉语学习, 1988 (3).

[236] 吴早生. 现代汉语"这/那"指示义与主观评价及话题功能的关系 [J]. 贵州师范大学学报（社会科学版）, 2010 (5).

[237] 肖奚强. 非典型模态副词句法语义分析 [J]. 语言研究, 2003 (4).

[238] 辛志英, 黄国文. 元话语的评价赋值功能 [J]. 外语教学, 2010 (6).

[239] 邢福义. 邢福义自选集 [M]. 开封：河南教育出版社, 1993.

[240] 邢福义. "很淑女"之类说法语言文化背景的思考 [J]. 语言研究, 1997 (2).

[241] 邢福义. 关于副词修饰名词 [J]. 中国语文, 1962 (5).

[242] 熊明辉. 非形式逻辑视野下的论证评价理论 [J]. 自然辩证法研究, 2006 (12).

[243] 熊明辉. 论证评价的非形式逻辑模型及其理论困境 [J]. 学术研究, 2007 (9).

[244] 徐赳赳. 关于元话语的范围和分类 [J]. 当代语言学, 2006 (4).

[245] 徐赳赳. 现代汉语篇章回指研究 [M]. 北京：中国社会科学出版社, 2003.

[246] 徐珺, 夏蓉. 评价理论视域中的英汉商务语篇对比研究 [J]. 外语教学, 2013 (3).

[247] 徐琳宏, 林鸿飞, 赵晶. 情感语料库的构建和分析 [J]. 中文信息学报, 2008 (1).

[248] 徐薇. 新兴商业颜色名称研究 [D]. 重庆：西南大学, 2011.

［249］徐小波．话语标记"怎么着"语用探析［J］．汉语学习，2014（5）．

［250］许国萍．现代汉语差比范畴研究［M］．上海：学林出版社，2007．

［251］玄玥．话语标记"当然"的语法化［J］．语文研究，2017（4）．

［252］薛冰，李悦娥．广告双关语的语用观和美学观［J］．外语与外语教学，2000（6）．

［253］闫新艳．浅谈表评价义的"有＋N"结构［J］．新疆教育学院学报，2006（2）．

［254］杨才英，赵春利．焦点性话语标记的话语关联及其语义类型［J］．世界汉语教学，2014（2）．

［255］杨国萍．话语标记语"你懂的"的演变及功能研究［J］．华文教学与研究，2016（2）．

［256］杨家胜．现代俄语中的评价范畴［D］．哈尔滨：黑龙江大学，2001．

［257］杨江．话语标记"你说你"［J］．湖南科技大学学报（社会科学版），2016（4）．

［258］杨立公，朱俭，汤世平．文本情感分析综述［J］．计算机应用，2013（6）．

［259］杨曙，常晨光．小句人际意义的韵律结构：以汉语的情态表达为例［J］．解放军外国语学院学报，2012（6）．

［260］杨树森．论象声词与叹词的差异性［J］．中国语文，2006（3）．

［261］杨文全，李媛媛．隐喻认知视角下新兴颜色词的多维描写与调查分析［J］．语言文字应用，2013（1）．

［262］杨先顺，邓琳琳．广告话语中三音节颜色词的符号传播探析［J］．新闻界，2016（10）．

［263］杨晓琳，程乐．英汉翻译不同语域下被动标记形式及语义韵变化中的"Translationese"［J］．中国翻译，2016（6）．

［264］杨信彰．语篇中的评价性手段［J］．外语与外语教学，2003（1）．

［265］杨子．Nn类"差点儿没VP"新解：从"差点儿没"的歧义性说起［J］．语言研究，2017，37（3）．

［266］姚双云．"搞"的语义韵及其功能定位［J］．语言教学与研究，2011（2）．

［267］殷俊．媒介新闻评论学［M］．成都：四川大学出版社，2005．

［268］殷树林．现代汉语反问句研究［D］．福州：福建师范大学，2006．

［269］尹海良．自然口语中的话语标记"别说"［J］．宁夏大学学报（人文社会科学版），2009（6）．

［270］于宝娟．论话语标记语"这不""可不"［J］．当代修辞学，2009（4）．

［271］袁传有．警察讯问语言的人际意义：评价理论之"介入系统"视角［J］．现代外语，2008（2）．

［272］袁晖．语体的通用成分、专用成分和跨体成分［J］．烟台大学学报

（哲学社会科学版），2005（1）．

［273］袁秀凤．英语叙述式招生广告的介入资源利用分析［J］．外语研究，2007（4）．

［274］袁毓林．关于动词对宾语褒贬选择［J］．汉语学习，1987（3）．

［275］袁毓林．汉语名词物性结构的描写体系和运用案例［J］．当代语言学，2014（1）．

［276］袁毓林．谓词隐含及其句法后果："的"字结构的称代规则和"的"的语法、语义功能［J］．中国语文，1995（4）．

［277］岳辉，施伟伟．演绎传信标记"按说"与"照说"的语义、语用研究［J］．吉林大学社会科学学报，2017（2）．

［278］曾枣庄．文体的"体"［J］．古典文学知识，2012（1）．

［279］翟萌，卫乃兴．学术文本语义韵研究：属性、特征与方法［J］．解放军外国语学院学报，2015（3）．

［280］詹福瑞，赵树功．论"体"与"文体"（Style）［J］．江海学刊，2017（1）．

［281］张爱玲．"PRs＋PN人"结构的语用功能探析［J］．修辞学习，2008（1）．

［282］张宝胜，毛宇．成语的句法——语义功能——从"他这样做是 P 的"跟"他这样做是 P"中 P 的对立说起［M］//邵敬敏，张先亮．汉语语法研究的新拓展（三）：21 世纪第三届现代汉语语法国际研讨会论文集．长春：东北师范大学出版社，2007．

［283］张伯江．施事角色的语用属性［J］．中国语文，2002（6）．

［284］张伯江．以语法解释为目的的语体研究［J］．当代修辞学，2012（6）．

［285］张伯江．语体差异和语法规律［J］．修辞学习，2007（2）．

［286］张德禄．多模态话语分析综合理论框架探索［J］．中国外语，2009（1）．

［287］张德禄，刘汝山．语篇连贯与衔接理论的发展及应用［M］．上海：上海外语教育出版社，2003．

［288］张冠元，林健．一种针对餐馆评论的文本倾向性分析算法［C］//中国中文信息学会信启检索与内容安全专业委员会．第五届全国信息检索学术会议论文集．中国中文信息学会信启检索与内容安全专业委员会，2009．

［289］张国宪．现代汉语形容词功能与认知研究［M］．北京：商务印书馆，2006．

［290］张国宪．性质形容词重论［J］．世界汉语教学，2006（1）．

［291］张恒君．"也好"的话语标记功能及其形成［J］．中南大学学报（社会科学版），2015（4）．

［292］张宏国．"够了"的语义演变与语法化［J］．语言教学与研究，2014（4）．

［293］张宏国．"糟了"的语义演变与语法化［J］．汉语学习，2016（6）．

［294］张辉，范瑞萍．形名组合的意义建构：概念整合和物性结构的杂合分析模式［J］．外国语，2008（4）．

［295］张辉，展伟伟．广告语篇中多模态转喻与隐喻的动态构建［J］．外语研究，2011（1）．

［296］张积家，陆爱桃．汉语心理动词的纽织和分类研究［J］．华南师范大学学报（社会科学版），2007（1）．

［297］张金圈．"别看"的连词化及话语标记功能的浮现［J］．汉语学习，2016（1）．

［298］张克定．主位化评述结构及其评价功能［J］．外语教学，2007（5）．

［299］张璐．"问题是"的话语标记化［J］．语言研究，2015（2）．

［300］张玫瑰．基于语用理论的法律论证评价模式研究［J］．政法论丛，2009（2）．

［301］张念歆，宋作艳．汉语形名复合词的语义建构：基于物性结构与概念整合理论［J］．中文信息学报，2015（6）．

［302］张田田．试论"何必呢"的标记化：兼论非句法结构"何必"的词汇化［J］．语言科学，2013（3）．

［303］张晓华．注意感情色彩［J］．咬文嚼字，1996（11）．

［304］张亚军．副词与限定描状功能［M］．合肥：安徽教育出版社，2002．

［305］张谊生．现代汉语副词研究［M］．上海：学林出版社，2000．

［306］张谊生．"透顶"与"绝顶"的句法功能和搭配选择［J］．语文研究，2008（4）．

［307］张谊生．名词的语义基础及功能转化与副词修饰名词（续）［J］．语言教学与研究，1997（1）．

［308］张谊生．试论主观量标记"没""不""好"［J］．中国语文，2006（2）．

［309］张谊生．现代汉语副词探索［M］．上海：学林出版社，2004．

［310］张谊生．现代汉语副词研究：修订本［M］．北京：商务印书馆，2014．

［311］张莹．基于语料库的语义韵20年研究概述［J］．外语研究，2012（6）．

［312］张志公．语法学习讲话［M］．上海：上海教育出版社，1980．

［313］张志毅，张庆云．词汇语义学：修订本［M］．北京：商务印书馆，2005．

［314］章宜华．对外汉语学习词典释义问题探讨：国内外二语学习词典的对比研究［J］．世界汉语教学，2011（1）．

［315］章宜华．汉语学习词典与普通汉语词典的对比研究［J］．学术研究，2010（9）．

［316］赵春利，石定栩．"呗"的态度取向及其语义基础［J］．语言教学与

研究，2015（4）.

[317] 赵元任 . A grammar of spoken Chinese［M］//赵元任全集：第三卷 . 北京：商务印书馆，2004.

[318] 赵元任 . 汉语口语语法［M］. 吕叔湘，译 . 北京：商务印书馆，1979.

[319] 郑娟曼，邵敬敏 . "责怪"义标记格式"都是 + NP"［J］. 汉语学习，2008（5）.

[320] 郑娟曼，邵敬敏 . 试论新兴的后附否定标记"好不好"［J］. 暨南学报（哲学社会科学版），2008（6）.

[321] 郑娟曼 . "还 NP 呢"构式分析［J］. 语言教学与研究，2009（2）.

[322] 郑娟曼 . 从贬抑性习语构式看构式化的机制：以"真是（的）"与"整个一个 X"为例［J］. 世界汉语教学，2012（4）.

[323] 郑群，翟霞 . 评价理论视角下的"硬新闻"立场探析［J］. 山西师大学报（社会科学版），2010（3）.

[324] 郑远汉 . 关于"网络语言"［J］. 华中科技大学学报（人文社会科学版），2002（3）.

[325] 中国社会科学院语言研究所词典编辑室 . 现代汉语词典［M］. 7 版 . 北京：商务印书馆，2016 年 .

[326] 周毕吉，李莹 . "你不知道"向话语标记的演化［J］. 汉语学报，2014（1）.

[327] 周德庆 . 浅析话语标记"依我看"［J］. 湖北师范大学学报（哲学社会科学版），2021（2）.

[328] 周国光 . 释"合情合理"和"偏听偏信"的对立［J］. 语言教学与研究，2002（1）.

[329] 周国光 . 叹词的语法功能、语义功能及其定位［J］. 语言科学，2016（3）.

[330] 周荐 . 试论词的感情色彩及其构成方式［J］. 天津社会科学，1985（3）.

[331] 周静 . 汉语同形"N 的 N"结构的语义类型［J］. 汉语学习，2006（4）.

[332] 周娟 . "暴"类新流行程度副词的多维考察［J］. 修辞学习，2006（6）.

[333] 周莉，曹玉瑶 . 评价构式"V 都 V 了"与"V 就 V 吧"的比较研究［J］. 语言教学与研究，2018（4）.

[334] 周莉 . "别说"类语用标记来源探讨［J］. 汉语学报，2013（2）.

[335] 周青作琪，黄芳 . 评价性话语标记"我去"及语用功能［J］. 湖北师范大学学报（哲学社会科学版），2020（1）.

[336] 周韧 . 汉语三音节名名复合词的物性结构探讨［J］. 语言教学与研究，2016（6）.

[337] 周有斌，邵敬敏 . 汉语心理动词及其句型［J］. 语文研究，1993（3）.

[338] 朱德熙. 现代汉语语法研究 [M]. 北京：商务印书馆，1985.

[339] 朱德熙. 语法讲义 [M]. 北京：商务印书馆，1982.

[340] 朱红，关黑拽. 话语标记"我说什么来着"的功能及形成机制 [J]. 新疆大学学报（哲学·人文社会科学版），2016（2）.

[341] 朱曼殊. 儿童语言发展研究 [M]. 上海：华东师范大学出版社，1996.

[342] 宗世海，叶花. 广告对抗的语用分析 [J]. 暨南学报（哲学社会科学版），2006（2）.

[343] 宗守云. "还 X 呢"构式：行域贬抑、知域否定、言域嗔怪 [J]. 语言教学与研究，2016（4）.

[344] 宗廷虎. 试论广告语体的风格特征 [J]. 西安外国语大学学报，1994（1）.

[345] 邹韶华. 语用频率效应研究 [M]. 北京：商务印书馆，2001.

[346] 邹韶华. 中性词语义偏移的类型与成因 [J]. 外语学刊，2007（6）.

二、日文

寺村秀夫. 日本語のシンタクスと意味 I [M]. 东京：くろしお出版，1982.

三、英文

[1] BERMAN R, HRAFNHILDUR RAGNARSDóTTIR, SVEN STRöMQVIST. Discourse stance [J]. Written language & literacy, 2002 (2).

[2] BOIS J W D. The discourse basis of ergativity [J]. Language, 1987 (63).

[3] BRINTON L J. Pragmatic markers in English：grammaticalization and discourse functions [M]. Berlin：Mouton de Gruyter，1996.

[4] BERNARD C. Ergativity [M]//LEHMANN W (ed.). Syntatic typology. Austin：University of Texas Press，1978.

[5] CONRAD S, BIBER D. Adverbial marking of stance in speech and writing [M] //HUNSTON S, THOMPSON G (eds.). Evaluation in text：authorial stance and the construction of dsicourse. Oxford：Oxford University Press，2000.

[6] Dixon R M W. Ergativity [J]. Language，1979 (55).

[7] FAUCONNIER G, TURNER M. The way we think：conceptual blending and the mind's hidden complexities [M]. New York：Basic Books，2002.

[8] FAUCONNIER G. Mental spaces：aspects of meaning construction in natural language [M]. Cambridge：Cambridge University Press，1994.

［9］ FRASER B. Pragmatic markers ［J］. Pragmatics, 1996 （6）.

［10］ GOLDBERG A E. Constructions: a construction grammar approach to argument structure ［M］. Chicago: Chicago University Press, 1995.

［11］ HALLIDAY M A K. Language as social semiotic: the social interpretation of language and meaning ［M］. London: Edward Arnold, 1978.

［12］ HUNSTON S, JOHN S. A local grammar of evaluation ［M］//SUSAN H, GEOFF T （eds.）. Evaluation in text: authorial stance and the construction of discourse. Oxford: Oxford University Press , 2000 .

［13］ HUNSTON S. Corpora in applied linguistics ［M］. Cambirdge: Cambirdge University Press, 2002.

［14］ HYLAND K. Persuassion and context: the pragmatics of academic metadiscourse ［J］. Journal of pragmatics, 1998 （30）.

［15］ JOHNSON R H, BLAIR A J. Logical self-defense ［M］. Toronto: McGraw-Hill, Inc. , 1994.

［16］ KEN H, POLLY T. Metadiscourse in academic writing: a reappraisal ［J］. Applied lingus, 2004, 25 （2）.

［17］ KRESS G. Multimodality: a social semiotic approach to contemporary communication ［M］. London: Routledge, 2010.

［18］ LABOV W. Language in the inner city: studies in black English vernacular ［M］. Philadelphia: University of Pennsylvania Press, 1972.

［19］ LABOV W. Sociolinguistic patterns ［M］. Philadelphia: University of Pennsylvania Press, 1972.

［20］ LEECH G. Principles of pragmatics ［M］. New York: Longman Inc. , 1983.

［21］ LEVIN B, MALKA R H. Unaccusaivity: at the syntax – lexical semantics interface ［M］. Cambridge: MIT Press, 1995.

［22］ LONGACRE R E. The grammar of discourse ［M］. New York: Plenum Press, 1983.

［23］ LOUW B. Irony in the text or insincerity in the writer? The diagnostic potential of semantic prosodies ［M］//BAKER M FRANCIS G, TOGNINI – BONELLI E （eds.）. Text and technology: in honour of John sinclair. Amsterdam: John Benjamins, 1993.

［24］ LOUW B. Contextual prosodic theory: bringing semantic prosodies to life ［M］//HEFFER C, SAUNTSON H, FOX G. Words in context: a tribute to John sinclair on his retirement. Birmingham: University of Birmingham, 2000.

［25］ LYONS J. Semantics: Vol. 2 ［M］. Cambridge: Cambridge University Press, 1977.

［26］ MARTIN J R, WHITE, P R R. The language of evaluation: appraisal in English ［M］. New York: Palgrave Macmillan, 2005.

［27］ MORLEY J, PARTINGTON A. A few "frequently" asked "questions" about semantic-or "evaluative" -prosody ［J］. International journal of corpus linguistics, 2009 (14).

［28］ OCHS E. Linguistic resources for socializing humanity ［M］//GUMPERZ J, LEVINSON S (eds.). Rethinking linguistic relativity. Cambridge: Cambridge University Press, 1996.

［29］ PERLMUTTER D M. Impersonal passives and the unaccusative hypothesis ［A］. Proceedings of the Fourth Annual Meeting of the Berkeley Linguistic Society, 1978.

［30］ SINCLAIR J. The search for units of meaning ［J］. Textus, 1996, 9 (1).

［31］ SINCLAIR J. Corpus, concordance, collocation ［M］. Oxford: Oxford University Press, 1991.

［32］ SINCLAIR J. Collins COBUILD dictionary of English language ［M］. London: Collins, 1987.

［33］ STEIN E , WRIGHT S . Subjectivity and subjectivisation: linguisticperspective ［M］. Cambridge: Cambridge University Press, 1995.

［34］ STUBBS M. Text and corpus analysis ［M］. Oxford: Blackwell Publishers, 1996.

［35］ SUSAN H, GEOFF T. Evaluation in text: authorial stance and the construction of discourse ［M］. Oxford: Oxford University Press, 1999.

［36］ TRAUGOTT E, DASHER R. Regularity in semantic change ［M］. Cambridge: Cambridge University Press, 2002.

［37］ TRAUGOTT E. The discourse connective after all: historical pragmatic account ［M］. Paris: Paper presented for ICL, 1997.

［38］ TRAUGOTT E. Subjectification in grammaticalization ［M］//TRAUGOTT E C, TROUSDALE G. Constructionalization and constructional changes. Oxford: Oxford University Press, 2013.

［39］ ROBERT D VAN VALIN, DAVID P WILKINS. The case for "effector": case roles, agents, and agency revisited ［M］. Oxford: Oxford University Press, 1996.

［40］ VANDE K, WILLIAM J. Some explanatory discourse on metadiscourse ［J］. College composition and communication, 1985 (36).

［41］ WHITE P R. Death, disruption and the moral order: the narrative impulse in mass-media "hard news" reporting ［M］//FRANCES C, JAMES M. (eds). Genre and institutions: social processes in the workplace and school. London: Cassell, 1997.

后　记

　　自 2006 年攻读博士学位时起，我就对评价与语言之间密切而复杂的关系产生了浓厚的兴趣。当时我国语法学界已经对构式和话语标记的评价功能等展开了深入细致的研究，西方语言学界也基于系统功能语言学等视角对英语评价系统进行了分析考察。先辈时贤的成果对我的启发很大，我一方面努力学习语言学界的理论及方法，另一方面也阅读了哲学、逻辑学中评价研究的相关内容，希望综合多元学科的理论及方法，考察现代汉语的评价语言特点，并在此基础上勾勒出一个形式与意义相结合的现代汉语评价系统。2009 年，我完成了博士学位论文《现代汉语评价系统研究》。

　　在暨南大学华文学院华文教育系工作之后，由于工作需要，我的研究领域开始包含社会语言学、海外华语、华文教育等内容，但是对评价语言研究的兴趣没有减退。2010 年，我申请到广东省高校优秀青年创新人才培养计划项目"现代汉语评价系统研究"。2012 年，我申请到教育部青年项目"跨域双向互动视角下的现代汉语评价系统研究"，并在《汉语学习》《华文教学与研究》《辞书研究》等期刊发表了相关成果。近年来，汉语评价研究的新成果不断涌现，我在学习新成果的基础上，对博士学位论文进行了较大幅度的修改和增删，综合运用语体语法、系统功能语言学、语料库语言学、生成词库等研究领域的理论和方法，在2022 年初完成了书稿。书稿部分章节的内容曾在上述期刊发表，收入时也作了相应的修改。

　　本书的完成离不开诸多师友的指导和帮助。2003 年，我以总分第一的成绩考入暨南大学华文学院，师从贾益民教授攻读硕士研究生。贾老师将我领入学术研究之门，在学习和生活上给了我极大的帮助，并嘱咐我要"老老实实做人，认认真真做学问"。2006 年我考入暨南大学文学院，师从郭熙教授攻读博士研究生。读博期间，有幸听到邵敬敏教授、彭小川教授、伍巍教授等前辈的课程及讲座。郭老师每周都会组织学术沙龙，我和同门聆听教诲，也有机会畅所欲言，互相切磋。记得我把博士学位论文交给郭老师之后，老师从标点符号到研究内容，都提出了非常细致的修改意见。书中诸多观点的萌生都离不开郭老师的点拨。本书引用了大量国内外先辈时贤的研究成果，在此一并致谢。此外，我还要感谢暨南大学华文学院提供的出版经费资助，感谢暨南大学出版社副总编辑李战、责任编辑黄颖的辛勤付出，使书稿得以顺利出版。

最后，我要感谢我的研究生和我的家人。研究生黎顺苗、叶莹、李思敏、李叶凡为本书整理语料、编校参考文献提供了专业而高效的帮助。"慧园"的其他研究生同学也协助我完成了大量琐碎的日常教学及科研工作。我的先生冯毅、双方父母及亲友都为我提供了温暖的精神鼓励和坚实的物质支持。还有我可爱的女儿睿顿，为我们的生活增添了很多美好和快乐。

由于本书涉及的范围较为广泛，加之笔者能力和精力的限制，书中肯定存在纰漏和不足，希望读者批评指正。

刘　慧
2022 年春于暨南大学